21世纪卓越人力资源管理与服务丛书

跨文化沟通

(第2版)

陈国海　安凡所 ◎ 主　编
刘晓琴　陈伟珍 ◎ 副主编

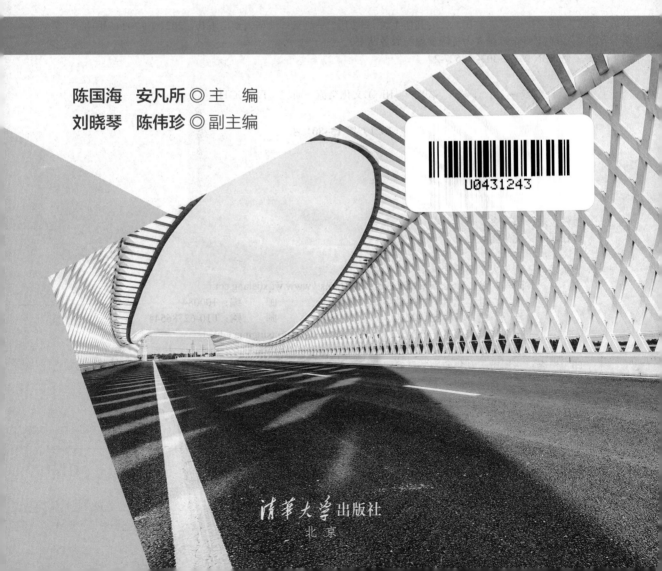

清华大学出版社
北京

内 容 简 介

跨文化沟通是不同文化背景的人分享和交流思想感情和信息的过程。对外开放及经贸全球化促进了国际交流。国际交流首先是文化交流，文化交流又反过来促进国际交流。本书分理论篇和实务篇。理论篇简要阐述了文化与沟通、语言在跨文化商务沟通中的作用、跨文化非语言沟通、不同文化间的信息沟通、建立关系的文化准则；实务篇简要阐述了跨文化冲突与谈判、跨文化沟通中的法律因素、大中华地区间的跨文化沟通、跨文化交友、留学教育与交流以及出国旅游。本书吸收了现有跨文化沟通相关教材和专著的优点，又从谈判、商贸、交友、留学、旅游等常见的实践领域对跨文化沟通进行了概括和介绍，弥补了相关教材和专著的不足。

本书既方便教师教学，也方便学生自学，适合作为多种学科和专业的本科教材、通选课教材或者涉外企业管理者、谈判专家、旅游爱好者、留学生的自学读物，也可以作为 MBA、EMBA 和其他学科研究生跨文化沟通课程的教材或辅助教材。

本书封面贴有清华大学出版社防伪标签，无标签者不得销售。
版权所有，侵权必究。举报：010-62782989，beiqinquan@tup.tsinghua.edu.cn。

图书在版编目（CIP）数据

跨文化沟通 / 陈国海，安凡所主编. —2 版. —北京：清华大学出版社，2021.7（2024.7重印）
（21 世纪卓越人力资源管理与服务丛书）
ISBN 978-7-302- 58627-2

Ⅰ.①跨… Ⅱ.①陈… ②安… Ⅲ.①文化交流—研究 Ⅳ.①G115

中国版本图书馆 CIP 数据核字（2021）第 134801 号

责任编辑：邓　婷
封面设计：刘　超
版式设计：文森时代
责任校对：马军令
责任印制：沈　露

出版发行：清华大学出版社
网　　址：https://www.tup.com.cn，https://www.wqxuetang.com
地　　址：北京清华大学学研大厦 A 座　　邮　编：100084
社 总 机：010-83470000　　邮　购：010-62786544
投稿与读者服务：010-62776969，c-service@tup.tsinghua.edu.cn
质量反馈：010-62772015，zhiliang@tup.tsinghua.edu.cn
印 装 者：三河市天利华印刷装订有限公司
经　　销：全国新华书店
开　　本：185mm×260mm　　印　张：21　　字　数：496 千字
版　　次：2017 年 6 月第 1 版　　2021 年 8 月第 2 版　　印　次：2024 年 7 月第 5 次印刷
定　　价：59.80 元

产品编号：088458-01

前言

在全球化时代和中国"一带一路"倡议背景下，无论是个人还是组织，跨文化交流越来越频繁。跨文化沟通在很大程度上已经成为我们生活的一部分，成为我们通过不同视角和经验探寻理解与合作之道的过程。了解如何与不同文化、不同信仰、不同国家和地区的人进行交流，几乎成为现代个人生活融入国际社会的必经之路。

本书语言流畅、条理清晰、例证贴切、内容丰富、资料充实，可读性较强。本书具有如下5个特点。

1. 内容新颖

本书尽量反映本学科领域的最新理论和实践发展动态。它介绍了留学教育与交流、大中华地区间的跨文化沟通、跨文化交友、跨文化沟通中的法律因素、出国旅游等新内容，这在很多跨文化沟通专著和教材中都未见到过，因此更贴近中国人当下商贸、留学、出国旅游、移民等方面的实际需要。每章正文的理论阐述尽量做到"少而精"。每章的后面都附有相应的参考文献。

2. 实用性强

本书的各章节尽量寻找小例子（即各章"例证"）来说明相应的概念、原理和方法。通过阅读相应的例证，读者易于理解和接受教材所阐述的概念、原理和方法。本书除了能够帮助不同国籍、不同文化的人们更好地进行沟通外，还关注中国自身不同文化之间的交流，以最大限度地照顾读者的感受。其中一些是笔者从实际生活中收集的、经过适当文字处理和润饰的真实案例。

本书主要为需要进行"跨文化沟通"（如涉外商贸、管理、出国旅游、留学教育、移民）的人士和大学生服务，因此尽量做到能够对相对缺乏跨文化知识和技能的人进行指导和启发，这一点是通过正文中的"例证"和每章末的"案例分析"加以体现的。本书的逻辑结构、网站推荐和影视推荐都体现了本书的实践性和实用性。

3. 案例分析

本书每章后面都提供1~2个案例分析题，选用的都是具有典型代表性的案例，力求简洁。案例可供课堂或者课后讨论。课堂讨论可让学生自由组合，组合时最好每组都有具备不同文化背景的同学，并规定每组人数为5~6人，每组推选代表发言。

4. 网站推荐

伴随着计算机网络技术的发展，网上有大量的资料和信息供教学参考。教师作为学生学习的帮助者、推动者和信息提供者，主要任务是在"授之以鱼"的基础上"授之以渔",教会他们学习方法。笔者尽量提供每章正文和例证中所涉及的相应网址,有兴趣的读者可通过网络进一步了解这些知识。每章正文之后推荐的网站有助于读者扩大知识面,弥补课内教学的不足,这些网站均经过精心挑选,与章节内容密切相关,信息量大而且全。

5. 影视推荐

文化体现在方方面面,随着互联网经济的发展,各国和地区之间的影视进出口数量在不断增加。本书在每章末均提供了与本章内容相关的影视作品,能够让读者更易于接受。在学习了解了本章的相关内容之后,影视作品能够让读者对本章内容有更加深入的体会,以更好地把握所学知识。

本书第 2 版主要做了如下几个修订工作:① 增加章节内容。新增了第 11 章"出国旅游",增加了第 9 章"跨文化交友"的第 3 节"跨文化婚恋",同时更新了各章的部分内容。② 替换了一些不太切题、陈旧过时的例证和案例。③ 替换了一些陈旧过时、不太权威的参考文献和推荐网站,补充了一批新的参考文献和推荐网站。④ 优化了章节编排结构,分理论篇(共 5 章)和实务篇(共 6 章),同时优化了各章内容的逻辑结构。全书由陈国海、安凡所负责统稿。我的科研助手们参与了本书的修订工作,他们帮忙查阅资料,按要求撰写和修改了部分内容,并制作了目录、PPT、习题和考题等配套资料。没有他们的热忱参与和帮助,本书的再版工作难以如此顺利地完成。本书得到了 21 世纪海上丝绸之路协同创新中心、广东外语外贸大学商学院的资助,也得到了清华大学出版社邓婷编辑的大力支持,在此表示衷心的感谢。

本教材配备有 PPT 演示文稿、教学大纲、考试大纲、习题和考题等配套资料,供有需要的教师、学生、企业培训师和读者参考使用。由于时间仓促,难免有错误和疏漏,敬请广大读者不吝指正。欢迎与作者联系,电子邮箱: gdhrs@vip.163.com。

陈国海
香港大学心理学博士
广东外语外贸大学商学院教授
广东省人力资源研究会秘书长
2021 年 6 月 18 日

目 录

理 论 篇

第一章 文化与沟通 …………………………………………… 003
- 第一节 文化与文化意识 ………………………………… 004
- 第二节 沟通与文化 ……………………………………… 018
- 第三节 文化与沟通障碍 ………………………………… 023

第二章 语言在跨文化商务沟通中的作用 …………………… 032
- 第一节 语言与文化 ……………………………………… 033
- 第二节 跨文化商务沟通 ………………………………… 039
- 第三节 语言在跨文化商务沟通中的具体表现 ………… 046

第三章 跨文化非语言沟通 …………………………………… 058
- 第一节 非语言沟通概述 ………………………………… 059
- 第二节 文化与非语言沟通 ……………………………… 070
- 第三节 跨文化商务沟通中的非语言习惯 ……………… 073

第四章 不同文化间的信息沟通 ……………………………… 086
- 第一节 跨文化信息沟通概述 …………………………… 087
- 第二节 文化对组织信息的影响 ………………………… 092
- 第三节 文化与信息的沟通 ……………………………… 099

第五章 建立关系的文化准则 ………………………………… 110
- 第一节 人际关系与文化 ………………………………… 111
- 第二节 关系维系与文化 ………………………………… 118
- 第三节 跨文化商务活动中的社交行为 ………………… 122

实 务 篇

第六章 跨文化冲突与谈判 …………………………………… 139
- 第一节 跨文化冲突概述 ………………………………… 140
- 第二节 跨文化冲突的解决模式与应对策略 …………… 146

		第三节　跨文化谈判概述···148
		第四节　跨文化谈判的策略与技巧·····································157

第七章　跨文化沟通中的法律因素···167
		第一节　法律与文化···168
		第二节　法律体系··173
		第三节　跨文化商务谈判中的法律适用·······························180
		第四节　跨国公司相关的法律规制·······································188

第八章　海峡两岸及港澳的跨地区文化沟通··································200
		第一节　海峡两岸及港澳地区概述·······································201
		第二节　港澳台文化的比较···202
		第三节　港澳台与大陆的沟通··213

第九章　跨文化交友···225
		第一节　跨文化交友概述··226
		第二节　跨文化交友的结构···230
		第三节　跨文化婚恋···240
		第四节　提升跨文化交友的能力···249

第十章　留学教育与交流··259
		第一节　出国留学教育与交流··260
		第二节　来华留学教育与交流··266
		第三节　留学教育服务···273

第十一章　出国旅游···289
		第一节　出境旅游概述···290
		第二节　出境管理··295
		第三节　出国旅游实务···303
		第四节　出国旅游注意事项···314

理论篇

理论篇

第一章
文化与沟通

 学习目标

- 掌握文化的维度与差异性；
- 了解文化智力与文化意识的重要性；
- 掌握文化对沟通的影响机制。

引例

星巴克在中国

约82%的跨国公司的失败缘于跨文化品牌管理的失败，而星巴克却能够在竞争激烈的今天，在日本、中国大陆及港台地区，以及亚洲其他国家取得很大的成功，这离不开其推行的本土化战略。

星巴克进入中国市场后，在保持原有产品特色的基础上，加大了对新产品的开发力度，不断推出具有中国本土文化特色的产品。中秋节是中国人注重的传统节日之一，于是星巴克便在中秋节时在中国市场上推出月饼。另外，星巴克不断推出的融合中国元素的特色商品随行杯、马克杯、生肖储蓄罐等也成为它的盈利点，之后又推出了彩椒蘑菇包、豆腐蔬菜卷等中国式新品。

2009年端午节期间，星巴克的特色端午节产品"星冰粽"在江、浙、沪出炉。其粽子每盒8个，有红豆、咖啡、杜果三种口味，很吸引中外客人，星巴克又一次在中国的本土化尝试中取得了巨大成功。同年，为了庆祝进入中国市场10周年，星巴克推出了凤舞祥云咖啡豆，这也是星巴克首款融入了产自中国地区的咖啡豆的综合咖啡。

在2010年3月，星巴克在具有茶文化传统的中国市场上推出了令人吃惊的九款茶饮品，包含中式茶、四款异域茶及两款特制茶。4月，星巴克再次推出多款非咖啡夏日特饮，让人们在炎炎夏日也能尝到既符合中国人口味又冰凉一夏的星巴克饮品。

在2012年和2013年春节期间，星巴克相继推出的桃花如意拿铁和福满果香玛奇朵两款融入了中国传统风味的新年特饮广受欢迎，其独特的风味和所寓意的好兆头令许多人争相品尝。

在衍生产品设计上，星巴克在2015年和2016年共推出了两次中国城市系列星享卡，2018年推出了中国城市款星礼卡，卡面的手绘风格展示了我国各地城市的地标建筑和文化风情。

这些本土化产品让我们看到：星巴克在中国不断融合中国传统文化，并不断调整其跨文化管理模式。

（周义红，2012）

星巴克根据中国文化的特点不断调整产品策略，并大获成功，可见文化对沟通的重要性。本章将着重探讨文化与沟通的关系。

跨文化沟通是一种动态的跨国界和地区的行为和情感过程，在此过程中沟通的发起者和接收者有意地将他们的行为编码生成信息，并通过一定的渠道传递这些信息（Richard & Larry, 2000）。跨文化沟通问题之所以存在，是因为跨文化沟通的信息发出者和信息接收者具有不同的文化背景。文化差异的存在使得跨文化沟通更难操作。

有效的跨文化沟通在全球化日益加快和中国"一带一路"的大背景下越发重要，是商务活动进行的前提与商业扩张的保障，是消除文化误解与地区冲突的有力武器，有助于增强不同文化之间的互通性，给全球化发展插上腾飞的翅膀，推动世界的和平与发展。

第一节　文化与文化意识

文化是多维性的。所有的文化都是彼此关联的，没有任何一种文化是单一的、纯粹的，所有的文化都是混杂的、异类的、非常不同的、不统一的（特瑞，2003）。美国的塞缪尔·亨廷顿（2002）曾说："在未来的岁月里，世界上将不会出现一个单一的普世文化，而是许多不同的文化和文明相互并存。"文化差异的不可消弭性使得提高跨文化意识愈发重要。

一、文化

（一）什么是文化

"文化"是当今社会科学领域运用最广泛同时又是最难以准确定义的一个学术名词。英国人类学家爱德华·泰勒在《原始文化》一书中第一次明确给文化下了定义："文化是一个综合体，其中包括知识、信仰、艺术、法律、道德、习俗以及作为社会成员的人们掌握的其他能力和养成的习惯。"（Edward Tylor, 1871）著名跨文化学者霍夫斯泰德曾形象地比喻说，文化是 Mental Software（心灵软件），即一类人不同于另一类人的集体的头脑编程（Hofstede, 1994）。他也曾把文化比喻为洋葱，最外的一层称为象征物，人的肉眼能够看见；第二层是英雄人物性格；第三层是礼仪，礼仪是每种文化里对待人和自然的独特表现方式；最里面一层是价值观，即人们相信什么是真、善、美这一抽象观念，也是文化中最深邃、最核心的部分（林新奇，2004）。

（二）文化的特征

文化具有鲜明的特征，即连贯性、习得性和共享性（乔畅，2006）。

1. 连贯性

每一种文化，不管过去的还是现在的，其自身都具有一致性和完整性。文化是一种完整的宇宙观，它是某个特定的人群在遇到困难时所产生的统一的、持久的、愿景的外在表现。理解文化的完整性，我们就应该意识到在与来自其他文化的人们的交往过程中，或者在和其他的文化价值观接触过程中，要清楚自己传达给对方的文化价值观，同时也要了解对方的文化价值观。

人类文明和文化不是一蹴而就的，而是积累而成的，也许在一段时期内，一个国家或者政权有可能中断，但是该地区人们的文化却不会随着政权的变更而中断。其中最典型的当属中国文化，无论是在其萌生的最初阶段，还是在以后漫长岁月的演进过程中，从来都不是由一个单一民族创造的文化，而一直是作为一种内部有众多民族文化并存的多元复合的文化形态而存在的（刘鸿武，1996）。

这种文化能够持续发展且保持自身的统一性和持久性，与其内部众多民族形成的有助于其长期延续的文化关系结构密不可分，其他文化在某种程度上也具有类似的特征。

2. 习得性

文化并不是天生的，相反，文化需要通过学习来掌握。个体所学到的关于自己文化的东西，大部分是在社会化过程中耳濡目染、不知不觉形成并存储在大脑里的。在跨文化活动日趋广泛的今天，许多人已经学习了不止一种文化并且能够出入其间、游刃有余，他们会依据环境的变化，轻而易举地从一种文化过渡到另一种文化。但是，文化通过学习而得，并不意味着人们能够客观地谈论自己的文化。只有受到来自迥然不同的文化挑战时，人们才会回想起自己的文化。

3. 共享性

文化是为社会所共享的。社会成员在事物的意义以及这种意义的归因上达成了共识。他们从自己身边的人（如家里的长辈、老师、德高望重的长者、自己的同龄人等）身上学习文化，因为这些人的生活阅历本身就证明了其价值观的正确性，他们甚至从来都没有怀疑过这种正确性，所以他们都认为自己对此的阐释也没有错。他们一致认同什么是重要的，什么是真正值得尊重的。

社会各成员的意见即使不表达出来，也很可能会达成默契。因此，为了取得这样的默契，文化符号是不可或缺的和至关重要的，具有同一文化背景的人员共享该文化的各种符号和标识。

（三）文化的功能

文化的功能具体表现在如下三个方面（Beamer & Varner，2001）。

1. 文化列出了事情的重要次序

文化决定了人们的价值观或对事情的优先次序的观念。价值观是为群体所普遍接受的信念，它是社会文化的组成部分，又是社会文化因素在人们心中长期渗透、积淀的结果，它持久地影响着人们的态度、需求和行为方式，具有持久、稳定的特点。价值观告诉我们怎样去判断事物的价值，它隐含着一种相对的价值等级观念，而价值观或事情的重要次序在不同的文化中各不相同。比如"名望"，其重要程度在某些文化中可能大一些，而在另一些文化中可能小一些。

例证 1-1

日期、地址的写作次序

中国人写日期按照年、月、日的顺序，英美国家的人写日期则是先写日，后写月，再写年，顺序是由小到大，与中国人正好相反。中国人写信的地址是从大到小的，即国家、省、市、县、街道、门牌、收件人。而大多数西方人完全反过来，认为收件人最重要，所以收件人放在最前面，地址是从小到大排列，如：108 Louisiana street, Houston, Texas, U.S.A。其实写地址和写日期这两种排列方式，从侧面反映了东西方人对事物重要性次序观的不同。西方人习惯把信息量最大、时序最近的排在前面，予以强调，因为他们认为开头是最重要的。中国人习惯重过程，过程优先，由大到小。有人甚至认为，贝多芬第五交响曲响亮的开头之所以产生那么强烈的效果，是因为它迎合了西方人重开头的文化传统。

（葛志宏，2004）

2. 文化决定态度

态度是后天形成的，是对事物的总体评价。态度是一种倾向，是对同一对象、情况或观点的一致反应。态度是在价值观基础上形成的对事物的感觉，可以是积极的，也可以是消极的，是可改变的。人的态度与价值观和信仰等文化因素密不可分。

中西方存在很大的文化差异。这也导致了中西方人在对待事物方面的态度会有很大的差异，主要表现为价值观的差异。西方人比较注重个人主义价值观，这是西方文明的核心价值观，是以个人长远利益为根本出发点和归宿的价值观念，强调个人自由和个人重要性；而中国人则偏重集体主义价值观，集体主义价值观是社会主义精神文明的重要体现，强调公共利益高于个人利益。这种价值观的差异在对待家庭的态度上表现得最明显，西方家长会从他们孩子小时候就开始培养其个人独立性，减少他们对父母的依赖性，例如在小孩周岁时就让他们自己住一个房间，在学生时期也会自己去做一些兼职，挣点零花钱，成年以后就和父母分开住，甚至租房也不与父母同住，结婚以后有了自己的子女，也不会要求父母帮带；而在中国，孩子从小都跟父母住在一起，即使在结婚以后，跟父母同住的现象也很普遍，并且有了自己的子女以后，父母也会帮忙带。人们在对待相同的事物时出现的截然不同的态度都是中西方文化差异导致的。

例证 1-2

关 于 罢 工

Ono 先生保持沉默，面无表情。

"这样做会破坏美国各地的劳资关系，贵公司是日本企业，你认为这样做对于日本企业在美国树立良好形象有好处吗？"

……

"Ono 先生"，罗伯特又向他靠近一步，"这件事很严肃，你还是和你的翻译好好商议一下吧。"

"Ono 先生，如果日本工人罢工，一家日本大公司会解雇他们吗？"

Ono 和翻译商议了一番之后讲道："日本工人不会罢工，只有美国工人会罢工，因而我们会选择解雇罢工工人，招募新的工人。"

在本情境中，时任劳工部长的罗伯特·莱西本意是要通过会话，让日本老板 Ono 收回成命，不要惩罚罢工的工人。因为按照美国法律文化，劳工有罢工的自由（雇主和雇员是社会协议的关系），而政府官员出面过问，严厉训斥外企老板，是维护这种自由、保护劳工的合法权益的行为，当然，也是为自己摆脱困境。因此，他的行为不仅是合理的（从社会、文化的角度看），也是合适的。但是，那却是无效的，因为日本的企业和社会文化与美国完全不一样。在日本，企业像家族，想象一下，在自己家庭里，谁会罢工呢？所以，无论莱西多么义正词严，多么合理与合适，在日本企业文化面前，照样是白搭。

（何刚，2011）

3. 文化支配着行为

文化差异首先会从人们的行为上表现出来。人们的行为直接取决于其对于事物的重要意义的态度，即对于事物的价值判断。价值观驱动着行为，商务活动也是其中重要的一个部分。

例证 1-3

企业的家文化

娃哈哈集团、康奈集团、联想集团、胜利油田、比亚迪股份有限公司等企业建设的家文化都具备这样一些基本元素：家园（物质载体）、家情（情感管理）、家长（领导力）、家风家规（管理风格和制度）、家传（目标及绩效管理）。且诸元素的重要性是递减的，即首先强调物质条件，甚至有些企业就仅停留在此，便以为是在营造家文化了；其次是强调情感熏陶，认为构建其乐融融的企业氛围就是家文化；最后会渐次关注领导力、管理制度以及绩效，期望增强员工组织承诺和组织公民行为，提高组织绩效。领导者扮演着类似于父亲的角色，下属则类似于子女，即领导必须保护和照顾下属，下属必须忠于领导，服从其指挥。家长式的专权作风表现为不愿授权、下行沟通、独享信息及严密控制等；下属相应表现为公开附和领导的决定，无条件接受领导者的指派，效忠并信任领导者。领导者对待所有下属并不一视同仁，而是将他们分成自己人和外人，构成体现差序格局的微型社会组织。

同样提倡家文化的西方企业从不同的角度来营造他们心目中的家，侧重不同的构建元素。中国企业的家文化是在确保家长（领导）权力的基础上，对家庭成员实施照顾和关爱。而唐德计算机公司、宝洁公司、Sergio Lub 珠宝公司、罗森布鲁斯国际公司、Fernley & Fernley 等倡导家庭价值的企业文化是在平等、尊重、分享、参与和个性等理念基础上增添更多亲情，强调多理解和尊重，然后才是对生活的物质照顾。相对中国社会建立在人伦基础上的次序格局，西方的团体格局是建立在契约关系上的。基于契约文化的治理明显不同于基于家文化的治理。契约文化下形成的团体格局是一种非宗族文化的社团格局，弱化血缘关系，企业治理通常基于法治，领导方式偏向民主，具有自主治理的企业文化信念，主要体现在尊重个体、平等分享、员工主动而充分地参与、家规明确、管理者为活动倡议者、家文化的构建依靠员工而不是领导者的设计等，即使是家族企业也进行社会化管理，以冲破狭隘的家族牢笼。

（康蕾，2011）

二、文化的维度与差异性

（一）文化的维度

荷兰心理学家霍夫斯泰德提出了文化五维度的理论（Hofstede，1984）。其中，在对IBM工作在全球的116 000名员工的调查中，对东西方文化差异的原因用四个维度进行了概括，包括个人主义和集体主义（Individualism and Collectivism）、权力距离（Power Distance）、不确定性规避（Uncertainty Avoidance）、男性化和女性化（Masculinity and Femininity）。后来，霍夫斯泰德和Bond（1988）提出了第五个文化维度，即"长期取向"（Long-term Orientation）和"短期取向"（Short-term Orientation）。

（1）个人化倾向和集体化倾向。在个体主义文化中，强调个人目标，崇尚对抗、竞争、直言快语，注重逻辑和推理；在集体主义文化中，社会结构具有较强的凝聚力，集体利益高于一切。

（2）权力距离是指人们对社会或组织中权利不平等分配的接受程度。在权力距离小的国家，如美国，人们相信权力和机会平等，个人通过努力可以改变自身在社会中的地位；而在权力距离大的国家，如日本、中国，则相信分配可以不均，人有等级之分。

（3）不确定性规避是指反映社会成员对模棱两可或不确定性的容忍程度。该指数较高的文化往往难以忍受不确定性，因而个人对新思想或新行为持怀疑态度，人们往往借助于信念、习惯或是制度等避免这种不确定性。不确定规避指数较低的文化对于成文法规在感情上接受不了，除非绝对必要，因而有利于产生一些根本性的革新想法，却不善于将这些想法付诸实践。

（4）男性化和女性化用于描述社会的主流价值观更倾向于男性气质还是女性气质。该指数较高，说明该社会的男性化倾向明显，男性气质突出；反之，则说明男性化倾向不明显，男性气质弱化，女性气质突出。根据霍夫斯泰德的观点，男性化的文化特征崇尚办事果敢、乐于竞争、追求实质性的成功；女性化的文化特征则偏向于合作、养育、和谐。

（5）长期取向的文化关注未来，重视节俭和毅力。如日本，国家以长远的目光来进行投资，每年的利润并不重要，重要的是能够逐年进步以达到一个长期的目标。短期取向的文化里，价值观是倾向过去和现在的，人们尊重传统，关注社会责任的履行，但此时此地才是最重要的。例如，美国公司更关注季度和年度的利润成果，管理者在逐年或逐季对员工进行的绩效评估中关注利润。

（二）文化的差异性

各个国家、地区和民族的文化都存在一定的差异性，并且这些差异体现在方方面面，以下从推理模式、行动和存在、结果和关系、神与人类、时间观念五个方面对文化的差异性进行阐述。

1. 推理模式

思维模式是一个逐渐习得的过程，不同文化的推理方式不同，人们思考问题的角度、逻辑以及语言的组织也各有差异。没有语言，思维无法产生；离开了语言，思维也只是一种潜在的机能，"无以定其形，无以约其式，无以证其实"（李瑞华，1999）。

西方文化最典型的思维方式为线形思维，因此西方人擅长因果推理。上帝造人、人造房子、房子什么也不造，就是这种思维模式的一种表现，该模式使得西方人交流时表露较为直接。在语言谋篇方式上则体现为：首先亮明观点或看法，点明主题，然后再依次说明背景、条件、原因。并且，西方人侧重从个体出发把握对象，通过逻辑分析认识和了解事物，高度重视逻辑性。因此，西方人讲话时一个句子不论长短，主、谓语必不可少。如用英文表达"足球是一项高难度运动"这个观点并给出支持理由，可以表述成："Soccer is a difficult sport. A player must be able to run steadily without rest. Sometimes a player must hit the ball with his or her head. Players must be willing to bang into and be banged into by others. They must put up with aching feet and sore muscles." 观点放在句首，体现了西方人在写作中的线形思维。

亚洲人的思维方式讲究整体思维和主体思维，因此亚洲人擅长关联推理。例如，中国人常常会把谈判双方的一次会晤同两国历史上曾经发生过的重大事件联系在一起；"送伞""送钟""分梨"在中国被赋予了不好的谐音"送散""送终""分离"，因此"钟"是绝不能送人的，"梨"哪怕再大，也是不能分着吃的；还有"镜子"在中国不要拿来送人，否则对方会以为你在讥讽他"你有多大能耐，拿镜子照照吧"。但这些在西方人的眼里，却没有这样的意思（黄碧蓉，2003）。东方人在语言使用上，讲究的是意义的关联，没有形式上的线形衔接，如中国元曲大师马致远的《天净沙·秋思》。

天净沙·秋思

枯藤老树昏鸦，

小桥流水人家，

古道西风瘦马。

夕阳西下，

断肠人在天涯。

"阴阳物耦式"思维模式也是中国人的显著特点。《易经·系辞》："易有太极，是生两仪，两仪生四象，四象生八卦。"中国人的这种要素对比式的逻辑思维方式可能令西方人大惑不解。在沟通时，中国人会用一系列并不互相排斥的对照式平行句或对偶句，不管有无主谓，只要符合阴阳对立模式就行。再者，中国人的"螺旋式"思维模式在《太极图》中得到了充分展示，万物每一阶段的演变都有一个中介范畴，即：太极到阴阳中介动静，阴阳到五行中介变合，五行到男女中介妙凝，男女到万物中介交感（郑春苗，

1994）。亚洲的许多国家都使用中国的阴阳符号，如韩国的国旗上便有这个符号，故亚洲人交流多使用间接的方式，即首先叙述事情的背景或罗列客观的条件、原因、证据，然后"点睛"，得出结论，说明看法。

例证 1-4

中西方家庭教育思维方式的冲突

在美国，一位从中国大陆去的女士带一个两岁的女儿逛街时，女儿打了一个美国孩子。为了教训自己的孩子，她当场打了女儿，这惊呆了在场的美国人。当晚，女儿突发高烧，由于她没有稳定的工作，再加上英语不是很好，所以不敢去医院。好在她曾经当过"赤脚医生"，家里也有从国内带去的针剂，就给孩子注射了这种药。没想到孩子病情更加严重，她都快急疯了，多方打听下，她才将孩子送到了附近的医院。医生问了病情，当他们好不容易才明白这位母亲给孩子注射的是什么针剂后，让她回家拿来那种针剂。哎呀！是链霉素，竟然还过期了！链霉素在美国早就被禁用了。可是她不明白为什么医生那么惊讶并有些愤怒。她看到医生全力抢救孩子，心里踏实了，也很感激。几天后孩子终于痊愈了，当她高高兴兴准备接孩子回家时，却被医生断然拒绝了。更没想到的是医院控告她虐待孩子，法院决定暂时把孩子交给一家美籍中国人监护。

（宋晓莉，2016）

2. 行动和存在

行动导向的文化崇尚效率和实践，而存在导向的文化崇尚宁静、镇定与从容。这也就是西方人生活节奏快并提倡快速、高效，而泰国等国家更注重生活的安逸与平和的原因。克利福德·格尔茨（Clifford Geertz）（1999）第一次注意到了重视行动的文化与重视沉默的文化之间的联系。重视行动文化的人把沉默视为一种浪费，而重视存在文化的人往往会重视沉默。

例证 1-5

说 话 模 式

对盎格鲁-撒克逊人来说，A 先说，说完 B 接上，然后 B 开始说，说完停下 A 再接着说，一来一往，有问有答，顺序清楚，是良好的对话方式。如果一个人在别人还没说完话就插进来，会被视为不礼貌，有可能会遭到白眼。

但对于拉美人，这样的方式却未必被视为有效。他们的对话方式是，A 开始说话，但在 A 尚未停下时，B 就应该插嘴，打断对方，并接着往下说。然后 B 在还未结束时，A 插进来继续打断。打断对方被看成是对对方的话感兴趣，而且自己也有很多感受要分享。如果不插嘴，则说明话题无趣。

东方人则是 A 先开始说，B 在接 A 的话之前有一段空白，这段空白表示沉默。也就是说，在回答或接另一个人的话题时，应该有一个小小的停顿。这个停顿可能只有几秒钟的时间，显示的是你在思索对方的话，思考之后再回答。因此，沉默是对对方尊重的表现，同时也表现自己的深思熟虑。

（郑兴山，2010）

3. 结果和关系

结果与关系在某种程度上对应霍夫斯泰德关于个人主义和集体主义的观点。个人主义文化是行为导向的，强调个人成就，提倡在竞争中取胜，而结果便是其成就的衡量标准；集体主义文化则是关系导向的，强调人际关系的网络型支持与协力合作。

4. 神与人类

你若出差到印度马德拉斯，会看到商人一天去神庙数次，每天早晨工作开始之前都要为公司的运货卡车祈福。在泰国曼谷，女商人每天清早开门营业之前都提供给和尚食物，当天晚些时候会在街上的圣坛停下来做祷告。在土耳其的安卡拉，教徒们在对真主阿拉的祈祷中开始一天的生活，一天当中每隔一段时间还要做相应的祈祷。尽管这些国家都不受宗教约束，所有人都有宗教信仰自由，但是，由于多数人信教，宗教信仰活动对所有事物都会造成一定的影响。然而，某些国家对宗教在公众场合的频繁提及却极为反感，如加拿大人就对美国某些领导人频繁提及上帝感到困惑不解。

各国宗教制度不同，商务活动以及政治活动的执行、宣传等也存在差异。下面简单介绍下世界上五种主要宗教，以了解各国价值观、文化活动及商务活动的不同。

（1）基督教。基督教神学有两大来源：一是希伯来文化，二是希腊文明。它从希伯来文化得到了一个信仰的上帝，从而继承了犹太教"上帝面前人人平等"的伦理普遍主义传统；它又从希腊文明得到了一种理性逻辑的求知工具，从而继承了"真理面前人人平等"的认知普遍主义传统。所谓"吾爱吾师，吾更爱真理"，正是这种认知普遍主义取向的一个生动写照（帕森斯，1988）。尤其是前者，对基督教文化传统形成的影响更为突出。因此，在基督教的经典中，存在着强烈的普遍主义取向，甚至存在着为了使人们更好地信奉唯一的上帝，而反对与任何一个具体的人过分亲近的倾向。

基督教有3个主要分支，即天主教、新教、东正教。

① 罗马天主教人数最多，强调罗马天主教教皇在集权、等级制度中的绝对权威。耶稣是人类和上帝的共同儿子，由一个名叫玛利亚的女子所生，并被认为是上帝施恩于人类的辩护人。天主教教会组织体系自上而下，集中统一，所有神职人员，包括修士和修女，均遵守独身制度，在教堂里举行的宗教崇拜活动称为"弥撒"。天主教坚持《圣经》本身的权威，同时赞成以教会来主导对《圣经》的解释，强调神职人员的中介作用，从而使神职人员享有一个较为崇高的地位，相信凭借教会的引导使信徒得救。

② 新教徒与天主教徒有所不同。新教徒认为，耶稣是唯一的一位上帝和人之间的中保，个人必须同耶稣基督有直接的、亲自的接触。宿命论的观点在新教教派中占据主导地位，认为被上帝选定的人就是接受上帝的仁慈和恩典的人。物质财富的繁荣和被上帝选择这两者之间有紧密联系。财富应归因于上帝的恩准和赐福，如果上帝的恩准降临于你，你就会勤勉劳作，变得越来越富有，但财富不应被用于个人纵欲作乐，而应该用于储蓄和投资，用财富去创造资本。资本主义在新教的伦理环境中也因此得以发展。

③ 东正教是从中东、东欧和俄罗斯的早期基督教运动中分化出来的。基督教出现后不久，就逐渐分化成以希腊语地区为中心的东派教会和以拉丁语地区为中心的西派教会。1054年，东、西两派正式分裂，以君士坦丁堡为中心的大部分东派教会自称"正教"，意为保有正统教义的正宗教会。因为地处东方，故又称"东正教"。东正教有三大特点：保守性，表现在它拘泥于古代基督教会的教义和礼仪，不做任何更改和革新；神秘性，表现在它对教士实行禁欲主义，要求教士与世隔绝，终身过隐修生活；依附性，教会直接受制于王权，完全依附于世俗政权。

（2）佛教。佛教始于公元前6世纪的印度，是一名叫悉达多·乔达摩的王子创立的（悉达多：释迦牟尼本名；乔达摩：释迦牟尼的俗姓）。他一直过着衣食无忧、富足充裕的隐居生活，直到有一天，他碰到了一个年老的、已经死了的乞丐，目睹了生活的严酷，于是离家出走，去思考人生苦难的意义。他在一棵菩提树下沉静冥想后，悟出了道理，随后将自己悟出的道理向其他人讲说。

他的四大真理即四谛，具体如下。

① "苦谛"：人生的本质就是遭受苦难。
② "集谛"：人生的"苦"产生的根源在于欲望永远得不到彻底满足。
③ "灭谛"：当欲望消失时，人就可以从苦难中解脱出来。
④ "道谛"：消除欲望、摆脱苦难的途径就是"八正道"。"八正道"（Noble Eightfold Path）概括了规避邪恶和暴力、思考人的本体转瞬即逝的伦理行为。沉思冥想的目的是使思想完全专注于一个想法，从而使自己从欲望中解脱出来，并最终从感觉中解脱出来。

佛教对印度教的一种思想——"羯磨"（梵文音译，即"因果"）做了阐述，意为人的所作所为会以"原因—结果"这样的先后次序，产生某种不可避免的最终结果。做好事将产生好的因果报应，做坏事则产生坏的因果报应，这种因果报应无论好坏，都是人们今生和来世必须经历的事情。"涅槃"是世间所有一切法都灭尽而仅有一本住法圆满而寂静的状态，是一种超越了天地万物的空无状态。人自身与宇宙万物融为一体，一切皆空，这便是人生痛苦的终结。

佛教有两个大的分支：小乘佛教和大乘佛教。大小乘佛教之间的区别表现在如下五个方面：① 经典不同。小乘佛教只承认早期结集形成的经典是佛经，用巴利语写成，对后出的《阿弥陀经》《金刚经》《法华经》《华严经》等大乘经典并不认同。大乘佛教认为用梵语写成的大乘佛经才是经典，但是对小乘佛经也持肯定态度，认为小乘佛经是佛对小根器之人说的不了义经。② 对佛的看法不同。小乘佛教认为世界上除了现有的释迦牟尼佛和将来可能会有的弥勒佛，别无他佛。大乘佛教则认为世界上有大量佛，并且认为释迦牟尼佛并不是佛的真身，佛还有报身、法身，作为法身的佛，常住不灭，无在无不在。③ 对解脱的认识不同。小乘佛教认为常人是不会有来生的，只会修行到最高等次（即阿罗汉）之后涅槃解脱。大乘佛教则认为人均可成佛。④ 对菩萨的认识不同。小乘佛教认为释迦牟尼前世是菩萨，菩萨只是成佛前的状态。大乘佛教则主张众生均可成佛，认为文殊、普贤、观音等菩萨都是真实存在的，并且菩萨的修行有不同的等次。⑤ 对涅槃的认识不同。小乘佛教认为涅槃就是灭除肉体和精神，不再有来生。大乘佛教则认为涅槃是"常、乐、我、净"，涅槃之后还会有来世。

例证 1-6

信仰佛教的泰国

佛教是泰国的国教，佛教徒占泰国人口的95%。在泰国，严格的教法和习俗甚至对商业活动产生了影响。与泰国人做生意，必须注意由宗教信仰而衍生的各种商务习俗。访问泰国的各级政府机关宜穿西装，商界人士见面宜穿衬衫，打领带。约见大公司的办公人员，宜持有英文、泰文、中文对照的名片。

此外，泰国人非常重视人的头部，而轻视两脚，认为头是灵魂所在，是神圣不可侵犯的，因此切勿触摸别人的头，即使是小孩的头也不可随意去摸。又如长辈在座，晚辈必须坐在地上，或者蹲跪，以免高于长辈的头部，否则就是对长辈的不敬。人坐着的时候，忌让他人拿东西从头上而过。在泰国人面前盘足而坐是不礼貌的。商务谈判坐下时，千万别把鞋底露出来，因为这样是极不友好的。同泰国商人相处时，不要夸耀自己国家的经济，在泰国，最好携带旅行支票或本票，少用现金。商人如果对泰国的寺庙、佛像、和尚等做出轻率的举动，就会被视为有罪。在当地人家做客，如果发现室内设有佛坛，要立即脱掉鞋子和帽子。再者，初到泰国，要注意当地人行的合掌礼，外国人也可以照样行礼，双手抬得越高，表示对客人越尊重，但双手的高度不能超过双眼。

（浩知，1998）

（3）伊斯兰教。伊斯兰教的创始人是穆罕默德，他在大天使加百利（据说是替真主把好消息传给世人的使者）口传的启示下，进行公开讲道，把真主的启示传授给麦加的阿拉伯人，这些书面记录的启示被信徒们汇集起来，形成了《古兰经》。

"伊斯兰"一词的原意为"顺从"，即顺从真主"安拉"。在伊斯兰国家，最常用的词语就是"印沙安拉"（Inshallah），意思是"单凭天意，听天由命"。伊斯兰教一个最基本的信仰便是：一切事物无论好坏都是由真主的意志安排的。在不同国家，伊斯兰教的习俗各有不同。例如，在印度尼西亚、马来西亚、土耳其、埃及、沙特阿拉伯和突尼斯，伊斯兰教徒的行为各有不同，但他们都遵从《古兰经》的戒律。

以下为伊斯兰教"五功"的具体内容。

① 念功，即信安拉，立誓信教。可概括为：万物非主，唯有真主，穆罕默德是真主的使者。

② 拜功，即日祷，做礼拜。伊斯兰教教义要求祈祷者每天做五次祷告，信徒面向圣城麦加的方向，用阿拉伯语祈祷，其中最重要的祷告时间是每星期五的中午，在这个祷告时间里，男人们要去清真寺做礼拜。

③ 课功，即施舍性的捐赠。伊斯兰教提倡乐善好施、接济穷人。伊斯兰教徒每年进行一次慈善捐款。

④ 斋功，即斋戒。指伊斯兰教徒从黎明前到日落黄昏，戒除饮食、男女性关系，谨言慎行，自我克制，不许有任何非礼行为。伊斯兰教历法的第9个月为斋月，伊斯兰教徒须

白昼戒饮、食和房事一个月。黎明前而食，日落后方开。

⑤ 朝功，即参拜圣地麦加。每个信教的成年人，只要能够负担得起，就要每年去麦加参拜一次，伊斯兰教历法的第 12 个月是朝圣月。

（4）印度教。印度教源于古印度韦陀教及婆罗门教，是世界最古老的宗教之一。印度教认为世界由等级制度规范，即"种姓制度"。血统最纯正的婆罗门僧侣位于最上层，但不一定是最有权势的人。每个种姓都有自己的"德"或"法"，即职责，各种姓的成员根据才能和资质被安排承担某些工作。这会对人们的抱负和社会流动性产生影响，进而也意味着人们想从事具有流动性和其他特点的某些特定的职业，因受种姓制度的限制，这些工作对他们来说是封闭的。尽管以种姓作为雇佣和晋升的基础已被宣布为非法，但其价值取向在印度文化中依然存在。例如，三一重工印度分公司的一名中方高管在分配工作时，习惯性地由工作秘书进行传达，这遭到印度高管的投诉，原因是印度的种姓制度让印度高管们认为工作不应该由一名秘书进行传达。

此外，大多数印度人认为，灵魂既可以依托于人的形体，也可以依托于动物的形体转世重生。在印度教的教义内容中，恶鬼轮回到母牛要经历 86 次转生过程，再多一次转生灵魂便可托生为人形，因此他们不吃牛肉，崇拜牛。外国商务人士必须了解印度特定地区中人们的信仰是什么，因为某一个地区的某些基本宗教信仰在另一个地区可能是不被接受的。并且，印度人非常愿意谈论宗教问题，愿意谈论种姓制度对职业生活的影响。

（5）犹太教。犹太教起源于公元前 1 200 年以前，基督教和伊斯兰教都是在犹太教的基础上产生并发展起来的。《塔纳赫》是犹太教的经典，也称希伯来圣经，它同时是基督教圣经的旧约部分，总共 24 卷。另一个重要的著作是犹太法典《塔木德》，它由《密西拿》和《革马拉》两个部分组成。《密西拿》阐述了犹太人通过口述流传下来的教义的律法条文，《革马拉》是对《密西拿》中条文的注释，是由犹太学者在几个世纪中写成的。

大多数犹太人怀有某些共同的信仰，主要有以下 7 个方面。

① 宇宙中只有一个真神。

② 神关心人类。

③ 一人应体现对另一人的关怀。

④ 圣约是神与以色列民族订立的誓约，以神的戒律的形式表达了神希望他的子民善待宇宙万物的意愿。

⑤ 救世主弥赛亚或弥赛亚时代终将到来，参加宗教仪式和典礼的犹太人将在那个时代重生。

⑥ 信仰犹太教徒的惯例和习俗。

⑦ 信仰犹太人的圣日和犹太历法。

当代犹太集团可以划分为四大流派，分别由四个犹太人集团的成员所代表：正统派、改革派、保守派、重建派。世界范围内的大部分犹太人尽管不属于四大流派，但也认为自己是犹太人，其中有些人经常参加犹太人集会，而另有一些人出于意识形态方面的原因更愿意居于"尘世"。在"尘世"的犹太人和加入犹太集团的犹太人中，还混杂着其他一些把自己的身份定位于"犹太复国主义"的人,他们致力于在以色列创建和维护犹太人家园的活动。

5. 时间观念

不同文化背景的人们在时间观念与时间使用上存在差异。Edward T. Hall 把不同文化的时间分为两种范畴,即单一时间制(Mono-Chronic)和多元时间制(Poly-Chronic)。前者是一种强调日程、期限,讲究效率,倾向于做短期计划和一段时间只做一件事情的时间习惯;后者讲究时间使用的灵活性,倾向于做长期计划和一段时间内允许做多件事情的时间习惯。其中单向计时制国家主要包括美国、德国、瑞士等欧美国家,多向计时制国家主要有非洲、阿拉伯和希腊等。以下从四个方面对不同的时间观念做进一步的介绍(潘国强,2006)。

(1)对时间期限所持的态度。Edward T. Hall 和 William H. Whyte(1963)在谈到不同时间取向对交际的影响时指出:"美国人具有期限的概念。但是,如果对一个阿拉伯人提出最后期限,那无异于在公牛面前摇摆红旗。"可见,在不同的文化中,人们会对时间期限做出不同的反应。

以美国为代表的单向计时制国家深受时钟的"铁腕"控制,他们甚至称自己是时间的奴隶(Slave to nothing but the clock)。正如霍尔(Hall)所说:"在西方世界,任何人都难逃单向时间的铁腕控制。事实上,社会及商业生活甚至于性生活都受时间操纵。时间完完全全地编织人们生活的网络。"而多向计时制国家对时间期限的理解要灵活得多。如在中国,期限有时只意味着接近最后底线的一个警告,人们似乎都心照不宣地知道,在期限之后还有一个真正的"底线"。

例如,在商务沟通中,对于工程的完工时间限制,不同时间制的国家会有不同的阐释,跨文化沟通的矛盾也因此而产生。

例证 1-7

写 报 告

经理(美籍):你需要多长时间完成这个报告?

员工(希腊籍):我不知道。应该需要多长时间?

经理:你应该最有能力判断需要多长时间。

员工:10 天吧。

经理:给你 15 天时间。

15 天之后……

经理:报告呢?

员工:明天就应该行了。

经理:什么?我们不是说好 15 天完成吗?

在时间限制方面,美籍经理把 15 天看成是合同,是不可随意更改的"死期"(deadline)。但在希腊籍员工的眼里,15 天只是一个约定,不需要严格遵守,只要在 15 天左右完成就可以了。

(郑兴山,2010)

（2）对时间顺序所持的态度。Robert Levine（1959）曾说："时间是大自然用来避免事情同时发生的方式。"这就说明，事情本身有时间上的先后顺序，而不是同时发生的。尽管如此，不同文化对时间顺序的态度是不一样的。西方人视时间为一条河流，河水只能从一头流向另一头，不会倒流，也不会在哪里停顿。受这种线性时间观影响的西方人非常重视时间的价值。在西方谚语中有比较明显的体现，如："Time is money"（时间就是金钱）、"Make hay while the sun shines"（趁热打铁）、"Time lost can not be won again"（光阴一去不复返）等均反映出西方人的时间顺序观。西方的线性时间观是工业社会的典型代表，工业化程度较高的社会一般采用单一时间制。如美国，他们对时间这条"直线"严格进行分割计划，在一段时间里只安排一件事，既定日程不轻易改变，做事讲求效率、计划的周密性与严谨性。在一定程度上，时间观客观地操纵人们的社会生活，时间决定他们做什么，不做什么，必须先做什么，什么可以留到最后一分钟。

在中国传统文化中，对时间的认识既有线性观念，又有环性观念，但更多地表现为环性时间观念。环性时间观认为时间就像一个大圆圈，世间万事万物都在经历一个时间周期之后又回到原来的状态。中国人的环性时间观和历史环境分不开。以农为本、以耕为生的农民在漫长的生活实践中形成了按照农作物生长周期安排时间的习惯，久而久之，这种习惯就形成了一种定势。农民对季节的体察和感受格外细致入微。春耕夏耘，秋收冬藏，季节的更替、气候的变化与人们的生计休戚相关。"节气歌"既是长期生产实践的智慧结晶，也是农民感知时间的独特方式。因此，中国人在长期的农业生活中，受天时的循环变化影响，形成了这种环性时间观。

例证 1-8

三一重工的"双子塔"

在三一重工德国公司，招人流程就明显不同。中国人的做法像并联电路，多倾向于所有重要岗位同步招聘：既招聘营销老总又招聘营销经理，同时也招聘服务工程师。而德国人的做法则像串联电路，先招聘营销部门负责人，然后再授权他去招聘部门经理以及服务工程师。

如何把串联、并联用到同一个电路上呢？对于入职的高管、关键员工，三一会专门安排一次中国之旅，让他们全面了解并接受三一的企业文化和价值观，让彼此的沟通能够建立在共同的诉求之上。

此外，三一德国设立了"双子塔"，让"混血"团队通力合作。具体做法是，各个主要岗位的设置都是一正一副，比如财务主管、营销主管是德国人，那他们的副手就是中国人。这些中国"副手"充当中德两种文化之间的"变压器"，其职责是把中国总部的文化、做事逻辑及沟通语言等"变压"，让德国人能听懂、能理解，再由德国同事向欧洲市场直接输出。

（本案例源于网络，并经作者加工整理）

（3）钟点时间和合适时间。Erickson 等人（1982）曾借用希腊词语将时间分为钟点时间和合适时间。钟点时间主要是指在工业社会里人们严格按照钟点时间做事，人们制定生产和销售目标，确定每项工作应该完成的时间。合适时间是指按照事情发生的合理时间进行，比较注重做事的合适时机，但对时间的要求不像钟点时间那样需要精确到每分每秒。例如，在波多黎各，你在 10:30 有一个约会，你也许是对方的日程安排中要见的第二个人，你一直等到 11:30 也不奇怪，每个人都很重要，因此不能因为事先随意制定的时间表的安排就草率地结束会面。在俄罗斯，人们的通常观念是：时间与成本或利润没有什么关系，严守时间完全是一个陌生的概念。而在结果导向型的文化中，如以色列，守时不但是工作严肃认真的体现，更是一种基本的礼貌。这种钟点时间还被体现在英语语言中，如 to the minute, in a second 等。

（4）长期取向和短期取向。长期与短期取向是单向计时制和多向计时制的一个显著特征。持有长期时间观念的人倾向于制定长期的工作计划，希冀维护长期的人际关系，把坚持和耐心作为一种美德。持短期时间观的人喜欢做短期的计划，人际关系变化快，重视短期的目标，追求立竿见影的效果。美国前总统布什的一个预算官员 Richard Darman 在 1989 年曾批评美国已陷入一种所谓的现在主义（Now-Now-Ism），即人们过度地沉湎于现在和当前的利益和快乐，缺乏对未来应有的考虑。金融泡沫的破裂就是一个佐证。而长期取向文化中，如中国，人们从小受到的教育便是"只要功夫深，铁杵磨成针""一日为师，终身为父"等观念，做长期计划已深深扎根于人们的心中。

三、文化智力与文化意识

个体面对陌生文化时，既对陌生文化感到好奇，希望有更多的了解，同时又可能不愿意改变自己，而要求他人与自己一致。文化智力将帮助我们适应异族文化；而文化意识可帮助我们认识到文化差异，减少跨文化沟通中的冲突与矛盾。

（一）文化智力：对异文化的适应程度

"文化智力"一词是由 Earley 和 Ang（2003）最早提出的。他们认为，文化智力是反映个体在新的文化背景下，收集和处理信息、做出判断并采取相应的有效措施以适应新文化的能力。Peterson（2004）对文化智力的解释是，各行各业的工作者为了改善工作环境中的沟通，与来自不同国家的客户、合作伙伴以及同事保持融洽的商业关系的能力，包括语言能力、空间能力、情感能力以及人际关系能力四个方面。而对文化智力较为简单的概括是"一个人成功适应新文化环境的能力"，并将文化智力分为三个主要部分：① 对于文化以及思考和解决文化问题的行事方式的相关知识认知；② 适应新文化的动机；③ 应用，即将自己适应新文化的愿望、知识和能力付诸行动，解决文化难题（Beamer&Linda, 2001）。

关于文化智力的结构有三维结构和四维结构两种看法（王明辉，2011），但其实质大体类似。文化智力四维结构包括元认知性文化智力、认知性文化智力、动机性文化智力、行为性文化智力，其中元认知和认知部分可以统称为精神性文化智力。元认知性文化智力是指与来自不同文化背景的人交往时个体的意识水平和知觉程度；一般而言，高元认知性文化智力的个体具有较强的战略性思考能力，当与来自不同文化背景的人交往的时候，他们能够有意识地使不同文化环境的模糊性呈现条理性。认知性文化智力是指个体对不同文化环境中的规范、习俗的理解程度；高认知性文化智力的个体通常能够基于他们对新的文化中的经济、法律的理解，来寻找与不同文化背景的人的相同之处和不同之处。动机性文化智力是指个体适应不同文化的驱动力和兴趣点；高动机性文化智力的个体能够发自内心地关注文化情境，自信快速地适应不同文化。行为性文化智力是指当与来自不同文化背景的人交往时，个体所表现出的合适语言和非语言行为的灵活性；高行为性文化智力的个体能够根据他们的语言和非语言的能力在不同文化情境中表现合适的行为，如语调适中、举止自然等。

关于文化智力的影响效果，Ang 等研究发现，文化智力能够解释外派经理人的工作绩效和他们的适应能力，而且显著高于人口统计学变量与一般认知能力所能解释的部分。他们的研究还表明，精神性文化智力（包括元认知性与认知性文化智力）能够预测个体的文化判断、决策制定和任务绩效，动机性文化智力能够预测个体在不同文化环境中的普遍适应能力，而行为性文化智力与个体的任务绩效以及不同文化环境中的普遍适应能力相关。此外，动机性文化智力能够预测外派专业人员的跨文化适应能力，甚至超过了外派工作之前的组织培训（Templer，Tay&Chandrasekar，2006）。

（二）文化意识的重要性

根据 Hanvey（1979）的观点，跨文化意识是指跨文化交际中参与者对文化因素的敏感性认知，一般分为四个层次：一是对那些被认作是怪异的表面文化现象的认知；二是对那些与母语文化相反而又被认为是不可思议的显著的文化特征的认知；三是通过理性分析从而取得对文化特征的认知；四是从异文化持有者的角度感知异文化。第四个层次是跨文化意识的最高境界，要求参与者具备"移情"和"文化融入"的能力。

文化意识的高低决定了交际者能否摆脱自身文化积淀所形成的思维定式的影响，从而自觉地避免因文化差异，如文化取向、价值观念、宗教信仰、伦理规范、思维方式等引起的文化冲突，保证跨文化交际的顺利进行。跨文化意识的有无或程度的强弱直接影响交际的质量，同时也是衡量一个交际者能否成功地实现跨文化交际目的的重要准绳之一。

第二节　沟通与文化

受价值观、宗教信仰等影响，人们对事物的看法各不相同，在沟通中组织信息、问礼寒暄等方式也各不相同，文化与沟通的顺利进行有着密切的关系。关于沟通与文化之间的关系，国内外学者已展开了深入的研究。

一、"不同文化间的沟通"与"跨越一种文化的沟通"

威廉·古第坎斯特（2003）对"不同文化间的沟通"和"跨越一种文化的沟通"这两个概念做了区分，他认为："跨越一种文化的沟通涉及比较各种文化的沟通，而不同文化间的沟通涉及来自不同文化的人们相互之间的沟通。"本书的视角是"不同文化间的"沟通，着重对不同文化特有的文化特点在书中进行描述和比较。

表 1-1 是对"不同文化间的"与"跨越一种文化的"两种研究视角所包括的不同范畴的总结（Beamer & Varner, 2001）。表中的每一个研究领域都导致了理解文化与沟通之间关系的某种理论的创立。

表 1-1 "跨越一种文化的沟通"与"不同文化间的沟通"两种视角的部分研究范围

跨越一种文化的沟通（Cross-cultural）	不同文化间的沟通（Intercultural）
比较各种不同文化的沟通	考察不同文化背景的人沟通时的相互作用
把文化看作一个理论变量	用文化/文化变量来解释相互作用
包括跨文化心理过程，如认知和情感	包括不同文化间的心理过程，如身份管理、外表形象和表情
比较非语言沟通和其他沟通行为	关注沟通中的相互作用的结果和过程，如文化适应、冲突管理、团队工作、谈判
考察各种文化的言语（语言）沟通的差异	研究人们在其他文化环境中的适应性和心理调节
对比外在谈判行为；比较冲突管理方法	考察沟通网络

二、跨文化沟通的发展与研究范式

（一）跨文化沟通的发展

1. 跨文化沟通在国外的发展

在当今经济全球化的时代，人们很难回避跨文化沟通现象。跨文化沟通作为一门学科最早出现在美国，也是为了满足当时的经济发展以及政治和军事扩张的需要。20 世纪 60 年代末期，美国在推动跨文化沟通的研究中起到了先导作用。1958 年 Eugene Burdick 和 William Lederer 出版的《丑陋的美国人》(*The Ugly American*) 以及 1959 年 Hall 发表的《无声的语言》(*The Silent Language*) 标志着跨文化沟通研究的开始，也掀起了该研究的热潮。Hall 学习的专业是人类学，第二次世界大战后，他同其他人类学和语言学家一道，在美国对外服务协会工作。他们为即将奔赴其他国家从事政府事务工作的人开发出了各种出国前培训项目，编写培训教材，设计各种培训方法。之后，Hall 和其他学者继续为美国对外服务协会编写培训教材，逐渐形成了跨文化沟通这门学科。

此后，Robert Oliver 出版了《文化与交际》(1962)，A. Smith 出版了《交际与文化》(1966)，David Hoopes 出版了《跨文化交际学读本》，这三本书都是围绕文化与沟通的关系展开论述的。而在 20 世纪 60 年代中期以前，学者们在讨论沟通时很少涉及文化的影响。从 20 世纪 60 年代开始，美国的一些大学开始开设跨文化沟通这门课程。60 年代中期，匹兹堡大学的一批学者组织了研讨会，成立了一个研究中心，由 David Hoopes 主编，出版了《跨文化交际学读本》，在当时论著缺乏的情况下，这本书在教学中起到了举足轻重的作用。1970 年对于跨文化沟通研究来说是一个转折点，这一年，国际传播协会（The International Communication Association）正式承认跨文化沟通学这一领域，并在协会下成立了跨文化交际分会、言语传播协会（The Speech Communication Association），在协会下也成立了跨国与跨文化交际委员会，并确定 1970 年为"跨文化与跨国言语研究交际年"。

2. 跨文化沟通在中国的发展

20世纪80年代初,"跨文化沟通"这一概念在我国开始引进并有了迅速发展。1982年,许国璋先生在《现代外语》上发表了有关语言与文化的论文——*Culturally-loaded Word and English Language Teaching*(《文化词语与英语教学》),着重讨论了词的文化内涵与翻译的关系。1983年,何道宽发表的两篇文章《介绍一门新兴学科——跨文化的交际》和《比较文化之我见》将跨文化沟通作为一门学科向国内学者进行介绍,探讨了这门新兴学科的基本内容、理论及其研究成果。李筱菊在英国杂志发表的《为交际教学道路辩护》,被学者视为20世纪80年代国际英语教学改革的代表作。此后,随着交际法外语教学在我国的推广,讨论跨文化沟通与外语教学及翻译的文章便如雨后春笋般涌现,越来越多的中国学者投身到了跨文化的研究中,并为世界跨文化沟通研究的发展做出了贡献。

据统计,1993年以前,有关语言与文化的各类文章已发表有数百篇,这些文章涉及面很广,涵盖了与跨文化沟通研究有关的各个重要课题,这些论文基本上被收入在胡文仲主编的《文化与交际》、王福祥与吴汉樱主编的《文化与语言》两本书中。1993年以后,各类外语及对外汉语教学的刊物及高校文科学报上仍不断发表这方面的文章,数量相当多,无法一一列举。林大津教授的《跨文化交际研究——与英美人交往指南》综述了跨文化交际学,并从微观与宏观两个角度比较了英美文化与中国文化的差异及其对于各种沟通行为的影响,探讨了当代中国文化的动态特征,并对重新构建跨文化沟通能力提出了积极的设想与建设。

我国跨文化沟通研究在取得成就的同时,也存在不足,主要表现为:① 零散罗列现象较多,整体系统研究较少;② 低层次的概括较多,高层次的抽象较少;③ 实用性的建议较多,理论建树较少。总体上看,我国跨文化沟通研究在关注不同群体间的文化差异时,忽略了群体文化之间的共性探讨和群体文化内部的个性探讨,这是学术发展初期不可避免的现实局限,同时也是以后学术健康发展所要避免的误区(朱爱秀,2004)。

(二)跨文化沟通的主要研究范式

对沟通等人类行为和活动的研究属于社会科学研究范畴。一般来说,以英文和其他欧洲语言发表的、包括商务研究在内的社会科学研究成果,可以归纳为两个类型:实证主义和诠释主义(Beamer & Varner, 2001),又被称为研究范式(Research Paradigms)。研究范式是一种模式、一种解释事物的方法。这两种范式代表了对现实存在的事物、研究者的作用以及从事研究的理由的两种不同理解。

1. 实证主义方法

研究者使自己同研究对象区别开来,他们客观地观察、测量,使用规范的、去争议的术语来描述所观察的事实,其研究往往独立于特定的研究背景。举例来说,日本商人和墨西哥商人谈判在墨西哥中部建立一个合资企业,生产丰田轿车和卡车。在实证主义范式框架内进行的研究,可能就是对观察到的双方谈判中的行为进行的描述。研究者会从已知的关于日本文化和墨西哥文化显著特征的视角,考察双方的沟通行为,进而分析和预测在其合资企业中哪些方面可能出现问题、哪些方面可能运作正常。研究者可能针对日本文化和墨西哥文化使用某个模型或理论框架,进而度量观察到的沟通者行为是怎样与该模型或理论框架相匹配的。研究结果往往通过数据表示出来,并成为预测日本人和墨西哥人的沟通行为的基础。

2. 诠释主义方法

同样地,在考察日本商人和墨西哥商人在建立合资企业中的沟通行为时,研究者知道自己处于与研究对象的关系情境中。他们解释自己所听到、观察到的事实,使用不规范的术语描述其发现的结果,他们的研究并不独立于特定的研究背景。在上面的例子中,诠释主义的研究者会花一些时间在墨西哥进行访谈,找出墨西哥人认为其合资企业的沟通在何种程度上是成功的,或者在何种程度上是失败的。

表 1-2 所示为两种研究范式主要差异的对比。

表1-2 两种研究范式主要差异的对比

比较的内容	实证主义研究范式	诠释主义研究范式
对现实的看法	客观的、能被研究者观察到的	主观的、由人类的心智活动构成的
研究者的观点	中立的,观察数据不影响正在研究的事物	在某种程度上与研究的事物有关系,影响正在研究的事物
研究的目的	描述和预测沟通行为	按照被实验者所报告的结果描述沟通行为和原因
研究方法	观察	实地研究(例如访谈、民族志)
研究的期望结果	识别行为中的文化变量,结论可能对其他文化具有普遍适用性	以社会环境为背景解释文化和沟通

大多数跨文化沟通的研究都是把两种研究方法的原理相结合,而不是完全局限于一种研究框架内。同时,跨文化沟通的研究者在研究跨文化沟通时对研究变量的选定不同,研究方向也不同。

(1)多变量观察法。这里所说的多变量观察法是指考察文化价值观和态度等多个变量,并说明这些变量怎样导致了沟通行为的差异,从而对文化差异做出解释。

例证 1-9

不同文化下的自我介绍

西方的法国学生在介绍自己时,主要以特长、兴趣爱好等个人方面的特征为主要内容,而东方的中国、韩国学生并不注重个人特征,而更注重通过学校、家族等社会性关系来介绍自己。

法国学生:"大家好,我叫德克露妮·阿特利西亚,今年14岁了。现在除了学习法语,还在学习汉语和英语,我还想学习日语和韩语,以后我想进入能够学习东方语言的大学。我喜欢画画、读书和音乐,已经学了7年的钢琴,也听过很多K-POP音乐,我希望以后能在艺术或者医学领域工作。"

中国学生:"大家好,我是正扬小学的学生,名叫艾子敬,今年14岁了。我家除了爸爸妈妈之外,还有两个弟弟。我性格活泼,在家的时候喜欢帮助父母做一些力所能及的事情,在学校我也乐于向小伙伴伸出援助之手。以后我要努力学习,长大了我想当一名老师,这样才能像其他的老师那样,帮助那些农村里的孩子,教给他们很多的知识。"

韩国学生:"大家好,我是新宇小学四年级(4)班的郑愈彬,是家里的独生子,所以爸爸妈妈很宠爱我。前不久我的爷爷去世了,我伤心了好长一段时间。我之所以上学,是因为我希望能和老师、班里的小伙伴们一起学习,以实现我的梦想。我的梦想是成为首尔大学的教授,或者成为一名花样滑冰选手。"

(资料来源:从中法韩三国学生的自我介绍中看文化差异[EB/OL]. [2014-12-26]. http://mt.sohu.com/20141226/ n407300611.shtml.)

(2)单变量追踪法。选取沟通行为中的一个变量,追踪该变量在不同的文化中有何不同之处,如沟通情境在人际交流中的作用。基于此变量,爱德华·霍尔创立了关于文化类型的理论——"高语境文化"和"低语境文化"。高语境文化和低语境文化是跨文化沟通的最基本指南之一。语境(Context)通常是指各种不成文的规范、价值观、仪式、非语言行为及背景。根据霍尔的观点,高语境文化中,环境因素在编译码过程中起着重要作用。人们在交往时,较多的信息蕴涵在社会文化环境和情境中,而相对少量的信息寓于明码之中。因此,高语境文化的成员在交际时重"意会"。低语境文化中,明码在编译码过程中起着重要作用,环境因素的影响相对较小,所以低语境文化的成员在交际时重"言传"。威廉·古第坎斯特(2003)将12个不同文化的国家按从低语境到高语境的顺序排列,依次为:瑞士、德国、斯堪的纳维亚、美国、法国、英国、意大利、西班牙、希腊、阿拉伯、中国和日本。

例证 1-10

请 病 假

史女士(美籍经理):林小姐,请坐。我注意到上个月你请了好多次病假,我对你的身体有点担心。

林小姐(新加坡籍员工):对不起,史女士。

史女士:自从我把你提升到办公室以后你就这样了,是不是这个职位对你来说担子太重了?

林小姐:可能是。

史女士:我也不知道该怎么办。我也想过让沈先生或刘女士来当主任,但他们都不如你做事有效率,尤其是上几个星期。

林小姐:哦,不是这样。他们都很不错,而且在公司工作的时间都比我要长得多。

这则对话发生在美国公司在新加坡的办事处里,其中史女士是公司的外派经理,林小姐是本地招聘的员工。从这段对话可以看出,美籍经理史女士与新加坡籍员工林小姐之间在提升的标准上有相当不同的看法。史经理认为工作效率和工作绩效是最重要的提升标准,而林小姐认为在公司任职的时间(资历)应该是最重要的标准。现在提升她去领导老员工,让她压力很大,必须请病假逃避。史女士看到林小姐请病假,根本没有看出来林小姐是在逃避当老员工的主任的尴尬,而以为林小姐是真的病了。林小姐回答含糊其词,希望史女士能够"猜测"到她的真正意图。史女士就事论事的低语境思维方式与林小姐的高语境思维方式发生了冲突，导致沟通不能顺利进行。

（郑兴山，2010）

第三节　文化与沟通障碍

在进行跨文化沟通时，根据我们对对方文化的了解程度，可能出现三种情况：完全陌生；有一定了解，但过于简化或不准确；了解得比较全面。在这三种情况下，文化差异可能影响沟通的方式是不同的，分别表现为文化迁移、逆文化迁移和文化定势。

一、文化迁移

文化迁移是指在跨文化沟通中人们下意识地用本民族的文化标准和价值观念来指导自己的言行和思想，并以此为标准来评判他人的言行和思想，从而形成文化干扰，造成误解，给交际带来困难，甚至导致交际失败。文化迁移一般分为表层文化迁移和深层文化迁移。表层文化迁移一般很容易被观察到，如词语的文化迁移和言语行为交际模式的文化迁移等。深层文化迁移则指发生在深层文化层面的世界观和价值观等心理方面的迁移，由此引起的社会语用失误虽不如语言语用失误明显，却会对交际的顺利进行起到很大的制约作用（梁勇，2009）。

（一）文化迁移的形式

不同民族具有不同的文化，不同文化之间既有联系又有区别，既有各自的个性，又有普遍的共性。共性为跨文化交际提供依据和保障，个性却构成跨文化交际的障碍，进而引起文化的迁移。文化迁移按其文化意旨可分为以下三种。

1. 文化信息的增值

交际的一方或者双方获得的文化信息量超出了说话者所赋予的文化意旨，即受话者除了赋予说话人所要传达的意旨以外，还附加了说话者并未传达的意义，或受话者把说话者所要传达的某项较弱的意义人为地强化了。例如，"你饿了吗？"在汉文化中是一种寒暄语，类似于英语的"Hello"。但对不了解汉文化的英美人来说，却会理解成对方想邀请自己吃饭，其文化意旨就增加了。

2. 文化信息的减损

交际的一方或双方获得的文化信息量少于说话者所赋予的文化意旨，即受话者弱化了说话者传递的文化信息的强度，就出现了文化信息的减损。例如，有个中国学生想去拜访他的美籍教师，他的开场白是："Are you free this afternoon?"他的美籍教师感觉很奇怪，心想："It's none of your business."对于美国教师来说，自己是否有空与对方无关。

3. 文化信息的误解

交际的一方错认了说话者所赋予的文化意旨，这样就产生了文化信息误解。例如，对英美人的称赞语，缺乏跨文化交际知识的中国人往往要自谦一番，这让英美人始料不及，经常使他们陷入十分尴尬的境地。例如，对英美人来说，中国式的谦虚行不通，中国人的过分自谦，让英美人的一系列夸赞无处安放。明明是真心实意的夸赞，在中国人的谦虚面前却显得无比虚假（熊美华，余妹容，2005）。

（二）导致文化迁移的因素

导致文化迁移的因素有很多，总结相同之处可以分为两大类，即文化背景不同和思维方式不同。

1. 文化背景不同

文化具有民族性，每种文化都有其独特的风格和内涵。每种文化在其准则、规范、行为模式的表层下，都有着整套的价值系统、社会习俗、道德观念、是非标准、心理取向等，正是它们决定着语言的使用。各民族都有自己的文化。西方文化重个人、重竞争、突出表现自我。在这种文化中，个人偏好的生活方式受到高度重视，个人情绪、愿望、目的和隐私得到特别的尊重，并得到突出的表现，这是西方文明的产物。

中国文化强调个人在群体成员中的适当地位和适当的生活方式，家庭成员和家庭是社会的基本组织形式，人与人之间的关系决定于一个人在家庭中的地位，在家中的地位取决于他的辈分，在此基础上经过长期发展形成了中国重集体、重伦理的文化传统。在这种传统中，个人的情绪、愿望、目的、隐私等相对于群体来讲无足轻重，它们必须让位于群体的考虑。

2. 思维方式不同

思维方式是人类文化的重要组成部分，是人类文化的最高凝聚，是人类文化现象的深层本质。英汉民族的思维方式具有较大的差异，英语的话语结构呈现直线型，汉语的修辞结构呈现螺旋形。英语民族在说话和写作时先有主题句，后接一个自然衔接的例证句，而后收尾，或与此相反；汉民族在说话和写作时，不直接论证段落主题，而是在主题外围"团团转"，从各种间接角度来说明问题，这使英语民族的人困惑不解，他们觉得汉族人在说话和写作时"重点不突出，缺乏连贯性"。

例证 1-11

Listerine（李施德林）品牌故事

美国 Listerine（李施德林）漱口水最开始在泰国做广告时，以相爱的男女青年作为画面背景，结果失败了。原因是在泰国青年人没有恋爱、择偶的自由，婚姻是由父母包办的，而美国人用自己的文化去揣摩泰国人的心理，导致广告失败。后来，公司将广告画面改为两个女孩在一起讨论"Listerine"，销售业绩马上有了改善。

（陈小辉，殷萍，2007）

美国人崇尚自由，其中也包括婚姻自由，但是泰国却不是，泰国的婚姻都是由父母包办的，新婚夫妇可能直到结婚的那天才是第一次见面，所以 Listerine 最开始在泰国投入广告的时候只基于对自己文化的认知，没有考虑泰国本土的文化，从而导致泰国人们从内心不接受那样的广告。当美国人发现广告的效应不好时，才发现两个国家对婚姻的观念有天壤之别，之后，又基于泰国的本土文化重新制作了广告，并取得了良好的效果。

二、逆文化迁移

文化差异从沟通的角度来讲,就是符号编码或解码规则不一致。静态地来看,在一次具体的沟通过程中,如果双方对对方的文化都一无所知,显然会出现以己度人的情况。但如果双方都对对方的文化很了解,并在假定对方编码或解码方式不变的前提下,去适应对方,即发送者 A 将自己的编码规则调整为 B 的,同时接受者 B 也将自己的解码规则调整为 A 的,编码和解码规则不一致问题只是换了一种方式存在;只有当其中一方的解码或编码方式不变,另一方主动适应,同时采用 A 或 B 的方式,或者双方共同商定采用新的规则 C 时,沟通才能顺利进行(陈小辉,殷萍,2007)。因此,文化差异是导致跨文化沟通出现障碍的主要因素,尽可能全面地了解文化差异是人们关注的重点。但是了解了对方的文化特征,也不一定就会避免障碍的产生。

逆文化迁移不在于沟通双方对文化差异的无知或忽视,而是指沟通双方同时放弃了自己的立场,而采取了对方的立场,使编码与解码方式出现了新的不一致。这与文化迁移很相似,但是却以反向的形式出现,发生了逆文化迁移,反而导致了问题的产生。成功的跨文化沟通要求我们,不但要了解彼此的文化差异,而且要求我们了解文化差异在沟通中的作用机制,努力使双方达成一致,实现成功的交流,防止文化逆迁移。

例证 1-12

做 客

一位中国教授应邀到外教家里做客,外教夫妇心想一定要让教授好好享受这次聚餐,他们在中国教授到来之前,决定对中国人的餐桌礼仪再回顾一下,以免到时出错。当中国教授到来时,外教夫妇分别伸出手去跟他握手,可教授却给两人分别来了个拥抱。外教不禁有点诧异,心想平时教授不是这样的。接着,他们围着餐桌坐了下来,教授将自己盘子里的食物全部吃完了,外教说:"还需要吗?""不需要了,谢谢,我已经吃饱了。""再加点吧!""不用了,谢谢。"可是外教还是在教授的盘子里加了食物,因为他觉得教授是在谦让。在他印象里,中国人到别人家里做客时一般不会把盘子里的食物全部吃光。教授不得已又把食物全部吃光了。就这样来回了两三次,教授实在吃不下了,便将食物留在了盘子里。之所以会发生这样的事是外教有所不知,教授来之前同样做了充足的准备,对西方人的餐桌礼仪也温习了一遍,以求给对方留下好的印象。结果却发生了上面令人尴尬的场面。

三、文化定势

文化定势也称文化定型(Cultural Stereotype),这个术语最早由 W. Lippman 在《大众舆论》(1922)中首先采用,指的是人们对另一群体成员持有的简单化看法。文化定势可能是由于过度泛化而导致的,即断言群体中的每一成员都具有整个群体的文化特征,是人们因对其他民族或种族所持有的预想而导致的成见。例如,大多数人一般会认为中国人吃苦耐劳,英国人保守刻板,美国人开放随和,这可能是由于忽视文化具有动态性和变迁性而引起的。例如，以前中国重要的社会职位都属于老年人，而现在这些职位大部分被年轻人抢占。这类概括的认识常常左右人们对对方的理解，可惜的是这样的认知定型很可能导致跨文化商务沟通的失败，因为并非每一种文化的个体都带有他那种文化的所有定型特征。如果将定型的认知模式套用于某种文化的所有个体，必然会碰到意想不到的困难，毕竟同一种文化背景的人的个性也是千差万别的（韩仲谦，郝光华，2008）。

消除文化定势给跨文化交际带来的消极影响，要求商务人士具有良好的世界各国文化知识储备和宽容的博大胸怀，与人为善，以实现商务交际为最终目的，打破思维定势和偏见，与不同宗教、文化和种族的各类商人建立起良好的个人关系。

文化定势可能将我们的认识局限于一个或两个凸显的维度，妨碍我们对其他同等重要方面的观察，使我们对客观存在的差异浑然不觉，从而导致跨文化沟通的失败。

总之，为了有效地进行跨文化沟通，正确对待文化差异是一种基本要求。只有端正态度，尽量使不同文化相融合，才能促进沟通双方的沟通与协作，减少由于文化冲突而带来的组织关系的失谐（张邦辉，彭洪洋，2007）。成功的跨文化沟通要求我们必须培养移情的能力，即在传递信息前，先把自己置身于接受者的立场上；接受信息时，先承认发送者的价值观、态度和经历、参照点、成长和背景，设身处地体会别人的处境和境遇，从而提升感情上的共鸣能力。

本章小结

- 文化具有连贯性、习得性和共享性的特征。
- 霍夫斯泰德提出了文化五维度的理论，包括个人主义和集体主义、权力距离、不确定规避、男性化和女性化、长期取向和短期取向。
- 文化智力是反映个体在新的文化背景下，收集和处理信息，做出判断并采取相应的有效措施以适应新文化的能力。文化智力分为三个主要部分：① 对于文化以及思考和解决文化问题的行事方式的相关知识认知；② 适应新文化的动机；③ 应用，即将自己适应新文化的愿望、知识和能力付诸行动，解决文化难题。
- 目前跨文化沟通的研究范式有实证主义和诠释主义两种。
- 文化差异对沟通的影响表现为文化迁移、逆文化迁移和文化定势。

网站推荐

1. 中国文化网：http://www.chinaculture.org
2. 搜狐文化频道：http://cul.sohu.com
3. 中新网文化频道：http://chinanews.com
4. 人民网文化频道：http://culture.people.com.cn
5. 文化中国网：http://www.whzgzx.com

第一章 文化与沟通

 影视推荐

《刮痧》

故事发生在美国中部密西西比河畔的城市圣路易斯。许大同来美八年，事业有成，家庭幸福。在年度行业颁奖大会上，他激动地告诉大家：我爱美国，我的美国梦终于实现了！但是随后降临的一个意外却使许大同从梦中惊醒。五岁的儿子丹尼斯闹肚子，爷爷看不懂药品说明书，用中国民间流传的刮痧疗法给丹尼斯治病，而这成了丹尼斯一次意外事故后许大同虐待孩子的证据。中西文化的差异给整个家庭带来很大的影响。

 思考练习题 1-1：选择题

1. 文化的特点不包括（   ）。
   A. 习得性   B. 连贯性
   C. 共享性   D. 对行为和态度的决定性
2. 下列哪个国家不属于高语境文化的国家？（   ）
   A. 阿拉伯   B. 泰国
   C. 德国   D. 希腊
3. 下列不属于伊斯兰教"五功"的是（   ）。
   A. 信安拉   B. 日祷   C. 捐赠   D. 圣餐

 思考练习题 1-2：简答题

1. 简述霍夫斯泰德的文化五维度理论。
2. 试比较高语境文化与低语境文化的不同。
3. 什么是文化智力？

管理游戏 1-1：文化冲撞

主题：提升对文化差异的认知。

任务：出席一次由不同文化背景的人参加的聚会或交流活动。

准备：将团队分成 4 个小组。例如，将一个 12 人的团队分成每组 3 人的 4 个小组。然后分别给每个小组布置任务，布置任务时不要让其他小组听到。每个小组有一个不同于其他小组的文化准则，而且他们没有意识到其他小组是不遵循这一准则的。

事实上，这些准则在各个团队中是如此的根深蒂固，以至于他们几乎没法意识到这些准则只是他们自己所独有的。这些不同的准则是：

➢ 第一个小组回答任何问题时都要等待 7 秒钟后再作答，无论是多么细小琐碎的问题都一视同仁；哪怕提前一点点回答问题，均被视为一种没有修养的表现。

- 第二个小组要求对话时保持约 0.1~0.2 米的个人空间，如果在对话时与他人的距离超过 0.1~0.2 米即意味着对他人不尊重。
- 第三个小组要求任何性质的个人对话都应保持约 1.2 米的个人空间，保持这个距离是受到良好教育的标志。
- 第四个小组在与他人对话时从不看对方的面部，而注视对方的脚表示对他人的认可。

当每个小组都知道自己的文化后，将 4 个小组混合到一起，由教师选择一个普通的话题让他们进行交流。交流过程可以持续 5~10 分钟或者在讨论的激烈程度开始减弱时叫停。如果是一个大型团队，就应分组讨论不同的话题。例如，一个小组讨论"太阳黑子"，另一个小组则讨论"怀疑主义的托马斯学派"。

游戏时参考的讨论话题：

1. 如何准备好跨文化沟通课程期末考试？
2. 如何在跨文化沟通课程学习中处理好跨文化知识学习与跨文化沟通能力培养的关系？
3. 大学新生如何尽快适应大学学习生活？
4. 大学生应不应该谈恋爱？

这个游戏可以帮助加深理解不同的文化背景之间的冲撞，同时验证了一句众所周知的格言：理解万岁。让每个小组围圈而坐，问他们一些问题，例如：

与一个等待 7 秒钟后才回答的人交谈时是一种什么感觉？

必须等待 7 秒钟后再回答问题是一种什么感觉？

你注意到了什么？

你怎么做出反应？

当他人表现出一种我们不理解的行为方式时，我们会如何评价他们？

案例分析

从可口可乐广告看中西方文化的差异

2016 年里约奥运会期间，可口可乐针对欧美地区投放了一则名为《WHAT DOES GOLD FEEL LIKE?》（赢得金牌是一种什么感觉？）的视频广告。其展现了一系列欧美运动员名将在获胜时的激动神情与表现，配以欢快的音乐，并以文案指出"It's a feeling you can't contain. It makes you feel crazy. It bubbles inside you. You just can't describe it…I've craved this for so long!"即赢得金牌是一种无法控制的感觉，那感觉让你疯狂，能激起你内心的波浪，让你根本无法形容，每个人都对这种感觉渴求已久。该广告将运动员赢得金牌时的奇妙感受与畅饮可口可乐的爽快联系在一起，寓意喝可口可乐也能给用户带来无与伦比的快感，让用户就像赢取金牌一样成为人生赢家。

而针对中国地区，可口可乐投放的广告视频名为《此刻是金》，它不像欧美版广告那般强调喜赢金牌的心情，而是对金牌的意义进行了探讨。该则广告以中国知名游泳健将孙杨、女排运动员朱婷、田径运动员苏炳添为叙述对象，分别展现了他们从训练到比赛获胜的心路历程。当他们艰苦奋斗时，是家人给予了他们无微不至的关怀；当他们气馁止步不前时，是教练陪伴着他们攻克了一个又一个的难关；当他们受伤落泪时，是队友在旁加油鼓劲帮助他们再次鼓起勇气。在这一视频中，不论是谁，从来都不是一个人，就连他们喝可口可乐时也都会和这些身边的人一起分享。在上场进行比赛时，这些运动员在心中默念的是"这一次我们要一起赢，为彼此而赢，回报他们的信任，这对我们很重要。"影片中还频繁地出现了红旗飘飘的场景下千万中国人一起起立鼓掌欢呼为胜利庆贺的画面。该则广告在中国地区上线投放后引起了巨大反响和关注度，在微博官方平台上仅三天就获得了突破六百万的播放量。

（史楠，刘念，2019）

问题讨论：

1. 简述可口可乐公司针对欧美和中国两个广告的不同解读。
2. 结合本案例，分析此不同取得成功的原因。
3. 结合本案例，请简要提出你认为跨文化沟通中应该注意的事项及你的看法。

参考文献

[1] 周义红. 从星巴克（中国）看跨文化管理[J]. 今日湖北（中旬刊），2012（5）：79-80.

[2] LARRY A S, RICHARD E P. Communication Between Cultures[M]. Shanghai: Foreigh Language Teaching and Research Press, 2000.

[3] 特瑞·伊格尔顿. 文化的观念[M]. 方杰，译. 南京：南京大学出版社，2003.

[4] 塞缪尔·亨廷顿. 文明的冲突与世界秩序的重建[M]. 周琪，刘绯，张立平，等，译. 北京：新华出版社，2002.

[5] EDWARD B T. Primitive Culture [M]. London: J. Murray, 1871.

[6] HOFSTEDE G. Cultures and Organizations[M]. London: Harper Collins Business, 1994.

[7] 林新奇. 国际人力资源管理[M]. 上海：复旦大学出版社，2004.

[8] 乔畅. 中美合资企业员工跨文化沟通影响因素比较研究[D]. 上海：复旦大学，2006.

[9] 刘鸿武. 民族文化关系结构的独特性与中国文化的连续性发展[J]. 思想战线，1996（2）：57-62.

[10] LINDA B, IRIS V. Intercultural Communication in the Global Workplace[M]. 2nd ed. McGraw-Hill College, 2001.

[11] 王明辉，张芳. 文化智力及其对组织管理的启示[J]. 商业时代，2011（26）：99-100.

[12] 葛志宏. 东西方时间观念的跨文化比较[J]. 盐城师范学院学报（人文社会科学版），2004（4）：101-104.

[13] 何刚. 话语、社交、文化：文化驱动的社会语用视角[J]. 外语教学理论与实践，

2011（3）：35-41.

[14] 康蕾. 因家之名：中西方企业的家文化之比较研究[J]. 理论观察，2011（6）：74-77.

[15] HOFSTEDE G. Culture's Consequences: International Differences in Work-Related Values[M]. 2nd ed. Beverly Hills CA: SAGE Publications, 1984.

[16] HOFSTEDE G, BOND M H. The Confucius Connection: From Cultural Roots to Economic Growth[J]. Organizational Dynamics, 1988, 16(4): 5-21.

[17] 李瑞华. 英汉语言文化对比研究[M]. 上海：上海外语教育出版社，1996.

[18] 黄碧蓉. 思维文化差异与跨文化交流[J]. 湘潭工学院学报（社会科学版），2003（5）：87-90.

[19] 郑春苗. 中西文化比较研究[M]. 北京：北京语言学院出版社，1994.

[20] 宋晓莉. 从跨文化交际案例看中西方思维方式的差异[J]. 边疆经济与文化，2016（7）：50-51.

[21] 克利福德·格尔茨. 文化的解释[M]. 韩莉，译. 北京：译林出版社，1999.

[22] 帕森斯. 现代社会的结构与过程[M]. 梁向阳，译. 北京：光明日报出版社，1988.

[23] 浩知. 各国商务礼俗撷萃[J]. 决策探索，1998（2）：44-46.

[24] 潘国强. 单向记时制与多向记时制：中西文化时间观差异[J]. 浙江交通职业技术学院学报，2006（3）：60-63.

[25] EDWARD T H, WILLIAM F W. Intercultural communication: A Guide to Men of Action[M]. Practical Anthropology, 1963（9）：83-108.

[26] EDWARD T H. The Silent Language[M]. New York: Doubleday, 1959.

[27] 郑兴山. 跨文化管理[M]. 北京：中国人民大学出版社，2010.

[28] ROBERT LEVINE. A geography of Time[M]. New York: Anchor Books, 1997.

[29] ERICKSON F D, SHULTZ J. The Counselor as Gatekeeper: Social Interaction in Interviews[M]. New York: Academic Press, 1982.

[30] EARLEY P C, ANG S. Cultural intelligence: individual interactions across cultures[M]. Stanford, CA: Stanford University Press, 2003.

[31] PETERSON B. Cultural Intelligence: A Guide to Working with People from Other Cultures[M]. Yarmouth, ME: Interclutural Press, 2004.

[32] TEMPLER K J, TAY C, CHANDRASEKAR N A. Motivational Cultural Intelligence, Realistic Job Preview, Realistic Living Conditions Preview, and Cross-cultural Adjustment[J]. Group & Organization Management, 2006(31): 154-173.

[33] HARVEY R G. Cross-cultural awareness//E C SMITH. Toward internationalism: readings in cross-cultural communication[C]. New York: Newbury rlouse, 1979: 53-54.

[34] WILLIAM B G. Cross-Cultural and Intercultural Communication[M]. Thousand Oaks: SAGE Publications Inc, 2003.

[35] EUGENE B, WILLIAM J L. The Ugly American[M]. New York: W.W. Norton & Co., 1999.

[36] ROBERT O. Culture and Communication[M]. Syracuse University Press, 1962.
[37] ALFRED G S. Communication and Culture: Readings in the Codes of Human Interaction[M]. New York:Holt, Rinehart and Winston, 1966.
[38] HOOPES, DAVID S. Global Guide to International Education[M]. New York: Facts on File, 1984.
[39] 许国璋，王宗炎．现代外语[M]．上海：上海外语教育出版社，1994．
[40] 何道宽．介绍一门新兴学科：跨文化的交际[J]．外国语文，1983（2）：70-73．
[41] 何道宽．比较文化我见[J]．读书，1983（8）：104-111．
[42] 胡文仲．文化与交际[M]．北京：外语教学与研究出版社，1998．
[43] 王福祥，吴汉樱．文化与语言论文集[M]．北京：外语教学与研究出版社，1994．
[44] 林大津．跨文化交际研究：与英美人交往指南[M]．福州：福建人民出版社，1996．
[45] 朱爱秀．对我国跨文化交际研究的重新认识[D]．上海：华东师范大学，2004．
[46] 梁勇．中西文化差异与跨文化交际[J]．康定民族师范高等专科学校学报，2009（3）：51-53．
[47] 陈小辉，殷萍．影响跨文化沟通的种类及对策建议[J]．现代商业，2007（23）：280-281．
[48] 熊美华，余妹容．跨文化交际中的文化迁移[J]．江西社会科学，2005（7）：202-204．
[49] LIPPMAN W. Public Opinion [M]. New York: Free Press, 1997.
[50] 韩仲谦，郝光华．浅析跨文化商务交际失败的原因[J]．商场现代化，2008（26）：183-184．
[51] 张邦辉，彭洪洋．浅析跨文化沟通中的障碍及改善途径[J]．现代企业教育，2007（16）：63-64．
[52] 史楠，刘念．集体主义还是个人主义：从可口可乐的中国本土化广告看当代中国文化价值观[J]．新闻知识，2019（7）：57-61．

第二章
语言在跨文化商务沟通中的作用

学习目标

➢ 了解语言与文化之间的关系；
➢ 掌握跨文化商务沟通的概念与特征；
➢ 了解语言技巧在跨文化商务沟通中的作用与使用原则；
➢ 了解语言在跨文化商务沟通中的具体表现形式。

引例

事 与 愿 违

一位旅美中国女商人准备乘飞机外出度假，心里希望她的美国朋友开车送她去机场。然而由于她不好意思直说，而深受西方文化背景影响的美国朋友在交际过程中又不善于听弦外之音，结果只能是事与愿违。以下是她们的一段对话。

中国女商人：这个周末我要去洛杉矶！（期望美国朋友能够主动提出开车送她去机场）

美国朋友：太棒了！真希望能和你一起去。你准备在那儿待多长时间？

中国女商人：三天。

美国朋友：（如果她想让我开车送她，她会说出来的）祝你玩得开心！

中国女商人：（如果她真的愿意送我的话，她会主动说出来的。看来她不愿送我，我只好另外找人了，这个人真不够朋友）谢谢！再见！

（靳娟，2010）

在上述对话中，中国女商人在交际中习惯性地遵守了高语境文化的沟通方式，极少传递明确的信息，信息接收人必须在字里行间体会其引申的含义；而对于美国朋友来说，因为在西方人所遵循的低语境沟通方式中，信息的传递很明确，所以美国朋友在"这个周末我要去洛杉矶"所表达的隐性话语中丝毫听不出中国女商人的真实意图。

因此，在跨文化沟通中，语言交际与文化背景的相关性研究有着很大的实际意义。

第一节 语言与文化

语言作为文化的关键性载体和传播媒介,是文化的外在表现形式。任何一个民族文化都必然包含着形态万千的抽象语言系统。语言和文化是相互依存、互相影响、共同发展的。在文化的发展进程中,与之相对应的语言又会得到不同程度的发展。然而,即便交谈双方都使用同一种语言,由于在口音、方言、地方特色等各个方面存在着不同程度的文化差异,沟通中的信息传递也往往会受到重重阻碍。因此,正确理解语言与文化之间的关系,有助于我们有效地进行沟通。

一、语言的概念

语言是人类最重要的交际工具,是人们进行沟通交流的主要表达方式。人们借助语言保存和传递人类文明的成果。语言是区分民族的重要特征之一,各个民族通常都有自己的语言。汉语、法语、俄语、西班牙语、阿拉伯语、英语是世界上的主要语言,也是联合国的工作语言(共六种)。

语言是人们交流思想的媒介,它必然会对政治、经济和社会、科技乃至文化本身产生影响。语言这种文化现象是不断发展的,其现今的空间分布也是过去发展的结果。根据语音、语法和词语等方面特征的共同之处与起源关系,语言分不同语系,每个语系包含数量不等的语种,这些语系与语种在地域上都有一定的分布区,很多文化特征都与此有密切的关系。

二、语言的分类

语言按交际功能可分为四大类:对话语言、独白语言、书面语言和内部语言。

(一)对话语言

从解释学的角度看,对话是指双方各自基于自己的前理解结构,通过理解而达成的一种视界融合。它不仅发生在人与人之间,还发生在人与物之间,不但存在于语言中,还存在于语言外。从社会学和文化学的角度看,对话作为一种交往和互动、沟通和合作的文化,是与民主、平等、尊重、信任、理解和宽容联系在一起并以之为前提的文化(张增田,2005),具体表现在如下三个方面。

1. 对话是人类语言交际的一种重要方式

从我们生命伊始,意识初来,语言就围绕着我们,它与我们智力发展的每一步紧密相关。语言犹如我们的思想和情感、知觉和概念得以生存的精神空气,没有它,我们就不能呼吸。语言与对话相依相存,密不可分。语言只能存在于使用者之间的对话交际之中。对话交际才是语言的真正生命所在。语言的整个生命,不论是在哪一个运用领域,都渗透着对话关系。

2. 对话是交往双方基于理解的视界融合

伽达默尔（1999）认为，理解是一种以问题为中心的对话，一种在问和答的辩证过程中被揭示出来的东西，理解活动从根本上来说是语言性的，是一种无穷的对话过程，理解对象的意义依赖于理解者，是在与理解者的对话中出现的。

3. 对话是一种态度、一种关系、一种意识和哲学观

作为一种态度，对话是指一种主动积极地参与和介入、互动和合作的态度；作为一种关系，对话是一种消除了种种矛盾和对立之后建立起来的人与人之间的平等、真诚、尊重、信任、自由、民主的交往关系。需要说明的是，并不是所有人的交往都能形成或具有对话关系，只有那种彼此真诚、平等、相互尊重和信任、相互敞开和接纳的交往才是对话关系。对话也体现为一种独特的意识和哲学观，在此意义上的对话，完全超出了语言交谈的范围，成为渗透于人类一切行为和意识中的哲学。

例证 2-1

直 截 了 当

两个美国人谈生产时会这样对话：

甲：这船货物必须明天运出。

乙：这船货物根本不可能明天运出。

而在中国，这种场景的对话则会是：

甲：我希望这船货物最迟能在明天运出。

乙：我想我们可能会遇到一些问题，也许会有点儿困难，不过我们会尽力而为的。

（靳娟，2010）

中国人利用拐弯抹角来避免直接冲突与对立，把尖锐的地方变得圆滑、温和，给对方留下充分的余地去退让或改变看法。与此相比，美国人的直截了当使很多国家的人不适应，觉得这样做事难以接受。拐弯抹角虽然不伤害别人的感情，但是对美国人来说做生意的速度就太慢了。美国人寻求的是直截了当。美国人将速度、效率和事实放在优先考虑的位置，而中国人将尊敬、和善、涵养放在首位。

（二）独白语言

作为文学作品中人物语言的表现形式之一，独白是指人的自思、自语等内心活动。通过人物内心表白来揭示人物隐秘的内心世界，能够充分地展示人物的思想、性格，使读者更深刻地理解人物的思想感情和精神面貌。需要指出的是，"独白"这个词原本并不包含任何贬义色彩，认为"独白"有自说自话、不听人言、自我中心之嫌，是对"独白"的误读。无论是英语中的monolog，还是汉语中的"独白"，其成词的时间都不早，是随戏剧的流行而得以流传和使用的。《现代汉语词典》将"独白"释为"戏剧、电影中角色独自抒发个人情感和愿望的话"。由此定义可见，"独白"的基本词义是"个人之抒怀""个人之言志"的"个人之言说"。在这个基本词义里，并不必然地包含"自我中心"的倾向，也不具有与对话对立和独断、"反交往"的意味。将"独白"一词运用到教育活动中来，

一般地说，只是"角色"及其活动场域的变化，"个人之言说"（言志、抒怀）的基本词义不变，词的感情色彩在一般情况下仍属中性（陈云凯，2003）。

（三）书面语言

一般来讲，书面语是把语言写在纸面上，口语是把语言用嘴说出来。因此，不少人就认为凡是嘴里说出来的话就是口语，写在纸上的话就是书面语。这种看法虽然有道理，但是并不很完备。语言的物质载体只是区分书面语和口语的一项标准，另一个重要的标准是检验话语的内在特征。严格来说，必须区别"口语"和"口头"、"书面语"和"笔头"这两对概念。"口头"和"笔头"表明的是语言交际的渠道和形式，而"口语"和"书面语"则属于语体的分别，是根据话语的内在特征，也就是主要的语言特征划分出来的功能语体类别，而这两种语体选用什么样的渠道和形式表达出来则属于次要问题，虽然书面语多采用"笔头"形式，口语多采用"口头"形式（李绍林，1994）。

书面语的典型表达形式是"笔头"，口语的典型表达形式是"口头"。在书面语交际中，利用的是可见的符号，形体各异的符号组成可传达意义的序列。口语交际由人体的发音器官和接收器官来完成，信息由声波来传送。口语是一种面对面的交际，说话者能够不断地观测听话者的各种反应，通过这种反馈信息来检验他的话语效果并确定下一步的言语策略和方式。尤其是两个人对话时这种情况最为显著，或者听话者人数较少时也会产生这种情况。

（四）内部语言

内部语言是相对于外部语言而存在的。心理语言学把我们通常说话、写文章都看作外部语言活动，把人们沉思默想时言语思维凭借的工具称作内部语言。一般认为，内部语言是由外部语言逐渐"内化"而成的。用语言表达思维内容，是一个内部语言向外部语言转化的过程，在从思维到外部语言表达的过程中，内部语言起"中介"作用。内部语言虽然没有不同于外部语言的特殊语汇体系和语法结构，但也不能把它看成是减去声音的外部语言，它有自身的特点和发展规律。首先，它最突出的特点就在于十分简略，往往简略到不连贯、不完整，只剩下一些片断，因而一般是较少受语法限制的。内部语言虽然简略，但内涵却相当丰富。在内部语言中，一个词或一个短句，"说出来"可以表示一个完整复杂的含义，这种一与多的对应，常常使符合正常语法规范的外部语言无法将它负载的信息完整、准确地译出，这就是我们通常所说的"词不达意"。内部语言之所以具有以上特点，是因为作为思维工具，它仅仅是为思想者自己服务的，人们没有必要把对自己不言而喻的东西或早已确定地存在于思维中的东西再加以固定、再现和改造；只有那些需要强调的、重新获得的、不确定的部分，或者对思维进一步展开有重要意义的部分才需要在内部语言中表现出来。

其次，内部语言既然保留的只是思维内容中一些最重要的部分，同时又由于句法的作用降低到最低限度，因而用来进行逻辑思维的内部语言，某些概念的意义就特别突出，用来形象思维的内部语言，某些语词的形象性特别突出，从而审美的体验性也特别突出和强烈（刘成刚，1989）。

三、语言与文化的联系

人类学家和语言学家 Benjamin Lee Whorf（1965）提出了 Whorf 假设：语言决定着文化，语言和文化之间存在着密切的关系（胡壮麟，2001）。因此，在交流中，人们总喜欢用自己的说话方式来解释对方的话语，这就可能会对对方的话语做出不准确的推论，从而产生冲突。在跨国商务活动中，语言在交流沟通中发挥了重要的作用。如果沟通双方使用的语言无法得到统一，那么商务活动中的沟通便无从下手，更加谈不上成功合作。但是当前的情况是，在各类跨国的商务活动中，仅仅对语言本身进行熟悉掌握是远远不够的，更加需要重视了解的是语言中蕴涵的深刻文化。世界上各个国家的人们都有不同的语言习惯及基本行为，如果不能对其中存在的差异及共性深入了解，在跨文化的沟通中便容易引起不必要的误会。

语言就像一面镜子，清晰地反映了使用该语言的文化内涵。语言与文化相互依赖、相互影响，理解语言必须了解文化，理解文化也必须了解语言。

（一）文化包括语言，语言是一种特殊的文化现象

文化主要包含两个方面：物质文化和精神文化。在对这两种文化现象的具体解释中，通常是通过社会生活中的实例来加深我们的理解。例如，物质文化就是：印度女人穿纱丽，尼泊尔人喜欢手抓饭，日本人喜食生鱼片，中国人见面爱握手，毛利人见面碰鼻子，韩国人习惯盘腿席地，等等，这都是各个民族物质文化的表现。同时，精神文化就是在社会发展中，人们的意识形态集中起来的价值观念、思想道德、法律条例、审美兴趣。而语言就是在人类产生之后，随着文化的产生而形成的一种精神文化，它属于文化的一部分，但是又具有其他文化所没有的特殊性。

（二）语言是文化的载体

文化是人类社会特有的现象，是人类一切社会现象和内在精神的既有、传承、创造、发展的总和。而语言是文化的重要载体，是文化的一部分，文化的形成和表达离不开语言。语言又受文化的影响，反映文化。语言和文化是共存和相互依赖的，语言不仅是文化的一部分，其本身也是一种自成体系的文化。语言资源是文化资源的重要组成部分，是传承优秀传统文化和保持文化多样性的重要前提，也是决定国家软实力和国际影响力的重要因素。（曹志耘，2015）

（三）语言是文化的传播方式

语言是人类思维方式和文化交流的一种最主要的方式。人类的思维方式和文化交流实际上也是文化形成和传播的表现，人类因为思维的存在，从而能够在不断的社会实践中逐步形成文化，又在不断的语言交流中互相传播各自民族的文化。语言学家索绪尔（F. D. Saussure）（1980）明确指出："语言是一种表达思想的符号系统，而且是最重要的符号系统。"语言是文化的载体，人类在不断的社会实践中形成了不同的文化，文化继而又催生出与它相对应的语言。语言是人类思维和交流的工具，人们常常需要借助语言的词汇或言语来加以记载传承。正是因为有各种书籍和历代学者的研究汇总，我们才能分析出

殷墟出土的甲骨文的含义。如果语言没有以书面形式记载，那么我们现代人很难破译出甲骨上艰涩难懂的文字的含义，我们甚至可能无法了解那些都是文字，而只是把它们当成了古人的一种涂鸦绘画而已。

（四）语言的形成和文化的发展相互制约

语言是思维的工具，而文化的构成又离不开思维（精神文化是思维的直接产物，物质文化是思维的间接产物）。作为思维的工具，语言在一定程度上影响和制约着思维的方式、范围和深度。然而，当思维发展到一定的程度，语言形式不能满足其需要或阻碍其发展时，人们也会自觉或不自觉地改造思维工具，促使语言发生变化。从这个意义上来说，思维又影响和制约着语言。一方面，文化的生命力在于传播。语言作为文化传播的工具，自然对文化的传播有着极大的制约作用，是文化得以生存的力量；另一方面，由于文化的传播，尤其是跨文化的传播，语言中又会出现一些新的词语、新的表达方式，这样文化又影响和制约了语言。

四、商务沟通语言

商务沟通的语言基于商务的特点，但又具有其独特的语言范式与表现内容。其特点之一是具有浓厚的商务语境和社会文化元素，是多元文化交流的产物。

（一）商务沟通的定义

商务沟通是指商务活动中的交流和洽谈过程，其效果涉及个人驾驭语言的能力、应变能力、亲和力等综合素质以及公司实力等诸多因素（金志茹、张含璞，2010）。其作用在于加深双方商务的友好往来，促进商务经济的发展，是利益往来的基础。商务沟通的目的在于知己知彼，找到切入点，与客户进行良性互动，从而与客户建立起业务合作伙伴关系。商务沟通是一个动态的、多渠道的过程，它包括特定组织内部和外部的沟通。随着全球经济一体化的纵深发展，商务沟通已成为国际贸易活动中的重要研究领域。

（二）商务沟通语言的特点

一般来说，商务沟通语言具有以下四个方面的特点（金志茹，张含璞，2010）。

1. 商务沟通语言的用词应当严谨、准确

在商务沟通中，尤其在书面沟通中，要避免使用意思含糊不清或有多种意思的词语，以免产生商务纠纷，造成经济损失。如：As to the steamers sailing from Hong Kong to San Francisco, we have bimonthly direct services. 在英语中，bimonthly 可以有两种解释：① 一个月两次的；② 两个月一次的。因此上述句子会使对方产生误解。所以，当我们想要表达"我们每月有两次从香港到旧金山的直达轮船"时，可以采取如下方式把意思表达清楚：We have two direct sailings every month from Hong Kong to San Francisco. 这样表达，对方就一定不会产生误解了。

2. 商务沟通语言具有较强的目的性、实用性和客观性

在商务会议、电话和讨论的情境中，人们多使用客观性语言，词语表达多倾向于中性，避免使用主观性或带个人色彩的语言。例如，在介绍产品质量时，我们不必说"我

方产品优良"或"质量一流"之类的话，只需直接向客户介绍我方产品的材料和制作工艺，让客户自己去感受产品的高质量，给客户一个实实在在的感觉。

3. 商务沟通语言表达应当礼貌、得体

在商务沟通中，我们经常会遇到对方提出我方难以达到的过高要求，此时如果我们直接说"不行""做不到"之类的话，会使磋商陷入僵局，同时也没有了商量的余地。此时如果我们能够采用一种迂回的方式，情况就会好得多。例如，我们可以向对方传达这样的信息："如果我们满足了贵方的要求，贵方是否愿意承担相关增加的费用（Would you willing to meet the extra cost if we meet your conditional requirements?）"显然，这种说法能够避免产生不愉快的效果，同时又表现出对对方的尊重。

4. 商务沟通语言应当言简意赅

商务沟通语言包含大量专业词、带有商务含义的普通词或复合词以及缩略词等。例如：CIF=Cost，Insurance and Freight（到岸价）；FOB=Free On Board（离岸价）；4C 代表 Customer Need，Cost，Convenience，Communication；4P 代表 Product，Price，Place，Promotion；等等。在进行商务沟通时，语言表述应当简明扼要、专业性强，且容易被信息接受者理解，以使商务信息传递全程浑然一体，进而达到实施商务沟通的目的。

五、商务沟通语言与文化的联系

商务沟通是商务活动中非常重要的一项基础性工作，其为商务活动的顺利进行提供了有效的途径。商务沟通常常是在跨文化语境下进行的，其沟通行为在很大程度上受环境的制约；同样，语言形式的选择在很大程度上受文化环境的制约。因此，它不可避免地要受到不同的社会文化的制约和影响，从而表现出其独特的社会语言学特征。

首先，商务沟通语言具有浓厚的社会语境和文化特色，因此，跨文化语境下的商务沟通语言无论在措辞上，还是在意义表达上，都体现出不同国家之间的社会文化差异。例如，在国际商务交流中，我方经常会说"如贵方大量订货，我们不胜感激"，这句话如果不考虑双方的社会文化因素，简单地直译成"If you give a large order, we will be thankful"，则会引起外商的不满。他们会认为我们想表达的意思是："如果他们大量订货，我们会非常感激，如果订货量不大，我们就不表示感激了。"在了解了中西方文化差异的基础上，如果我们把上面的话译成"We would really appreciate it in case that you sent a large order"，效果则大不一样，这句替换掉了上面由 if 引导的条件状语从句，突出强调了感激之情，因此，更易被外商接受，从而更有利于谈判的顺利进行。

其次，商务沟通的语言是多元文化交流的产物，因此，要确保商务沟通的顺利进行，就必须了解生活在不同文化背景下的群体的说话方式。例如，当德国人和美国人进行商务沟通时，他们常常不能够理解美国人所说的"我知道这是不可能的，但我们试一下"。在德国人看来，既然事情是不可能的，那又怎么试呢？而当我们真正地了解了美国人的说话方式时，我们就会知道，美国人的真实意图是夸大地强调困难，只要有足够的利益保证，事情还是能够办成功的。由此可见，良好的商务沟通需要的不仅仅是简单的语言沟通能力，更多的是对于沟通双方的言语环境与文化背景的了解。因此，对商务沟通语言进行社会语言学视域下的阐释,不仅有利于国际商务交流,同时对探讨语言学范围内的语言与社会、语言与文化之间的关系也具有重要的意义。

例证 2-2

中、日、美商务沟通中的语言差异

一家美国公司与一家日本公司谈判,众所周知,日本人的素质是非常高的,当你和一个日本人说话的时候,他会用"哈伊"来回应你,这代表他有在认真听你说话。而在日本人与美国人的谈判当中,美国人每说一个条款,日本人都回应一句"哈伊",美国代表以为这些条款日本人都接受了(哈伊=yes),但是当签订条款时美国人才发现日本人的意思是"我知道这些条款了",而不是"我同意这些条款了"。

在广交会的一次中美商务谈判中,中方介绍自己的企业为 Second-Class Enterprise,意思是二级企业,但美方一听,原本很高兴的兴致顿时冷了下来,原来他们把"二级企业"误解成"二流企业"。

(陈俞闽,2017)

第二节 跨文化商务沟通

随着社会经济的不断发展,国际之间的交流沟通开始逐渐增多,来自海内外的各国商务人士均开始相互进行频繁的商务交往。自中国 2001 年加入世界贸易组织(World Trade Organization,WTO)后,我国越来越多的企业商务人士开始来往于世界各国,进行各种商务活动。然而,在各种跨国商务活动中,由于中西方语言文化的差异,极大地影响了跨国商务活动的顺利进行,甚至会直接导致跨国商务合作的失败。因此,在基于中西方文化差异的基础上,了解语言在跨文化商务沟通中的作用及语言沟通技巧,在进行商务活动中能够有效地促进国际商务沟通(耿建钢,2014)。

一、跨文化商务沟通的概念

跨文化沟通是在经济全球化背景下凸显出来的一个极其重要的社会文化现象。所谓跨文化商务沟通,是指在商务活动中,拥有不同文化背景的人们之间的信息、思想、知识和情感的互相传递、交流和理解过程。

例证 2-3

上兵伐谋,其次伐交

有一次,我们去日本当地采购生产所需设备。在设备价格问题的商务谈判中,虽然对方做出了一些让步,但所提出的价格仍超出我方心理预估,双方僵持不下。原本谈判至此已濒临破裂,但考虑到全世界只有日本生产此类设备,且国内生产线均是依照此型号标准定制的,设备买不回去,生产就无法进行,于是我方又在当地联系了另外两家同

样代理此种型号设备的商社（代理商），希望能借三方对订单的竞争，将设备价格"拉"下来。事实证明，这种做法的确有一定效果，价格在原有基础上进行了下调，然而距离我方预期标准仍有一定差距。

经常与国外企业打交道的人会了解，与国内企业容易在争取客户时大打价格战不同，日本企业常常会形成一种价格联盟，即当价格降到一定程度后，各个商社都不会在原有基础上再下调产品价格，而是通过配套的服务来争取客户。因此，我方经过讨论，制定了这样的一个策略：一方面故意冷落最先联系的那家代理商，继续跟后联系的两家商社进行谈判；另一方面利用一定的渠道调查公司设备底价。最终，经过艰苦的谈判过程，我方终于以节省了近亿元花费的价格，顺利将设备订单拿下，投入生产。

（资料来源：国际商务谈判：上兵伐谋，其次伐交[EB/OL].（2009-03-13）. http://www.ceconline.com/sales_marketing/ma/8800057411/01/.）

二、跨文化商务沟通的特征

跨文化商务沟通过程也可以看作是在人类信息的相互交换中，不同符号系统的信息相互送出和接收的过程。文化因素影响到跨文化沟通的全过程，特别是对沟通过程的三个最重要的因素——发讯者、受讯者与经过编码的信息，产生很大的影响。因此，跨文化商务沟通不仅具备了沟通的社会性、主动性、互动性、符号性和干扰性等特点，同时具备复杂性、异质性和冲突性三大特有的属性。

（一）复杂性

跨文化商务沟通呈现出与同文化沟通不一样的特点，其中之一就是复杂性。同文化沟通的过程是：一个意图被发讯者编译成语言的或非语言的刺激源，然后传输给受讯者。受讯者将这些刺激源解码，最后以自己对这些主观意图的理解而结束。而跨文化商务沟通则由于文化因素的介入而增加了沟通的复杂性和困难程度——在一种文化环境中的编码，却要在另一种文化环境中进行解码，即信息的发出者是一种文化的成员，而信息的接收者则是另一种文化的成员。来自不同文化的沟通双方的行为方式、价值观、语言、生活背景等都存在着很大差异，它们在很大程度上影响着和决定了人们如何将信息编码、如何赋予信息意义，以及是否具备可以发出、接受、解释各种信息的条件。

（二）异质性

比起同文化内部的沟通，跨文化商务沟通的异质性要高出很多。由于文化对其内部成员在思维方式、信仰、态度、价值观等系统的影响，直接塑造了一组特殊的沟通形态。来自不同文化的人们互动时，最明显的差异在于无法共享符号系统，甚至赋予相同符号以不同的意义。对某一得体的行为，不同文化背景的人会做出完全相悖的反应和评价；同样地，对不同文化背景的人来说，相同的词或相同的事物有时有着不同的甚至相反的含义。这种异质性是跨文化商务沟通的最大障碍。在跨文化商务沟通中，沟通双方若不能进入同一文化背景之中，就容易对信息产生歧义或误解，从而使沟通失败。

例证 2-4

失败的中意商务谈判

中国一家公司与意大利的公司进行谈判，双方因为价格的问题僵持不下。意大利代表对产品的质量不满意，中国代表为了打破这个局面，决定按照我国的习俗，请对方吃饭。饭后双方再次谈论价格时，意大利代表反而将价格再次下调。原来在意大利，当谈判陷入分歧时，请客吃饭就代表着对方理亏，想要通过请客吃饭的方式表达自己的让步。因此，由于对对方文化了解不够，谈判失败。

（陈俞闽，2017）

（三）冲突性

在跨文化沟通的过程中，文化的异质性主要表现为共同分享的符号系统的萎缩，没有足够的共有符号可供使用，彼此误解的概率必然增高，而误解的产生意味着发生冲突的可能性，因此，冲突性构成了跨文化商务沟通的第三大特色。

三、语言技巧在跨文化商务谈判中的地位与作用

无论是与具有某种文化背景的人进行必要的商务应酬，还是与文化多样性的劳动群体一起共事，与他们交流时，应该选择恰当的技巧，同时也需要特别注意许多相关的事项，如共性和差异、文化敏感性问题、文化偏见、灵活性和耐心等。就跨文化沟通技巧来说，需要考虑到两个方面的特点，即共性和差异。掌握共性的东西有助于我们更好地理解他人对我们所抱的期望，这样我们在彼此交往时更容易建立起一种初步的关系。差异是我们应该多加注意的另一方面，不同文化背景下的人所受的教育不同，礼貌和习惯也不同。

语言方面的沟通很重要，但这也只是沟通的一个方面。有研究表明，在面对面的沟通中，那些来自语言文字的信息不会超过35%，有65%的信息是通过非语言形式传递的。例如，日本人不喜欢在自己说话时别人盯着自己的眼睛，因为这是不礼貌的表现。再如，墨西哥人因为对时间观念很松散，所以约会的时候常常迟到；希腊人喜欢在达成协议前将所有的细节问题逐一进行讨论；而法国商人的谈判风格显得十分放肆，特别是他们使用威胁和警告的频率最高（邢栋，2012）。由此看出，人们交际时很大程度上都借助于非语言行为。人们常说的仪态、举止、谈吐中前两项都属于非语言范畴。然而，在跨文化商务沟通中，强调非语言交际的重要性，决不意味着要贬低言语交际所起的作用。相反，如果没有语言，不用说交际交流，就连人类的生存都无法想象。而且，非语言交际如果和言语交际完全分割开来谈论，其作用就会显得微乎其微，无从谈起。因此，在跨文化商务沟通中，语言技巧的效用往往决定着双方的关系状态，乃至谈判的成功。其地位和作用主要表现在以下三个方面（覃业城，2017）。

（一）语言技巧是商务谈判成功的必要条件

美国企业管理学家哈里·西蒙曾说，成功的人都是一位出色的语言表达者。同时，成功的商务谈判都是谈判双方出色运用语言技巧的结果。在商务谈判中，同样一个问题，

恰当地运用语言技巧可以使双方听来饶有兴趣，而且乐于合作；否则可能会让对方觉得是陈词滥调，产生反感情绪，甚至导致谈判破裂。面对冷漠或者不合作的强硬对手，通过超群的语言及艺术处理，能够使其转变态度，这无疑为商务谈判的成功迈出了关键的一步。因此，成功的商务谈判有赖于巧妙的语言技巧。

（二）语言技巧是处理谈判双方人际关系的关键环节

商务谈判对抗的行动导致反行动这一特征，决定了谈判双方的语言对彼此的心理影响及其对这种影响所做出的反应。在商务谈判中，双方人际关系的变化主要通过语言交流来体现，双方各自的语言都表现了自己的愿望、要求，当这些愿望和要求趋向一致时，就可以维持并发展双方良好的人际关系，进而达到皆大欢喜的结果；反之，可能解体这种人际关系，严重时导致双方关系的破裂，从而使谈判失败。因此，语言技巧决定了谈判双方关系的建立、巩固、发展、改善和调整，从而决定了双方对待谈判的基本态度。

（三）语言技巧是阐述观点的有效工具和实施谈判技巧的重要形式

在商务谈判过程中，谈判双方要把己方的判断、推理、论证的思维成果准确无误地表达出来，就必须熟练地运用语言技巧这个工具。同样地，要想使自己实施的谈判策略获得成功，也要出色地运用语言技巧。

四、正确运用谈判语言技巧的原则

在商务谈判中不仅谈判的内容重要，而且谈判过程中语言的运用及其所表现出的态度举止也一样重要。善于运用语言艺术的人懂得利用表情、手势和抑扬顿挫的语调等技巧来表达和强调自己的思想和见解。但是，如果这些运用过分或欠缺，就不能准确表现自己的初衷。因此，在商务谈判中运用语言艺术时需要遵循以下四个基本原则。

（一）客观性原则

谈判语言的客观性，是指在商务谈判中，运用语言技巧表达思想、传递信息时，必须以客观事实为依据，并且运用恰当的语言向对方提供说服性的依据。这是一条最基本的原则，是其他一切原则的基础。离开了这一原则，无论一个人有多高水平的语言艺术，他所讲的也只能是谎言，商务谈判也就失去了存在和进行的意义。

（二）针对性原则

谈判语言的针对性，是指根据谈判的对手、目的、阶段的不同要求使用不同的语言。简言之，就是谈判语言要有的放矢、对症下药。提高谈判语言的针对性，要求做到以下几个方面。

（1）根据不同的谈判对象，采取不同的谈判语言。不同的谈判对象，其身份、性格、态度、年龄、性别等均不同。在谈判时，必须反映这些差异。从谈判语言技巧的角度看，这些差异透视得越细，洽谈效果就越好。

（2）根据不同的谈判话题，选择运用不同的语言。

（3）根据不同的谈判目的，采用不同的谈判语言。
（4）根据不同的谈判阶段，采用不同的谈判语言。

比如，在谈判开始时，以文学、外交语言为主，有利于联络感情，创造良好的谈判氛围。在谈判进程中，应多用商业法律语言，并适当穿插文学、军事语言，以求柔中带刚，取得良效。谈判后期，应以军事语言为主，附带商业法律语言，以定乾坤。

（三）逻辑性原则

谈判语言的逻辑性，是指商务谈判语言的概念明确，谈判恰当，推理符合逻辑规定，证据确凿，说服有力。

在商务谈判中，逻辑性原则反映在问题的陈述、提问、回答、辩论、说服等各个语言运用方面。陈述问题时，要注意术语概念的同一性，问题或事件及其前因后果的衔接性、全面性、本质性和具体性。提问时要注意察言观色、有的放矢，要注意和谈判议题紧密结合在一起。回答时要切题，一般不要答非所问，说服对方时要使语言、声调、表情等恰如其分地反映人的逻辑思维过程。同时，还要善于利用谈判对手在语言逻辑上的混乱和漏洞，及时驳倒对手，增强自身语言的说服力。

提高谈判语言的逻辑性，要求谈判人员必须具备一定的逻辑知识，包括形式逻辑和辩证逻辑，同时还要求在谈判前准备好丰富的材料，进行科学整理，然后在谈判席上运用逻辑性强和论证严密的语言表述出来，促使谈判工作顺利进行。

（四）规范性原则

谈判语言的规范性，是指在谈判过程中的语言表述要文明、清晰、严谨、准确。

第一，谈判语言，必须坚持文明礼貌的原则，必须符合商界的特点和职业道德要求。无论出现何种情况，都不能使用粗鲁、污秽的语言或攻击辱骂的语言。在涉外谈判中，要避免使用意识形态分歧大的语言，如"资产阶级""剥削者""霸权主义"等词和宗教语言。

第二，谈判所用语言必须清晰易懂。口音应当标准化，不能用地方方言或黑话、俗语等与人交谈。

第三，谈判语言应当注意抑扬顿挫、轻重缓急，避免吞吞吐吐、词不达意、嗓音微弱、大吼大叫或感情用事等。

第四，谈判语言应当准确、严谨，特别是在讨价还价等关键时刻，更要注意一言一语的准确性。在谈判过程中，由于一言不慎导致谈判走向歧途，甚至导致谈判失败的事例屡见不鲜。因此，必须认真思索，谨慎发言，用严谨、精练的语言准确地表述自己的观点和意见。

上述四个基本原则，都是在商务谈判中必须遵守的，旨在提高语言的说服力。在商务谈判的实践中，不能将其绝对化，单纯强调一个方面或偏废其他原则，必须坚持上述几个原则的有机结合和辩证统一。只有这样，才能达到提高语言说服力的目的。

五、研究跨文化商务沟通的意义

跨文化商务沟通对企业自身的发展及国际经贸的合作与交流起着至关重要的作用。随着经济全球化进程的不断深入以及国与国之间的合作日益密切，研究跨文化商务沟通的意义重大（靳娟，2010）。

（一）国际商务发展的需要

20世纪末以来，世界经济格局进一步发生了极其重大的变化，传统的"国内市场"与"国外市场"的界限正日益被打破，经济全球化和一体化成为新的历史发展趋势。在这种大趋势的冲击下，国际交流与国际合作进一步加强，各国企业正逐步融入一个相互依赖的全球经济体系之中，国际经贸和商务活动以前所未有的速度快速增长，国与国之间的联系大大加强，国际商务活动也越来越频繁。例如，企业把产品推销到国际市场，进行跨国合并与合资和到国外从事业务外包等。面对国际经济格局的改变和对外贸易额的激增，中国进一步调整了经济和商务战略，并对跨文化商务沟通问题给予了高度关注，以扫除国家、民族之间交际时在语言、文化习惯等方面存在的文化差异障碍。

英国著名经济学家托马斯·曼早就指出：一个优秀的跨国企业管理人员和商人所应具备的品质之一是"能说几种语言并熟悉各国的法律、风俗、政策、礼节、宗教、艺术状况"。因此，研究跨文化商务沟通的问题，了解跨文化商务沟通的知识，提高跨文化沟通的能力，消除由于文化差异造成的障碍，减少误解与分歧，增加交流和信任，是国际经济贸易与商务的需要，是时代的呼唤，是大势所趋。

例证 2-5

华为的跨文化管理

跨文化管理指通过克服不同文化之间的差异，在此基础上重新塑造企业的独特文化，最终打造卓有成效的管理行为。英国《经济学人》曾给予华为这样的评价："它（华为）的崛起，是外国跨国公司的灾难。"华为的成功发展已经成为当今许多中国企业跨文化经营的榜样和旗帜。

以华为的海外员工培训为例。对许多企业来说，对东道国员工进行一个长期的培训开发计划将有利于企业本土化的过度。文化维度不同，东道国员工对跨国企业的文化认同度也不同。中国传统的企业文化是重内省，不重传达，这样的企业跨国经营不通过培训是很难能获得其他国家员工的认同感和忠诚度的。华为素来就以狼性的管理文化著称。华为的口号是"专业，责任，荣誉"，这改编自西点军校的口号。华为将这种军校般的企业文化带到了各个子公司。以拉美地区为例，拉美人天性散漫懒惰，即使是在工作中也是这样，华为通过员工培训，将这种公司文化传达给员工，使员工的素质和能力尽快达到公司的要求，拉美员工在培训后也慢慢接受了华为的文化，和中方员工一样辛勤努力地在自己岗位上工作。

（张玥辰，2016）

（二）国际化企业管理的需要

经济全球化使得各国市场的相互依存日益加深，生产要素实现了跨国界的流动，资源配置得到优化，促进了跨国公司的发展。但是，随着跨国公司和合资企业的不断增多，跨文化商务沟通问题日益成为制约企业发展的瓶颈。事实上，一个企业全部的管理活动都可以归结为人与人之间的相互沟通与信息交流。这种沟通与交流的有效性几乎全部依赖人与人之间、管理者与管理者之间的相互理解。在跨国企业和合资企业中,管理者与员工之间、管理者之间的相互理解和跨文化的沟通尤为重要。由于员工及合作者具有不同的文化背景,其认知、思维方式、价值观、语言、工作态度等都会产生不同的认知期待和文化意向,管理者如果忽视文化因素的影响和作用,往往会造成沟通障碍,使信息链中断,从而会引起以下三种后果。

第一,文化壁垒。企业管理中如果缺乏跨文化沟通,或跨文化沟通无效,必然会影响管理者与员工之间关系的和谐,管理者只会机械地按照规章制度来控制企业的运行,而对员工更加疏远。而员工由于跨文化沟通障碍,无法正确地接受管理者的管理,也容易对管理者,甚至包括与管理者具有相同或相似文化背景的人,产生排斥心理,形成文化壁垒。结果是双方都难以有所作为,仅局限于各自的文化圈进行沟通和交往,彼此距离会进一步加大。

第二,信任危机。文化壁垒强化了双方之间的沟通障碍,减少了沟通的可能性。管理者会认为其员工懒惰,缺乏工作热情和责任心,而员工则会认为其管理者机械呆板,自以为是傲慢自大,结果是彼此之间互不信任,误会越来越多,冲突愈演愈烈。

第三,目标不统一。具有不同文化背景的管理者和员工,其价值观、工作态度及追求也会大不相同,加之有效跨文化沟通的缺乏所产生的信任危机,必然无法形成企业的凝聚力,其结果必然导致企业目标不统一,经营管理效率低下(靳娟,2010)。

例证 2-6

吉利整合式创新"逆袭"之路

2010 年 3 月 28 日,福特以 18 亿美元的价格将沃尔沃汽车出售给了吉利控股集团。并购之后吉利和沃尔沃开始艰难地克服冲突和困难,通过人才整合、管理整合和文化整合,实现优势互补。

吉利人才整合的具体做法是:第一,提高吉利管理层的文化整合能力。吉利挑选出一批优秀的高层管理者,以身作则,能者居上,任人唯贤,吸引和影响沃尔沃员工对吉利文化的认同。第二,健全优化沟通机制,打造以解决技术与市场难题为驱动的团队合作文化。第三,通过跨文化培训打造包容多元基础上的人才文化。"吉利日"、浙江(吉利)交响乐团等跨文化交流和培训活动有效促进了并购后的人才交流与融合。

董事长李书福提出"一企两制 沃人治沃"的方案,即吉利和沃尔沃分别独立运作,是两个不同定位的品牌,管理团队是分开的,只有李书福身兼两家公司的董事长,在其中起协调作用,让两个品牌避免冲突和重复,一方面保持沃尔沃全球品牌的豪华高端路线,一方面让吉利继续立足于大众化品牌形象。

吉利收购沃尔沃之后,开始推行本土化的管理,推行全球型企业文化,目标是达到合作共创和实现全球市场的共赢。为了让沃尔沃更好地了解吉利,沃尔沃的工会应邀来到中国了解企业与员工之间的关系。

(陈劲、尹西明、蒋石梅,2019)

(三)跨境电子商务的需要

目前,国内的跨境电子商务发展迅猛,交易规模日益扩大,正成长为推动中国外贸增长的新动能。国内的跨境电子商务贸易形式主要有两种。一种是以速卖通为代表的出口型跨境电子商务,目前比较大的出口跨境电子商务平台包括阿里国际站、兰亭集序等。另外一种是进口型跨境电子商务,这种跨境电子商务模式比较复杂,可以分为以下几种:① 海外代购模式,例如易趣集市、京东海外购等;② 直发/直运平台模式(第三方 B2C 模式),例如天猫国际、走秀网、跨境通等平台;③ 自营 B2C 模式,典型的例子是美国亚马逊、日本乐购;④ 微信朋友圈代购。传统的外贸沟通方式一般是面对面沟通、邮件沟通、电话沟通。跨境电子商务由于互联的便利性,更多地采取即时沟通方式,下单、付款也都在短时间内完成。并且,由于跨境电子商务中商家无法与客户面对面沟通,难以在短时间内掌握对方的语言文化习惯,这就要求操作语言的准确性更大,因此,跨境电子商务沟通中的外语能力显得尤为重要(余燕芳,2016)。

第三节 语言在跨文化商务沟通中的具体表现

随着经济全球化的加速发展,国际商务交流与合作已全方位展开。国际贸易和国际生产活动不仅跨越国界,而且跨越文化,使跨国生产与贸易更大程度上依赖跨文化沟通。来自不同国家、不同民族的员工和客商具有不同的文化背景,他们的价值观、行为准则、思维方式、生活态度等具有相当大的差异。这种文化差异很可能引起日常生产经营活动中的行为冲突。企业管理人员能否在跨文化管理过程中,通过正确使用跨文化沟通技巧,有效解决文化冲突,减少文化差异造成的消极作用,对跨文化团队的企业提升国际竞争力具有重大的现实意义。中国加入 WTO 后,文化差异也是中国企业走出国门、外资企业进入中国市场所面临的最大挑战。有效的跨文化沟通对改进工作方法和提高生产效率,都具有十分重要的意义。

一、跨文化交流中的商务广告

自中国加入 WTO 以来,中国的商业开始逐步与世界接轨,国内企业所生产的产品品牌及售后服务也逐渐地融入国际市场竞争之中,这种全球化营销的趋势促使广告传播越来越趋向于跨文化进程,这就对广告翻译提出了更高的要求。如果说成功的国际商务广告是开拓市场、占据市场的第一步,那么,成功的国际商务广告翻译则是对外推销国内产品、占据国外市场的重要营销战略。我国的企业刚参与国际企业竞争,国际竞争经验和国际营销人才贫乏,对外广告方面与国际存在一定的差距。由于国际商务广告大多以英语广告为主,所以我们在对跨文化广告进行翻译时,要充分考虑中英两种语言和文化差异的影响。

(一)广告英语的特点

文化的一个重要组成部分就是语言,语言承担着对文化信息进行记载和传播的责任。

因此，在进行跨文化沟通时要注意翻译的技巧和原则。广告语言属于文化范围中的一种亚文化，它是商业文化的从属，因此在对广告英语进行翻译时，要注意它的语言和文化独特性。我们在国际交流中，广告英语的使用最为广泛，所以，在进行广告英语翻译时要充分考虑到各国之间的语言、文化和思维方式等的差异。广告的特点决定了广告英语以口语为主，它具有语法简单的特点，这种简单主要包括词法、句法简单和修辞多样三个方面的特点（史霞霞，2012）。

第一，在词法方面，广告英语几乎不使用被动语态的动词，相反，它以简单的动词词组为主。此外，广告英语所运用的词一般结构都比较简单，以缩略词为主，在词性上多运用积极肯定的褒义词。在名词所有格方面几乎不太使用"of"结构的所有格，而以"'s"来表现所有格为主，这样就显得广告语言更加精练。

第二，在句法方面，广告英语多使用简单句和现在时态。在句子方面，广告英语都运用极其简单的短句，基本不运用复杂的复合句，这样让人一目了然，不用思考就知道广告所要表达的意思。例如，雪碧的广告是"Obey your thirst"（服从你的渴望）。在时态上多使用现在时，而不使用过去时，因为使用现在时会让人们感觉商品具有一种永恒的特征，而其他时态是不能达到这种效果的。例如，钻石的广告是"The values never change"（钻石恒久远）。

第三，修辞手法多样性指的是在广告英语中使用多种修辞手法。常见的修辞如比喻、拟人、双关、重复等，广告英语中都能见到。例如，一款服装广告运用比喻这样写道："Light as a breeze, soft as a cloud"。（清如风，软若云）

（二）语言差异对广告翻译的影响

在现实生活中，广告英语具有简单化和口语化的特点，这是由广告的性质和特点决定的，简单的语言可以让人们在极短的时间内将广告看完，并且看后容易理解（史霞霞，2012）。口语化的语言能让消费者看后有一种亲切感，从而拉近广告产品和消费者之间的距离，赢得消费者的信赖。尤其是在面向来自不同国家或地区的群体时，由于各地区的历史、文化传统和背景、价值观存在明显的差异，为了有效地让来自不同文化的同事、雇员、客户理解广告中蕴含的深意，必须熟练地掌握与公司从事商务往来的国家的语言知识，分析和了解面向群体所处的环境因素。同时，广告创意者必须了解不同国家的语言表达方式的文化特征。另外，掌握多种沟通风格也很重要。在高情境文化和中等程度的不确定性回避的文化中，人们往往使用详尽性的沟通风格，用大量的时间进行交谈，详细解释各种细节。

例证 2-7

KFC 的促销策略——广告策略

说起肯德基，中国很少有人不知道。肯德基自 1987 年在北京前门开出中国第一家餐厅到现在，来到中国已经 29 年了。肯德基在中国的 29 年，是"为中国而改变，全力打造新快餐"的 29 年。29 年来，肯德基一直都在努力探索，把最贴心的服务回馈给广大中国消费者。如今中国肯德基已在 450 个城市开设了 2 100 余家连锁餐厅，遍及中国大陆除西藏以外的所有省、直辖市、自治区,是中国规模最大、发展最快的快餐连锁企业。为什么肯德基可以这么成功,做到家喻户晓,其在广告策略上下了哪些功夫呢?

1. 主打本土牌

从 2010 年 6 月 1 日起,肯德基的广告语由"有了肯德基,生活好滋味"全面改为"生活如此多娇"。为了表达出吃得美妙、动得健康、玩得开心的人生境界,肯德基花费了很多心思,最后想到了《沁园春·雪》中的名句"江山如此多娇",由此演变而来,旨在用中国人更容易领会的方式,准确地表达出品牌定位,并获得中国消费者的共鸣。

2. POP 广告

POP 广告的形式有悬挂式、墙壁式、柜台式。

起到的效果:① 有利于提醒消费者,促成购买行动;② 有利于营造气氛,吸引消费者;③ 时效性强,认知度高。

如果今天的麦当劳大叔形象已经成为年轻、有趣、活力和酷的代名词的话,那么肯德基爷爷形象则代表了中国传统的家庭、亲情、友爱和默契。

(本案例源于网络,并经作者加工整理)

(三)文化差异对广告翻译的影响

广告不论是作为一种文化形式,还是作为一种营销活动,或是作为一种大众传播活动,与文化均有着密切的关系。它独特而复杂的地位决定了其对社会生活的巨大影响。在中国加入 WTO 以后,大量外国商品涌入中国市场的同时,越来越多的中国产品也有机会进入了国际市场,与外国名牌产品竞争。各国为了争夺世界市场,竞相推销本国的产品,其中一个重要的促销手段就是利用广告将本国的商品和品牌推向国外,因此广告起着举足轻重的作用。

广告文化具有明显的大众性、商业性、民族性和时代性的特点。一定的文化传统、信仰和价值观在很大程度上左右着商业经营者的心理、行为,从而影响各国的广告活动。如果只简单地把国内成功的广告直译出去,效果往往是不好的,因为国际广告与国内广告相比,有着语言、传统习惯、法规、教育、自然环境、宗教、经济状况等差异问题。2018 年,意大利奢侈品牌 Dolce & Gabbana(杜嘉班纳)一则广告片因为"中式发音"、模特以奇怪姿势用筷子吃 Pizza 等片段被指歧视华人。这组视频广告很好地解释了什么叫文化刻板印象,广告刻意选取了西方人眼中典型的中国女子的形象,还用调侃的语言试图"教中国人怎么吃饭"。DG 的设计师的初衷是想通过夸张的视觉对此,以穿着普通服装的普通中国人和穿着 DG 品牌服装的模特形成鲜明对比,然后让大众产生对品牌的需求。结果由于尺度把握不到位,弄巧成拙,展现出来的效果具有严重侮辱中国人的意思,严重刺激了中国人的自尊心。

例证 2-8

Just Do It!

耐克的那句经典广告语"Just do it"(想做就做)几乎无人不知,不过关于这句广告语究竟从何而来,多数人却不太清楚。事实上"Just do it"这个创意来自于一名杀人犯的遗言。大约在当时的10年前,一位名叫Gary Gilmore的美国人因在犹他州抢劫和谋杀了两个人,引起了美国社会的关注。随后,35岁的Gilmore被判监禁,他在印第安纳州的监狱里度过了一段漫长的时期。

出狱之后,Gilmore住进了位于犹他州的远房亲戚家里。不过,他很快又重蹈覆辙。1977年,Gilmore再度抢劫和谋杀了两名普通人,这两位受害者在抢劫过程中都采取了合作态度,但仍然被残忍的Gilmore直接枪杀。因1972年至1976年间美国暂停了死刑刑罚,上一回Gilmore才得以幸免。而这一次,Gilmore毫无疑问被判了死刑,他也是美国恢复死刑以来被执行的第一人,因此案件引起了轰动。

在犹他州被执行枪决之前,执行者问Gilmore有何遗言,他的回应极为简单:动手吧(Just do it)。

中国人的思想受儒家思想影响比较大,人们在文化价值上倾向于"忠孝仁义",性格上也倾向于自律内向,而西方人则不一样,西方人更加倾向于个性和外向,因此也造成一些广告事端。耐克的这则广告语刚开始在中国传播时遭到了人们的质疑,人们认为这个广告有诱导青少年干坏事的嫌疑,因此在翻译时,就把"想做就做"翻译成"该做的就做",这样才平息了广告风波。

(资料来源:耐克的那句"Just Do It"其实来自于一名杀人犯的遗言[EB/OL].(2015-03-19).http://www.jiemian.com/ article/248771.html.)

二、译员的角色和使用原则

(一)译员的角色

在国际商务中,为了克服由于语言的多样性而导致的沟通问题,企业往往需要雇用译员。译员必须对说话者的讲话内容进行解码,然后再将该信息进行编码。译员不仅仅是发言人和听众之间的"传声筒",还在两者之间起着话语协调、交际协调甚至文化协调的作用(仲伟合,2012)。这就要求译员应该同时做到语言和文化上的流利,并且必须善于抓住参与讨论的所有人员的言语信息和非言语信息。

例证 2-9

译员的协调作用

某美国机械公司两名代表来到中国,与福建本地企业洽谈业务。双方在约定的时间准时到达公司会议室,谈判没有马上开始,福建企业负责人热情地招待两位代表喝工夫茶,并亲自拿出几种不同的茶叶泡给美方代表品尝。双方边喝茶边聊天,气氛较为融洽,但喝茶持续了约十分钟后,美方代表开始显得冷淡,也不再继续端起茶杯,福建企业负责人觉得他们对自己的茶不感兴趣,心有不悦。

在这种情况下,口译员应该及时地建议福建企业负责人开始谈判,并向美方代表解释在闽商文化中,喝茶与洽谈业务这两件事情经常同时进行,以消除美方对中方产生的拖拉、低效的错误印象。同时向中方解释相对的美方文化,以消除美方不友好的错误感觉。

（熊正，2015）

1. 译员的中立性

译员的中立性是指在翻译过程中，译员应尽可能地保持客观中立的态度，遵循毫不偏袒的原则。但是在具体的商务沟通中，由于受到文化、知识能力、谈判氛围、种族等因素的影响，译员很难保持绝对的中立性。对于与雇主来自同一文化背景的译员而言，不论是相同的文化背景，还是共同的利益，都使得译员在主观上向雇主靠拢，帮助其实现利益诉求。这种认同感十分自然，但是过于强烈的认同感容易使译员丧失中立性，过多地介入谈判中。

例证 2-10

谈判氛围对译员中立性的影响

外：Not high? I doubt your sincerity. You always emphasize high quality, but ignore your product is far from a brand name and that we take risk of sale. It seems hard for us to continue the negotiation.

译：不高？我怀疑贵方的诚意。贵方一味强调优质，却忽视你们的产品并不是什么名牌，而且我方还要承担销售的风险。看来，我们此次的谈判很难继续。

中：无法继续？怎么会无法继续？

译：Can not continue? How can't it?

外方沉默不语。

在这个案例中，外方指责中方报价太高，而中方则认为己方产品质量明显更胜一筹。外方似乎有些"恼羞成怒"，便以"谈判无法进行"相威胁。而中方谈判人员因己方产品质量被贬低，于是用反问的语气反诘对方。而译员也受到这种谈判氛围的影响，大声驳斥外方，引起外方不满，谈判陷入僵局。

（王涛，2015）

2. 译员的主体性意识

译员有意识或无意识地对语言的选择及其对语言的顺应是译员主体性意识的具体体现，受诸多客观语境因素的制约。译员只能跟着语境的变化适时调整对语言的选择和其对语言顺应的方式（莫爱屏，2010）。在将原话转换为目的语时，译员必须根据自己对原语的理解，特别是对原语所隐含的有关社会、文化背景等方面的理解，不拘泥于原语的形式，用目的语最贴近而又最自然的对等语将这些信息完整地表达出。

例证 2-11

译员主体性意识的体现

在一次活动后，外宾赠送我国某市领导一套自己公司生产的高级化妆品礼盒，并说：

"This is for your wife." 市领导哈哈一笑说："我太太呀，她都是个老太婆了。"译员在翻译市领导的话语前，需要理解这位市领导的真正意图，而不是简单做字词对译。考虑到双方的交际情境，译员灵活处理成"Thank you very much! I'm sure my wife will look younger wearing your cosmetics."显然比直译成"My wife, she is already an old woman."意义明朗得多，更能表现市领导说"我太太呀，她都是个老太婆了"这话的深层含义，避免了因文化差异而令外宾和市领导陷入尴尬的局面，从而实现成功的跨文化沟通。

（张小燕，2015）

（二）译员的使用原则

1. 雇用自己的译员

译员多使用口头语言。为了在谈判中发挥作用，口译员必须懂双语且熟悉双方文化，能够在各种环境下正确地使用词语的含义。他应该掌握特定领域中使用的专业术语，并与其所提供翻译服务的团体成员有文化共通性。当一个口译员不太精通双方文化时，他的想法、感觉和翻译都会按照其母语思维方式形成，而不会按照对方的语言模式形成。

2. 提前增进对译员的了解

国际商务人士需要跟译员融洽相处，并建立一定的信任感，了解译员对自己母语的领悟能力。对一个优秀的译员来说，雇主的措辞、口音、速度以及习语都非常重要。

3. 聘用专业翻译人员

聘用翻译人员是一个非常不错的主意，但前提是：这位翻译人员对该公司的文化十分了解，能够准确地理解雇主所表达的意思，然后，把雇主的想法翻译成另一种语言。现今已经出现了这样一种趋势，即公司在当地雇用那些能够熟练使用双语的人士。这种做法对于那些跨国公司来说尤其有利，企业因此获益颇多（邢栋，2012）。

4. 审查译员的专业技能

即使是通过享有盛誉的代理机构雇用的译员，也需要审查他的技术背景。他是否曾经在相关领域担任过翻译？工作经验如何？是否表现良好？要确保翻译的准确性，译员的专业知识非常重要。

5. 提前告知译员商业计划、目标及企业文化

如果译员知晓整个会谈的目的和目标，并对公司的文化十分了解，他就能够更准确地理解雇主所表达的意思。如果译员对雇主的通盘考虑不但知其然而且知其所以然，他就能将细微之处翻译到位，并能从整体背景来妥善处理那些看似孤立的表述。

6. 口齿清晰

即使译员能够很流利地讲雇主的母语，雇主也应该注意译员是否口齿清晰、语速适当。此外，雇主应尽可能地避免讲方言，因为在这种情况下，译员很可能听不懂雇主的意思，也很难进行逻辑推理。对操着同一种语言的人来说，方言都可能是一种障碍，对外国人来说，就更难理解了。

7. 聚焦于商业伙伴而非译员

许多商业人士讲话时总是注视译员，而忽视了商业伙伴。为了尽可能多地捕获每一

个非语言信息，应该把注意力集中在商业伙伴身上，讲话的时候一定要看着对方，商务沟通时需要尽早感知到对方对发言的第一反应。因此，商务沟通时需要对着客户讲话，而不是对着译员。同样，在译员为对方翻译时，也需要看着对方，他们同样会观察雇主的反应。

  8. 弄清楚对方译员的角色

  对方可能拥有一名专业的译员，或者直接从公司雇用一名译员。译员也可能由谈判小组中的成员兼任。如果所有这些都存在，那么需要弄清楚该译员的准确身份和地位。有的商务人士既不会合作伙伴的语言，也不了解译员的身份，只顾着跟译员侃侃而谈，但是，等他们发现他们只是在同一个局外人或小人物消磨时间而忽视了对方的角色时，往往为时已晚。

  9. 核实翻译的准确性

  在所有书面材料中，都需要核对名字、日期、数字是否准确。由于数字可能难以翻译，又容易产生误解，为以防万一，应该将数字全部都写出来。

三、正确选择商务语言的影响因素

  对于中国商务人士来说，如何选择一门对自己的商务沟通最有利的商务外语是一个值得考虑的问题。美国可能是世界上唯一一个不提倡商务人员在国际商务活动中流利使用外语的国家，这与美国人想继续维持英语在国际商务沟通中的主导地位的考虑有关系。当然，美国在世界范围内的强大商业实力也推动着其他国家的人学习英语——这使美国人有了更充分的放弃商务外语学习的理由。但在这里，我们的关注点在于中国商务人士的商务语言选择，下面主要从语言因素、商业因素和政治因素三个方面来分析。

（一）语言因素

  世界上的语言大概有 3 000～6 000 种，语言的多样性和地域性是非常明显的。在中国，大多数人认可的说法是汉语有七大方言：北方方言（普通话）、湘语、粤语、闽语、客家话、赣语、吴侬软语。中国是一个乡土气息浓厚的国家，如果在商务沟通中，能学会对方（至少是一些）的方言，会拉近双方的距离，有利于商务洽谈的成功。

  此外，随着全球化进程的加快，英语已经成为世界上最流行的语言。英语在45个国家是官方语言，世界三分之一的人口讲英语，四分之三的电视节目是英语，四分之三的邮件用英语书写，电脑键盘都是英语键盘。国际会议的工作语言一般要用英语。所以在当今的世界商务活动中，掌握英语始终是非常实用的。

  相较于英语，汉语是世界上历史悠久、发展水平较高的语言之一，也是联合国的六种工作语言之一，在国际交往中发挥着重要作用。与此同时，汉语在国际上还有很大的影响力。汉语是世界上使用人口最多的语言，世界上使用汉语的人数至少15亿，超过世界总人口的 20%。现在国际上研究汉语的机构不断建立，学习和研究汉语的人也越来越多。在历史上，汉语对邻邦的语言也产生过巨大影响。其中受影响最深的是日本、朝鲜和越南。这三个国家的语言都大量地吸收过汉语的语词，甚至依靠汉语借词作为构成新词的基础。汉语是值得每个中国人珍惜与骄傲的文化徽记。尤其在经济全球化、信息化的时代条件下,维护好、使用好、发展好汉语,是每个中国人义不容辞的责任。

(二)商业因素

在权衡语言方面的问题之后,从商业因素来考量的话,决定学习哪种语言在某种程度上还取决于商务人士的身份是产品的买家还是卖家。很多商务人士认为学习客户的语言是必要的。如果想卖掉产品,商务人士往往有兴趣去学习和适应买家的语言。当然,也存在特殊情况,例如,作为某种热销产品的唯一制造商,不用讲客户的语言,也可以非常成功地至少是短时期内卖掉产品。但是,如果想做长远规划,与客户建立长期关系,即使是在如此有利的环境中,适应客户的需要依然是商务人士长期努力的目标。

随着中国经济实力和商业贸易能力的不断增强,世界范围内的汉语学习已成为一股风潮,但这并不意味着学习其他商务语言的需要正在逐渐降低。相反,由于英语在国际商务沟通中的绝对优势地位的长期存在,中国商务人士对英语和其他语言的学习热情依旧不断升温。

(三)政治因素

除了语言和商业因素,商务语言的学习还可能受到公司业务地区的影响。国际地缘政治因素也会对语言学习产生影响。英语成为最重要的商务语言,和历史上英国的殖民政策以及二战之后美国的国际政治地位的提升密不可分。现在,许多国家确立了英语在本国的官方语言地位,这些国家在历史上曾是英属殖民地,包括美国。如今美国的政治经济地位领先世界其他国家,为继续保持政治影响力,美国要求在国际商务活动中只能使用英语作为交际语言。如果很大程度上要和政府打交道,而且必须用本族语言来进行沟通,那么,尽管不一定需要完全掌握对方语言的语法规则和语言要点,也仍需具备口头和书面沟通的能力。比如,加拿大的官方语言是英语和法语,但日常语言以法语为主。但是加拿大魁北克省的唯一官方语言是法语,和该省的公司做生意,即使你的英文能力很优秀,但对法语一窍不通,也可能造成严重的负面效应。

例证 2-12

"一带一路"沿线国家及其官方语言

国　　家	官　方　语　言	国　　家	官　方　语　言
蒙古国	蒙古语	越南	越南语
新加坡	英语、马来语、汉语、泰米尔语	文莱	马来语
马来西亚	马来语	菲律宾	塔加洛、英语
印度尼西亚	印度尼西亚语	伊朗	波斯语
缅甸	缅甸语	伊拉克	阿拉伯语、库尔德语
泰国	泰语	土耳其	土耳其语
老挝	老挝语	叙利亚	阿拉伯语
柬埔寨	柬埔寨语	约旦	阿拉伯语

续表

国　　家	官　方　语　言	国　　家	官　方　语　言
阿富汗	普什图语、达里语	塔吉克斯坦	塔吉克语、俄语
斯里兰卡	僧伽罗语、泰米尔语	吉尔吉斯斯坦	吉尔吉斯语、俄语
马尔代夫	迪维希语	俄罗斯	俄语
尼泊尔	尼泊尔语	乌克兰	乌克兰语
不丹	宗卡语	白俄罗斯	白俄罗斯语、俄语
哈萨克斯坦	哈萨克语、俄语	格鲁吉亚	格鲁吉亚语
乌兹别克斯坦	乌兹别克语	阿塞拜疆	阿塞拜疆语
土库曼斯坦	土库曼语	亚美尼亚	亚美尼亚语
黎巴嫩	阿拉伯语	摩尔多瓦	摩尔多瓦语
以色列	希伯来语、阿拉伯语	波兰	波兰语
巴勒斯坦	阿拉伯语	立陶宛	立陶宛语
沙特阿拉伯	阿拉伯语	爱沙尼亚	爱沙尼亚语
也门	阿拉伯语	拉脱维亚	拉脱维亚语
阿曼	阿拉伯语	捷克	捷克语
阿联酋	阿拉伯语	斯洛伐克	斯洛伐克语
卡塔尔	阿拉伯语	匈牙利	匈牙利语
科威特	阿拉伯语	斯洛文尼亚	斯洛文尼亚语
巴林	阿拉伯语	克罗地亚	克罗地亚语
希腊	希腊语	波黑	波斯尼亚语、塞尔维亚语、克罗地亚语
塞浦路斯	希腊语、土耳其语	黑山	塞尔维亚语
埃及的西奈半岛	阿拉伯语	塞尔维亚	塞尔维亚语
印度	印地语、英语	罗马尼亚	罗马尼亚语
巴基斯坦	乌尔都语、英语	保加利亚	保加利亚语
孟加拉	孟加拉语、英语	马其顿	马其顿语

本章小结

- ➢ 语言根据交际功能可分为四大类：对话语言、独白语言、书面语言、内部语言。
- ➢ 跨文化商务沟通不仅具备了沟通的社会性、主动性、互动性、符号性和干扰性等特点，同时具备复杂性、异质性和冲突性三大特有的属性。
- ➢ 运用商务谈判语言技巧的基本原则，包括客观性原则、针对性原则、逻辑性原则和规范性原则。
- ➢ 选择商务语言的影响因素有语言因素、商业因素和政治因素。

网站推荐

1. 商业周刊：http://www.meilisishui.com

2. 哈佛商业评论：http://www.hbrchina.org
3. 世界经理人：http://www.ceconline.com
4. 赛迪网：http://www.ccidnet.com

影视推荐

《岳父岳母真难当》（2014）

一个信奉天主教的法国旧式传统资产阶级家庭中有四个女儿。三个女儿却分别找了阿拉伯、犹太、中国丈夫，老夫老妻唯独期盼剩下未嫁的小女儿能找一个信奉天主教的法国白人，结果没想到小女儿找了一位非裔黑人。片中的女儿个个美丽可爱，女婿个个信仰不同，由于文化、信仰以及语言的不同，碰撞出非常多的笑点。

思考练习题 2-1：选择题

1. 下面哪一种语言不是中国七大方言之一？（　　）
   A. 晋话　　　　B. 闽话　　　　C. 粤语　　　　D. 客家话
2. 加拿大的官方语言是（　　）。
   A. 英语　　　　B. 法语　　　　C. 俄语　　　　D. 西班牙语

思考练习题 2-2：简答题

1. 简述商务沟通语言与文化的关系。
2. 简述正确运用商务谈判语言技巧的原则。
3. 跨文化商务沟通的特征有哪些？

案例分析 2-1

商务谈判中的文化差异

美国一家石油公司经理差点在无意间断送了一笔重要的买卖。事情的经过是这样的：美方经理会见石油输出国组织的一位阿拉伯代表，与他商议协议书上的一些细节问题。谈判中，阿拉伯代表谈兴渐浓时，身体也逐渐靠拢过来，直到与美方经理只有15厘米的距离时才停下来。美方经理稍感不舒服，就向后退了一退，使二人之间保持约60厘米的距离。只见阿拉伯代表的眉头皱了一下，略为迟疑后又边谈边靠了过来。美方经理并没有意识到什么，因为他对中东地区的风俗习惯不太熟悉，所以他随即又向后退了退。突然，美方代表发现自己的助手拼命向他摇头示意，他恍然大悟，不再后退。终于，在美方代表感到十分别扭和尴尬的身体距离中，双方谈妥了这笔交易。

（本案例源于网络，并经作者加工整理）

问题讨论：

1. 阿方代表为何对美方代表后退的举动皱起了眉头？美方代表的助手在向自己的领导示意什么？
2. 该项谈判成功的关键是什么？本案例给了我们什么启示？

案例分析 2-2

跨文化整合的挑战

2004年12月8日，联想集团以17.5亿美元的价格并购了IBM（国际商业机器公司）的PC个人电脑部门，并购成功后联想集团成为全球最大的个人电脑业务供应商，但由于中美企业文化存在的巨大差异，联想收购IBM之后遇到了一系列跨文化整合的挑战。

在联想并购IBM后，为了统一管理，联想更多的是选择遵循原来在中国的领导风格，如前领导者阿梅里奥，在领导过程中要求一切决策以领导意愿为主，并不过多参考下属意见，这与高权力距离文化中的领导风格是一样的，它与IBM最初强调先分工、再辩论、最后领导与下属达成共识并实施计划的领导风格截然相反。两种领导风格的混乱导致许多管理冲突，使得联想未能及时调整品牌战略，也阻碍了联想的海外市场销售。

联想并购后也曾考虑过员工流失的问题，为留住IBM的PC部的优秀员工，联想宣布保持原IBM的薪酬体系。但是薪酬福利等物质激励手段并没有非常有效地留住高管和员工，据统计，并购后的新部门于五年间三次更换CEO，更不用说那些员工了。

针对语言问题，联想也采取了一些措施，比如将英语定位为公司的官方语言，增加高管英语培训，并要求每个人用英语写电子邮件等，但是语言障碍从一开始就很明显，还有很多联想高管不擅长英语，董事会议也必须配备翻译。许多员工也反映说，最困难的工作是与国外的同事进行电话会议，因为长时间的沉默会影响沟通。

（冯圆林，闫欣，2019）

问题讨论：

1. 上述案例中，联想在跨文化整合中存在哪些问题？
2. 面对这些跨文化整合中的挑战，根据本章内容，提出你的改进建议。

参考文献

[1] 靳娟. 跨文化商务沟通[M]. 北京：首都经济贸易大学出版社，2010.
[2] 张增田. 对话教学研究[D]. 重庆：西南师范大学，2005：31-33.
[3] 伽达默尔. 真理与方法（上卷）[M]. 上海：上海译文出版社，1999.
[4] 陈云恺."独白"与对话式教育结构[J]. 辽宁师范大学学报（社会科学版），2003，26（6）：26-28.

[5] 李绍林. 论书面语和口语[J]. 齐齐哈尔师范学院学报，1994（4）：72-74.

[6] 刘成刚. 诗歌语言与内部语言[J]. 当代修辞学，1989（3）：15.

[7] WHORF B L. Language, Thought, and Reality[M]. New York: John Wiley & Sons, and The Technology Press of M.I.T., 1956.

[8] 胡壮麟. 语言学教程[M]. 北京：北京大学出版社，2001.

[9] 曹志耘. 中国语言资源保护工程的定位、目标与任务[J]. 语言文字应用，2015，11（4）：10-17.

[10] 费尔迪南·德·索绪尔. 普通语言学教程[M]. 高名凯，译. 北京：商务印书馆，1980.

[11] 金志茹，张含璞. 商务沟通语言的社会语言学范式研究[J]. 海外英语，2010(11)：370-371.

[12] 耿建钢. 商务活动中的跨文化商务沟通[J]. 商场现代化，2014（6）：66-67.

[13] 陈俞闽. 国际商务谈判中的跨文化障碍及应对[J]. 商场现代化，2017（24）：5-6.

[14] 邢栋. 简析商务活动中的跨文化商务沟通[J]. 中国商贸，2012（10）：236-237.

[15] 秦立. 商务谈判中的语言技巧[J]. 商场现代化，2007（2）：66.

[16] 张玥辰. 对跨文化管理中员工管理的思考：以华为为例[J]. 商场现代化，2016（27）：114-115.

[17] CHRISTINE U G. 跨国企业如何迎击跨文化经营的挑战[J]. 人才资源开发，2005（10）：56-57.

[18] 陈劲，尹西明，蒋石梅. 跨国并购视角下，吉利整合式创新"逆袭"之路[J]. 清华管理评论，2019（3）：102-110.

[19] 余燕芳. 跨境电商背景下商务外语人才培养策略研究[J]. 科技风，2016（9）：62-64.

[20] 史霞霞. 中英语言及文化差异对广告翻译的影响探析[J]. 太原城市职业技术学院学报，2012（7）：192-193.

[21] 熊正. 跨文化意识对商务口译人员的指导：以福建地区口译实践为例[J]. 佳木斯职业学院学报，2015（12）：383-384.

[22] 仲伟合. 口译研究方法论[M]. 北京：外语教学与研究出版社，2012.

[23] 王涛. 外贸谈判中译员的中立性和主体意识性的思考[J]. 吉林省教育学院学报，2015（1）：112-113.

[24] 张小燕. 从跨文化语用学的视角谈英语译员的交际意识[J]. 湖南科技学院学报，2015（4）：129-130.

[25] 莫爱屏. 口译中译员主体性意识的语用研究[J]. 中国外语，2010（3）：103-111.

[26] 冯园林，闫欣. 文化整合中的错误和建议：基于联想并购 IBM 的 PC 部门的案例分析[J]. 商场现代化，2019（4）：119-120.

第三章
跨文化非语言沟通

 学习目标

➢ 了解非语言沟通的概念；
➢ 理解非语言沟通的功能；
➢ 理解跨文化与非语言沟通的关系；
➢ 掌握体态语、副语言、客体语和环境语的特点和表现；
➢ 掌握非语言沟通在跨文化商务沟通中的运用。

引例

点头 YES，摇头 NO

小李是刚到斯里兰卡的汉语教师志愿者。在他的第一节汉语国际教育课堂上，由于教学对象是零基础的斯里兰卡学生，他既激动又紧张。在忐忑不安中讲完第一课的语法点后，他问学生："你们明白了吗？"下面的学生有的点头，有的摇头。于是他又讲了一遍。讲完之后又问学生："你们明白了吗？"这时学生们都摇头。由于不懂僧伽罗语，所以他只能通过学生的肢体语言来判断。当他看到全班都摇头时，不由得产生了挫败感。于是他又讲了一遍，学生也只是机械地跟着他读。一节课就这么过去了，下课时，他又问了学生们："你们明白了吗？"学生们仍然摇头。

小李感到很伤心，根据学生的反映，他的这一节课是失败的，因为没有一个学生听懂了他在讲什么。他甚至开始怀疑自己是否能胜任志愿者教学工作。

（本案例源于网络，并经作者加工整理）

在许多国家，不同的肢体动作代表不同的含义。例如，在斯里兰卡，点头表示"不是"，摇头表示"是"，这刚好与中国相反。在这个案例中，小李没有意识到，其实学生们摇头是表示听懂了老师所讲的内容。我们在探访不同的国家和地区并进行跨文化沟通时，一定要提前了解好当地的文化习俗，尤其是日常交往中的一些与自身文化不同的特殊的非语言行为，以免造成理解上的误会。

第一节 非语言沟通概述

人们在传达信息时，会使用语言、文字等媒介，除此之外，还会使用脸部表情、肢体语言或音调等，来辅助说明所要传递的信息，这就是我们通常所说的非语言沟通。非语言沟通发生在人们日常的生活和工作中，而且通常都是在无意识状态下的表现。因此，理解非语言沟通，有助于我们理解对方的情绪、态度、个人特质，甚至是内心真正的动机和意图。下面介绍非语言沟通的概念、功能、类型及其应用。

一、什么是非语言沟通

关于"什么是非语言沟通"，国内外诸多学者都曾提出过自己的看法。以下几种比较有代表性的定义会帮助我们理解非语言沟通的含义。

伯古恩和赛因（Burgoon & Saine，1978）认为非语言沟通是不用言辞表达的、为社会所共知的人的属性或行为，这些属性和行为由发出者有目的地发出，由接收者有意识地接受并有可能进行反馈。

美国跨文化交际研究学者萨莫瓦等人（Samovar et al., 1981）认为，非语言沟通是指一定交际环境中语言交际因素以外的，对输出者或接收者含有信息价值的那些因素，而这些因素既可人为地生成，也可由环境造就。

依照马兰德洛等人（Malandro et al., 1989）的说法，非语言沟通是不用言辞的交际。在这一点上，国内学者有不同的看法。杨全良（1990）认为："所谓非语言交际，就是通过使用不属于语言范畴的方法来传递信息的过程，非语言交际的形式很多，不像语言交际那样只有口语和书面语之分。"胡文仲（2007）认为："一切不使用语言进行交际的交际活动统称为非语言交际。"在这一点上，毕继万（2009）与胡文仲的看法一致，认为："非语言交际指的是语言行为以外的所有交际行为和交际方式。"

综上所述，本章所讲的非语言沟通是指除了语言沟通之外的各种人际沟通方式。通俗地说，就是不说话的交流，是人们利用面部表情、触摸、姿势、眼神、气味等非语言符号传递信息并增进了解的方式。

二、非语言沟通与语言沟通的比较

（一）非语言沟通和语言沟通的联系

语言沟通和非语言沟通密不可分，相互补充。非语言沟通可以单独传递信息、表达情感，也可以通过对语言沟通的补充共同表达信息。非语言沟通的方式是多种多样的，它是语言以外的交际行为，是以非口头和非书面的方式向信息接收者传递信息，并使接收者有效接收信息的沟通方式。非语言沟通需要依存一定的交际环境。在不同的交际环境中，非语言行为的表达效果不同，同一交际环境中不同的非语言交际行为也具有不同的表达效果。

(二)非语言沟通和语言沟通的区别

1. 非语言沟通表达方式更加多样化

语言沟通是以词语符号作为载体实现的沟通,通过书面语和口语形式传递信息。而非语言沟通是通过声音、视觉、嗅觉、触觉等多种渠道传递信息。非语言行为既包括眼神、手势、神情、触摸等肢体语言,也包括时间和空间的利用。因此,非语言沟通表达方式相比语言沟通要更加多样化。例如,一个人开心时,他可以笑容满面,也可以手舞足蹈;一个人伤心时,他可能一言不发,也可能愁眉苦脸。

2. 非语言沟通更加具有连续性

语言沟通从词语符号发出时开始,词语符号消失沟通即终止。而在非语言沟通中,无论双方是否在交谈,他们无时无刻不在向对方传递信息。只要双方在各自的视线或感知范围内,非语言信息交流就能够不断地进行。例如,沟通中出现沉默,语言沟通终止,但非语言沟通仍在持续,沉默也在传递着信息。

3. 非语言沟通更为真实

语言沟通传达的信息大多经过理性加工,往往无法直接表露一个人的真实意愿,这就是我们常说的"口是心非"。而有些非语言行为只是生理反应或者个人习惯,是无意识的,往往更能显示一个人的真实想法。例如,内心的情绪一般会表现在人的脸上,脸上愁眉紧锁的表情把他们内心的恐惧情绪表露无遗,"相由心生"说的就是这个道理。所以我们在沟通中除了留心对方的表达,还要观察其说话时的神情、动作、眼神等非语言信息。

4. 非语言沟通的内涵更加丰富

非语言沟通隐藏着丰富的文化内涵,非语言沟通所包含的信息远远超出语言所提供的信息。比如宣誓这个动作,中国人宣誓时往往是右手握拳举到齐耳高度,而美国人则高高举起右臂并掌心朝外,左手放在《圣经》上。另外,同一种非语言行为在不同文化背景下意义也大相径庭。例如,在我国摇头表示"不同意""不是"等,在阿拉伯地区、印度却表示"同意"(栗小钰,2014)。

三、非语言沟通的功能

美国口语传播学者雷蒙德·罗斯(R. Rose)认为,在人际传播活动中,人们所得到的信息总量,只有 35% 是语言符号传播的,而其余的 65% 的信息是非语言符号传达的,其中仅面部表情就可传递非语言符号中的 55% 的信息(黄嘉涛、高虹圆,2014)。可见,非语言在沟通中扮演着不可或缺的角色。

(一)补充功能

非语言行为能够为言语交流添加更多的信息,对言语交流进行补充,使语言和非语言所传达的信息内容达到一种平衡。例如,你向别人表示歉意时,会说"对不起",同时流露出不好意思的神情。

(二)否定功能

非语言行为所表达的意思与语言信息不一致,或者说非语言行为否定了语言信息表达的意思。例如，上台表演前，你告诉别人自己并不紧张，但是你手心出汗，身体微微颤抖，非语言行为与语言行为表达的意思是互相矛盾的。

（三）强调功能

非语言信息可以强调语言信息的某些部分。例如，在话语前停顿能够起到强调重要信息的作用，通常我们还会提高嗓音，放慢语速，同时升高语调。

（四）调节功能

在沟通过程中，我们可以通过眼神交流、身体动作等来调节言语交流的效果。例如，老师在课堂上讲课，当发现个别学生注意力不集中，有经验的老师不是直呼其名批评他，而是突然中断自己的讲课，用眼睛注视他，这样的非语言动作即可使学生领会老师的意思，集中注意力听讲。反之，学生也正是根据教师非言语表达的变化，来判断教师的态度、情感和教学的重点、难点及关键部分，以调节自己的学习活动。

（五）替代功能

许多有声语言所不能传递的信息，身体语言却可以有效地传递，并发挥特殊的效果。例如，在喧闹的马路上，交通警察使用手势能够更好地指挥交通。在某些情况下，非语言行为会比语言表达的效果更加强烈。例如，朋友正在伤心难过，而你并不知道他难过的原因，这时，拥抱可能是最好的安慰，语言反而显得多余。

（六）重复功能

非语言行为重复表达了语言信息，即非语言行为和语言行为内容是一致的，对语言信息进行重复使内容更加生动突出。例如，人们经常一边点头，一边说"是"。我们在与人见面打招呼时，除了说"您好"之外，还伴随点头、挥手等动作。再如，遇到有人问路时，我们一边告诉他，沿着这条路直走、左拐，一边用手指示方向。这些非语言行为与语言行为信息重复的例子，有助于人们更好地理解对方所要传递的信息。

例证 3-1

微笑的力量

美国俄亥俄州的 RMI 公司曾一度生产滑坡，濒临破产。公司派丹尼尔任总经理，企业很快改变了面貌。丹尼尔的办法很简单，他在工厂里到处贴上这样的标语："如果你看到一个人没有笑容，请把你的笑容分给他一些。""任何事情只有做起来兴致勃勃，才能取得成功。"标语下签了丹尼尔的名字。丹尼尔还把工厂的厂徽改成一张笑脸。平时，丹尼尔总是春风满面，笑着同人打招呼，笑着向工人们征询意见。在他的微笑管理下，三年后，工厂没有增加任何投资，生产效率却提高了 80%。美国人把丹尼尔的这个方法叫作"俄亥俄州的笑容"。可见，微笑的力量是巨大的。

（隆玲，2009）

四、非语言沟通的类型及其应用

非语言沟通的种类繁多，分类方法各不相同。根据非语言沟通的基本成分，鲁希和基斯（Ruesch & Kees，1956）将它分为手势语言、动作语言和客体语言。纳普（Knapp，1978）则将非语言划分为身势动作和体语行为、身体特征、体触行为、副语言、近体距离、化妆用品和环境因素。在总结对"无声的语言"已有研究成果的基础上，詹森（Jensen）将非语言沟通划分为身体动作和姿势、对时间的态度、对空间的态度和一般交际习惯（王阳，2007）。

国内采用较多的分类方法是将非语言沟通划分为体态语、副语言、客体语和环境语四大类。这种分类方法概括性强，易于理解，所以本节采用此种方法来系统了解每一种类型的特点及其在跨文化沟通中的应用（陈雪飞，2010）。

（一）体态语

体态语又称"肢体语言"，是用身体动作来表达情感、交流信息、说明意向的沟通手段。它包括姿态、手势、面部表情和其他非语言手段，如点头、摇头、挥手、瞪眼等。更准确地讲，体态语是由人的面部表情、身体姿势、肢体动作和体位变化构成的一个图像符号系统。

据统计，人类约可以做出27万种姿势和动作，这些动作的含义复杂多变，分类也是纷繁多样。其中，艾克曼和弗里森的体态语分类法在非语言交流学界影响深远，他们把人的身体和脸部的连续动作按各种行为的起因、用法和代码分为五大类，分别是象征性动作、说明性动作、情感表露动作、调节性动作和适应性动作（Knapp，1978）。

1. 象征性动作

象征性动作常用来代替语言行为，往往具有明确的含义。如表示"我爱你"和"侮辱、歧视、敌意"的手势，如图3-1所示。

图3-1　表示积极意义和消极意义的通用手势

一般情况下，象征性动作都有明显的文化特征，是个体从所处的社会文化环境中可得的，它的意义如文字语言一样，具有约定俗成性。日常生活中也有很多体现文化差异的手势，比如，人们用食指和拇指围成圆圈的"OK"手势，在美国表示"赞扬和允诺"的含义，在泰国表示"没问题"，在印度表示"正确"，在日本、韩国、缅甸表示"金钱"，在法国表示"微不足道"或"一钱不值";竖直大拇指、其余四指蜷曲的手势,在中国表示"赞赏",在英国表示"拦路要求搭车"的意思(娄佳杰,2006)。

2. 说明性动作

这类动作往往伴随语言使用以说明语言行为。例如,人们习惯在演讲时叩击桌子以强调演讲的内容。说明性动作受文化影响,两种文化中同样的动作往往具有不同的含义。

例证 3-2

中西文化中的动作含义区别

跺脚这个动作,在中国经常用来表示气愤、愤怒、沮丧、悔恨,而在西方,意思是没有耐心。

演讲者或表演者与听众或观众一起鼓掌,在中国表示感谢,互相表示友好的感情。而在西方意思是为自己鼓掌,被认为是毫不谦虚。

目瞪口呆,在中国的意思是好奇,有时候是惊讶;然而在西方,这被认为是不礼貌的动作,会让人感到尴尬。

在中国,成年人轻拍小孩的脑袋,表示对他们的疼爱,但如果轻拍青年或成年人的脑袋,则可能会引起反感,侮辱到别人;而轻拍脑袋在西方的含义却是给出安慰,抚慰或鼓励,有时也指钟爱。

英国、美国男子跷二郎腿的姿势截然不同,他们认为跷二郎腿是很正常的动作;而中国人通常认为跷二郎腿极不礼貌。

吐舌头,在英美文化中往往表示蔑视对方;而汉族人则通过吐舌头来表示惊讶,藏族人甚至认为吐舌头是表示对客人的尊敬。

(刘婷婷,2007)

3. 情感表露动作

情绪的表露往往是通过面部表情完成的,这种表露可能是有意识的,也可能是无意识的。与象征性动作和说明性动作相比,情感表露的动作更为自然,也更难受人意识的控制。

图 3-2 所示为美剧《Lie to Me》中表示羞愧的动作。

图 3-2 美剧《Lie to Me》中表示羞愧的动作

4. 调节性动作

这种动作在面对面谈话中对谈话起调节作用。可以暗示对方停止讲话、继续下去或调节语速，要求对方听自己讲或暗示自己已经讲完。如用点头让讲话人继续，用紧锁眉头让讲话人解释，用清嗓子提示对方自己要讲话。

5. 适应性动作

适应性动作是一种无意传达信息而做出的自我适应性的动作。一般来讲，适应性动作可分为：① 自我适应动作，这类动作往往发生在自己身上，如拽衣角、搓手、挖鼻孔；② 变换式适应动作，这类动作往往发生在与他人交往中，如进攻或防卫；前进或后退；③ 客体适应动作，这类动作往往借助物体完成，如梳头、抽烟。

（二）副语言

1. 语调

主要用来表示说话人对所说的话的态度，以及他表达的隐含意思。语调与意义密切相关，语调正确与否直接影响到交流的效果。

例如在英语中：Who are you?

（1）正常的语调（降调），表示询问听话人的身份，这是字面意义。

（2）使用先升调后降调，并且重读"are"，则表示厌恶。

（3）使用短降调，则表现出对听话人的蔑视。

（冯欢，2008）

2. 重音

重音可强调语句的信息中心，重音所在位置不同能够产生语义上的变化。同样一句话，由于重读不同，意义也大不相同。

例如：小李昨天吃了两个苹果。

（1）重音在"两个"，则突出数量。

（2）重音在"小李"，则强调主体。

3. 音的长度

音的长度的变化是由它本身的性质决定的，但在日常交际中根据所用词汇的本义、语境和使用场合，可以用延长单词或单词中某个音节的语音表达特殊的意义。

例如：今天来得这么早！

（1）正常语音下是表达赞叹、感叹之意。

（2）把"这么早"拉长，则带有挖苦、责备的意思。

4. 停顿

停顿本质上是一种语流间断的感觉（叶军，2008）。从停顿的产生原因上看，可将停顿分为生理停顿、语法停顿和逻辑停顿三种。其中，生理停顿主要指由于换气或其他身体原因而产生的停顿；语法停顿主要是为了表达话语的句子结构，一般情况下，两者在书面语中以标点符号为标志，属自然停顿；而逻辑停顿是为了强调某一事物或说话人的某种感情或态度，在无须停顿的地方产生了较为明显的停顿，且多数在书面语中没有标志，属非自然停顿（陈海庆，刘亭亭，2018）。

例证 3-3

巧妙的停顿

英国政治家赖白斯曾在伦敦参事会讲劳工情况，讲到一半，他突然停顿下来，取出了表，站在那儿一声不响地眼看观众，达1分12秒之久。其他参事员坐在椅子上很奇怪，互相看来看去，不知发生了什么事。后来大家一致认为：赖白斯忘了演讲词！就在这时，赖白斯突然大声地讲道："诸位适才所感觉的局促不安的72秒的长时间就是每个普通工人垒起一块砖所用的时间。"

这里，赖白斯巧妙地利用停顿，让其他参事员领略了普通工人劳动的辛苦，突出了演讲的主题。

（宋冰，2006）

5. 音高和语速

低音往往与慢速相伴，高音与快速相伴。有意识地使用音高和语速可以产生特定的感情色彩。为了达到特定的效果，说话人可以有意识地选择某种音高和语速。例如，低音往往与尊严、权威相伴，而高调门显得唠唠叨叨，容易让人想起争执，所以美国电视网女新闻播音员较少。另外，在不同语境中女子往往有降低调门的倾向（杨永林，1993）。

6. 沉默

沉默是指在讲话和交谈中不明确地做出有声的表态，而是做出无声的反应或停顿。沉默在人们的交流中也是传播信息的一种非语言。即使在同一文化背景中，情境不同，缄默的社会意义也不同，可以表示犹豫、缺乏自信等。跨文化的缄默则更为不同。

例证 3-4

东方文化与西方文化中的沉默

东方文化赋予沉默积极的意义，有"沉默是金"的说法。中国人往往把沉默当成一种美德，用沉默来表达丰富的内涵，如默许、保留、思考或反对。有时，沉默只是用来表达礼貌和谦卑。而在西方文化中，沉默通常表示消极的意义。英美人对沉默往往感到极不舒服，因为当他们发出的信息得到的只是沉默，他们有一种不受尊重的感觉，甚至认为东方人的沉默是缺乏信心或社交恐惧的表现。再者，英国人对谈话不感兴趣时往往保持沉默，而美国人不感兴趣时往往会索性离开。

（李莉莉，2004）.

（三）客体语

客体语通常是指由人的外表、服饰、气味等所传达出来的信息。

1. 相貌

人的相貌是身体的一部分，传递着重要的信息。同一文化的人对相貌的评价迥异，而不同的文化对相貌的看法更有天壤之别。盘点各国人眼中的第一美女，我们常常会惊讶于各国审美差异之大。

例证 3-5

各国的审美差异

汤加以人肥为美，缅甸的一个少数民族以妇女的脖子长为美。在美国，人们欣赏个子高的苗条女子，而在欧洲的一些国家认为这种是体弱、意志薄弱的体形，粗壮一些的体形更为理想。在日本，娇小的女性似乎更有吸引力。在中国，目前很多人认为妇女的双眼皮比单眼皮美，大眼睛比小眼睛美，而在美国一些人看来，单眼皮更具东方女性美的特征，他们更喜欢单眼皮的丹凤眼。

（徐德凯，杜博玉，2006）

2. 服饰

不同国家和文化的人们在服饰衣着上也有不同的习惯和习俗。例如，日本独特的民族服装是和服，苏格兰男生穿的裙子也非常有名，格子图案也是苏格兰服饰的标志之一。美国人崇尚自由，所以他们的衣服大多休闲、舒适，以 T 恤和牛仔裤为主；法国人喜欢浪漫，所以他们的服装设计很多元，从迷人的飘逸长裙到名贵的丝绸面料都可以在法国人的服装上体现；英国则是田园风，碎花裙、小花边，或是格子的学院风，无一不体现出淑女和清新；意大利人对品质有很高的要求，因此无论是服装的款式还是面料，无论是做工还是剪裁，都极尽华贵与设计感（黄悦，2012）。在跨文化交际中，我们应当注意衣着的差异，尊重不同的文化习俗。

例证 3-6

各国的服饰偏好

从颜色上看，中国人自古以来认为黄色象征着高贵和权势，只有帝王可以使用黄色，平民是不可以使用的；红色代表着热情、喜庆；白色在某些场合有禁忌，代表着悲伤；灰色代表柔和、高雅和深沉。在西方历史上，紫色被认为是高贵的，达官贵人的衣服多为紫色；红色是带有血腥的色彩，或是与火相联系；白色代表着高尚、纯洁，婚礼仪式上新娘会穿白色婚纱。

从图案上看，中国人喜欢龙凤等吉祥图案，龙是神圣的；而在西方，龙被看成是邪恶的怪物，而小青蛙或者其他与海和游艇有关的图案受到美国中上层人士的喜爱。

从遮盖度上看，中国女性服装要挡住腿、背部和胸部；马来西亚女性要挡肚脐；阿拉伯女性要穿长袍裹身，挡头发和身体，只露出脸和手。某些非洲女性要挡臀，埃及女人挡的是脸。而对于西方国家来说可以裸露的身体部分较多，主要体现女性的自然生理美。

从款式设计上看，中国人总体喜欢宽松式的服装，西方人喜欢能够体现人体生理曲线美的服装,墨西哥人喜欢制服,日本男性倾向于喜欢穿制服的女性,而犹太人则厌恶制服,因为制服让他们想起德国纳粹。

(武术,2014)

3. 气味

影响人体气味的因素很多,包括食物、饮水、心情、生活习惯、种族、性别、卫生和情绪等。不同文化的人对人体发出的气味有不同的感受。在跨文化交际中,人们对本文化的人的气味往往习以为常,而对别种文化的人的气味则很敏感。所以,在跨文化交流的过程中,应该正确对待来自不同文化的人的身体气味。

气味的文化差异

1. 不同文化的人对他人身体气味的反应不同

在社交场合,英语国家的人非常忌讳口气强烈、腋下流汗、因衣着不洁或洗漱不勤出现的身体怪味。阿拉伯人却认为人体的气味是一个人人体的自然扩展,阿拉伯人在谈话的时候,会不断吸对方的气味,吸对方的气味令人愉快,不让对方嗅到自己的气味是对对方的羞辱。

2. 气味敏感度之间的差异

欧亚民族对一些气味的敏感度存在着差异。中国人对汽油、大蒜、烟酒的味道会比较敏感,不会像欧洲人那样反应迟钝。欧洲人之间对不同气味的敏感度有着民族差异。例如,除英国人之外,所有欧洲人都喜欢葡萄和肉桂的气味,英国人则比任何其他欧洲民族都喜欢紫菜头的气味。紫菜头是英国人的家常菜,家家都用其煲汤或与腌肉一起用黄油炒着吃。冬青油的味道也显现出民族性差异,法国、瑞典、芬兰和挪威人就比较偏爱,相反在波兰、英国和瑞士则没有那么受欢迎。由此说明,人们闻出和喜欢某种特定气味的敏感度,与他们对这些气味的熟悉程度有很强的联系。喜欢吃泡菜的波兰人,能够迅速闻出泡菜的芳香,这与不把泡菜当家常菜的瑞士人差异很大。瑞士人既闻不出来,也不喜欢泡菜的味道,他们对瑞士的国菜——起司火锅的味道更着迷。

(本案例源于网络,并经作者加工整理)

(四)环境语

环境语是通过一定的环境传递给人们一些信息,是言语交际的一种辅助形式,主要包括空间信息、时间信息、建筑设计与室内装修、声音、灯光、颜色、标识等(王肖星,2015)。

1. 时间语

时间观念是文化的反映,同时,不同文化的时间观念影响了人们的时间利用方式。根据爱德华·霍尔(Edward T. Hall)的理论,与文化有关的时间可分为三类:正式时间(Formal Time)、非正式时间(Informal Time)和技术时间(Technical Time)。其中,技术时间指的是使用科学方法,精确地测量出时、分、秒等。技术时间是"无感情的""遵守逻辑的",因此与人际交往和文化交流过程关系不大。正式时间是非科学的,是由历史积淀而成的，因此它直接影响着人们在跨文化交际中的感知能力。具体地说，正式时间是某一文化的人看待时间的习惯。非正式时间是指人们笼统地提到的时间。它最为复杂，不同文化之间的差异也主要表现在这类时间之中。

例证 3-8

时间在不同文化背景下的差异

美国一般以星期日为一周的第一天，而中国习惯将星期日看成一周的最后一天。汉语中，在星期三说"上星期一"和"下星期六"时，指的是上周星期一和下周星期六。而英语中说"last Monday""next Saturday"则可能指本周的星期一和星期六。

（岳凌霄，2008）

梁漱溟（1997）将世界文化分成了三大类：以积极进取为特点的西方文化、以持中调和为特点的中国文化以及以消极退后为特点的印度文化。这说明不同文化在时间观念上存在着差异。

例证 3-9

中、日、法、美对过去、现在和未来的看法

中国人以环形时间观为主，认为时间是周而复始循环不止的，如四季轮回、昼夜更替，时间轨迹是一个圆圈，过去、现在、未来是交织在一起的，最终都将回归到原点。中国人不仅注重传统和历史，更关注现在和未来，过去的历史是对现在的借鉴，讲究以长远的眼光看待问题。日本人是现世主义者，强调活在当下。在日本语言中有"将往事付诸流水"的说法，意思是过去无关紧要，不要纠结于过去。他们认为未来不可预测，与其为未来的事情操心，不如关注现在的状况。法国人重视传统，眷恋历史的黄金时代，他们常常把过去的历史作为现时行为的重要参考，并以历史和传统的眼光来阐述当今发生的一切。美国人是典型的未来取向，他们极少回顾过去，一切着眼于未来，美国人总是为短期的未来制订计划，喜欢变化和创新，他们认为现在的努力和未来的成功紧密相关。如下图，圆圈依次代表过去、现在、未来，圆圈越大，表示越重要。

（关世杰，1995）

正式时间的运用往往还反映了不同文化间人们的宗教观念和哲学观。一些传统的农业国家习惯把时间与月亮的圆缺、与庄稼的生长季节等自然现象联系起来。"日出而作，日落而息"体现的正是农业社会中人们遵循的自然时间。汉语中表达珍惜时间的价值观时，习惯说"时间如流水""光阴似箭"等，而美国人常说"Time is money"。这是因为美国社会注重个人成就，拥有时间意味着拥有机遇、成功和金钱，准时概念体现了西方民族的效率观。

爱德华·霍尔（Edward T. Hall）还将非正式时间分成了两个不同的范畴，即"时间的单一性"和"时间的多样性"。所谓单一性时间观是指在某一个时间阶段内做某一件事情，它强调日程、阶段性和准时性的时间观念，其特点是守时和有计划性。多样性时间观是指人们做事没有安排日程的习惯，也不注意遵守时间，没有时间限制。它强调的是人们的参与和所进行的交际活动的完成，而不是固守某个约定的时间表（爱德华·霍尔，2010）。单时制文化和多时制文化的不同特点如表 3-1 所示。

表 3-1 单时制文化和多时制文化的不同特点

单时制文化	多时制文化
一段时间做一件事	同时做几件事
专注工作	容易被打断或分心
严肃对待时间约定	日程经常被改变
低语境文化	高语境文化
注重任务的按时完成	注重人际关系
遵守计划	经常改变计划
注意尊重别人的隐私	关心关系亲近的人
较强的私有财产观念	经常互相借东西
习惯于短期的关系	倾向于建立长期甚至终生的关系

例证 3-10

非洲多时制文化

几乎在非洲的每个族群都有用以表达或记述时间的俗语。例如，喀麦隆南部的巴萨人形象地将时间视为一个"装东西的容器"，并常常用"什么……的时候"来表达时间。肯尼亚阿巴鲁西亚人常常用"你要在唾液风干之前做完某件事"或"做事像阿卡云迪乌一样"来表达短的时间段；用"梅里马"（掘地的时期）或"梅拉卡"（种植的时期）等来表达长的时间段。在布隆迪，时间则多由一些具体的事象来表达："阿马卡马"（挤奶的时间）表示上午 7 时；"穆图鲁卡"（开始放牧的时间）表示上午 8 时；"库阿沙赛"（太阳照耀的时候）表示上午 9 时；等等。在热带草原地区，常常用经过多少雨季来计算人的年龄。

（Manguelle，1992）

2. 空间语

霍尔将空间范围分为三种类型：固定空间、半固定空间和非正式空间。固定空间是指由固定的墙栏和物体构成的空间，如房间；半固定空间是指由较大的、可移动的物体构成的空间；非正式空间是指人际交往中的近体距离和领地要求，具体可以分为拥挤、近体距离、领地性、空间取向等。

固定空间主要是指建筑物的空间，如中西居所的布局差异。从人们居住布局传递的信息看，欧美人更加强调个人隐私，更加看重个人空间。不同的文化对方向也有着不同的偏好，例如中国人喜"坐北朝南"，而英美国家的人一般对房屋朝向没有特殊的偏好。

半固定空间是指房间内可以移动的物体，由家具和室内陈设的安排构成。半固定空间在人们的沟通交流中扮演着重要的角色。典型的代表如座位的安排，中西方在席位的安排上存在一定的文化差异。

非正式空间是空间语中一个非常重要的方面，它主要指人际交往中人们身体之间的距离。霍尔（1995）经过长期研究，认为人际关系与空间距离有关，并根据亲疏程度提出了以下四种不同的距离要求。

（1）亲密距离（0~0.45米）：表示亲密关系。常见于父母、子女彼此依偎，情侣亲热及亲密朋友之间，在这种距离中，人们常常有身体的接触。

（2）私人距离（0.45~1.2米）：表示友好关系，适合熟人或一般朋友之间的谈话。在这种距离中，人们用平常的音量说话，很少有身体的接触。

（3）社交距离（1.2~3.6米）：表示社交关系，适合商务或一般社会交往场合，是不熟悉的人之间的距离。

（4）公共距离（3.6米以上）：表示疏远关系，适合讲课、演说、表演等公共场所的活动，或者与社会地位高的人见面等正式场合。

第二节 文化与非语言沟通

同语言手段一样，非语言手段也是文化的一部分。在不同文化中，非语言手段的意义并不完全相同，各个民族和地区有不同的非语言沟通方式。文化和绝大多数的非语言沟通行为都是历史和文化长期积淀而成的某一社会共同的习惯，非语言沟通与文化因素是不可分割的。因此，人们在跨文化沟通时应该特别注意非语言行为的使用。

一、文化对非语言沟通的影响

任何一个民族、任何一种文化，都有区别于其他民族、其他文化的独特的沟通方式。它既规范了本民族区域内部人与人沟通的方式，也在一定程度上折射出一个民族深层的文化内涵和历史积淀。非语言沟通作为一个重要的沟通方式，深受民族文化的影响。

（一）不同文化有其特定的非语言行为模式

由于文化差异，非语言行为表达不尽相同，同一个动作或行为会被不同文化背景的人理解为不同的信号和不同的信息,即一种非语言行为在特定的文化中有其特定的意义。正因为如此,同一行为方式对某个社会集团成员来说是可以接受的,而对另一文化社会集团中的成员来说却不能自觉地理解和接受。例如,美国人和日本人认为抿嘴吃东西才算得体,印第安人却以张口大嚼为礼貌;中国人携手同行意味着友谊,在西方一些国家,同性携手同行有可能被怀疑为同性恋;美国人交谈时总要保持一定距离,西班牙人却凑得很近;意大利人喜欢用各种手势伴随交谈,日本人则保持"君子动口不动手"的姿态(李莉莉,2004)。

文化比较落后的民族使用体态语言比较多,文化比较发达的民族使用体态语言只是作为语言交际的一种辅助方式。

(二)适当使用非语言行为

人们经常说"祸从口出"。可见,不恰当的语言行为会影响沟通,甚至"酿成大祸",但是人们往往忽视了语言沟通过程中的非语言行为。在跨文化交际中,因为一些看似微小的非语言行为导致沟通失败或效果不佳的例子并不在少数。

例证 3-11

OK 手势的不同含义

一个日本人问一个美国旅客,机场是否提供行李车服务。美国人想告诉他,机场不但提供行李车服务,而且还是免费提供。于是他用了人人皆知的表示"OK"的圆形手势作答。然而对日本人来说,这个手势表示"钱"。因此,日本人断定行李车服务收费昂贵。而这时,旁边一位突尼斯人看到了这一幕,于是认为美国人在对日本人暗示"他是一个卑鄙无耻的小偷",让他小心点,否则杀死他。

如果该案例中的日本人、美国人、突尼斯人事先知道"OK"这一手势可以表示不同的含义,也就不会发生这种情况了。

(刘娜娜,王延凤,2005)

非语言行为与文化有着非常密切的关系,蕴含着丰富的文化内涵,体现了人们的价值取向和行为准则。什么情况下该使用哪种非语言行为,各个文化都有其相应的规则。因此,了解各个民族和文化之间的差异,掌握使用适当非语言行为的适当时机,对克服沟通障碍具有至关重要的作用。

(三)增强对文化的了解促进非语言沟通

首先,要了解本文化中的非语言行为。在运用非语言行为进行沟通的时候,必须先了解它们在本文化中的意义,通过对比找出异同。对于一些比较复杂、较难掌握的问题应该加以重视。其次,要积累各个文化中非语言行为方面的知识。我们不可能知道每种非语言行为在各个文化中的所有意思,但是我们可以了解掌握一些比较常见的非语言行为。最后,要有针对性地做好准备。事先了解沟通对象所处的文化中某些非语言行为,才可以在沟通中做到运用自如。

二、非语言沟通对跨文化沟通的重要作用

非语言沟通行为在跨文化沟通中的作用是多样的,它不仅能在语言沟通出现误解时进行积极的补救,化解造成的误解,还能在一定程度上对语言沟通进行强调、维持等,起到语言沟通无法达到的效果。

(一)避免产生文化冲突

人们常常习惯于从自己的文化角度去揣度其他文化背景的人,一旦发现与自己的预期不同,就会产生文化冲突。文化冲突时有发生,通过提高跨文化沟通的意识和能力,从而提高非语言行为的沟通能力,可以有效减少和避免文化冲突。这是因为建立在不同文化基础上的非语言行为,有助于我们了解各个民族文化之间的差异,从而根据各种文化环境来规范自己的行为,也更容易理解其他民族文化的非语言行为。

(二)更好地传递信息

理解非语言行为的差异,除了帮助不同文化背景下的人们减少误解外,还可以更容易、更深入、更清楚地理解对方的语意。因为在面对面交流时,人们的面部表情、肢体动作、语音语调,甚至是穿着打扮都在传递、丰富、补充和强调语言信息。

因此,学习非语言行为,就应该学习非语言的文化背景,同时还要学习其文化背景下所代表的不同含义。

例证 3-12

非语言沟通对跨文化沟通的作用

我们遇到外国游客用英语向我们问路时,由于我们的英语口语不太好,说不清目的地具体在什么位置,但我们用手指向目的地的方向,外国游客就能大概明白我们的意思,并顺着我们手指的方向找到目的地,这就体现了非语言行为在跨文化交际中对语言交际行为的补救。再如,一位来自美国的朋友送我们一件礼物,我们在熟悉他们国家送礼文化的前提下,可以一边向其致谢并夸赞礼物,一边迫不及待地将礼物打开,这时这位美国朋友也会非常高兴,因为我们的非语言行为向他传达"很喜欢他送的礼物"这一信号。这就体现了非语言交际行为对语言交际行为目的和效果的强调和维持作用。

(粟小钰,2014)

三、非语言沟通形式和意义的对应关系

随着世界经济的迅速发展,跨文化沟通现象日益增多,非语言交际的使用范围也越来越广。虽然一些非语言信息在不同文化中有着一定的共性或普遍性,但许多非语言交际行为也局限于特定的文化区域范围内,在很大程度上受到当地文化的影响,不同的文化在非语言表现上存在着十分显著的差异。两种文化中非语言形式和意义的对应关系分为以下五种:重合关系、平行关系、全空缺关系、半空缺关系和冲突关系(关世杰,1995)。

（一）重合关系

重合关系是指某一种文化中的非语言形式与另一种文化中的非语言形式相同，且两种文化中的这一非语言形式所传达的意义也相同。人们进行非语言交际行为时，通常会在语言交际行为发生的同时伴随一些非语言交际的行为，以加强信息的传递。

（二）平行关系

平行关系是指两种文化中的非语言形式虽然不同，但所传递的意义却相同。例如，各国表示问候和欢迎的形式不尽相同，但都传达同样的意义。

（三）全空缺关系

全空缺关系表示某种非语言形式及其意义只存在于一种文化中，在另一种文化中没有相对应的形式，也没有相对应的意义。

（四）半空缺关系

半空缺关系是指在两种文化中存在同样的非语言形式，但一种文化中存在与该形式相对应的非语言意义，而在另一种文化中却没有。

（五）冲突关系

冲突关系是指在两种文化中都有某一非语言表现形式，但其在两种文化中的意义却极为不同，甚至相反。

例证 3-13

商务谈判中的微笑

在商务谈判中，美国人认为微笑是对对方一种非常热情的表征，所以美国人喜欢笑逐颜开。而法国人对微笑却比较谨慎，他们只有在有明显的理由时才笑。而日本人在谈判过程中基本不笑，只有在最后签约时才面露微笑。对一个日本人来说，在谈判桌上随意微笑是不严肃的表现，甚至是恶意的嘲笑。

（王朝容，曾右美，2014）

第三节　跨文化商务沟通中的非语言习惯

在跨文化商务沟通中，不仅要求语言得体，还要求非语言行为得体，以达到正常的交流目的。如何处理和解决非语言沟通中出现的各种问题，正确领会非语言行为的实际用意，有效避免文化之间由于非语言沟通产生的冲突，促使跨文化交流顺利进行，这是需要深思熟虑的问题。在面对面的商务沟通中，双方不可避免地会使用到面部表情、身体动作等非语言沟通手段。因此，观察对方的非语言表现，是准确把握对方心态变化的关键。跨文化商务沟通人士必须熟悉在特殊文化中非语言沟通的特殊表现形式，并对它们所传递的信息及时做出正确判断和反应。

一、眼睛动作与眼神

在许多文化中，眼睛都被视为"心灵的窗户"，眼睛的动作和眼神的交流深受各国文化的影响。与非语言行为的大多数方面一样，眼神交流在跨文化沟通中很难穿越文化障碍，不同文化对于眼神交流的理解有时会导致严重的误解。只有对眼睛动作和眼神的跨文化交流有一个较为深入的了解，才能理解这种误会，并顺利地进行沟通和交流。

有趣的礼节——眼神礼

世界各族人们，往往用特定的眼神来表示一定的礼节或礼貌。

注视礼：阿拉伯人在倾听尊长或宾朋谈话时，两眼总要直直地注视着对方，以示敬重。日本人交谈时，往往恭恭敬敬地注视着对方的颈部，以示礼貌。

远视礼：南美洲的一些印第安人，当同亲友或贵客谈话时，目光总要向着远方，似东张西望，如果对三位以上的亲朋讲话，则要背向听众，看着远方，以示尊敬之礼。

眯目礼：在波兰的亚斯沃等地区，当已婚女子同丈夫的兄长交谈时，女方总要始终眯着双眼，以示谦恭之礼。

眨眼礼：安哥拉的基姆崩杜人，当贵宾光临时，总要不断地眨着左眼，以示欢迎之礼。来宾则要眨着右眼，以表答礼。

挤眼礼：澳大利亚人路遇熟人时，除说"哈罗"或"哈"以示礼遇之外，有时要行挤眼礼，即挤一下左眼，以示礼节性招呼。

（本案例源于网络，并经作者加工整理）

中国和英美国家在眼神交流方面就存在一些差异。英美国家的人非常重视眼神的交流，眼睛的动作和眼神的使用也比较频繁。英美人在交流时，尽量直视对方，让对方感到自己正在倾听。英美人有句格言："不要相信不敢直视你的人。"相反，中国人认为，直视对方是不礼貌的行为，应该尽量避免。这也是为什么不少中国人对于英美国家的人在谈话时总是盯着对方感到不舒服。

日本人在向别人表示问候时，要向别人鞠躬，但眼神却是草草掠过。这是因为日本文化认为，眼对眼谈话是一种失礼的行为。在面对面的交流过程中，日本人的目光一般落在对方的颈部，使对方的脸部和双眼映入自己眼帘的外缘。

阿拉伯文化比西方文化更重视眼神的交流。阿拉伯人讲话的时候，必须直视对方的眼睛，以示尊重。他们认为，从眼睛中可以看到一个人的灵魂，并通过关注眼睛动作来了解谈话过程中对方的真实意图。

眼神的误解

美国一百货商场发生了偷窃案，该商场经理在询问时发现，有一位女雇员一直躲避经理的眼睛。于是，该经理认为这个女孩有嫌疑，解雇了她。后来他才知道，这位女雇员来自西班牙,而在西班牙,一个有良好教养的女孩子是不会与亲戚之外的男人保持目光接触的。

(彭茜茜,2011)

眼睛可以传递出很多信息,这些信息有着巨大的文化差异。在跨文化商务沟通中,我们首先可以利用眼睛动作及眼神具有的一些相似性来对谈话对象做出判断,例如瞳孔变大时,一般表示愉悦和惊喜,而瞳孔缩小,一般表示伤心失望。再者,眼睛传递信息具有世界性,例如在大多数文化中,上司可以更加自由地注视下属,而下属注视上司则一般会被认为不符合商务礼仪。除了借助眼睛动作和眼神交流中的共性来判断对方传递的潜在信息外,我们应该对跨文化中的眼部动作和眼神交流有一个较为深入的了解,将真诚平等放在第一位,理解和包容眼神沟通的文化差异,遵循商务礼仪和礼貌原则。

二、面部表情

人的脸部可以做出很多丰富的表情。人们在说话时,也通常伴随着明显的面部表情。当人们感到吃惊时,会下意识地张大嘴巴;开心时,会面带笑容,咧嘴微笑;伤心时,眉头紧锁,眯起眼睛。

虽然在许多不同的文化中,面部表情的意义基本相同,但使用的程度和频率却不一样。在有些文化里,人们的面部表情比较丰富,喜怒哀乐溢于言表,而有的文化里,人们的面部表情比较含蓄平和,从面部表情很难看出内心的感受。通常来讲,拉丁文化和阿拉伯文化中的面部表情较为强烈,而东亚文化中的面部表情则比较平和,不苟言笑。

沟通谈话的时候,人们脸上常常会出现各种表情。经常表现的表情是微笑和愤怒。在不同的文化中,微笑和愤怒的含义是不同的。情感流露是人的本性,笑逐颜开、怒发冲冠都是感情流露在面部上的表现。这就要求我们在跨文化沟通中,要善于察言观色,以捕捉对方面部表情所流露的情感信息。同样,合适的面部表情在合适的时间表现出来也可以促进语言的表达。

(一)微笑

在不同的文化里,人们都会不时地面带微笑。但是受具体文化背景的影响,微笑的含义却不尽相同。在中国,微笑的含义比较丰富,不同的语境有不同的意义。两个人初次见面,双方面带微笑握手,这是一种友好的微笑;当别人帮助了你,你微笑地向别人表示感谢,这是一种感激的笑;当面对别人的道歉,你一笑回之,这是一种谅解的笑;当感觉有趣或局促、尴尬时,有时候也会微笑。在中国,对微笑的解读要结合具体的语境。这在西方国家的人看来,是非常不可思议的。在西方国家,微笑就是高兴、愉快和欢乐。美国人为了表示开放和友好经常微笑。对其他文化的人来说,美国式微笑时常显得不真诚和生硬。德国人微笑的频率远不如美国人。德国人会直截了当地说:"生活不容乐观,没有什么值得笑的。"

(二)愤怒

不同的文化表达愤怒的方式和程度不同。例如,在西方文化里,皱眉是一种表达愤怒的温和方式。根据不同场合，皱眉可以表示愤怒、疑虑、对权威的质疑或不苟同等。在不推崇公开表达感情的文化里，皱眉的情形比较少。例如，日本人为了掩藏心中的怒气，会转移自己的视线，因为在商务活动中，公开用皱眉表示心中的不满是不合适的（琳达·比默，2011）。日本人认为，一个人在公共场合应该克制自己的气愤、悲伤。日本人还常常用微笑掩盖内心的痛苦。我们在日本电影中看到过这样的情境：家里亲人去世了，男主人仍然面带微笑招待客人。中国自古也有"男儿有泪不轻弹"的说法，男子在别人面前轻易掉眼泪，会被认为是缺乏男子汉气概。而西班牙、意大利等国的男性，在公共场合哭泣则会被看作是自然的事情（祖晓梅，2015）。

（三）眼神交流

不同文化中眼神交流表达的信息也有差异。在交流中眼神的运用包括：眼神的接触，眼神的避免接触，把眼神转向其他人，看着别人的眼睛寻求信息，等等（王焱，2010）。在日本，人与人交谈时的目光一般落在对方的颈部，眼对眼的交流是一种失礼的行为。而中国人在交谈中一般避免频繁的眼神接触，把紧盯自己的目光视为一种挑战或挑衅。在英国和美国，人与人在交谈中目光接触则颇受推崇，游离的目光或目视其他地方都会给人留下傲慢、缺乏热情或不值得信赖的印象。在阿拉伯，眼神交流更受重视，人们交谈时彼此靠得很近，往往会热情地凝视着对方。

例证 3-16

韩国人的愤怒表达

韩国企业管理人员表达愤怒时，不仅对下属进行口头指责，而且使用非语言暴力行为——他们甚至将咖啡泼在员工身上，或者对其进行身体伤害。这种行为很让人吃惊，因为这与注重面子和融洽的亚洲文化格格不入。这也说明，即使在相同地域的文化中，人们的行为方式也会有天壤之别。

（琳达·比默，2011）

三、体势

（一）手势

莱克·布罗斯纳安说："手部动作实际上是体势语的核心。"手势是非常重要的一种体态语，在非语言交际中起着重要的作用。

在商务沟通中，手势语在不同文化中所蕴含的不同含义是一门艺术，因为不同的体势在不同的国家有着不同的含义。商务人士在商务交往中，为了体现对别人的尊重和表达情意，需要了解和掌握一些手势的运用和禁忌。

不同的文化背景下手势语具有差异性。例如，表示欢迎可以张开双臂迎向对方，但是中英的动作稍有差异，英语国家的人通常是很大幅度地张开双臂，将对方揽在怀里，而中国人一般只是抓住对方的胳膊。伸出一只手，将食指和大拇指搭成圆圈，美国人用这个手势表示"OK"，是"赞扬和允诺"之意；而"OK"手势在印度，表示"正确"；"OK"

手势在泰国，表示"没问题"；"OK"手势在日本、缅甸、韩国，表示"金钱"；"OK"手势在法国，表示"微不足道"或"一钱不值"；斯里兰卡的佛教徒用右手做同样的姿势，放在颌下胸前，同时微微欠身颔首，以此表示希望对方"多多保重"；在巴西、希腊和意大利的撒丁岛，"OK"手势是一种令人厌恶的污秽手势；在马耳他，"OK"手势则是一句无声而恶毒的骂人语。因此，如果不了解对方的文化习俗，贸然做出某一手势动作，可能会产生很大的歧义和误会（黄悦，2012）。

（二）体态

我们的坐姿、站相都会发出非语言信号。一个人的体态可以直接影响到他给人的总体印象，使得人们对这个人产生好感或厌烦情绪。不同国家、文化的人，姿势也有所差异。

美国人非常注重自我的个性，不拘小节，所以常常松松垮垮地站着，或是大大咧咧地坐着。而在德国等比较注重礼仪规范的国家，这是十分不礼貌的行为。日本女子的卑躬碎步与美国女子的挺拔大步也反映了她们各自不同的文化。在中国的传统礼仪中，自古就有"站有站相，坐有坐相"的说法。得体有礼的举止和体态，可以使人显得有教养，给人留下文雅得体的好印象；反之，则显得粗俗失礼、散漫轻浮。

在大多数的商务场合，人们都坐在椅子上沟通和交流。但是在阿拉伯的许多地方，人们席地而坐。传统的日本商人也一样，采取日式坐姿。日本跪坐的方式对于不习惯这种姿势的外来者来说，相当费力。而中国古语有言"站如松、坐如钟"，这是对一个人坐立姿势的规范要求。

例证 3-17

讨论和汇报工作的体态差异

商务礼仪通常有一些国际惯例需要遵从，但在不同的文化背景下仍有很大的区别。例如，讨论和汇报工作时，东方上司通常坐着，下属站着；而在西方文化中则相反，上级通常站着，因为他们感觉站着更能控制局面。站立似乎是西方人社会交往的一种习惯，他们通常站着开会，站着接待，聚会时站着交谈，年轻人也从来不会因没有为老年人让座受到责备。美国男人坐着时喜欢把一条腿放在另一条腿上，脚尖朝着旁边的人，而这种跷着二郎腿的习惯却是中国人难以接受的，这种姿势被认为是对客人的极大不礼貌。

（郭克玲，2007）

文化在一定程度上决定着我们用什么样的体势表达喜、怒、哀、乐等内心世界。在一种文化中表达高兴的体势，在另一种文化中，可能会被视为恶意的侮辱。在国际商务谈判中出现文化错误比出现语言错误所造成的后果要严重得多，小到引起客人之间的矛盾和误会，影响一份合同的签订、关系的破裂，大到影响国家的经济利益甚至政治利益。

四、体触

体触行为在跨文化商务沟通中扮演着非常重要的角色，适当的谈话距离和合乎礼仪的身体接触能够促使沟通交流顺利进行。

我们知道，身体接触最重要的方式是握手，在大部分的文化中，握手是很自然的问候方式，握手代替或补充了传统的问候礼仪。通常，国际会议或国家领导人见面时会用握手礼；生人初次见面会握手表示友好；向别人表示感谢或祝贺也可以握手。握手作为一种友好礼节，受国际社会广泛承认，在各个国家都很受欢迎，在商务沟通过程中的使用也非常频繁。握手的具体要求没有明文规定，但非常有讲究，各个国家之间的握手礼也存在着差异。理解握手的跨文化差异，掌握握手在不同文化背景中的特色，可以使我们在跨文化的商务沟通中避免失礼。

不同国家或地区握手的方式不同。德国人和美国人喜欢坚定有力地握手，以显示力量与个性，而法国人握手时会轻柔很多。中东人或很多来自拉丁文化的人在和对方握手时，会把空着的另一只手放在对方的前臂上。日本人习惯于鞠躬，他们也会和外国商人握手，但只是将手臂远远地伸出去，保持彼此间的距离（琳达·比默，2011）。英语国家的人在握手后会立即分开，握手双方会分别向后退一下，距离随之拉开。而中国人一般是握住对方的手，身体随之靠得较近一些，手也不是立即松开，而是握住轻轻摇晃几下，保持3~5秒。

握手有多种不同的习俗，有些是通用的，而有些只适用于某些特定文化圈。在伊斯兰教中，握手是一个古老的传统礼节，握手同时会以阿拉伯语的"祝你平安"（Assalamu alaikum）来问候对方。

除了常见的握手问候，在西方社会，亲吻彼此的脸颊和拥抱，也是相当常见的问候行为，不过各个国家有些细微的不同，如表3-2所示。

表3-2　不同国家或地区的问候方式

国家或地区	问候方式
意大利	快速亲吻彼此脸颊，先右侧，后左侧
法国	先亲吻对方的右脸颊，次数因地区而异
德国	在脸颊左侧亲吻一下，很少拥抱
英国	拥抱或亲吻
荷兰	右侧—左侧—右侧的顺序亲吻三下
希腊	握手表示友好，亲近的人则拥抱和亲吻

许多情况下，问候礼仪把不同类型的非语言行为结合在一起。各个国家不同的文化往往会衍生出不同的问候礼仪，以示友好的体触行为也各具特色，除了常见的握手、拥抱和亲吻外，还有吻手礼、碰鼻礼等。

吻手礼由维京人（生活在8—10世纪）发明，维京人有一种风俗，就是向他们的日耳曼君主"手递礼物"，"吻手礼"也就随之出现。如今吻手礼是流行于欧美上层社会的一种礼节。英法两国喜欢"吻手礼"，不过在英国和法国，行这种礼的人也仅限于上层人士。在德国，正式场合仍有男子对女子行吻手礼，但大多做个吻手的样子，不必非要吻到手背上。在波兰民间，吻手礼十分流行。

新西兰的毛利人把体触视为问候中必不可少的组成部分。毛利人至今仍沿袭着一种远古留传下来的独特的见面问候方式——碰鼻礼。如果毛利商人没有用传统的方式问候——触碰鼻子和大呼欢迎，他们就会感到自己未被对方接受。

五、空间语言

空间观念经常因文化而形成差异。霍尔（Hall）认为，空间的变化会对交流产生影响，它可以增强交流的效果，有时甚至会超过言语的作用（爱德华·霍尔，1995）。文化不同，人们对空间的需求和与空间有关的交往规则也不同，如体距差异；文化不同，空间范围所引起的联想和感受也不同，如对个人领地的不同态度；文化不同，对使用空间距离的价值观念也不同，如利用空间距离显示地位差异。在跨文化沟通中，人们会因异文化的人对空间处理方式的不同而感觉受到冲撞和侵犯（陈雪飞，2010）。

（一）私人空间

很多文化认为，私人空间是神圣的，当他人侵入到一个人的私人空间后，这个人会觉得受到了侵扰。如果我们知道不同文化的人如何安排自己的个人空间，就可以借此推断出他们在工作中如何通过空间来进行交流。

例证 3-18

商务考察和拜访

考察或拜访也是常见的商务活动，但在时间上不同文化有不同的选择。中国人常喜欢选择周末、节假日进行拜访。因为在中国，节假日是亲朋好友欢聚的最佳时间。但欧美人却不喜欢在这一时间接待朋友或接受邀请。他们认为节假日是个人与家人团聚的时间，如果被邀赴约，尤其是公务约会，则认为对方有意妨碍他人。

（郭克玲，2007）

美国琳达·比默（Linda Beamer）和艾里斯·瓦尔纳（Iris Varner）总结出各个文化私人空间的大小比较。从几种不同文化的私人空间的分布来看，日本人更加强调个人隐私，更加看重个人空间，欧美人次之，拉丁美洲人最不看重个人空间。

霍尔（1995）在《无声的语言》中有关于美国人和拉美人空间语言文化差异的精彩描述：

拉美人相互接触的距离比美国人要近得多。的确，如果双方不接近到一定程度，他们就感到无法踏踏实实地说话；而在北美，离这么近会使人产生抵触情绪或敌对情绪。所以，他们往近靠，我们就往后退。结果，他们觉得我们冷淡疏远、不合群、不友好，而我们则总是指责他们离我们太近，挤我们，唾沫星往我们脸上乱溅。

"在拉丁美洲待了一段时间的美国人，如果还没有适应这种空间安排，就采取其他一些适应环境的措施，例如用办公桌把自己圈起来，或者用椅子、打字机台把拉美人挡在我们感觉舒服的距离以外。其结果是，拉美人会越过这些障碍物，直到离你近得使他感到能舒舒服服地谈话为止。"

这说明不同文化背景的人对交流时候的间隔距离有着不同的偏好。我们在说话聊天时和别人的距离远近代表着不同含义。如在美国，站得太近，可能意味着非常熟悉或者侵犯；英国人和德国人倾向于站得远一些；而在墨西哥，人们会站得非常贴近，有时会让你感到很尴尬不安。在相互交谈时，英国人、盎格鲁-撒克逊人、美国人和瑞典人彼此站得最远，意大利人和希腊人站得比较近，南美人、阿拉伯人站得最近。如果不注意这些差异，很可能会在交流中引起误解，使自己陷入窘境。

例证 3-19

个人空间的文化差异

一对意大利情侣因工作关系定居澳大利亚，初来乍到，他们应邀参加一个舞会。参加这次舞会的大部分是本地人，大概是物以稀为贵的原因，他们简直成了舞会的焦点，很多人都邀请他们一起跳舞。盛情难却，他们很高兴地接受了邀请。可是不到一会儿，他们的舞伴都借故走开了，后来两人各自换了好几个舞伴，都是同样的结果。这令两个人很困惑，简直是无法理解，后来他们偷偷叫来服务员询问，这才恍然大悟，原来误会就出在个人空间的文化差异上。

在意大利等南欧国家，人们对私人空间的要求只有半径20～30厘米的范围，即使人们保持25厘米的距离，双方也都会感觉舒适，但是如果他们与澳大利亚的朋友保持这个距离，这简直是开玩笑，因为澳大利亚人的私人空间半径达到了46厘米，这么做已经严重侵犯了澳大利亚舞伴的私人空间，难怪舞伴会一个个走开，他们可能认为这对情侣有好色的毛病呢！后来这对意大利人连忙向刚才的舞伴说明原因，这才挽回了面子。

（刘懿，2011）

与身体距离相关的另一个问题便是拥挤。与文化所强调的人际距离和隐私空间一样，通常，北欧人喜欢较大的身体空间，所以排队的时候彼此相距较远。相比之下，拉丁美洲国家的人们倾向于较小的身体空间，所以排队时站得较近。

日本和欧美许多国家的人并不喜欢拥挤不堪的状况，越来越多的人从大城市搬到郊区，以便拥有更多的空间。排队是一件让英国人引以为豪的事，插队绝对会让你被所有人讨厌。日本人比英国人还守规矩。在日本的公交系统中，人们会收到一大堆的提示，告诫你要把手机调至静音或震动状态，并称之为"礼貌模式"。

然而，在印度，人们上火车的方式简直难以置信，怒殴、猛推、乱抓、狂挠，非常混乱。而在旅途中，"勾肩搭背"的现象也屡见不鲜。因为太拥挤，大家不得不做好心理准备，随时有人对你说："不好意思，我得蹭着你的肩膀。"

（二）公共空间

人们布置和使用公共场所的方式也反映了该文化对于空间和隐私的态度。美国人把他们的个人主义观点带进了公共场合，他们认为自己有权在草坪、公园里玩耍，因为他们为此纳税。德国人像安排私人生活一样布置公共空间，一切事情都必须有秩序。

对空间语言的态度影响到对办公空间的态度。办公室的位置反映了潜在的文化价值观。通常情况下，重视广阔的个人空间的文化，也重视宽敞的公共空间，反映在工作环境中，通常表现为重视宽敞的私人办公室。

在美国，办公室的大小和位置反映了一个商人的成就、重要性、权力以及在组织结构中的地位。办公室的大小和陈设在欧洲也很重要。如果一位主管有一个带套间的私人办公室并配备了秘书，那么大家就都很清楚他是很重要的人物。在法国，办公室的空间分布也是围绕着位于中心的主管。中东与拉丁美洲的办公空间可能很不一样。在他们看来，办公室是会面的地方。商业人士经常同时叫上几个人到办公室，与之谈几桩不同的生意。这种无视礼仪、缺乏隐私和专注的方式会使西方人感觉受到了侵犯。中东地区的办公室通常很拥挤。地位的重要性不一定通过办公室的大小和位置反映出来（琳达·比默，2011）。

另一个例子涉及办公室的空间安排。美国的办公室总体模式往往是将其中一部分空间平均划分。新同事到来时，几乎人人的办公桌都会挪一挪，让他分享空间。这就是说，长期占用的位置可能会动，可能会失去原来喜欢的窗外美景，但重要的是，同事们愿意做一些调整。其实这就是一个信号，他们挪动办公桌时就已经承认了新到的同事。空间调整以后，老板就可以确定，新员工融入这个群体了。法国人和美国人形成了鲜明的对照。他们不会像美国人那样，接受那种无须挑明、理所当然的挪动位置、腾出空间的方式。他们不会为了一位新同事而重新分割空间。相反，他们可能勉强给新同事一张小书桌，一个面向墙壁的黑暗角落（爱德华·霍尔，2010）。

空间语言行为被带进了办公室和商业行为中。人们不可能将一般文化行为从商务行为中剥离开来，两者紧密联系。跨文化商务沟通中的空间和隐私等非语言行为有着极其深厚的文化根源。要破解一种文化中的空间语言行为，不仅需要记住空间运用等方面的特色，特别是一些禁忌，还要理解形成某种特定的非语言行为背后的文化价值观。

本章小结

> 非语言沟通是指除了语言沟通之外的各种人际沟通方式。也就是不说话的交流，是人们利用面部表情、触摸、姿势、眼神、气味等非语言符号传递信息并增进了解的方式。

> 非语言沟通的功能主要有补充功能、否定功能、强调功能、调节功能、替代功能和重复功能。

> 非语言沟通可分为体态语、副语言、客体语和环境语四大类，每一类型的非语言沟通行为都各有特点。

> 文化与非语言沟通关系密切，文化对非语言沟通具有重要影响，非语言沟通对跨文化沟通具有重要作用。

> 两种文化中非语言形式和意义的对应关系分为以下五种：重合关系、平行关系、全空缺关系、半空缺关系和冲突关系。

> 在跨文化商务交流中，不仅要求语言得体，还要求非语言行为的得体，以达到正常的交流目的。眼睛动作及眼神、面部表情、体势、体触、空间语言等非语言行为对跨文化商务交流产生一定的影响。

 网站推荐

1. 跨文化传播论坛：http://www.cccf.china.cn
2. 跨文化传播学术网：http://www.icchina.org

 影视推荐

《别对我撒谎》

《别对我撒谎》是一部描述心理学的美国电视剧。在片中，主角卡尔·莱特曼博士和吉莉安·福斯特博士利用"脸部动作编码系统"（Facial Action Coding System）分析被观察者的肢体语言和微表情，进而向他们的客户（包括FBI等美国执法机构或联邦机构）提供被观测者是否撒谎等分析报告。片中的主要故事情节来自美国心理学专家保罗·艾克曼博士的研究，其主要研究方向为人类面部表情的辨识、情绪分析与人际欺骗等。

《犯罪心理》

讲述了美国联邦调查局（FBI）下属的行为分析部（BAU）中的一支心理侧写队伍的探案经历。BAU地处弗吉尼亚州匡提科，是FBI的国家暴力犯罪分析中心的一部分。与其他模式化的犯罪类戏剧专注于罪案不同的是，该剧将故事的焦点集中在罪犯的生活经历和心理状态上。小组中行为分析人员（简称"侧写师"）运用心理分析、地理侧写等方法，破获了一系列棘手的案情。

思考练习题3-1：选择题

1. 以下哪个不属于非语言沟通？（   ）
   A. 体态语　　　B. 环境语　　　C. 客体语　　　D. 书面沟通
2. 以下哪项不属于非语言沟通的具体表现？（   ）
   A. 提问　　　　B. 沉默　　　　C. 眼神交流　　D. 皮肤接触
3. 以下哪一项非语言行为与其对应的文化不相符？（   ）
   A. 意大利男性在公共场合哭泣
   B. 阿拉伯人在倾听朋友谈话时，两眼直直地注视着对方
   C. 汉语中习惯用"时间就是金钱"来表达珍惜时间的价值观
   D. 日本人向别人表示问候时会鞠躬

思考练习题 3-2：简答题

1. 体态语、副语言、客体语和环境语等方面存在哪些跨文化的差异？
2. 举例说明对个人空间的不同理解与文化的关系。
3. 举例说明眼睛动作及眼神、面部表情、体势、体触和空间语言等非语言习惯在跨文化商务沟通中的运用。

案例分析 3-1

商务报价的文化差异

一个美国公司和一个日本公司在谈判，美国公司首先报出了产品的价格，日本公司按照本国的习惯沉默了半分钟。美国公司对这种沉默感到不安，以为日本公司觉得报价太高，于是就主动降低价格。日本公司对此既高兴，又迷惑不解，因为他们本来是可以接受原来的报价的。

（曹佩升，2007）

问题讨论：

1. 为什么美国公司会对日本公司的沉默感到不安？
2. 这个例子给我们的启示是什么？

案例分析 3-2

用 力 握 手

邓老师是赴毛里求斯的汉语教师志愿者，初到毛里求斯任教的邓老师得到了非常热情的接待，校长和老师都纷纷热情地与邓老师握手表示欢迎，但是，在握手的时候，邓老师发现任教学校的校长和老师都很认真地用尽了力气握他的手，而他则是没有用什么力气。随后一段时间，邓老师发现接待自己的老师态度有些变化，没有之前那么热情了，邓老师不知道自己到底做错了什么，询问之后，有位老师告诉邓老师接待邓老师的老师认为没有得到他应有的尊重。经过一定了解之后，邓老师才发现在非洲有一个习俗，那就是越用力握手，越是表示对对方的尊重，但这个习俗恰好和中国是相反的。

（本案例源于网络，并经作者加工整理）

问题讨论：

结合本案例，试回答如何做好跨文化沟通。

参考文献

[1] BURGOON J K, SAINE T. The Unspoken Dialogue: An Introduction to Nonverbal Communication[M]. Boston: Hughton Mifflin Company, 1978.

[2] SAMOVAR L, PORTER R, JAIN N. Understanding Intercultural Communication[M]. Belmont: Wadsworth, 1981.

[3] MALANDRO L A. Nonverbal Communication[M]. New York: Newbery Award Records, 1989.

[4] 杨全良. 非言语交际简述[J]. 外语研究,1990(2):18-22.

[5] 胡文仲. 评介英国出版的一部跨文化交际著作[J]. 外语教学与研究,2007(1):69-71.

[6] 毕继万. 第二语言教学与跨文化交际[M]. 北京:北京语言大学出版社,2009.

[7] 栗小钰. 非语言下的跨文化交际研究[D]. 西安:陕西师范大学,2014.

[8] 雷蒙德·罗斯. 演说的魅力:技巧与原理[M]. 北京:中国文联出版社,1989.

[9] 黄嘉涛,高虹园. 管理沟通[M]. 广州:中山大学出版社,2014.

[10] 隆玲. 领导者的非语言沟通技巧[J]. 领导科学,2009(13):30-31.

[11] RUESCH J, KEES W. Nonverbal Communications: Notes on the Visual Perception of Human Relations[M]. California: University of California Press, 1956.

[12] KNAPP M. Nonverbal Communication in Human Interaction[M]. New York: Holt, Rineheart & Winston, 1978.

[13] 胡文仲,毕继万. 跨文化非言语交际[M]. 北京:外语教学与研究出版社,2009:6.

[14] 陈雪飞. 跨文化交流论[M]. 北京:时事出版社,2010.

[15] 娄佳杰. 相同的手势不同的含义——语言之外的跨文化交际[J]. 青年科学,2016(01):42-43.

[16] 刘婷婷. 浅谈体态语[J]. 科技经济市场,2007(3):359.

[17] 冯欢. 探析副语言在语言交际中的功能[J]. 黑龙江教育学院学报,2008(9):136-138.

[18] 叶军. 现代汉语节奏研究[M]. 上海:上海书店出版社,2008.

[19] 陈海庆,刘亭亭. 庭审语境中公诉人话语停顿的动态属性及修辞功能[J]. 当代修辞学,2018(3):84-95.

[20] 宋冰. 副语言及其交际功能[D]. 哈尔滨:黑龙江大学,2006.

[21] 杨永林. 女子英语音韵语调研究综述[J]. 外语教学与研究,1993(2):14-19.

[22] 李莉莉. 跨文化交际中的非言语行为[D]. 哈尔滨:黑龙江大学,2004.

[23] 徐德凯,杜博玉. 对非语言交际中的客体语的研究[J]. 黑龙江史志,2006(3):53-54.

[24] 黄悦. 跨文化交际中的非言语交际行为研究[D]. 大连:辽宁师范大学,2012.

[25] 武术. 客体语的跨文化交际[J]. 电影评介，2014（18）：107-108.

[26] 郭莹. 欧洲如一面镜子[M]. 济南：山东画报出版社，2008.

[27] 爱德华·霍尔. 无声的语言[M]. 北京：中国对外翻译出版社公司，1995.

[28] 王肖星. 对外汉语教学中环境语的功能[J]. 南北桥，2015（3）：84.

[29] 岳凌霄. 当代国外性别角色研究初探[J]. 科技信息（学术研究），2008（36）：504-505.

[30] 梁漱溟. 东西文化及其哲学[M]. 北京：商务印书馆，1997.

[31] 关世杰. 跨文化交流学[J]. 国际政治研究，1995（4）：98-98.

[32] 爱德华·霍尔. 超越文化[M]. 北京：北京大学出版社，2010.

[33] 刘娜娜，王延凤. 跨文化交际中的肢体语言[J]. 潍坊教育学院学报，2005（3）：60-64.

[34] 王秋艳，李凤云. 跨文化非言语交际与文化语境分析[J]. 辽宁广播电视大学学报，2008（1）：98-99.

[35] 王朝容，曾右美. 浅析身势语在国际商务谈判中的运用技巧[J]. 职业教育（下旬刊），2014（9）：29-31.

[36] 彭茜茜. 浅谈涉外商务的语言和非语言沟通技巧[J]. 青年文学家，2011（6）：108-109.

[37] 琳达·比默，艾里斯·瓦尔纳. 跨文化沟通[M]. 大连：东北财经大学出版社，2011.

[38] 祖晓梅. 体验型文化教学的模式和方法[J]. 国际汉语教学研究，2015（3）：53-59.

[39] 王焱. 面部表情与中西方文化差异[J]. 文教资料，2010（25）：97-98.

[40] 郭克玲. 论跨文化商务中的非语言交际[J]. 商场现代化，2007（4）：18-19.

[41] 刘懿. 身体语言密码[M]. 昆明：云南人民出版社，2011.

第四章
不同文化间的信息沟通

✏️ **学习目标**

> 了解沟通的模式；
> 了解跨文化沟通的特点；
> 掌握不同文化中的组织信息的方式；
> 了解话语沟通的重要性。

引例

人头马

　　白兰地之于法国，就如同探戈之于阿根廷或是斗牛之于西班牙一样，都是一种足以代表整个国家文化的标志性事物。也许有人会把埃菲尔铁塔、卢浮宫当作法兰西这个充满着浪漫与诗意的国度的最佳象征，然而在总是激情四溢的法国人看来，白兰地同样是他们最引以为傲的一种地道特产，他们甚至认为只有白兰地才称得上是这个世界上最为高贵、最具男子气概的饮品。于是，作为白兰地家族中最为引人瞩目的一种新贵产品，历史虽短却把这种高贵演绎到了某种极致的人头马，自问世之初就已当之无愧地成了财富与地位的最佳表征，在法国国内进而包括整个世界上取得了至高无上的显赫地位。

　　人头马选择神话故事中的半人马作为徽章（见图4-1），代表公司的价值理念：热情、大方、追求。其贵为特优香槟干邑专家，一直被誉为干邑品质、形象和地位的象征，是世界四大白兰地品牌中唯一一个由干邑省本地人所创建的品牌。人头马代代相传的不朽真谛在于它弘扬的非凡优雅的生活艺术。如今，人头马更将其品质与生活完美地融合在一起。它总能在任何一种场合下，为每一个动人的时刻增添光彩。

　　人头马在欧洲的广告语是"似火浓情"，运用了比喻和拟人相结合的修辞手法，给了消费者一个明确的信息：白兰地酒热烈浓郁，本身包含似火浓情，还可使恋人燃起爱的火花。"似火浓情"会使顾客产生情感上的共鸣，也符合欧美的文化习俗。而对于东方，进入中国后则将广告口号改为"人头马一开，好事自然来"的吉祥语，主动迎合了中国消费者追求吉利的传统

图4-1　"人头马"

心理，而非对人头马本身品质与口感的描述。

虽然广告受众面对的是同一产品，但在传播产品品质时，信息组织的侧重点却是不同的。

（本案例源于网络，并经作者加工整理）

第一节 跨文化信息沟通概述

21世纪以来，"一体化""国际化""全球化"等词语在中国的使用频率正变得越来越高。越来越多的人也意识到，全球化已是未来世界不可逆转的必然趋势，经济全球化必然伴生文化全球化。因此，从全球化的视角出发，对不同文化间的信息沟通进行梳理与研究就显得尤为必要。

一、信息

沟通的过程同时也是信息传递的过程。人类自产生的那天起，就生活在信息的海洋里；人类社会的生存和发展，每时每刻都离不开接受信息、传递信息、处理信息以及利用信息。

在对"信息"概念的界定上，学界目前尚未取得较为一致的意见，但现有概念界定的主要基础仍然是香农（Claude E.Shannon，1948）的"通信与不确定性消除"说，以及维纳（Norbert Wiener，1948）的"物质、能量、信息"三属性与组织度度量说。

维纳认为，信息同物质（物理学意义上的物质，而非哲学层面的物质概念）、能量一起，是客观事物的基本属性。

信息是对系统组织度的度量，也就是说信息总是承载了一定的意义。

信息在两个要素之间的传递过程中存在，这意味着信息至少和两个事物之间某种运动关系相关联着，这是信息这一客观事物存在的前提条件，也是我们正确认识信息、合理运用信息的条件因素。

信息具有广泛性、抽象性、未知性或不确定性等特点。

在学习中要注意信息与消息、信号和情报的区别。信息（Information）是消息的内容；消息（Message）是用文字、符号、数据、语言等能够被人们感觉器官所感知的形式，把客观事物运动和主观思维活动的状态表达出来，消息是信息的形式，是表达信息的工具；信号（Signal）是消息传输的物理形式（如声波、光波、电信号、机械号等；一般指电信号），如十字路口的红绿灯——光信号，用来指挥交通；情报（Intelligence）往往是军事学、文献学方面的习惯用词，它的含义比"信息"窄得多，一般只限于特殊的领域，它只是一类特定的信息。

二、文化与沟通模式

人与人之间的沟通是怎样进行的？沟通的因素主要有哪些？与来自不同文化的个体之间沟通时有必要对沟通的主要因素进行相应的调整，从而减少失败的可能性。

(一)含义与沟通模式

苏珊·洛(Susan Lowe)(2014)认为,沟通是由一个或多个人之间进行信息传递的过程,信息包含在语境中,受到噪声的干扰,沟通产生效应并引起反馈。沟通的主要要素为:信息传递者、接受者、语境、信息、渠道、编码程序、噪声干扰、解码程序、反馈。如图4-2所示。

图4-2 沟通过程图

由图4-2可知,要把发送者所要传送的信息①转变为接受者所接受的信息②,至于信息①与信息②是否一致,就取决于噪声。例如1980年年初,联合国秘书长瓦尔德海姆为解决人质问题飞到伊朗,在他的演讲中有这样一句,"我来这里是以中间人的身份寻求某种妥协的"。演讲被播出没过一个小时,他的汽车就遭到了愤怒的伊朗人投掷石块的袭击,此后他的努力也因此受到严重的挫折。因为在波斯语里,"妥协"这个词具有"人格折损""美德折损"的负面意义。同样"中间人"是暗指"干涉者""一位不速之客"。这里,同一词语的不同解读便是造成跨文化信息沟通的噪声。噪声分为主体因素和客体因素。主体因素就是影响信息发送和传递的因素,包括:发送者的技能、知识等文化系统、地位及已经有的形象;发送者的态度、行为、语义表达情况;信息在编码的过程是否有遗失,信息在传送媒介,即渠道的选择是否合适;环境的干扰、物质条件的限制等。客体因素就是影响信息接收和理解的因素。客体因素包括:接受者是否进行选择性接收、片面理解、短暂记忆等;信息通过渠道传送,通过译码对接受者的刺激强度有多大、对比度如何、是新鲜的信息还是不断重复等(谢荣见,孙建平,2006)。这些都是影响信息传送是否有效的因素，并通过反馈，确定信息是否被理解了。本章主要探讨的就是在沟通过程中，沟通者进行编码、译码的不同。

（二）原因：沟通的动因和目的

管理学上，沟通是将某一信息传递给对方，并期望对方做出预期效果的反应的过程管理。管理者通常会把 75%以上的时间花在沟通上，有效的沟通已经成为企业计划、领导、组织与控制过程中的重要一环，并贯穿始终。信息沟通的目的越明确，越有利于提高信息沟通的有效性，也越有利于提高企业的管理水平。

关于沟通的动机和目的，学术界主要有三类代表性理论：戈夫曼的自我呈现论、霍曼斯的社会交换论、费斯汀格的社会实在论（盖勇，2003）。

（1）自我呈现论。自我呈现论是由社会学家戈夫曼（Erving Goffman，1956）提出的，他认为，沟通是凭借自身的言行向他人呈现自我的过程，但往往只呈现有助于维护自身良好形象的某些属性，隐藏消极属性。自我呈现论强调通过积极属性的呈现来影响他人的言行，控制他人对待自己的方式。

（2）社会交换论。社会交换论的创始人是美国著名社会学家乔治·霍曼斯（George Homans，1958）。霍曼斯认为人际交往本质上就是一种信息交换，人们的日常沟通行为就是信息、情感等无形商品的交换过程。人是"经济人"，在人际交往中追求利益最大化，在人际交往过程中，精神利润就是用得到的报酬除去付出的代价得到的结果。交往双方中的任意一方得到的精神利润为零，交往就可能中断，只有双方都获利，交往才能继续。

（3）社会实在论。费斯汀格（Leon Festinger，1954）用社会实在论来解释人际沟通的动因。社会实在论是指人们为了使自己的言行和社会团体保持一致，在自己无法确定言行标准时，暂时将团体成员的言行作为自己的言行标准。社会实在论认为，沟通是自己的态度、意见和行动标准向社会团体的标准统一的过程，沟通对于保持认知上的协调和心理上的平衡，消除言行上的偏差具有积极作用。

（三）主体：谁进行沟通

沟通分为下行沟通、上行沟通和平行沟通（梅红，2007）。对沟通主体的认识一致，无意识的信息对意思造成的干扰就会降低。其中涉及单向沟通还是双向沟通，上行沟通、下行沟通还是平行沟通。

在重视等级的组织中，沟通者的身份地位很重要。上行沟通不会特别顺畅，而下行沟通，尤其在执行计划过程中，要比平行沟通传达的信息执行力更强，并且沟通主体的选择直接影响到商业活动能否顺利进行。人际关系对经济交易的影响则大得多。这既体现在交易对手的选择上，也体现在与不同交易对手进行交易的交易条件和交易成本的差别上。例如，在中国，与西方社会相比较，经济交易更多的是在互相熟悉的人之间进行，人际关系对交易条件和交易成本的影响更大，甚至常常为了使交易顺利进行，或改善交易条件，或降低交易成本，有意识地使人际关系进入经济交易：先交人，后交易，将与"他"的交易化为与"你"的交易。中国的人际关系就是塔尔科特·帕森斯和爱德华·希尔斯（1951）所言的特殊主义的人际关系。

（四）地点：沟通渠道

沟通渠道不仅能使正确的思想观念尽可能全面、准确、快速地传达给沟通客体，还能广泛、及时、准确地收集客体的思想动态和反馈的信息，因而沟通渠道是实施沟通过程、提高沟通功效的重要一环。

在跨文化商务活动中，问题不可避免会发生，若事先对沟通渠道达成共识，便可减少冲突。美国人凡事喜欢合同，他们通常认为，如果没有书面的、经签署的合同，就不存在任何形式的协议。因为在基督教文化传统中，人与人之间是一种"交易式"的交往，契约是维系的纽带，也就是帕森斯和希尔斯所说的普遍主义的人际关系："对对象及其行为的价值认定独立于行为者与对象在身份上的特殊关系。"（Parsons & Shils，1951）德国商人也同样看重合同。但在世界其他地方，口头陈述只要发生在一定的人际关系情境下，就与书面合同具有同等效力。一家美国企业的员工可以天真地说："哦，我确实对那个新产品很感兴趣。"这句话用条件句表达了这样一个意思：在将来某个时候，该产品值得他去做进一步的了解。但在亚洲文化中，情境关系的存在也会使合同成立，亚洲文化的成员就会把这句话理解成"我将热切地盼望收到那个产品"。

（五）时间：沟通的时间与时机

与来自不同文化的人共进午餐时或坐在主人车中时，能否提出商务问题？在一个非正式场合能否提出商务问题？或者仅在正式场合才能提出？

在谈判中，谁先发言的问题在某种程度上也是一个时机问题。北美人认为，任何一种文化都愿意先发言，把自己的观点拿到桌面上，因为他们自己就经常这样做。如在美国，人们会说"会吱吱作响的轮子才能得到润滑油"，个人的观点和成就都会直接表达出来，不会刻意保留。而在中国，人们则会说"枪打出头鸟"，第一个发言则可能会被认为"爱出风头"，因此日本和中国的谈判员经常希望最后一个发言，并且这样他们就可以在听完对方表述之后，再阐明自己的观点。

沟通的时间问题还涉及不同文化对时间看法不同的各个方面，在第一章"文化与沟通"中已做了介绍，如单向计时制（Mono-chronic）和多向计时制（Poly-chronic）。前者是一种强调日程、期限、讲究效率、倾向于做短期计划和一段时间只做一件事情的时间习惯；后者讲究时间使用的灵活性，倾向于做长期计划和一段时间允许做多种事情的时间习惯。对于一个来自单向计时制文化的人，在处理别的事情的同时还听你的报告，可能是无法接受的。

三、跨文化信息沟通的特点

跨文化信息沟通是不同文化背景的人之间发生的信息沟通，沟通中信息发出者和接受者是不同文化环境的成员，相比于相同文化成员的信息沟通，跨文化信息沟通呈现以下三个特点（黎永泰，黎伟，2007）。

（一）文化对接难度大

文化对接是指沟通者和被沟通者在一个文化符号中获得一致的意义。只有实现文化对接，才有双方对一致意义的认同，从而达到理解和沟通。由于生产方式、生活方式、地理环境、历史传统等的不同，各种文化体系均具有个性和特殊性，其文化中的精神体系、思维体系、智慧体系、规范体系、组织体系、符号体系、编码体系和解码体系等都有很大的不同，它们在进行跨文化沟通时，共享性差，认同性差，对接能力差，因而沟通中会发生种种障碍。

就语言而论，它们编码的发音和形状不同；语言的词汇量不同；词语文化含义有的相同，有的不相同；编码次序往往不同；等等。这就使得在跨文化沟通中出现用另一种解码系统去阐释不同的编码系统的问题，使跨文化沟通在文化意义上难以实现对接，往往是沟而不通。

（二）文化距离不同使跨文化沟通的难度不同

文化距离是指沟通主体文化间的共性与个性的差异程度。文化间的共性较多，则文化距离较小；文化间的个性突出，则文化距离较大。同一文化中的地域亚文化之间的文化距离较小，则它们的跨文化沟通难度较小；同一文化中的群体文化之间的文化距离较小，则它们的跨文化沟通难度较小。例如，中国文化与日本文化比较，它们的文化距离较小，与新加坡的文化距离更小，它们同属儒家文化圈的文化，跨文化沟通的难度要相对小些。而中国文化和美国文化比较，则文化距离较大，沟通难度也大。

（三）跨文化沟通的成本高于一般沟通的成本

跨文化沟通是在两种不同的文化间进行沟通，克服文化的障碍将会耗去更多的物资、使用更多的手段和方法、耗费更多的时间、进行更频繁的双向沟通，在沟通中要花费更多的精力去理解文化差异，处理文化矛盾和冲突，沟通的失败会导致投入变成泡影，因此跨文化沟通的成本比一般沟通的成本要高得多。

例证 4-1

外国人眼中的《梁山伯与祝英台》

在跨文化沟通中，每一个环节都可能使沟通成本提高。例如编码的规则，可能大大提高了跨文化沟通的成本。我国的古代爱情悲剧《梁山伯与祝英台》是按中国文化的思维方式和表达方式来编码的。电影在卢森堡上演后，并没有引起强烈的反响，许多人对祝英台的行为不理解，表示看不懂。他们认为，女主人公既然爱男主人公，为什么不直接向男主人公说"I love you"呢？既然你爱他，就应当表达出来。他们认为悲剧的原因出在女主人公祝英台身上，悲剧的结果是祝英台自己造成的。这部悲剧电影并没有达到传播中国文化价值的效果，原因就是编码和解码是两套系统，所以导致投入与产出并不成正比。

（黎永泰，黎伟，2007）

四、跨文化信息沟通的发展趋势

随着经济全球化的扩展，跨文化沟通也渐渐发生着变化，出现了跨文化信息沟通主体多国化、沟通渠道科技化、信息传递快捷化的三大发展趋势。

（一）沟通主体多国化

诚如历史学家戴逸（2001）所说："一部世界文化史，从某种意义上讲，就是各民族文化相互传播、碰撞、融合和不断创新的历史。" 随着经济全球化格局的逐渐形成，不同国家之间的交流与合作也变得日益频繁，网络信息技术的发展极大促成国际化沟通的同时也给国际商贸活动带来了全新的便利条件。

（二）沟通渠道科技化

跨文化交流虽然自古就存在，但是到20世纪中后期才得到快速发展。网络信息技术的应用成为人类文化交流史上的一次重大变革，它改变了传统意义上的文化交流方式、观念、介质，覆盖全球的"数字网络"将人类带入了更高层次的文化交流世纪（宣云凤，张建晓，2017）。信息科技技术的蓬勃发展和应用推广，极大地丰富了跨文化沟通渠道，从信件、电话、电报等传统沟通方式，逐渐转变并普及为电子邮件、网络聊天、视频实时通讯等新型沟通方式。

（三）信息传递快捷化

作为信息时代的新型联络方式，电子邮件、网络聊天、视频实时通讯与信件、电话、电报等沟通方式相比，具有快捷、廉价经济、可传递多种媒体等传统沟通方式无法比拟的优点。电子邮件、QQ、微信、视频实时通讯、短视频新媒体等联络方式大大便利了人们的交流，相隔遥远的两个人或组织，用电子邮件、QQ、微信、视频通讯等方式在几秒钟之内就能实现邮件与信息的传递。这些联络方式极大地避免了人力、物力、财力的浪费，节约了沟通成本。

第二节　文化对组织信息的影响

文化影响着人们信息组织和编码的方式，语境不同，对组织信息的理解可能也会相差甚远。面对组织常规信息时，低语境文化主要采用语意目的明确的直接表达法，高语境文化采用委婉含蓄的间接表达法；面对组织说服性信息时，低语境文化侧重以事实为依据，而在高语境文化中，情感、人格等都可用来作为论证；面对解决问题的信息时，常见的组织方式有讲故事、类比、演绎推理和归纳推理、讨价还价等；面对组织不受欢迎的信息时，低语境文化用直截了当的方式沟通或拒绝，高语境文化则采取委婉的拒绝方式。

一、组织常规信息

组织常规信息，低语境文化主要采用直接方法，他们的沟通直切主题，语意精确，使对方可以清楚地了解他们要表达的意思。高语境文化则一般采用间接方法，用含蓄的方式来表达，往往需要结合情境来理解他们所表达的意思。

(一)语意目的明确的直接表达法

Brett 和 Okumura(1998)通过对 30 对美—日文化、47 对美—美文化和 18 对日—日文化内组合进行谈判模拟实验,并对谈判模拟实验进行全过程录像,对谈判过程中双方的言行进行整理分析。研究者把是否交换优先权信息、双方提议的异同、对提议和观点的直接反应等行为录入为直接的信息沟通,而把不直接反馈对方所需信息的讨价还价等行为录入为间接信息交流。结果发现,美国谈判者通常采用直接的信息沟通方式。美国作为低语境文化的代表,通过口头和身体语言就可以直接公开地交流信息,让对方清楚地了解各自的状况和需要。

美国的商务信函写作要求真诚和坦率,沟通时直接切入主题,选词意思精确,句子简短,主要使用"主—谓—宾"的简单句,而不使用复合句。写作者把主要信息放在第一段。如果把主要信息放在函件的末尾,工作繁忙的人可能会看不到。采用直接方法的报告,无论是书面的还是口头的,一般首先阐明结论和建议,然后逐次叙述报告的初衷、方法以及包含的内容。这种直接方法的信函同时受到加拿大、澳大利亚、英国、新西兰、北欧以及一些中东商务人士的青睐。相反,对于其他文化的人而言,主要信息出现在具体的细节内容之后才是最好的信息安排方式。比如,法国人认为开门见山的方式很无礼,在高语境文化的沟通者看来,直截了当也会显得粗鲁、唐突,写信人会被认为是不友好的。

在时态的选择上,主动语态的动词表示做或做的过程,被动语态的动词是被动形式的,因此,重视行动和努力的文化往往更愿意使用主动语态。具体名词有形状、有质量、有重量,而且可以在想象中体验、感觉到。抽象名词无形状、无重量、无确定的形态,你不能看到、闻到或触摸到,所以很难测量。注重成就、目标导向、积极行动的文化更多地使用具体名词,把抽象的意思通过更为具体的隐喻表示出来。

(二)委婉含蓄的间接表达法

Brett 和 Okumura(1998)的实验同样发现:日本谈判者不喜欢对对方的问题给予直接的回复,而是通过不断地提出非常多的选择方案和还价的方案来试探对方的真实期望和底线,从而间接地获取对方的真实信息。日本作为高语境文化的代表国家,在信息的获取和沟通上往往采用简洁和含蓄的方式,不仅依赖口头和身体语言,还受到言行所在的情境环境的影响。

这种高情境文化要求人们熟悉各种环境的潜在社会规范和理解标准,对委婉含蓄的提议和微妙多变的人物情绪有非常敏感的洞察力。

间接表达法对于习惯于直接表达法的人来说,可能就是在闪烁其词,东拉西扯,甚至不坦诚,在浪费时间。

不过,间接表达法亦有其优势。间接表达法常常伴随着故意的模棱两可,使责任变得模糊。即使在常规情形下,如请求对方提供信息,间接表述使人们在被拒绝或者不予理睬时不丢面子。间接性是写信人处事谨慎的表现,包括不让读信人丢面子。同时,也显示出写信人的机敏和老练。没有说出的话和说出的话一样重要,或者比说出的话更重要。

例如，日本的商务沟通信函通常在开头提到季节："秋天来了，红叶铺满大地，五彩缤纷。"伊斯兰教的商务信函通常在第一段祈求真主保佑读信人及其家人，尤其是当这些企业是家族企业时。

二、组织说服性信息和论证

无论对于低语境文化，还是对于高语境文化，说服他人，含蓄委婉比直截了当更受欢迎。但是，不同文化在组织说服性信息和论证时，出发角度和论证角度是不同的，低语境文化侧重以事实为依据，而在高语境文化中，情感、人格等都可用来作为论证。

（一）论证和逻辑

在低语境文化中，客观事实存在于沟通者和沟通组织之外，可以被量化和测定。以事实为依据的论证，才最具说服力。

而在高语境文化中，关系和责任的网络或情境到处可见，事实往往与个人情感掺杂在一起。情感、推论、猜测以及历史经验都可被用来作为论证依据。

西方文化的逻辑起源于古希腊，依此逻辑，事物不能同时既正确又不正确。这就是"无矛盾法则"。然而，亚洲人的逻辑方式是强调矛盾，被称为"辩证法"。辩证法的基本前提是：一切事物都处于永恒的变化中，没有什么事物是静止的，所以，辩证法认为，矛盾是永远存在的；由于存在变化和矛盾，人们不能把某个事物同其他事物割裂开，从而孤立地、片面地考虑问题。情境，即关系网络，是理解一切事物的出发点。这通常意味着，当存在矛盾或对立的意见时，亚洲人会寻找一种能够包容、调和两种观点的方式，而西方人则想方设法选择其中一个，但不是两者同时选择。

（二）说服的策略

根据亚里士多德的三大修辞劝说模式，说服一般可分为理性、情感和人格（钟华丽，李丽梅，2011）。

低语境文化中，说服的策略更多依靠事实依据，即理性说服策略，用事实让对方与个人的观点产生共鸣，并且低语境文化与高语境文化在进行理性说服时出发角度是不同的。

例证 4-2

说服策略的不同

研究者对《VOGUE》和《瑞丽》的化妆品广告进行统计，并对理性劝说的各种策略运用频率进行对比分析，发现美方化妆品广告相对而言更倾向于使用数字策略（美国15%，中国4%）、比较策略（美国6%，中国0.3%）、背景—问题—解决方法—评价结构（美国7%，中国6%）和因果结构（美国4%，中国0.3%）对受众进行劝说，而中方则更倾向于运用科技策略（中国23%，美国6%）对受众进行劝说。美国根植于低语境文化，大量信息都是以清晰明了的方式进行传递的，个体通过明确的语言信息来表达自己

第四章 不同文化间的信息沟通

的意思,讲话者有责任构建明白的、有说服性的信息,从而方便听话者轻松地解读自己的意思。他们的整个言行体系是建立在亚里士多德的逻辑和线性思维方式的基础上的。因此,与根植于高语境文化的中国相比,美国在广告中更重视劝说过程的逻辑性。另一方面,中国属于高权力距离文化,对科技所带来的利益寄予更高的期望,普遍具有高新技术等同产品高质量的消费心理。因此,中国的广告商在化妆品广告中会使用大量科技因素。

(钟华丽,李丽梅,2011)

高语境文化中,说服多来源于情感和人格,即劝说者的人格、态度和道德。情感说服策略认为事实本身是冷酷、中立的,因而重视情感因素的说服力。

例证 4-3

情感说服

我国某进出口公司与新加坡一家公司谈生意,中方公司的张经理在此之前了解到新加坡参加谈判的总经理王先生喜欢下围棋。于是在谈判前夕,张经理带着围棋主动来到王先生下榻的宾馆。"下一盘棋怎么样?"接到这样的邀请,年过半百的王先生居然高兴得像孩子一样手舞足蹈。原来王先生出身于围棋世家。一场"酣战"下来,双方意犹未尽,畅谈起事业、成就、亲情、家世等。王先生对张经理大为赞赏,当即表示:"能和你这样的人交朋友,这笔生意我少赚点都值得。"几天后,双方谈判进行得很顺利,新加坡公司也欣然接受了我方提出的价格优惠条件,双方友好地签订了外贸合同。

(陈文静,2015)

说服也来源于道德。在某些文化里,人们说服的策略通常不是基于事实,而是靠道义上正确的东西,用巨大的道德权威力量去说服他人。

例证 4-4

道德说服

印度商人在与美国和日本商人谈判时,会扮演"道德优越者"的角色。印度人有着古老而神圣的文化,文化中有完善的社会行为规范和根深蒂固的商业行为准则,在他们自己看来,他们从不做任何邪恶的或不道德的事情,而将"道德低劣者"的角色加到了美国人和日本人的身上,印度商人认为他们比日本或美国合作伙伴拥有更高的声望和道德地位,这在印度是一个极受重视的价值取向。

(琳达·比默,2001)

在商务谈判中,如在价格的商定方面,中国的谈判者更愿意采用情感驱动的办法来达成自己的意愿,而美国谈判者则更愿意采用利益分割的办法来解决纠纷。比如,中国谈判者经常会说"鉴于我们双方之间的长期业务关系,我方愿意降低价格",或"虽然我们想满足你方要求,但很难按你方要求降低价格"。而美国谈判者则习惯于说"如果你方降价4%的话,我们可望成交",或"由于你方不同意降价,我们只得向其他供应商购买"。

三、组织解决问题的信息

对于解决问题的信息,常见的组织方式有讲故事、类比、演绎推理与归纳推理、讨价还价等。

(一)讲故事

就如何解决问题进行沟通,一个方法是叙述。巫师是部落中至关重要的人物,他们的角色就是故事讲述者。但是,巫师并不是精确地叙述历史,而是通过讲故事来引导和影响人的行为,故事也会根据不同的文化背景而进行修改。

讲故事能够向人们传递事物的解决办法。波音公司的前总裁兼 CEO 菲尔·康迪特(Phil Condit)重点提到了他在西南航空的同事赫伯·克莱赫尔(Herb Kelleher),赫伯是一个擅长讲故事的领导者。例如,一名登机检票员陪同老人飞行,确保老人安全到达目的地的故事。故事带来的效果是,当另一位西南航空的员工遇到相似情况时,他就会像故事中的检票员一样行事。更理想的情况下,故事不仅会有效传达给在场听众,还会通过各级经理和口口相传成为公司企业文化的一部分。

讲故事能够向他人更有效地传递自己的看法。根据菲尔·哈金斯(Phil Harkins)的研究,每个领导者都需要有一种独特的声音:伟大的领导者经常通过讲故事来传递信息,使大家团结也成了组织共同知识的一部分。罗纳德·里根总统对这种能力做出了很好的诠释。在 1984 年的选举中,他通过不断重复美国人被税收重创的故事,成功支持了一项基础税收改革的计划。这个策略很奏效:选民接受了他关于美国人民抗税历史的故事,也接受了他提出的方案。最终里根以压倒性的优势赢得了选举,使得改革方案在反对党控制的国会下获得通过(约翰·马歇尔,马修,艾德梅克,2011)。

讲故事能够使组织获得对事物的理解和启示。

例证 4-5

《松鼠公司》

斯蒂芬·丹宁所著的《松鼠公司》是一则商业寓言,它以独到的眼光审视了领导艺术和讲故事的魔力。书中的松鼠公司是一个虚拟的组织,一直以来,它的业务都是帮助松鼠埋藏坚果。它曾有过非凡的业绩,有着十分辉煌的过去,它的管理模式也一度被尊为典范。但是,一方面,由于忘记把坚果埋在什么地方而丢失坚果的百分比高达 50%;另一方面,人类越来越频繁地翻挖公园中的泥土而造成坚果大量丢失。这使得松鼠公司的业务不断减少,市场份额不断萎缩。尽管松鼠公司的员工一如既往,仍旧十分努力地在工作,但是公司的销售收入还是不断下降,公司的生存面临着很大的危机。松鼠公司必须变革经营思路,从埋藏坚果转到仓储坚果上来。

(案例来源:Keeny Chen. 用讲故事来领导组织变革[EB/OL].(2005-05-23). http://www.ceconline.com/strategy/br/8800046202/01/?_ga=1.169460258.2049590545.1487638202.)

（二）类比

类比，即进行引申的对比，是谈论问题解决方案的另一种方式。在企业文化的构建中，类比通常用来描述企业文化的构建策略。

小说《上海人在东京》（1992）中，一个日本人说："我们的民族就像这樱花，一朵一朵看起来并不起眼，但是合起来，就会红透漫山遍野，非常有气势。"其中樱花的类比，不仅是日本的象征，更能唤起日本人像忠诚于自己的国家一样忠诚于自己的公司。在日语中，日本人把公司叫作"会社"。所谓会社，就是"大家赖以生存的集团"的意思。按日本人的心理，集团是个命运共同体、利益共同体。正如一位评论家打过的比方：日本人像一群小鱼，总是秩序井然地朝着一个方向游动，直到一块石子投入水中，打乱了这个队列，它们就转变方向朝相反的方向游去，但仍然队列整齐，成群游动。

宜家的总裁坎普拉德在公司每年的圣诞节谈话中，开头都会说："亲爱的宜家家族，我想拥抱你们。"唤起宜家员工对家庭的感情，传达宜家家企业文化。

（三）演绎推理与归纳推理

对低语境文化来说，推理方式包括演绎三段论（演绎推理的一种）和归纳。归纳是从实例中概括出普遍规律；演绎推理方式则是推断，从普遍规律推理到某个具体的实例。三段论推理是演绎推理中的一种简单判断推理。例如，所有的偶蹄目动物都是脊椎动物，牛是偶蹄目动物，所以牛是脊椎动物。归纳法的逻辑反映出追求精确事实和科学的西方理性传统，它要求对存在于说话人和听话人之间的关系之外的理由进行抽象的概括。因此，归纳法有着使听话人与说话人之间产生距离的效果。

法国、西班牙、意大利的沟通者采用演绎推理。他们喜欢从抽象的概念和原理出发阐述自己的观点，一般不喜欢美国人的沟通方式，认为美国人的沟通方式太实用主义，太急于在理论框架尚未确立之前就付诸实践。

高语境认为，推理不是外部的、与沟通各方的关系相脱离的因素。任何解决问题的讨论都必须把讨论各方的关系考虑在内。推理自身并不具有说服力，是关系情境赋予这些推理以一定的意义。

（四）讨价还价

解决问题的交谈中，会谈的双方都会提出自己的立场，提出符合自己立场的问题解决方案并阐明理由，然后双方通过讨价还价来修订对方的立场和自己的立场，直到达成解决问题的方案为止。例如，阿拉伯文化中，解决问题的交谈可能按照阿拉伯市场上的方式进行，"市场"在这里只是一个类比。市场上的交谈是一种讨价还价过程，开始时双方报价，初始报价与双方期望的成交价格相去甚远，经过一番讨价还价后，双方最终在一个价格水平上达成一致。

讨价还价的过程涉及了两方或多方的信息交流，不可能仅由一方来完成。因此，这种解决问题的方法受到了很多集体主义文化的青睐，因为在集体主义文化中，找到问题解决方法的过程是一个集体合作的过程，而不是个人任务。

四、组织不受欢迎的信息

不受欢迎的信息通常是指沟通中双方持有不同观点的问题、拒绝等。

（一）就问题进行沟通

谈论麻烦的事情对任何文化背景的人来说，都不容易开口。

在低语境文化中，信息一般被编码成明晰的、直言不讳的词语。在问题发生时，美国人希望听到明确的道歉"对不起"。或者对发生的问题进行沟通。人们传递不受欢迎的信息时也像说服他人时一样使用客观事实，假定事实是中立的、有帮助作用的、不带个人情绪的。

而在高语境文化中，当问题出现时，沟通者很可能以简洁的方式和委婉的方式来组织信息。非语言符号也常用来传播信息，微笑、手势和头部姿势以及其他一些非语言行为都可以表示"致歉"的意思，而低语境文化的沟通者很难看出这一点。例如，在文字信息中，低语境文化中的人可能在信的开头就要求赔偿，因为所订货物延迟到达，已经没有使用价值了；而高语境文化的人则在要求退款之前先对双方企业之间的关系做一个全面的回顾。

（二）拒绝

拒绝是对建议、邀请、给予和请求的否定回应，拒绝意味着不同意对方的观点，因此是有损对方面子的言语行为。为了减少威胁的程度，保证交际的顺利进行，人们总是采取一定的策略。

提到面子，人们通常会想到西方语言学家 Brown 和 Levinson 的面子理论（1987），他们把面子分为两类：一类是积极面子（Positive face）；另一类是消极面子（Negative face）。Brown 和 Levinson 还指出，有些语言行为，如请求与拒绝，在本质上和交际者的面子相悖，被称为"威胁面子行为"（Face Threatening Acts，FATs）。Brown 和 Levinson 对面子的分类是基于西方文化的，他们所说的希望是个人希望行为自由和得到社会承认、尊重，而中国式的希望要求个人的需求不要超越社会所给予个人的身份地位。前者代表了个人为中心的社会价值观（即个体主义），后者则代表了个人从属于社会的价值观（即集体主义）。

低语境文化里，人们经常采用拖延和委婉的方式来表达拒绝的意思，美国的商务沟通教科书也赞同这个观点，建议沟通者"慢慢地说'不'"，即先解释原因，因为事实会说服对方，在对方快要看到表示拒绝的信息时，已经被说服。不过并不是所有的美国企业都理解这种做法。西方人大多直言拒绝，不仅出现频率高，而且常见于各种社会场合，不受社会地位、社会距离、年龄因素的制约。

高语境文化中，"不"字很少直接使用。如在拒绝朋友提供的蛋糕时，低语境文化的人可能直接说"我吃不下了"。而在高语境中，则会以玩笑来回答："我的胃已经开始罢工了。"日本商人注重礼节、重人情关系，具有强烈的集体意识，执着、耐心，他们用迂回曲折的方式陈述自己的见解，从不愿直接说"不"字，据说在日语中大约有16种避免说"不"的表达方式（李丽，2006）。

因此，要表达"不"的意思就要借助各种有创意的手法。

例证 4-6

日本人的拒绝

美国的幽默作家大卫·贝雷曾经在日本遇到过这样一件事。他要坐飞机从东京去大阪，临时去机场买票。

大卫：请买一张从东京去大阪的机票。

满脸笑容的服务员：嗯，去大阪的飞机票……请稍等。

大卫：多少钱？

服务员：从东京坐火车去大阪挺不错的，沿途可以看风景。是不是要买一张火车票？

大卫：不要。请给我买一张飞机票。

服务员：那……其实，坐长途巴士也很好，上面设备齐全，豪华舒适。要不要来一张巴士票？

大卫：不要。请给我买一张飞机票。

……

这样来来去去了好几个回合，大卫才搞清楚原来机票早已售罄，而服务员又不好意思直接告诉他，才拐弯抹角地试图用其他手段来帮助他到达目的地。

（陈晓萍，2014）

在对他人的请求表示拒绝时，高低语境文化组织信息时顺序有所不同。在高语境文化中，人们的社会关系、地位等同样影响着拒绝信息的表达。李玮（2005）在对80名中澳大学生进行调查后发现，不管被拒者地位、权势高或低，澳大利亚受试者拒绝请求时一般先表达赞同或肯定，然后表示遗憾，理由通常放在第三位。而中国受试者则大多对权力关系比较敏感，当被拒者权势高时，大多数中国受试者先表达遗憾或道歉，然后给出理由；而当被拒者权势低时，则大多先表示赞同或肯定，然后直接给出理由，省略道歉或遗憾。

除了西方学者归纳的直接拒绝和间接拒绝外，还有一种拒绝现象不容忽视，即客套性拒绝。中国人在被邀请或被赠予的时候，通常不立刻接受，而是先拒绝，看对方是实质性的，还是礼节性的。如果是礼节性的，那么拒绝是唯一的选择；如果对方一再坚持则可以接受。有时在接受前，这一"邀请—拒绝"模式要重复几次，最初的客套性拒绝就会演变成接受。客套性拒绝在西方文化中是缺失的（李莉斌，高树钦，2010）。

因此，在进行跨文化沟通时，需要分辨说话者语言背后真正的意思，或许一个肯定的答复是对你礼貌性的拒绝，而拒绝实则是礼貌性地接受。

第三节 文化与信息的沟通

跨文化信息沟通的方式主要有语言和结构化行为，尽管语言在信息沟通中占有主要位置，但其在不同文化中占有的比重还是不同的，不同的文化也会利用不同的结构化行为来代替语言沟通。同时，在沟通的风格选择上，文化因素也起着重要的作用。

一、跨文化信息沟通的方式

语言在不同文化中具有不同的作用，英语文化强调正确和恰当，日本文化重视和谐与沉思，阿拉伯文化习惯用冗长的词语进行描述和表达，中国文化多用"人称"主语和主动句，英国文化则常用"非人称"主语，并且主动句和被动句并重。文化也影响着人们选择结构化行为进行沟通。

（一）语言

20世纪70年代中期，美国语言哲学家格赖斯（H. P. Grice，1975）提出了著名的语言交际"合作原则"。为了交际成功，交际的双方必须做到以下四条准则：① 数量准则，说的话要不多不少，只说需要说的话。② 质量准则，说话要真实，不说证据不足的话。③ 关联准则，说话要切题。④ 方式准则，说话要清楚、简练。显然，"合作原则"本身就预示了话语对信息编码的重要性，也预示了高、低语境文化之间的冲突。中国素来有"沉默是金"的古训，因为"言多必失"，要适时地"三缄其口"。因此，在国际商务谈判时，中国代表讲求以静制动，说话中间间隔一段沉默有利于自己思考问题。如果谈判的对方是美国人，那么他们就会认为中方的少说或不说是缺乏热情，或对谈判不感兴趣。由于我们的明码信息太少、表达模糊，这明显是"不合作"。信息不对称，冲突自然会发生（戚焕奇、朱海玉，2005）。

例证 4-7

英语文化和汉语文化的语言差异

英语文化背景的人追求自由和差异，公私分明，坦率直接，而汉语文化背景的人则往往谦逊、含蓄，维持良好的关系，讲求和谐共处。东西方的礼仪差距更大，如礼貌用语的表达。英语文化背景的人大部分都不吝于赞扬别人，当英语文化背景的人受到表扬或赞美时，常常说一声"Thank you"，以表示接受别人的赞扬。而相反，汉语文化背景的人则常常以谦虚和否定别人赞扬的真实性来表示礼貌。举例而言，在受到别人的表扬或赞美时，汉语文化背景的人往往用"哪里，哪里""惭愧，惭愧"等自贬形式的客套用语来表达自我谦逊及对别人的礼貌和谢意。

（本案例源于网络，并经作者加工整理）

1. 以话语形式对信息进行编码的相对重要性

话语是为沟通而创造的工具，不同文化对使用这一符号工具的喜欢程度也不同。在低语境文化中，话语的作用是通告、传递信息，有效的沟通就是清晰地表达自己的意思。高语境文化中，不用话语也可以实现信息沟通，举手投足、一颦一笑都可以传递信息。组织与成员之间进行沟通的作用首先是维系关系，只是在这个关系框架内，沟通才具有传递信息的作用。

2. 话语在英语文化中的作用

英语文化十分重视用语言表达思想，而且认为使用语言是十分必要的。在语言表述过程中，最重要的是使用最正确的、最恰当的词语来传递意思。英语世界的人普遍喜欢使用最恰当的词。在美国，这种倾向性同该文化中词语具有的法律重要性和影响力有关。人们订立合同非常注意措辞，因为在商务函件中，人们必须对自己写下的所有内容负责。但是，在口头交流中，俚语、夸张和说大话的方式被广泛使用，这也是对字斟句酌、谨慎选词的倾向的一种蔑视和嘲弄，而且使用这类词语的往往是年轻人和赶时髦的人。英国人在口语中虽然已经开始广泛使用"卓越的"（Brilliant）和"巨大的、惊人的"（Fabulous）这样的形容词来表示"很好"的意思，但英国人日常会话很少使用表示极端意义的词。英国人通常觉得美国人说话言过其实。

再者，语言也是反映英国阶层高低的一个重要标志，阶层不同使用的语言、词语、语音等都不相同。萧伯纳的《卖花女》（*Pygmalion*）讲述的便是说话不饶人的语言学家贺勤（Henry Higgins）与友人打赌，在六个月之内，将满口乡音、在伦敦街头卖花的少女伊丽莎（Eliza Doolittle）改造成大家闺秀，其中最主要的便是对其发音、用词的校正。

3. 话语在日本文化中的作用

日本心理学家 Iwao（1993）曾这样描述日本人的沟通："日本人心中有一种心照不宣的信念，那就是把深刻的情感体验用语言表达出来会损坏其价值，不用言词而达到的默契比通过讨论解释而达到的彼此相知更为珍贵。"他进而以此来解释日本人婚姻中出现的问题，多数是因为丈夫很少对太太说"我爱你"。如果一个日本女子有勇气去问丈夫是否爱她，丈夫会感到极度窘迫而且恼怒，他会说："难道我还需要这样说出来才能表示吗？"

日本的很多语言强调了这一点：
- 知道的人不说；说的人不知道。
- 凭一张嘴可以建造起大阪城堡。
- 声音喜欢天堂；外表钟爱地狱。

日本人对于用语言来表达思想不太看重，而是高度重视和谐与沉思，所以日本人在倾听时都会去琢磨说话者的弦外之音。在日本文化中，即使说话，人们也应该采用不完全表述的说法。夸大自己的权力和成就被认为是低劣的嗜好，把自己抬得比别人高在日本文化中是一种耻辱的表现。

听话人一直要等到说话人讲完才发言。在说话人讲完后保持一会儿沉默是有礼貌的表现，这表明你在思考对方所说的话。相反，打断某人说话是很不礼貌的。

日语这种对信息进行省略性的编码，但从多个层面理解信息的方式，是一种窄出宽进的沟通方式，即信息从"小出口"发出，再通过"大入口"接收进来。为了达到这个目标，用日语沟通的人使用了多种言语形式，如迟疑、话不说全、不完整句等。日本人的思维方式是呈集群状或网络状的，语言形式也是从一个思想或者集群到下一个和再下一个，而且这些思想之间的联系可能不明显。

4. 话语在阿拉伯文化中的作用

阿拉伯语是《古兰经》所用的语言，是真主选来向穆罕默德解释真理的语言。伊斯兰教的教徒认为，阿拉伯语的意思非常明确，且亘古不变，对阿拉伯语的任何质疑都是不妥当的。

阿拉伯语的人喜欢用冗长的词语进行描述和表达，从下面的谚语就可以看出来。

- 你的石头就像是你的马。如果你照顾它，它就会照顾你；如果你冒犯它，它也会冒犯你。
- 亲吻手就是摆弄胡须。（吹捧、用委婉的方式、不直奔主题，用这种说话方式和长者沟通很奏效）
- 调高你的嗓门，否则他们的争论会盖过你的声音。
- 亲吻狗的嘴（用甜言蜜语哄骗它），直到你从它那里获得了你所需要的。

阿拉伯语多用夸张、修辞格和重复的手法，使语言运用丰富多彩、生动活泼。生活在阿拉伯文化中的人们，常常会为多才多艺的作家和演说家的艺术才能而欢欣鼓舞。人们可以为了说话而说话，而不是为了表达意思而说话。

5. 话语在俄罗斯文化中的作用

俄罗斯著名学者别尔嘉耶夫在《俄罗斯思想》（1995）中曾写道：俄罗斯民族是最两极化的民族，充满矛盾性与复杂性。一方面，是恭顺，是对权力的放弃；另一方面，是由怜悯之心激起的、追求正义的暴动。一方面，是同情，是怜悯；另一方面，是潜在的残忍。一方面，是对自由的爱；另一方面，是对奴役的接受。

伟大的俄罗斯作家阿列克谢·托尔斯泰也曾说，要爱就要爱得丧失理智，要吓唬人就来真格的，要骂人就在气头上骂，要砍人就抡开胳膊使劲砍！

俄罗斯诗人丘特切夫如此表述俄罗斯文化这种难以说清的魅力："无法用理智去认识俄罗斯，无法用普通的尺子去丈量；她有着独特的身段——你只能去把俄罗斯信仰。"

6. 语言结构的作用

受"主客体统一"传统哲学思想的影响，中国人的思维往往强调以人为本，注重主体意识。表现在语言上，"汉语多用'人称'主语，句式多倾向于'主动'句式"（张思洁，张柏然，1996）。例如一则外贸函电中文报盘："我们须申明，丝绒的需求殷切，而现货有限，该盘有效期仅限一周。"汉语使用第一人称和第二人称代词比较多，这反映出中国人的交际和关注对象更多集中在"我"和"你"之间。西方思维模式起源于西方机械综合论宇宙观（赵征军，2002）。西方人注重客观事物和现象对人的作用和影响，反映在语言上，以英语为典型代表，英语"倾向于多用'非人称'主语，句式多倾向于'被动''主动'句式并重"（张思洁，张柏然，1996）。例如：The goods were promised to be delivered within a week, and we have been put to considerable inconvenience through the long delay. 英语第三人称的使用频率比汉语要高，多用被动语态。用了被动语态，把信息的焦点集中在实际存在的问题之上，刻意隐去责任方，给对方一点面子。这是商务文化沟通的一种语用策略。给对方面子的目的是为了在解决实际问题时得到对方的支持与合作（赵凤兰，2008）。

（二）结构化行为

结构化行为不同于前面讲的非语言信号，前者指的是可以替代语言信息的沟通渠道，而后者指的是体态语（Body Language）、客体语（Object Language）、环境语（Environmental Language）和副语言（Para Language）。结构化沟通行为通常经过仔细安排，有始有终。在一些文化中，讨论某些事情可能会使人丢面子。在这种情况下，人们常常会通过行为来进行沟通；或者在某些情况下，话语不能很好表达说话者的意图时，结构化行为常常代替语言信息进行沟通。

例证 4-8

毛泽东的挥手之间

方纪在散文《挥手之间》描述了在抗日战争时期，毛泽东去重庆谈判前与延安军民告别时的动作。"机场上人群静静地站立着，千百双眼睛随着主席高大的身影移动。""人们不知道怎样表达自己的心情，只是拼命挥着手。""这时，主席也举起手来，举起他那顶深灰色盔式帽，举得很慢，很慢，像是在举一件十分沉重的东西，一点一点地，一点一点地，等举过头顶，忽然用力一挥，便在空中一动不动了。"

"举得很慢很慢"，体现了毛泽东在革命重要关头对重大决策严肃认真的思考过程，同时，也反映了毛泽东和人民群众的密切关系和依依惜别之情。"忽然用力一挥"表现了毛泽东的英明果断和一往无前的英雄气概。毛泽东在这个欢送过程中一句话也没有讲，但他的手势动作却胜过千言万语。

（黄漫宇，2010）

二、跨文化信息沟通的风格

跨文化沟通的风格在跨文化沟通中的作用也是至关重要的，沟通的风格主要有正式的和非正式的。一个信息的传达在某一种文化中以非正式的方式传达下去，能得到较好的执行，但是在另一种文化中，可能就不能引起大家的关注，不同文化对沟通风格有着不同的偏爱。

（一）正式与非正式

不同文化中，信息沟通风格的不同与权力距离的大小有着密切的关系。

权力距离较大的文化中，管理者常采用正式的写作风格来强调权力距离，突出自己的权威。同时，下属希望上司使用正式文体，因为上司不这样做就有可能失去下属对他的尊重。下属也希望确信：他们的主管的确建立了在他们之上的牢固地位，对他们的利益是负责的，是尽最大努力为他们谋利益的。这种正式风格有助于迅速做出决策，因为下属不大可能对上司的决策提出质疑。

权力距离较小的文化中或平等性文化中，比如讲英语的国家的文化和北欧的文化，更重视员工的平等地位。他们的沟通方式是包含式的，对管理者和下属之间的权力距离轻描淡写、不太看重。员工可以通过参加"总经理座谈会"、业绩报告会、"大家庭"报、公司互联网页、"畅所欲言"或"我建议"等形式反映个人问题，进行投诉或提出合理化建议，进行直接沟通；管理层也可以根据存在的问题及时处理员工事务，不断地促进员工关系，创造良好工作氛围。当然，这种沟通风格在做决策时或许效率就不那么高，每个人都能够提出具有充分依据的意见，并以双向沟通的形式提供反馈，也就花费较多的时间在讨论问题上了。

在阿拉伯、非洲和亚洲这样的等级制文化中，管理者所写的备忘录在强调平等的文化成员看来，就显得太专制。而美国的商务沟通教科书提倡使用友好的语气和非正式的文体，从而得到读者的最佳配合。

由于非正式沟通不必受到规定手续或形式的种种限制，因此往往比正式沟通还要重要（Bartels et al., 2010）。它一方面满足了员工的需求，另一方面也补充了正式沟通系统的不足。在等级制文化的组织中，非正式的信息传播网络非常发达。

例证 4-9

惠普之道

惠普公司非常重视为员工创造最佳的沟通氛围，为此制定了很多相关的政策，既增强了员工个人的满意度和成就感，更确保了公司能够有效进行信息沟通，及时制订并执行解决问题的方案。惠普建立了一套独特的沟通方式。

首先，进行"走动式的管理"。这项政策是惠普公司的一个帮助经理们和监督者们了解其下属员工和他们正在做的工作，同时使他们自己也更加平易近人的办法。"走动式的管理"是经理们同工厂工人一起致力于解决问题的做法，它克服了书面指令难以面面俱到的缺点，使管理者亲自参与、深入实际。它必须是经常的、友好的、不特别专注某个问题的，而且是不安排时间表的——但绝不是漫无目标的。由于它的主要目的是弄清楚人们的思想和意见，这就需要虚心倾听。

其次，实行"开放式管理"。这项政策是对员工、职能直线经理、人力资源经理、人力资源部雇员关系等的作用和责任进行明确规定，用以确保惠普的开放式工作环境。例如，在员工的责任条款中规定：员工有责任公开提出问题；与直接上司讨论解决问题的最佳方案；明朗而真实地进行沟通交流；清晰表述具体需要的管理行动；等等。在职能直线经理的责任条款中包括：公开倾听员工提出的问题和关注点，争取充分理解；做主解决问题；识别并寻求人力资源经理的帮助以找到解决方案；采取清晰、决定性的行动解决问题；等等。"开放式管理"政策旨在建立相互信任和理解，以及创造一种环境，使人们感到可以自由表达他们的思想、意见和问题。

惠普的创始人在公司内部营造了浓郁的家庭气氛，并在其年轻的企业里也创造了对这种亲密的情感沟通方式的认同感。"野餐"被惠普的创始人公认是"惠普之道"的重要内容之一。在早期，惠普公司每年在帕洛阿尔托地区为所有的雇员及其家属举行一次野餐。这是一件大规模活动，主要由雇员自己计划和进行。比尔·休利特和戴维·帕卡德以及其他高级行政人员负责上菜，从而有机会会见所有的雇员及其家属。这是一项很受欢迎的福利。因此后来决定在世界其他地区有惠普人聚居的地方也这样做，公司的发展壮大也波及了公司野餐的规模和性质，随着公司的扩大，每个分公司都将举行自己的野餐会。此外，惠普公司还采取了包括会见所有雇员及其家属的多种多样的感情交流方式。

（崔佳颖，2005）

（二）背景框架式的信息

"背景框架"就是在传递信息之前阐释该信息的语境，有的文化会在传递信息时保留背景框架信息，有的文化则不再对背景框架信息进行描述。

在报纸或商业杂志上刊登的文章，美国的记者在写报道或评论时，无论这个事件已经被其他电视节目或报纸介绍过多少遍，他们都会在自己的文章中将事情的来龙去脉讲清楚之后再开始自己的评论，这样的写作方式基于假设读者对该事件的背景知识一无所知，是低语境沟通。再看中国的报纸，经常是有的文章不看以前的报道就看不懂，不知到底发生了什么事而使作者有如此的感想。这样写作的假设就是大家都已经有了关于该事件的背景知识，是高语境沟通。

本章小结

- 沟通是由一个或多个人之间进行信息传递的过程，信息包含在语境中，受到噪声的干扰，沟通产生效应并引起反馈。沟通主要要素为信息传递者、接受者、语境、信息、渠道、编码程序、噪声干扰、解码程序、反馈。
- 企业内部沟通的目的有发布命令或指导、通知、激励、惩戒、解决冲突、分析局面和问题等；外部沟通的目的有产品推广、公司形象建立、客户关系协调/谈判、合作商的谈判等。
- 跨文化沟通的特点：文化对接难度大；文化距离不同使跨文化沟通的难度不同；沟通成本高于一般沟通成本；跨文化沟通呈现沟通主体多国化、沟通渠道科技化、信息传递快捷化的发展趋势。
- 组织说服性信息时，低语境文化侧重以事实为依据，而在高语境文化中，情感、人格等都可用来作为论证；组织解决问题的信息，常见的组织方式有讲故事、类比、演绎推理和归纳推理、讨价还价等。
- 在低语境文化中，话语的作用是通告、传递信息。在高语境文化中，组织与成员之间进行沟通的作用首先是维系关系，只有在这个关系框架内，沟通才具有传递信息的作用。
- 跨文化沟通的风格在跨文化沟通中起着重要的作用，沟通的风格主要有正式的和非正式的。权力距离较大的文化中，管理者常采用正式的沟通风格；权力距离较小的文化或平等性文化中，非正式的沟通风格相对盛行。

网站推荐

1. 中华网文化频道：http://culture.china.com

2. 中国文化网：http://www.chinaculture.org
3. 搜狐文化频道：http://cul.sohu.com
4. 人民网文化频道：http://culture.people.com.cn
5. 文化中国网：http://www.whzgzx.com

影视推荐

《爱上格雷丝》

格雷丝从小在美国长大，从事金融职业，是一个典型的"香蕉人"。然而在一次酒会中，她被误认为是某家华人服装店的继承人，于是一位白人青年因为对东方文化的热衷而爱上了格雷丝。有口难辩的格雷丝只好假装精通中国文化与对方周旋，她也爱上了这个白人青年，但是又怕坦白自己的身份后会失去这份爱情。电影呈现了多场戏剧冲突，格雷丝的文化困境正是这种错位的文化的代表，跨文化沟通的冲突将电影推向高潮。

《安娜与国王》

该片根据真实历史改编，主要讲述寡居的英籍女教师安娜·欧诺文与暹罗（泰国旧称）国王之间的爱情故事。电影以生活在19世纪中叶的东方君主遇到西方寡居美女的旷世爱情传奇为主线，反映了古暹罗国独特的文化传统和东西方文化的冲突，充满了浓郁的东方情调，给观众奉上了一场跨文化的盛宴。

思考练习题 4-1：选择题

1. 以下哪项不属于组织解决问题信息的策略？（   ）
   A. 讲故事　　　　　　　　　　B. 类比
   C. 演绎推理和归纳推理　　　　D. 尽量少说，以免发生矛盾
2. 下列哪些不属于亚里士多德的三大修辞劝说模式？（   ）
   A. 理性　　　B. 情感　　　C. 权势　　　D. 人格

思考练习题 4-2：简答题

1. 简述跨文化信息沟通的特点。
2. 简述不同文化说服策略的不同。
3. 概述话语在阿拉伯文化中的重要性。

案例分析 4-1

回答的方式

场景一：飞利浦照明公司某区人力资源副总裁（美国人）与一位被认为具有发展潜力的中国员工交谈。想听听这位员工对自己今后 5 年的职业发展规划以及期望达到的位置。中国员工并没有正面回答问题，而是开始谈论起公司未来的发展方向、公司的晋升体系，以及目前他本人在组织中的位置等。讲了半天也没有正面回答副总裁的问题。副总有些大惑不解，没等他说完已经有些不耐烦了，因为同样的事情之前发生了好几次。"我不过是想知道这位员工对于自己未来五年发展的打算，想要在飞利浦做到什么样的职位罢了，可为何就不能得到明确的回答呢？"谈话结束后，副总忍不住向人力资源总监甲抱怨道。"这位老外总裁怎么这样咄咄逼人？"谈话中受到压力的员工也向甲诉苦。作为人力资源总监，甲明白双方之间不同的沟通方式引起了隔阂，虽然他极力向双方解释，但要完全消除已经产生的问题并不容易。（孔婷婷，2005）

场景二：在某一工厂车间，经理 Johnthan（美国人）与一位日本员工的对话。

Johnthan：你工作非常出色，组装产品的速度非常快。

日本员工：哪里，我只是在做分内的工作。（日本员工不抬头，继续工作）

Johnthan：你是我见过组装速度最快的员工。

日本员工：（没说话，脸有些红了）

Johnthan：你是我们工厂最出色的员工。

日本员工：我可以出去下吗？

Johnthan：（不说声谢谢吗，真粗鲁）

（资料来源：跨文化交际案例分析[EB/OL]．（2006-05-15）．http://blog.sina.com.cn/s/blog_493ece2-c010003d6.html.）

问题讨论：

1. 试分析：场景一和场景二跨文化交流的矛盾是什么？是由什么原因引起的？
2. 结合案例，试谈下跨文化交流中应注意的问题。

案例分析 4-2

情 境 分 析

情境一：1974 年，日本砂糖公司与澳大利亚砂糖交易所签订长期合同，由澳大利亚给日本提供砂糖，并订下砂糖固定价格和交易数量。后来，国际砂糖价格狂跌，日本砂糖公司出现赤字。从 1976 年 7 月到 1977 年 11 月，16 个月内，日本向澳大利亚多次提出降低砂糖价格的要求，同时，连续 3 个月拒收澳大利亚砂糖。在砂糖纠纷中，日方认为在日方陷入危机时，澳方理应帮助；而澳方则认为日方无理取闹。

情境二：阿兰是美国驻墨西哥的销售代表。他与别人约定见面时间后，总会准时赴约，但他拜访的人却常常迟到。为了节省时间，阿兰想直接谈生意，但客户却想聊聊阿兰的观光情况和他的家庭状况。更糟糕的是，他们的会面经常受到干扰，客户不停接听商务电话，而且还会和其他人谈很长时间，有时甚至会和客户的孩子交谈。阿兰的第一进展报告十分悲观，他还没有任何销售业绩，也许墨西哥不是销售公司产品的好地方。

（本案例来源于网络，并经作者加工整理）

问题讨论：

1. 分析上述两个情境中跨文化交际出现问题的原因。
2. 站在情境中各个人物的角度，谈谈可以如何优化他们的沟通。

参考文献

[1] 香农. 通信的数学理论[M]. 上海：上海市科学技术编译馆，1978.

[2] 维纳. 控制论[M]. 北京：科学出版社，1963.

[3] 苏珊·洛. 电话沟通[M]. 北京：外语教学与研究出版社，2014.

[4] 谢荣见，孙建平. 基于现代企业的管理沟通探讨[J]. 华东经济管理，2006（8）：110-112，137.

[5] 盖勇. 管理沟通[M]. 济南：山东人民出版社，2003.

[6] 欧文·戈夫曼. 日常生活中的自我呈现[M]. 北京：北京大学出版社，2016.

[7] GEORGE C. HOMANS. Social Behavior as Exchange[J]. American Journal of Sociology, 1958(63): 597-606.

[8] LEON FESTINGER. A Theory of Social Comparison Processes[J]. Human Relations, 1954(7), 117-140.

[9] 梅红，宋晓平. 领导行为、沟通满意感与组织绩效的相关性研究[J]. 科学管理研究，2007（5）：91-94.

[10] PARSONS, TALCOTT, SHILS E A. Toward a General Theory of Action[M]. Cambridge: Harvard University Press, 1952.

[11] 黎永泰，黎伟. 跨文化沟通特点探讨[J]. 云南大学学报，2007（6）：46-51.

[12] 戴逸.《五千年中外文化交流史》序[J]. 历史教学，2001（1）：40-42.

[13] 宣云凤，张建晓. 论跨文化交流中的多元文化主体[J]. 江海学刊，2017（4）：210-215.

[14] BRETT J, OKUMURA, TETSUSHI. Inter-and Intracultural Negotiation: US and Japanese Negotiators[J]. Academy of Management Journal, 1998(41): 495-510.

[15] BROWN P, LEVINSON S C. Universal in Language Usage : Politeness Phenomena[A]. Cambridge : Cambridge University Press, 1978.

[16] 钟华丽，李丽梅. 中美时尚杂志化妆品广告劝说策略对比研究[J]. 咸宁学院学

报，2011（11）：139-141.

[17] 陈文静. 国际商务谈判中说服技巧的应用[J]. 对外经贸实务，2015（1）：61-63.

[18] BEAMER L, VARNER I. Intercultural Communication in the Workplace[M]. New York: Mc Graw-Hill, 2001.

[19] 约翰·马歇尔，马修·艾德梅克. "故事"领导力[J]. 中欧商业评论，2011（12）：121-125.

[20] 樊祥达. 上海人在东京[M]. 北京：作家出版社，1992.

[21] BROWNP, LEVINSONSC. Politeness: Some Universal in Language Usage[M]. New York: Cambridge University Press, 1987.

[22] 李丽. 浅析国际商务谈判中的文化差异：从戴姆勒-克莱斯勒的案例谈起[J]. 商场现代化，2006（4）：16-17.

[23] 陈晓萍. 跨文化管理[M]. 北京：清华大学出版社，2014.

[24] 李玮. 汉、英拒绝言语行为表达方式之比较[J]. 北京科技大学学报（社会科学版），2005（1）：86-90.

[25] 李莉斌，高树钦. 中美拒绝策略对比研究[J]. 中小企业管理与科技（下旬刊），2010（18）：99-100.

[26] GRICE H P. Logic and conversation//COLE MORGAN. Syntax and Semantics: Speech Acts[C]. New York: Academic Press, 1975: 41-58.

[27] 戢焕奇，朱海玉. 试论高语境文化和低语境文化之间的交际[J]. 商场现代化，2005（30）：195-195.

[28] IWAO S. The Japanese Women: Traditional Image and Changing Reality[M]. New York: Free Press, 1993.

[29] 别尔嘉耶夫. 俄罗斯思想[M]. 雷永生，邱守娟，译. 北京：生活·读书·新知三联书店，1995.

[30] 张思洁，张柏然. 试从中西思维模式的差异论英汉两种语言的特点[J]. 解放军外语学院学报，1996（5）：8-12.

[31] 赵征军. 中西思维差异与语言翻译[J]. 荆门职业技术学院学报，2002（2）：51-55.

[32] 赵凤兰. 跨文化商务交际中东西方文化差异研究[J]. 考试周刊，2008（46）：229-230.

[33] 黄漫宇. 商务沟通[M]. 北京：机械工业出版社，2010.

[34] BARTELS J, PETERS O, DE JONG M, et al. Horizontal and Vertical Communication as Determinants of Professional and Organizational Identification[J]. Personnel Review, 2010, 39(2): 210-226.

[35] 崔佳颖. 从惠普文化看企业有效沟通[J]. 经济与管理研究，2005（11）：40-43.

[36] 孔婷婷. 外企在我国的跨文化人事理念差异分析[J]. 苏南科技开发，2005（1）：34-35.

第五章
建立关系的文化准则

学习目标

- 了解建立关系的文化准则；
- 了解跨文化沟通中关系的建立；
- 掌握社会结构的两种格局；
- 了解权力和权威象征的主要内容；
- 了解关系维持的文化差异；
- 掌握跨文化商务活动中的社交行为。

引例

华能集团的跨文化管理实践

中国华能集团公司经营管理的境外企业主要分布于欧洲、澳洲等大洲以及墨西哥、菲律宾、新加坡等国家，拥有14家电厂，分布地域广，经营环境复杂。华能有步骤地进行文化融合，使华能在历次并购中，有效地规避了文化冲突带来的影响，促进了被并购企业的稳定和管理水平的提升，使华能的战略目标得以实现。

（一）全面开展文化辨识

华能高度重视文化融合对重组并购成败的决定性影响。在海外并购前期，除了做好并购项目的可行性报告、投资收益分析外，还从跨文化管理角度，全面开展文化辨识工作。华能积极探索与海外被并购企业在工作理念和管理风格上的文化差异，总结出国内外企业管理文化的差异：① 战略驱动内因不同；② 预算模式不能完全对接；③ 安全、环境和健康管理体制略有不同；④ 信息化管理存在差距；⑤ 人力资源管理观念差异。

（二）本土化策略，消除文化冲突

2011年，华能收购国际电力公司股权时，根据"思维全球化和行动当地化"的本土化策略，进行跨文化管理。鉴于国际电力公司原有管理团队经验丰富，熟悉电力行业和其所在国的监管环境，并与主要行业参与者保持着良好关系，华能收购之后，并没有急于变革，保留国际电力公司从董事会成员到经营班子成员的构成整体不变，保持了公司运行的延续性和稳定性，做到了"工作不断、秩序不乱"。

（三）多渠道促进文化沟通

华能通过树立形象站稳脚跟，提高自身的影响力与话语权，同时多层面拓宽沟通渠道。沟通是管理过程的重要环节,华能为提高与海外公司的沟通效率,确立了联系人制度,尽可能为双方企业的员工和管理人员提供交流沟通的机会,确立了"由高层到员工,从业务到管理,由工作到生活,由单向到双向"的文化沟通规划。

(四)实践成果促进文化共识

华能在收购海外公司后,保持其生产安全有序、管理可控高效、业绩稳定增长的同时,新项目开发与建设也取得了连续重大进展。员工看到了华能的实力,信服了华能的实力,从而认同并愿意坚持华能的经营理念。华能不失时机地通过一系列电视电话会议和面对面沟通、外派人员等,进行企业战略和文化理念的沟通传递。用对美好生活追求的天性凝聚员工,促进沟通,使员工个人的进步与企业的发展目标一致、方向相同。

(资料来源:国际化经营中跨文化管理的实践与研究[EB/OL].(2013-03-26).http://www.chng.com.cn/n31533/n746626/n746629/c981051/content.html.)

社会是由社会关系组成的,社会中的每一个人都存在于同他人的关系之中。由于各民族在世界观、价值观以及社会结构等方面的差别,人们对人际关系的态度是不同的。

第一节　人际关系与文化

人际关系是作为社会主体的人为了满足自身生存和发展的需要,在社会实践中建立起来的。人际关系的本质在于它的社会性,因为人的本质是社会人,人际关系在社会中得以建立和发展,任何人际关系都会打上社会的烙印。人际关系也会随着社会文化的不同而有所差异。

一、人际关系建立的两个维度

人们结成一定的人际关系是为了满足自身的需要,而这些需要又可以简单地分为情感需要和理性需要,由此人际关系结构的建构自然就有了两个维度:情感维度和理性维度。梁漱溟(1990)指出:"西洋人是要用智的,中国人是要用直觉的——情感的。所谓孝弟礼让之训,处处尚情而无我。"而对于中国人的方方面面都颇富洞见,通晓东西方文化的林语堂(2001)则在比较后认为:"对西方人来讲,一个观点只要逻辑上讲通了,往往就能认可。对中国人来讲,一个观点在逻辑上正确还远远不够,它同时必须合乎人情。实际上,合乎人情,即'近情'比合乎逻辑更重要。"

中国人交往重情,人情是中国人与他人进行交往、建立关系的主要依据和准则。它决定了中国人在与没有血缘关系的他人进行交往互动时所表现出的互惠互利的社会性交换行为以及在人际交往活动中的关系取向(李伟民,1996)。在与有着一定血缘联系的家人、亲戚交往时,通常人们会根据双方的血缘关系遵循亲情法则而表现出奉献行为;在与没有丝毫血缘关系的外人交往时,通常人们会根据个人的需求和利益得失遵循公平法则而表现出交换行为。亲情法则和公平法则是人们进行社会交往时所遵循的最基本的两种运作法则(黄光国,1990)。

西方人重理，马克思·韦伯在对近代西方社会特征进行思考时，就认为理性是资本主义时代最主要的特征，理性通过各种形式流布于社会的各个领域和层面，成为笼罩现代社会的一张无情大网。在西方社会，人们在人与人的交往中更多的是权衡交往中个人需要的满足和利益得失，遵循公平法则而表现出交换行为（马戎，2007）。

二、社会结构的两种格局

社会结构的两种格局是指团体格局和差序格局。

（一）团体格局

西方现代社会中的"团体格局"就像"一捆一捆扎清楚的柴"。在同一个团体中，每个人与这个团体的关系是相同的，因此人与人之间的地位也是平等的，在团体成员之间，人际关系就像"柴束"中那一根根并排平行、束在一起的柴枝一样，平等而简明。如果同一团体中有组别或等级的分别，那也是事先规定的（费孝通，1998）。组别或等级可被视为内部的"亚团体"，在每个组别或等级内部，成员们之间彼此依然是平等的。

（二）差序格局

中国传统社会中的"差序格局"：社会关系是逐渐从一个一个人推出去的，是私人联系的增加，社会范围是一个个私人联系所构成的网络。这正好像把一块石头丢在水面上所发生的一圈圈推出去的波纹，每个人都是他社会影响所推出去的圈子的中心，被圈子的波纹所推及就发生联系。每个人在某一时间某一地点所动用的圈子是不同的，一圈圈推出去，愈推愈远。

三、权力与权威

俗谚所云："家有千口，主事一人。"来自不同文化背景的人对于什么重要、谁更重要有着不同的见解，对于谁拥有决策权也持有不同的观点。了解权威和权力的各种象征形式对商务人士大有裨益。

（一）权力和权威的象征

1. 家庭和社会结构作为权力的象征

家庭是社会的基本组成单位，而家庭成员之间的关系也是最基本的人际关系。中国家庭中的关系由古代的三纲（即父为子纲、君为臣纲、夫为妻纲）、五常（即仁、义、礼、智、信）奠定了基础。由此，中国传统家庭里，家庭关系成金字塔结构，辈分最高、年龄最大的受到最多尊重，并且以男性为中心，如果有所违背就是大逆不道。

拉丁美洲、阿拉伯等国家的传统与中国类似，也是以男性为中心，并且由于拉丁美洲和阿拉伯传统分别是由欧洲天主教教堂严格的等级制度以及拉丁美洲的大庄园制度演化而来的，强势的独裁领导处于统治地位。所有者或管理者做决策，下级人员贯彻并执行决策。等级阶层中的上层人员负责管理、照料下层人员，下层人员服从并执行上层人员的命令。

2. 职业作为权力和权威的象征

在所有文化中，某些职位和职业都拥有较高的权威。德国一个权威的民意调查研究所对 2197 名 16 岁以上的德国人的调查表明，最受尊敬的职业排行依次是医生（72%）、牧师或神职人员（39%）、大学教授和企业家（30%）、律师（29%）、小学教师（27%）等[①]。在亚洲社会，老师具有至高无上的权威，人们认为他们有智慧，所传授的东西毋庸置疑。韩国、日本以及东南亚其他大部分地区都将教师置于较高的位置。

与来自不同文化背景的人进行商务交往时，需要弄清楚哪些职业、哪些类型的人应该受到特殊的尊重。他们的观点和想法可能更有分量，因此，在做决定之前，可以向他们咨询。

3. 服饰作为权力和权威的象征

服饰作为权威的象征由来已久。中国便是一个自古以服装区分官位等级的国家，官位不同，官服自然就不同，通过服装便可得知其官位几品，而官服的错穿则可能招致杀身之祸。

例证 5-1

清朝官服制

官帽分冬夏两种，冬季用暖帽，有呢帽、皮帽之别，帽檐向上，中覆红纬，上装顶珠，以分品级，一品用红宝石，二品用珊瑚，三品用蓝宝石，四品用暗蓝宝石，五品用水晶，六品用砗磲（一种比蛤蜊大的软体动物，壳呈三角形，可做装饰品），七品至九品俱用铜质。

外套于前后胸缀以四方形绣花补子，名为补服，中绣禽兽，以分品级。文官用禽，武官用兽。由于清朝奉行的是以文制武原则，所以基本上同个级别的官员，"飞禽"补子的地位要高于"走兽"。如文官一品绣仙鹤，二品绣锦鸡，三品绣孔雀，四品绣鸳鸯，五品绣白鹇，六品绣鹭鸶，七品绣鸂鶒，八品绣鹌鹑，九品绣练鹊；武官一品绣麟，二品绣狮，三品绣豹，四品绣虎，五品绣熊，六品绣彪，七品、八品绣犀牛，九品绣海马。

（曹汝霖，2009）

世界上男士标准的商务着装是西服、衬衣和领带，女士标准的商务服装是各种西服套装或其他式样的女套装。这貌似很简单，但其中有很多象征权力或权威的细节变化，商务人士需要了解当地的风俗和传统习惯。着装以及对东道国文化的规则和仪表习惯的尊重，显示对对方的尊重和真诚态度。这并不意味着你必须穿戴当地服装，但你的着装必须符合当地的文化习俗。西方人大都注重着装的舒适和适用，甚至认为休闲服装无论在哪里都是得体的，许多人穿着短裤出入教堂和博物馆。

女性的着装是否得体、适宜，不同的文化有着完全不同的准则。在阿拉伯国家，即使是在正统派伊斯兰教徒较少的地区，妇女的着装也应该谨慎、得体。妇女必须用头巾

[①] 佚名. 德国最受尊重职业排行榜[J]. 民族大家庭，2004（1）：37.

或帽子罩住头部，超短裙、无袖衬衫、无袖套装、紧身裙子等都是不合适的。伊朗规定，在公共场合，女性必须把胳膊、腿和头发都遮盖起来。意大利则将着装细节都规定得很清楚。

4. 语言作为权力和权威的象征

在大多数文化中，语言也是权力的象征。下面以日语、法语、俄语为例谈谈语言与权力和权威的关系。

（1）日语。日本社会是等级制社会，公司内上司和下属、前辈和新人的区别异常明了，这也使日本公司的"年功序列"制度得以长久存在，并且到今天仍然是日本雇佣体系的基础。在语言的使用过程中，最能体现人际关系权力和权威的，莫过于敬语的使用。在现实生活中，日本人使用敬语和称谓来表达"上下""长幼""贵贱"等一系列人际关系，人与人之间语言的交流应考虑什么样的称谓、什么样的文体、什么样的说法和什么样的态度。

日语里表示第一人称和第二人称均有多组词：表示第一人称的有"私、仆、俺"等；表示第二人称的有"贵方、君、前"等。其中，"俺"一般是关系亲密、非正式场合的朋友之间使用的，"君"也多用于相互熟悉的人之间。因此，学生在和老师讲话时就不能用"俺"，因为这样会让人觉得把老师和自己看成一样，甚至低于自己，即使需要表示亲密，最低限度也只能用"仆"。再者若两者之间无上下关系，但是由于二者并不熟识，理当有内外之分，从而选择不同的代词。第二人称的三个代词都是表示"你"的意思，"君"用于同辈或下辈男性的称呼；"贵方"是最普遍的，一般用于关系较亲密的人，如夫妻情侣间；"前"略带粗俗，男性朋友可用来调侃对方，但女性除外，并且绝对不能用在同事和上司之间。日本人在使用语言进行对话时，首先必须做一件事，那就是根据自己所掌握的信息，判断自己是在跟谁说话，由此选择恰当的称谓。初到日本的外国人都会为日本的复杂称谓感到迷茫。

日本人遇到尊长的时候，一般用对方的职称、职业名代替，或者至少使用姓氏加敬语词尾"さん、さま"（先生、女士）。比如，上司应被称为"课长先生"，而不是"阿部课长"。

日本人称呼自己的亲属时也经常使用表示谦虚的自谦语以贬低自己，如愚父、荆妻、豚儿等。在日本人看来，贬低自己是抬高对方，表示对对方的尊重，也是一种礼貌。在学校是按年龄（年级），在工作单位则按经验（进入单位的年限而非年龄）将周围的人相互称呼"前辈、后辈"。"前辈"和"后辈"的关系一旦确定，"前辈"就要处处关心和体谅"后辈"，作为报答，"后辈"要对"前辈"表示服从和尊敬，这已成为缔结人际关系的规则，人们都自觉与不自觉地遵守（李钟善，等，2006）。日本文化认为，在谈话中提及自己是傲慢和不礼貌的。若到日本人家里做客，热情的主人在沏好茶之后总会招呼一声"茶泡好了，请喝吧"。主人要有意避开使用及物动词及代词，如"我已沏好茶，请喝"。

（2）法语。法语有"世界最美的语言"之称，但其使用规则很是复杂，有15种时态，词汇分阴阳性，并且具有阴阳、单复数的搭配，法语的社会等级性也非常明显，等级不同，法语的使用规则也不尽相同。法语一般被分为三个语级：① 通俗语言；② 通用语言；

③ 讲究的语言（陈元，2009）。

通俗的语言在法语中的字面意思为密切而率直的语言，人们一般在并不注重礼仪交际的场合，在朋友、家人、同学以及不涉及任何权力关系的同事之间使用。通俗语言的发音比较简单，能省就省。如法语中表示"我"的人称代词"je"在以辅音开头的动词前总是被发成"j"，如"J'me suis goure"。并且句子结构比较松散，甚至支离破碎，出现无动词句、时态不配合和否定句不使用"ne"的情况。因此，与陌生人以及上级谈话时，切勿使用此类语言。

通用语一般在说话人不太了解对方的情况下使用，用于同事之间的工作交流、应用文、文化程度较高的成年人之间的对话。而讲究的语言体现为句子复杂，环环相扣，时态、性数配合非常严格，时态变化较多。一般来说，处于上层社会的人更在意语级的差异，他们会根据说话的对象不同而改变自己的说话风格。

（3）俄语。任何一种语言都存在着反映对话人之间相互关系的社会特征。在俄语中，通常可以通过人们交谈所使用的言语礼节判断出他属于哪一社会阶层。

5. 语调作为权力和权威的象征

Kingdon（1958）曾经说过，"语调是语言的灵魂"。语调的社会语言学功能是指说话时所用的语调能够表明他的社会地位、身份、职业等。在日常生活中，我们常常自觉或不自觉地通过语调来表明自己的身份（杨晓春，王桂芳，2010）。例如，老师在课堂上讲课时通常使用较为平缓的语调，以便学生更好地理解和消化。演讲者在演讲时的音调通常是短促并高昂的，以引起在场听众的共鸣。法官对罪犯说话是严肃有力的。

商务沟通中，友好、善解人意的语调很重要，但意思明确更为重要。美国商务人士一般都会使用很多词语并举例说明，这也是低语境文化的典型特征，观点必须清楚、明确地表达出来。

德国人喜欢通过清晰、精确、直率的命令来建立自己的权威。他们喜欢把所有事情都说出来，没有任何保留，并且所用的语言非常精确、不容改变。在德国企业里，经理拥有很大的权力，员工一般都接受经理的权力，听从经理的指挥，很少争辩。因此，命令式的语调是被接受的。

（二）对权力和权威的尊重

不同的文化采用不同的象征形式或符号来表示对权威的尊重。中国自古以来就很注重礼仪，讲究尊卑等次，如古代大臣拜见皇上、皇后以及后宫嫔妃时，都需要行礼，并且行的礼是不同的。在宴会酒席时，有方位尊卑观。就总体而言，一般认为中尊旁卑、南尊北卑、东尊西卑、上尊下卑、左尊右卑、前尊后卑、内尊外卑（陈凌，2009），所以客人一般会坐在左边。而在欧洲和南美洲，贵客通常被安排坐在主人右边的位置。在泰国，年轻者坐的位置必须低于年长者。

因地位和级别的高低不同，日本人鞠躬时弯腰的程度也不同。在日本，人们会看到，下级向上级鞠躬时，弯腰的程度较大，如果发生了错位，双方就会重复这一礼节，直到动作正确为止。这对外国人来说，很不习惯。

例证 5-2

日本的商务鞠躬礼

45度的鞠躬,一般在比较重要的场合使用,比如送别重要的客人,婚丧节日表示感谢、道歉等,眼睛要注视对方的脚部,如图5-1所示。

30度的鞠躬,一般用于比较正式的打招呼以及对长辈、客人、年长者、老师等的问候,在工作场合使用比较普遍,如图5-2所示。

15度的鞠躬,一般用于问候、打招呼的时候,如上下班问候时、进入退出时、跟上级或客人擦身而过时,如图5-3所示。

图5-1　45度的鞠躬　　　　图5-2　30度的鞠躬　　　　图5-3　15度的鞠躬

(资料来源:日本商务礼仪:鞠躬的三种模式[EB/OL].(2017-04-07). http://www.tokei.cn/zx/swly/1408.html.)

在韩国酒席上,随时可见身份、地位和辈分的高低之分。级别与辈分悬殊太大者不能同桌共饮。在特殊情况下,晚辈和下级可背脸而饮。身份高低不同在一起喝酒碰杯,身份低者要将杯举得低,用杯沿碰对方的杯身,不能平碰,更不能高过对方的杯子。

大多数西方文化中,年轻人为年长者开门,下属为上司开门,男士为女士开门,并让后者先进门,以示尊重。

表示尊重的方式在不同的文化中有不同的符号,需要在跨文化交际和生活中多加留意,注意积累。在冲突发生时,能够从对方的文化和习俗角度思考问题,在对方礼节的尊重程度未达到自身文化要求时,也要给予谅解。

四、个人与和谐

(一)捍卫个人权利

西方社会是自古代希腊、罗马发展起来的,从事商业活动的希腊人很早就摆脱了氏族社会的血缘纽带,他们用以财产关系为基础的社会契约制的城邦组织取代了血缘关系为基础的宗法社会组织,服从权威被公民民主政治所代替,即公民享有最高权威,人人平等。1776年美国颁布的《独立宣言》明确指出,"我们认为以下诸点乃是不言而喻的公理:人生来平等;造物主赋予了他们与生俱来的权利,即生存、自由、追求幸福的权利。"1791年,法国国民议会发布的《人权宣言》指出:"就人民权力而言,人生而平等并且只能平等。"（孙保国，赵颖，2003）。

美国商务人员相信，通过培训可以培养起果敢和自信。果敢被视为一种积极的价值观，对果敢和自信的重视强调了个人权益在组织和社会义务之上。美国人一旦对某事产生疑问，就会努力探求事实真相，而不是保持一团和气。德国人比美国人更强调维护个人利益，主张个人权利的重要性。

例证 5-3

美国办公室制胜绝招

当你向美国同事或上司发表意见时，最好以数据和事实来支持论点。只有在确认数据和事实的基础上，你的意见才能获得重视。

在美国公开表达不同的意见是健康的行为，但在会议上，沉默的大多数是中国人，不过沉默并不表示认同，只是不好意思批评别人而已。

对美国人来说，事情的真相比表象更重要。"诚实为上策"（Honesty is the best policy）、"别拐弯抹角"（Don't beat around the bush）、"底线在哪里"（Where is the bottom line?）等谚语，都反映出他们喜欢直接面对事实的特性，不要为了害怕冒犯他人而只拣表面好听的话说，这只会让人觉得你缺乏诚意。

有时要强迫自己冒个险，做些决定。美国上司宁愿你自己做决定而偶尔出错，也不要你什么决定都不敢做。

你想让别人觉得你是团体的一分子，就不要做一个没有声音的人。只有埋头苦干是不够的，你一定要不时地说出自己的想法与意见。

（贺鹤，1998）

（二）维护人际和谐

西方强调自由，注重捍卫自己的权利，果敢自信。亚洲国家的文化推崇和平与和谐的理念，个人是团体的一部分，并且在集体中个人应当"隐藏"起来，强调个人的权利，吹捧自己的优势、成就等都是不能被接受，甚至会被鄙视的。中国便是一个以"和"为贵的国家，《论语·学而》讲到"礼之用，和为贵"。人与人之间的各种关系，按照礼来处理一切事情，都能恰到好处，都能够调节适当，使彼此融洽，如：人们倡导处理人际关系的原则便是谦恭求和；处理人际关系的方式便是要妥协折中，回避冲突。韩国的社会和文化以"我们主义"为基础，与西方的"我主义"形成鲜明的对比，过分强调自我被社会看成是缺点（张优，2007）。

阿拉伯世界是指分布于西亚和北非，以阿拉伯语作为主要语言的国家。阿拉伯世界大部分人信仰伊斯兰教，伊斯兰教法在一些国家具有法律地位。伊斯兰教认为，人是社会的人。人处于广泛的社会关系中，人们的所作所为、所思所想，无不涉及社会内容。伊斯兰文化关于人与人的和谐理念，强调"真主面前人人平等"的观念和"两世观"（即今世和后世），强调"正大适中"思想，对人类的各个方面都保持一种均衡。伊斯兰文化倡导"民族多元论"，其基本思想概括为，真主把人类分为不同民族和宗族，目的是让人们互相了解,互相沟通,互相合作,而不是互相冲突,互相仇杀(周小平,2009)。

例证 5-4

日本"纵式社会"

日本社会学家中根千枝提出了"纵式社会",即日本人在人际交往中看重的不是"资格",而是"立场",这不同于欧洲的"横向社会"。也就是说,欧美国家重视诸如姓氏、学历、职业、社会地位等人在社会中的属性,但是日本更重视人所在的地域、所属的组织等类似框架的"立场"。例如,日本人在与外人交际的时候,先告知对方自己属于哪个组织或者单位,而对方也首先需要了解这一点。也许仅仅是某大公司的一个司机,而对方听了公司的名字之后首先给予的是敬意,而不会先去考虑其在那个公司里所处的地位。

(司志武,2007)

第二节 关系维系与文化

中国人讲究"有始有终""长长久久",一旦朋友交下了,没有特别的情况,大家就是一辈子的朋友。美国人口流动性很大,他们今天认识了一些朋友,可能明天就到了另外一个地方,和老朋友的联系就由于各种各样的原因有所减少(胡金婵,胡金锭,2009)。

不同文化背景的人,在人际关系的维系过程中表现出极大的差异性。这种差异性体现在方方面面。关系维系的动机不同、目的不同,其采取的维系关系的方法也不尽相同。

一、关系维系的动机

(一)社会个人独立与人情文化

人与人的交往,最根本的动力就是能够实现人际的互相促进、互相帮助,达到差异的互补、效果的共赢。在西方,尽管社会人越来越多受重视,但是,社会人的角色定位并没有超越经济人以占据主流位置,这同西方社会一直强调个人主义和理性的文化价值观有很大关系。因此,关系对于他们而言更具有普遍性而缺少特殊性。而在中国,关系取向的文化背景,使中国人更拥有一种比西方人强烈的特殊关系倾向,一切从关系出发,从关系着手,注重彼此的关系好坏、关系亲疏,人在与他人谋事时总喜欢分出关系的远近、轻重,进而决定关系支持的程度(黄江泉,蔡根女,2009)。人情文化的"滴水之恩,当涌泉相报",在西方人看来不可思议,但在东方人看来却是一个普遍遵循的准则。

(二)人际关系的激励与保健作用

在解释中国传统文化时,许火良光(1990)认为中国人际关系的特色是理解中国人整个生活方式的关键,并提出了"情境中心学说"。一个恪守情境中心的中国人,事实上倾向于具有多重道义准则,但这些标准也不会给他个人内心带来任何冲突。中国人对生活的情境中心主义的处理方法更为极端和更为普遍。一切人间事务、一切较高尚的原则、一切超自然事情以及个人的基本价值观，都受到在别人关系网络中各自所处的立场的影响。发展良好的人际关系是东方社会的本质要求，对他们有着极强的吸引力，员工们一般愿意留在人情味浓、人际关系好的企业，对这样的企业忠诚度与奉献精神特别高。在东方人看来，人际关系具有不同于西方的极强的激励意义。同时，人际关系在西方是保健因素，而在东亚却是激励因素（原口俊道，2000）。员工之间的人际亲疏距离小一些，员工们给予彼此的支持就更加具有义务性和积极性（黄江泉，蔡根女，2009）。

二、关系维系的目的

人际关系在维持过程中，有着不同程度的目的性。随着交往的深入，为满足双方的各种需要，人际关系的目的性更为突出。关系的维系在于促进和谐的人际关系，使人力资本增值，降低交易费用，提高合作效益（赵含韫，2005）。

（一）促进人力资本增值

经济发展是资源有效配置的结果。生产关系就是人与人的关系，人的偏好、预期、追求和行为都是客观存在的。经济活动不仅仅是处理人与物的关系，也是在一定的人与人的关系中实现的。人际关系的协调程度影响着效率的高低，人际关系融洽了，对物质资源的利用率就会相应提高，人与物之间的关系也就会不断地朝着提高资源使用效率的方向调整。

（二）降低交易费用

交易费用是指处理人与人之间交易关系所需要的成本，包括交易前获取信息的费用、交易中的谈判、协调和签约费用，以及交易后的实施、监督和制度运行费用。在现代经济活动中，交易费用是经济成本的重要组成部分，这是因为物质成本在一定条件下弹性很小，而人与人交往中产生的交易成本伸缩性却很大。

（三）提高合作效益

合作是人类最基本的存在方式之一，也是经济发展和社会进步的根本条件之一。人所具有的理性容许他们自发地创造出与他人相互合作的方式。合作的过程是协调不同人之间的利益矛盾，实现共同目标的过程。合作的价值就在于可以创造合作效益。合作效益是指不同主体通过相互合作而产生的超出单个主体所能创造的总和的那部分效益。合作创造和谐、效率与最优，长久和谐的人际关系有助于提高合作效益。

中国人维持人际关系的目的除了以上利益外，还在于人际关系本身，这种关系提供给双方的酬赏就是再次肯定和维持这种交往。人际关系的维系在"以和为贵"的社会中显得尤为重要，这种关系给人以归属感、安全感。在中国人的人情往来中，自己在回报别人的人情时，总希望能够多给予对方一些，至少不会少；如果暂时没有回报别人的帮助与给予，中国人就觉得亏欠人家，心里难受。这种人情往来、关系维系已经成了中国人约定俗成的人情文化特征。

三、关系维系的方法

社会交换理论认为,人们的社会交往过程就是一种至少是在两人之间进行的交换活动,无论这种过程是有形的还是无形的,也无论其报酬或代价的大小如何。人们之间进行的经济交易仅仅是发生于所有实际社会环境中更为普遍的交换关系中的一种,因为人们在交换中不仅追求物质目标,同时还流通和交换非物质资源,如感情、服务和符号。人们要想维持某种交往总要考虑别人的需要或要求,牺牲自己的利益换取人际关系的继续维持和巩固。彼得·M.布劳(2008)的社会交换理论提出了"酬赏"的概念。他认为酬赏可分为内在酬赏和外在酬赏。前者来自亲密关系本身,这种关系提供给双方的酬赏就是再次肯定和维持这种交往;后者则不同,在这里人们交往或建立某种关系的目的是通过这种交往或关系谋取其他利益。

(一)金钱奖励

在崇尚个人成就的文化里,对绩效的认可通常与薪酬联系在一起。例如,在美国对员工绩效的奖励都体现在薪酬里。调查显示,美国企业高管的薪酬是世界上最高的,但并不仅仅体现在绝对的美元报酬金额上,还包括商务活动中所创造的其他收益形式。近年来,金钱奖励的形式更趋多样化,股权奖励被越来越多的公司采纳。

(二)非金钱奖励

玫琳凯化妆品公司的一位女销售员业绩优异,开上了凯迪拉克轿车,全世界的人都能看出她是一个顶级的销售员。这辆轿车并不只是金钱的象征,而更像是奖杯,是一种荣誉,也是对她个人成就的认可。非金钱奖励在重视关系的文化里占有重要地位。

例证 5-5

日本企业的感情激励

相对于物质需要和经济利益,人们更看重的是社会需要和尊重需要。而社会需要最重要的一点就是感情的需要。感情需要包括尊重的需要、良好的人际关系、人与人之间的相互关心、理解和包容等。

日本企业的成功,人性化的感情激励是一个重要的因素。日本企业管理者在和为贵的思想指导下,像对待自己的家人一样尊重员工、关爱员工,企业给员工创造了一个良好的工作环境——心理自由、人格平等、人际关系和谐,员工与员工之间相互信任,员工与企业之间形成了一个命运共同体,这就造就了日本企业强大的国际竞争力,同时成就了日本企业的辉煌。

人称"经营之神"的松下幸之助,首创了"电话管理术",他经常在闲暇之余给员工打电话。也没有什么特别的事,就是问一下员工最近的情况如何。当下属回答说还算顺利时,松下幸之助就会说:很好,希望你好好加油。日本是一个等级森严的社会,接到电话的下属往往会感觉到受宠若惊,激动无比。想到总裁能亲自给自己打电话,员工感到了自己在企业的存在和企业对自己的信任和重视,精神便为之一振。

日立公司是名副其实的日本最大的重工机电公司。日立公司的会议桌是圆形的,参会人员没有固定的座位,坐在哪里都可以。但不管你坐在桌子的任何地方,都不会感到低人一等。因为在这里,没有高低贵贱、三六九等之分,体现出来的是人人平等的理念,所以,你不必感到拘束,顾虑重重,也不用担心人微言轻,不被重视。

(张树岭,2013)

人际关系本身也是一种奖励。如上司与某一下属关系亲密,较为信赖,也是对其能力的一种肯定和赞许。

实际上金钱激励和非金钱激励在各个国家中都得以应用,只不过侧重点不同。在当今经济发展的过程中,越来越多的企业开始关注非金钱激励带来的效益,以满足员工的需求为前提,以"人本管理"思想为主体,将企业的目标与员工的个人需求,即追求高薪、重视荣誉、心理意愿、情感、赏识、安全、社会保障等相结合。

再者,适当的绩效奖励必须建立在文化激励因素和文化所认可的行为准则之上。在对个人主义持有积极见解的文化中,挑选出个体进行表彰是具有积极意义的。例如,美国企业对每月业绩突出的销售人员或员工给予褒奖。这种做法既鼓励了优秀的个人,同时也对其他员工形成了一种激励,促使他们努力工作,以获得同样的嘉奖。在不重视个体的文化中,对个人成就进行公开的奖励可能不大合适。

例证 5-6

GE 和联想激励制度的比较

GE 公司对员工有着一套相当完善的考评制度。公司前 CEO 韦尔奇随身都会携带一本笔记本,上面画满了图表,每个部门都有相关的图表,反映每个员工的情况。第一类占 10%,他们是顶尖人才;次一些的是第二类,占 15%;第三类是中等水平的员工,占 50%,他们的变动弹性最大;接下来是占 15%的第四类,需要对他们敲响警钟,督促他们上进;第五类是最差的,占 10%,只能辞退。第一类员工会得到股票期权,第二类中的大约 90%和第三类中的 50%会得到股票期权,第四类员工没有奖励。韦尔奇一向鼓励员工勇敢地展示自己,说出自己的看法,争取上司的赏识。在今天 GE 的各个部门,每当公司取得一些成绩,他们都会把生产线停下来,大家一起出去庆祝。GE 公司每位员工都有一张"通用电气价值观"卡。卡中对领导干部的警戒有 9 点:痛恨官僚主义、开明、讲究速度、自信、高瞻远瞩、精力充沛、果敢地设定目标、视变化为机遇以及适应全球化。这些价值观都是 GE 公司进行培养的主题,也是决定公司职员晋升的最重要的评价标准。

联想是一个以业绩为导向型的公司,不唯学历重能力,不唯资历重业绩。联想现在许多高管人员其实在公司工作时间并不长,能从普遍员工升到最高管理层,原因不是跟谁有什么关系,而是全凭业绩。联想员工的收入分为 3 块,固定工资、绩效浮动和年底分红,在一个以业绩为导向型的企业里,员工的收入是跟其贡献直接挂钩的。在联想,普通员工并不是只有做管理人员一条升迁之路,不做经理可以走技术职称的道路。技术骨干的待遇与相应的管理者的收入没有差别。联想在业绩考核中实行末位淘汰制,如果员工在考核后进入最后一个层次，就进入了末位淘汰区。所以，不论哪一层次的人都有压力，中层管理人员压力也是很大的，如果考核时排在最后，就会成为不合格员工。联想还培养了后备干部，对于被淘汰的人所在的岗位，马上可以有人顶上，这是一个合理的闭环。

（吕晨钟，2010）

第三节 跨文化商务活动中的社交行为

在进行跨文化商务活动时首先要了解双方的文化特点、民族心理和风俗习惯，对不同的或相同的语言形式及其使用所持的礼貌规范，要"入国问禁，入门问俗"，使交际顺利进行。

一、发出邀请的习俗

在跨文化商务活动，邀请何人？何时邀请？为了邀请人们需要对被邀请的人做何种程度的了解？这些问题都需要考虑不同文化中的邀请习俗。下面以亚洲、欧美、阿拉伯、非洲和拉丁美洲地区为例加以说明。

（一）亚洲

在日本，要想收到去别人家里做客的邀请是非常困难的，因为社交活动都发生在公众场合或工作场所，而不发生在私人家庭里。日本人把家庭生活和工作分得很清楚。日本人一般不在家里宴请客人，不习惯让客人参观自己的住房，特别忌讳男子闯入厨房，上厕所也要征得主人的同意。

中国人一般会邀请比较熟悉的人，跟自己关系不错的同事、客户或朋友到家里做客，并且会提前邀请，以免与他人的安排冲突。做客的人要准时到达做客地点，不要迟到，以免主人等候，也不要早到，以免主人未做好准备。若非主人邀请来家进餐，切记不要在吃饭时间拜访。

（二）欧美

美国人比较开放，很容易就邀请他人到自己家里做客，即使结识的时间不长，他们也会发出邀请。法国人极少上门做客，除非是主人盛情邀请，如果去别人家做客，要给女主人带一些花或巧克力之类的小礼品，以示谢意。意大利人热情好客，如果被邀请，则不能拒绝，因为那样做是不礼貌的。德国人也很好客，但德国人请客讲究节约、简单、营养足够，够客人吃饱就可以了，绝不浪费，食盘中如果还剩食物会被视为不礼貌。俄罗斯人热情豪迈，以家宴为最隆重的待客礼节，俄罗斯人通常邀请朋友晚上来做客，很少是白天，俄罗斯人喜欢请客喝茶，一般搭配面包和甜点，如果有鱼子酱，那一定是贵客，请客饭局则少不了伏特加。

（三）阿拉伯

阿拉伯人邀请外人到家中做客时，客人只能待在客厅或房屋中用于公共活动的地方，通常这些地方可以从外面直接进入，客人不必接近私人房间。当有外人在家中做客时，妇女通常不在场，也不露面。

（四）非洲

在东非，坦桑尼亚人不愿意陌生人随便进入自己家门，更不喜欢陌生人进入卧室。有前后门的家，客人须从前门进入，只有十分亲密的朋友才可走后门。埃塞俄比亚人在亲朋好友或贵客临门时，一般都喜欢用咖啡招待，为表示对客人的尊敬，女主人在煮咖啡时一般要穿上整洁的民族服装。

在西非，摩洛哥人喜欢邀请别人到家中做客，并大摆筵席，客人进屋需脱鞋，未经主人许可，不脱鞋是不能进入其宅屋的。安哥拉人热情好客，开玩笑、说笑话是他们一种特殊的问候方式，越是亲近玩笑越是放肆，陌生人见面，交谈甚欢，便主动邀请对方到家里做客。

（五）拉丁美洲

哥斯达黎加人喜欢和朋友聚会聊天，常常将知心好友邀请到家中，如果是周末，侃到兴趣浓时，还要唱歌跳舞，到次日天明方才罢休。哥斯达黎加人同外国朋友初次交往，如果客人言谈举止礼貌，熟悉当地的风俗习惯，并能讲几句当地的语言，他们会视为故友相逢，主动邀至家中做客。对于哥斯达黎加人的盛情邀请，外来客人不可出自客气或其他考虑而谢绝，那样会引起主人的不快。应邀到哥斯达黎加人家中做客，客人应带鲜花、蛋糕或酒等物品送给主人。客人进门，主人要用饮料、酒类、点心、甜食、水果等招待。

巴西人热情奔放，招待普通朋友一般是在餐馆请客，不轻易邀请到家做客，只有亲密的朋友才有这种最高的礼遇。巴西的印第安人还有邀请客人到河里洗澡的习俗，洗澡的时间越长，则越表示对主人的尊敬。

墨西哥人很喜欢在家请客，用民族膳食招待客人。在赴约时，一般不习惯准时到达，总愿迟到15分钟到半小时，这被墨西哥人看作是一种风度礼节。

例证 5-7

这是邀请吗

中国人和英美人有着不同的"邀请"方略。英美人的邀请有着"形式邀请"与"真实邀请"之区别。即他们发出的邀请有"真假"之分，若把客套话当成正式邀请，就会造成误会。不少中国人对美国人的"邀请"迷惑不解，会误认为美国人不诚恳，不遵守诺言或言而无信。

在一次"英语角"活动结束时，一位学生的美国外教对他说："We may invite you to our home sometime."这位中国学生很高兴，觉得外教很热情，以为真的邀请他去做客。结果是此后外教再也没有提起过此事，导致这位中国学生认为美国人很"虚伪"，讲话靠不住。对美国人来讲，真正的邀请必须明确时间、地点和活动等因素，而且必须得到对方的认可，缺少以上几个因素，构不成真邀请，只是为了达到维系现有的良好关系的愿望的表示（客套话）而已。

（吴玲娟，2007）

二、主人与客人的得体行为

中国客人告别主人（哪怕是关系密切的朋友）时，总觉得给主人添了麻烦，因此就说："I'm sorry to have wasted your time."或"I am sorry to have caused you so much trouble ."给英美人的感觉就是，既然你知道会浪费我的时间，那你为什么还要来打扰我？其实，这种表示"道歉"的话语道歉意味很弱，只不过是一种客气方式，是出于礼貌，向对方表示感谢。但对英美人来说，道歉的意味就很浓。实际上，英美人士倾向于用感谢语表示礼貌，而在中国，人们习惯于用道歉语表示礼貌。因此，英美人在道别时习惯说，"I've enjoyed talking with you. Thank you very much for your time."（吴玲娟，2007）那么，怎样才能以得体的方式与另一文化中的人交流呢？下面以亚洲、欧美、阿拉伯、非洲和拉丁美洲地区为例加以说明。

（一）亚洲

到日本家庭拜访客人，进门时要穿拖鞋，很多家庭备有拖鞋供客人穿用。这种习俗起源于日本人用榻榻米草垫铺地面的时代。因为这种草垫制作精细，难以清扫，所以人们进门时就把鞋子脱掉，以延长草垫的使用寿命。尽管如今大多数日本家庭都是用地毯或者木质地板，进门脱鞋的习俗却一直沿袭下来。

菲律宾的客人一般会晚两个小时到达，晚宴也通常在稍晚些时候开始。

在泰国如果去别人家做客，进门前要主动脱鞋，并且让长者或者级别高的人走在前面。就座也有讲究，长辈如果坐着，那么晚辈只能坐在地上或者蹲跪，以免高于长辈的头部。

在日本和中国，主人和客人在用餐时会边说边聊，餐后不久便会分别，这与阿拉伯等国家是不同的，因为在阿拉伯国家，人们一般是先吃再聊。

（二）欧美

美国款待客人的典型方式是鸡尾酒会。参加鸡尾酒会的客人不用非常准时，可以只待一会儿就离开。但参加晚宴时，人们应该准时到达，宴会开始的时间一般比请柬上所述的时间稍晚一些，而且必须等到宴会结束才能离开。

加拿大和美国客人通常会在餐后再逗留一段时间，并且，在加拿大和北欧，参加宴会迟到，宴会女主人会非常生气，并发誓以后再也不会邀请这种客人。

在意大利，进行商业会晤要提前安排，但不一定准时，因为在社会活动中，准时并不被认为是意大利人的美德。

在德国，守时是最基本的礼貌，应邀到别人家做客或者是外出拜访朋友，要按点到达，不要让主人浪费时间干等或者不得不提前招待客人。在宴会上和用餐时，德国人注重以右为上的传统和女士优先的原则。

法国人的社交正餐一般要持续在两个小时以上，宴请时在餐桌上的礼节很多。比如讲究女士优先，要等女主人将餐巾铺在腿上，才表明可以正式开始用餐；敬酒要先敬女士，再敬男士；用餐时不可以把盘子端起来，两肘不能支在桌上；等等。法国人特别善饮，几乎逢餐必酒。

俄罗斯人是习惯于迟到的，应邀去做客提前到会被认为不得体，如晚到 10~15 分钟则不算迟到。去做客时，如碰上节日或家里有女主人时，一般要带上一束鲜花，而且只能是单数，只有赴丧追悼时才送双数的花。

（三）阿拉伯

阿拉伯人互相拜访时很注重衣着和礼节，拜访者一般都事先预约并会准时赴约。主人则会在家里准备好丰盛的饭菜来恭候客人到来。当然，守时观念弱也是阿拉伯人的一个特点。

阿拉伯人招待客人会非常慷慨大方，条件好的会请你吃烤全羊和"手抓饭"。当然，他们的吃法也有很多讲究。吃"手抓饭"时，入席前要洗净双手，吃时用右手的几个指头将饭搓成球状，再送入口，不可大把大把抓。吃烤羊肉时，也要先用手把肉撕成小条。虽然客人不一定要随他们，可以提出要刀叉和羹匙，但若能入乡随俗，会令主人特别高兴。另外，主人餐毕起身时，客人方可离席。

（四）非洲

在非洲很多地方，吃饭不用桌椅，也不使刀叉，更不用筷子，而是用手抓饭。吃饭时，大家围坐一圈，一个饭盒和一个菜盒放在中间。在非洲，主人比较忌讳吃饭将饭菜撒在地上。饭毕，客人应等主人吃完后一道离开。在非洲的不少地方，吃饭时有着严格的礼仪。如在马里，鸡腿归年长的男人吃，鸡胸脯肉归年长妇女吃；当家的人吃鸡脖、胃和肝；鸡的头、爪和翅膀由孩子们分食。又如在博茨瓦纳，在公众大型宴会上，宾客和男人吃牛肉，已婚的妇女吃杂碎，两者分开煮，分开食，不得混淆（尚千琳，2007）。

埃塞俄比亚人有饭前用净水冲手的卫生习惯，而且喜欢当着另外一个人的面冲洗。摩洛哥人宴请宾客前后要上茶三次，以示礼貌，摩洛哥的妇女只能偷偷地吃鸡蛋，如果当着丈夫的面吃鸡蛋会被认为干了一件败坏风俗的丑事而遭到谴责。

（五）拉丁美洲

拉丁美洲人是比较好客的，被邀请到拉丁美洲人家里做客，记得带上花或酒，也可以为女士准备香水和名牌物品作为礼物；为男士准备一些新奇的小玩意儿或男人们随身携带的小物品，最好是名牌。一般情况下，拉丁美洲人在吃正餐前均要祝酒，但要由主人先祝。拉丁美洲人喜欢提前约定见面时间，却不怎么守时，迟到 30 分钟是常有的事。在巴拉圭，如果受邀请到家中做客，按照当地习俗，客人要在进屋前先做个简短的讲话以向主人致意。如果你在巴西人的家里受到了接待，礼貌的做法是在第二天给女主人送去一束鲜花并附上一封感谢信，切忌送紫色的花，因为紫色象征死亡。

三、赠送礼物

在商务活动中，礼物赠送是否适当与当地文化有密切联系。下面主要介绍几个国家礼物赠送的一般习惯，其中包括赠送礼物的时间、礼物的选择、礼物包装、对待礼物的方式等。

（一）赠送礼物的时间

赠礼要适时。在有的国家（如日本），要选择人不多的场合送礼；而在阿拉伯国家，必须有其他人在场，送礼才不会有贿赂的嫌疑，初次见面也不必送礼物。在英国，合适的送礼时机是请别人用完晚餐或在剧院看完演出之后。在法国，不能向初次结识的朋友送礼，应等下次相逢的适当时机再送。

在中国，一般朋友、同事有喜事或者过节，都会送礼。但在西方国家（如英国、美国），作为人际关系的一个方面，同事中谁有了"大事"，都相互致意，但不送礼，以免影响正常的工作关系，他们送礼往往送给女主人。

例证 5-8

祝　贺

在美国，一名老师添了个女儿，他就在自己办公室的门上贴了一张纸，告诉大家"×月×日×点，我有了一个漂亮的女儿，可爱极了"，一点儿也没有"谦虚"；大家就纷纷在上面"题词"，也写一些很热烈的话语，以示祝贺。

（朱光磊，2001）

（二）礼物的选择

1. 亚洲

在中国，人们喜欢在节日里赠送时令礼品，比如端午送粽子，中秋送月饼，春节送年货。在一些特殊的日子或者场合也会赠送礼物，比如婚礼、生日、开学、过年，都有送红包的习俗。中国人送礼也有一些禁忌，比如不能送钟（谐音终），菊花用于纪念逝者不能送人，不能送绿色的帽子，等等。在日本，赠送礼物非常重要。在新年和7月，人们一年两次向同事、朋友以及家人赠送礼物。这两个时间与一年两次的奖金发放时间是一致的。选择礼物时，要选购"品牌"礼物，同时到日本人家里做客，携带的菊花只能有15片花瓣，因为只有皇室徽章上才有16瓣的菊花。

2. 欧美

在北欧，送给女主人的合适礼物是鲜花或巧克力。但是，如果送一瓶酒，尤其在法国，则会被主人视为一种侮辱：表明主人提供的酒不是好酒。在德国，以玫瑰花和菊花作为礼物是很不适宜的，玫瑰花是送给情人的，菊花则是为葬礼准备的，而且送花时花的数目必须是奇数的，在呈送之前必须从包装纸中取出来。在俄罗斯，不要直接送钱，因为会被认为是施舍和侮辱；也不要送空钱包，空钱包被寓意是一贫如洗；俄罗斯人一般不轻易接受别人赠送的宠物，如果有人赠送，会象征性地给一枚硬币。

3. 阿拉伯

对于阿拉伯人来说，不要送酒，因为多数是穆斯林，对他们来说，酒为禁物。不要送宗教人物、神话人物和统治者的塑像和画像，伊斯兰教严禁偶像崇拜。初次见面时不要送礼，否则可能会被视为行贿。除非是私人朋友，否则要在有其他人的情况下赠送礼品，才不会有贿赂的嫌疑。

4. 非洲

如果被邀请到埃及人家里吃饭，要习惯上带花或巧克力作为礼品，在送礼或受礼时，一定要用双手或右手去接，千万不能只用左手。若被邀请到利比亚人家里吃饭，只有男人能参加，而且要为男人带礼物，不能为他的妻子带礼物。

5. 拉丁美洲

在拉丁美洲国家，黑和紫是忌讳的颜色，这两种颜色使人联想到四月斋，所以在礼物选择及包装上应尽量避免这两种颜色。在选择礼物时，刀剑应排除在礼品之外，因为它们暗示友情的完结。手帕也不能作为礼品，因为它与眼泪是联系在一起的。值得一提的是，在拉美国家，征税很高的物品极受欢迎。

（三）礼物包装

1. 亚洲

中国是礼仪之邦，赠送礼物是人们生活中频繁、平常的事，对礼物的包装也比较重视。人们认为应针对不同礼物选择不同的包装风格，以显示礼物的独特和珍贵，强调包装在材料选择上既要有保护性，在视觉设计上也要美观。中国普遍有好事成双的说法，但凡大贺大喜之日，所送之礼均好双忌单，但"4"因为谐音"死"比较忌讳。

日本人认为礼品的包装同礼品本身一样重要。日本人对礼品讲究装潢，礼品要包上好几层，再系上一条漂亮的缎带或纸绳。日本人认为，绳结之处有人的灵魂，以此表达送礼人的诚意。

2. 欧美

在美国和加拿大，人们则不太在意包装，在英国，包装更不太被重视。

在德国，由于有《包装法》的存在，物品的包装可能完全没有，因为法律要求商家必须收回所有的过度包装材料。因此，商家在售出牙膏、软饮料和啤酒时，必须把装牙膏的包装箱和装有6件软饮料和啤酒的包装箱留下。同时德国对于生活垃圾有数量限制，并正在考虑按照垃圾的重量收取垃圾处理费，主人可能更不喜欢礼品的复杂包装了。

送给法国人的鲜花则不用捆扎，散拿在手里是最好的。但花一定不能是菊花，因为在法国，只有丧礼才使用菊花。

3. 阿拉伯

在阿拉伯，人们把礼尚往来看作是自豪的事，相比平淡简单的礼物，人们更钟爱包装精美华丽的礼物，"名牌"礼物更受偏爱。

4. 非洲和拉丁美洲

在非洲和拉丁美洲的一些国家，礼物包装的颜色选择也颇有讲究。比如在埃及、利比亚和埃塞俄比亚，人们忌讳使用黑色，而摩洛哥人忌讳白色；在巴西、秘鲁、墨西哥、阿根廷，紫色被视为不吉利的颜色；在委内瑞拉，按国旗元素色，黄、蓝、红是禁止使用的。

（四）对待礼物的方式

1. 亚洲

日本人和中国人在送礼人还在场时，决不会打开礼物。当着送礼者的面打开礼物是极其失礼的，因为这可能使双方都觉得丢面子，所以一般会在客人离去时再打开。如礼品对其本人毫无用途，日本人便会把它转送给别人，那人还可以再送给其他人。

2. 欧美

美国人收到礼物时都会立即打开包装，如果不这样做，就会被认为是对礼物不感兴趣或不喜欢。在美国，大人在孩子小的时候就教他们打开礼物并向客人表示感谢，对礼物加以赞美："太漂亮了，这正是我一直想要的礼物！"德国人在收到礼物时也会当面打开，但在发表对礼物的评价意见时更加矜持。在俄罗斯，接受礼物的人应该立刻当着送礼人的面打开礼物，对礼物加以赞美，对送礼的人表示感谢，不打开礼物就把它搁在一边是很不礼貌的。

在跨文化交际时，如果你对是否应该打开礼物感到不确定，最好的办法就是解释自己国家的文化习俗，然后问对方是否可以打开礼物。

四、节日文化

一个民族的节日就是这个民族的象征，节日文化反映了民族文化的理念和价值观，反映了民众的文化情趣和文化情感（殷莉，韩晓玲，2007）。作为民族的象征，节日是蕴含着深层情感意义的文化符号，是民族文化的荟萃、民族灵魂的外现。

（一）节日文化的差异

1. 来源的差异

中国长期处于自给自足的农耕社会，十分重视农业发展，但由于古代的生产力有限，生产技术落后，科学和信息技术等方面的滞后，气候成了影响农业生产最主要的因素，所以中国的传统节日多以农事节气为主，祈求得到上天的庇护，期望来年能有个好收成。

对于笃信小乘佛教的泰国信徒来说，全年有48个"佛日"，每月有4个佛日，各在泰国阴历上半月的第8日和第15日，即初八、月望、廿三、月末。

而在一些西方国家，比如英国、美国，由于长期受基督教耶稣的影响，其传统节日都带有浓厚的宗教色彩。宗教渗透到了他们生活的方方面面，如纪念耶稣诞生的圣诞节、纪念耶稣复活的复活节，以及星期六和星期日的安息日和主日（苏雪妮，2013）。

在阿拉伯，人们普遍信奉伊斯兰教，有三大重要节日：开斋节、古尔邦节、圣纪。

2. 庆祝方式的差异

中国有句老话，"民以食为天"。中国的传统节日文化体现了中国对饮食的讲究，包含很多具有文化意蕴的饮食风俗。如端午节的粽子、中秋节的月饼、重阳节的重阳糕和菊花酒、春节的饺子等。从这些都可以看出,中国的传统节日文化主要以吃喝饮食为主题。

长期受宗教影响的国家的节日习俗不仅有浓厚的宗教色彩,而且注重宗教仪式后的一种身心解脱和快乐。比如泰国的玛迦普差节、维莎迦普差节和阿莎叻哈普差节是最重要的佛日,佛教徒要去佛寺举行仪式,当日禁止杀生、赌博等不良行为。美国的传统节日更多体现出人们的互动性、集体性和狂欢性,以自我为中心,崇尚个性张扬(董天,白灵,2012)。

(二)节日问候

1. 合适的节日

相同社会文化的企业,在节日期间通常都会寄送贺卡或礼品致以节日的问候,一般都不会产生误解。

日本人会送新年贺卡,中国台湾人会送农历新年贺卡,美国人会送圣诞贺卡。近几年,伴随着经济的全球化,各国的节日文化也出现了全球化的趋势。中国春节的时候,在美国同样可以感受到节日的气氛,朋友之间也会各自送上节日的祝福。节日问候,如前面介绍到的不同节日文化,应根据节日文化选择适当的问候方式和活动。

若有业务往来的企业或个人来自不同的社会文化,在自己的文化中没有同样节日的商务伙伴赠送贺卡是否合适呢?尤其是这个节日在本族文化中带有宗教意义,而对方的文化不信仰这种宗教。这通常取决于你对对方国家和个人的了解程度。如圣诞节,尽管大多数中国人并不信仰基督教,但各种机构也会赠送圣诞卡片。但必须清楚某些行为对有的文化来说是不被接受的。例如,沙特阿拉伯不允许基督教的任何象征符号(如十字架和《圣经》)进入境内,甚至圣诞节使用的非宗教的象征物,如圣诞树、圣诞卡片以及圣诞老人也被禁止入境。伊斯兰教禁食猪肉,以伊斯兰教为国教的国家不允许售卖猪肉,也不允许吃猪肉。

例证 5-9

惹人讨厌的猪八戒

兰是沙特大学的中文老师,一次她想让学生表演中国四大名著之一《西游记》的内容,从而让他们熟悉中国古典文化。其中,猪八戒这个角色却引起了学生的反感。沙特的学生们由于受伊斯兰教的影响,认为猪是种恶心的动物,让自己扮演猪是一种侮辱,不能接受。兰从未想过这一点,因为在中国,许多人都很喜爱猪八戒。

(本案例源于网络,并经作者加工整理)

2. 节日问候的时机

问候的时机也是一个重要问题。在大多数国家,节日的问候和祝福应该按时送达,最好是在节日之前。中国的春节从年前一个星期便已经开始了。美国圣诞节,人们通常从 11 月份便开始采购节日用品。在法国,节日问候可以一直持续到第二年 1 月末。埃塞俄比亚的新年在 9 月 11 日,人们在节日前 1 周左右就开始采购"年货",准备庆祝新年。在阿根廷，人们通常在12月8日开始装饰圣诞树，节日问候一直持续到第二年1月6日。

3. 问候语

我国春节的问候语一般与财、健康和喜庆有关。如恭贺新禧、恭喜发财、多福多寿、请多保重等。由于生活方式的变化，春节问候语近些年出现了新的时尚，人们习惯用手机发短信和微信，每年一变，各种问候语五花八门。这也充分说明，现代科学技术为传统节日文化创造了新的发展环境。

西方圣诞节的问候语一般与宗教有关，大多是祝贺圣母的一些用语，在一定场合下也用一些现代的时尚语，如与"和平"有关的词语。不管什么节日，相互走动总要互送礼物，这是中西方相同的，不同的是用语不同。我国的习惯语是"不成敬意""这是一点小小意思""看你，何必这样客气"等一类的谦辞。西方则没有什么谦辞，直接用"Thank you"或以喜爱礼品等语句表达，这也是中西文化差异性使然（石琳，2010）。

（三）节日价值观

1. 群体意识和个人主义

中国人讲究集体主义，认为人生的价值体现在它的社会价值之中，因而往往重视社会价值，否定个人的自我主体性（崔艳菊，李丙午，2002）。在中国，过节是全家人团圆的日子，比如春节团圆、中秋亲人团聚、端午节的赛龙舟、清明节缅怀先烈和祭祀祖先，各种活动和习俗都体现了中国人的集体主义思想。

在西方文化中，个人是社会的中心，追求个人利益是社会进步的内在动力。因此，将个人利益置于高于一切的位置。他们主张利己主义、个人英雄主义和自由主义，主张个人具有尽全力满足自己物质利益和精神享受的权利，他们重竞争，崇拜个人奋斗。比如圣诞节是为纪念耶稣诞生，复活节是为纪念耶稣基督复活，愚人节以开玩笑恶作剧带来乐趣，狂欢节则以无节制的纵酒饮乐著称。

2. 宗教信仰

中西方在宗教方面差异很大，这在中西方传统节日里也有所体现。在中国，人们进行祭祀，祈求保佑和祝福。中国和欧美国家的人们一样敬神，但这个神不是固定的，例如，土地神、灶神等。在中国人的内心世界里，他们并不信奉上帝，只是将对神的敬拜作为一种习俗。欧美人多数信仰基督教。他们认为，一个人一旦出生，上帝就赋予其做人的基本权利，即天赋人权。欧美人心中只有一个上帝，那就是耶稣。在欧美人的内心世界里，耶稣始终在他们身边保护他们（党琳宁，高菊霞，2014）。中东的多数国家信仰伊斯兰教，如巴勒斯坦、沙特阿拉伯、约旦等。而佛教在不丹和柬埔寨被尊为国教。国教是国家以宪法或其他法律确定的国家宗教，国教与占该国绝大多数人口信徒的宗教并非同一含义，表5-1介绍了世界上有法定国教的国家（不完全统计）。

表 5-1　世界上有法定国教的国家

国　　家	国　　教	国　　家	国　　教
不丹	佛教	芬兰	基督教
蒙古国	佛教	冰岛	基督教
柬埔寨	佛教	摩纳哥	天主教
缅甸	佛教	哥斯达黎加	天主教
泰国	佛教	秘鲁	天主教
老挝	佛教	阿根廷	天主教
斯里兰卡	佛教	俄罗斯	东正教
英格兰	基督教	希腊	东正教
挪威	基督教	格鲁吉亚	东正教
丹麦	基督教		

本章小结

- 合适的人际关系建立需要遵循一定的文化准则。
- 人际关系建立的两个维度：情感维度和理性维度。
- 社会结构的两种格局是：（1）团体格局；（2）差序格局。
- 了解权力与权威的各种象征形式，不同的文化采用不同的象征形式或符号来表示对权威的尊重。
- 关系维系的动机不同、目的不同，其采取的维系关系的方法也不尽相同。
- 关系维系的动机不同体现在：（1）社会个人独立与人情文化；（2）人际关系的激励与保健作用。
- 关系维系的目的是：（1）促进人力资本增值；（2）降低交易费用；（3）提高合作效益。
- 关系维系的方法主要有金钱奖励和非金钱奖励。
- 需要根据不同的或相同的语言形式及其所持的礼貌规范，采用适当的跨文化商务活动中的社交行为。

网站推荐

1. 中华民族文化在线：http://www.chinancol.com
2. 中国文化网：http://www.chinaculture.org
3. 中国民俗网：http://www.chinesefolklore.com
4. 中国传统节日：http://www.china.com.cn/culture/zhuanti/cxqd10/node_7085038.htm

影视推荐

《喜福会》

四对旅美的母女经常一起开办"喜福会"。其中,四个母亲都是"美国母亲",都是从中国到美国的"移民妈妈",在中国都有"传奇式"经历。而四个女儿们都是土生土长的美国人,女儿们由于自身、母亲、社会环境等主客观因素的影响,自觉不自觉地认同美国文化,但是她们也各有各的痛苦。影片围绕新中国成立前夕从中国大陆移居美国的四位女性的生活波折以及她们与美国出生的女儿之间的心理隔膜、感情冲突,表现了传统中国文化与美国风土人情的碰撞。

《饮食男女》

该片讲述了台北名厨老朱,在妻子去世后,抚养大三个女儿的故事。随着女儿们年龄的增长,老父亲渐渐力不从心,但老朱凭借一手炉火纯青的厨艺维系着全家的和睦和温馨。一次在餐桌上,三个女儿和老父亲各自的宣布,令晚饭充满意外:闪电结婚,投资失败,未婚先孕,续弦娶妻。影片同时刻画了受美国文化冲击而返国的寡妇梁山姆,展现了中国的饮食文化,并从梁山姆的角度展示了中西文化冲突。

思考练习题 5-1:选择题

1. 以下哪些可象征一个人的权力和权威?(　　)
   A. 语言　　　　　B. 服装　　　　　C. 绩效
2. 以下哪些行为是合乎礼仪的?(　　)
   A. 送给德国人未精心包装的礼物
   B. 到利比亚家庭做客时,给对方妻子带精美的工艺品
   C. 冷餐会自己吃饱就走了
3. 参加宴会时,如若迟到,在哪个国家会被视为是不礼貌的?(　　)
   A. 阿拉伯　　　　B. 菲律宾　　　　C. 美国

思考练习题 5-2:简答题

1. 简要概括社会的两种格局。
2. 权力和权威的象征主要有哪些?举例说明。
3. 简述关系维系的文化差异。

角色扮演

四个学生分别扮演一对美国夫妇和一对阿拉伯夫妇,两者之间刚达成一项金额较大

的贸易协定，后者邀请前者到家里做客。从学生的言谈举止中，观察其对跨文化关系建立与维系的理解程度，并对其行为给予评价和指正。

案例分析 5-1

中西方文化在日常生活中的摩擦碰撞

我们一般采用一日三餐制，将午餐作为三餐中的重点，饭菜比其他两餐丰盛。每天在家吃饭，家里老人总是习惯讲句客套话："今天没有什么好菜，你们请随便吃！"Jack 和 Brain 总是听得一头雾水。每逢这时我都赶忙说："这是她最拿手的菜！"但尴尬的事情还是会不时地出现，饭桌上老人总喜欢给他们夹菜，他们的碗里堆得小山似的。

Jack 住我家时，正好有一次朋友请客，我带他一起去朋友家赴宴，带了精美的水果花篮，Jack 非常奇怪，问："你的朋友生病了吗？"

Jack 来中国时随身携带着一本《圣经》，每晚睡觉前总要翻阅一番，我儿子对此总是迷惑不解。还有汉语和英语中都有"龙"的字眼，在英语中对应的词是"dragon"。在我们中国，对龙推崇备至，封建社会里龙就是皇帝的象征，我们自称是"龙的传人"，我儿子把"火龙果"翻译成"red dragon fruit"让 Jack 感到很不舒服，不等吃完就停下来纠正他的翻译。而对"亚洲四小龙"，译成英文就只能是"four-tigers"。

（刘栋，2014）

问题讨论：

请分析以上三个跨文化社交场景中出现尴尬的原因。

案例分析 5-2

总经理的配车

一位英国总经理来到泰国上任，到任之初，没想好使用什么样的车上班这个小问题给他带来了不小的烦恼。

由于这位来自英国的总经理拒绝开他前任的车，于是公司财务总监询问他喜欢哪一款奔驰轿车，而总经理却回答只想要一台铃木或者宝马 Mini，以便他应对曼谷拥挤的交通。三个星期后，总经理向财务总监询问买车的进度，财务总监以他要的这两款车型泰国地区暂时没货为由推托说："我们明天就可以给您配置一台奔驰，但铃木和宝马 Mini 这种小型汽车要等很久。"又过了一个星期，总经理向采购部门询问买车的进度，采购部门回应说："因为购买一辆铃木或者宝马 Mini 这种小型汽车需要花很长时间预订，所以我们决定给您预定一辆奔驰。"

此时总经理的耐心已经被耗尽了，他召开了第一次管理层会议，并在会上提出了这个问题，要求得到合理的解释。这支主要由泰国人组成的管理团队有点害羞地解释道：

"如果给您配备铃木或宝马 Mini 这样的车型,我们之中有一部分职员就要骑单车上下班了,这是我们所不愿也无法做到的。"

(资料来源:跨文化交际案例分析[EB/OL].(2015-03-12). http://www.doc88.com/p-1708514841815.html.)

问题讨论:

请从权力和权威的角度分析案例中泰国管理团队为何不愿意给英国的总经理配备他想要的车型?

参考文献

[1] 梁漱溟. 梁漱溟全集(第一卷)[M]. 济南:山东人民出版社,1990.

[2] 林语堂. 中国人[M]. 上海:学林出版社,2001.

[3] 李伟民. 论人情:关于中国人社会交往的分析和探讨[J]. 中山大学学报(社会科学版),1996(2):57-64.

[4] 黄光国,胡先缙. 面子:中国人的权力游戏[M]. 北京:中国人民大学出版社,2004.

[5] 马戎. "差序格局":中国传统社会结构和中国人行为的解读[J]. 北京大学学报(哲学社会科学版),2007(2):131-142.

[6] 费孝通. 乡土中国生育制度[M]. 北京:北京大学出版社,1998.

[7] 德国最受尊重职业排行榜[J]. 民族大家庭,2004(1):37.

[8] 曹汝霖. 曹汝霖一生之回忆[M]. 北京:中国大百科全书出版社,2009.

[9] 李钟善,孙丽华,张研. 日语敬语的正确使用对人际关系的影响[J]. 长春师范学院学报,2006(3):127-128.

[10] 陈元. 试述法语的语级特征[J]. 法国研究,2009(1):86-88.

[11] 赵秀岚. 浅谈俄语言语礼节的几个问题[J]. 林区教学,2007(7):77-78.

[12] 俞一星. 当代俄语言语礼节研究:以称呼语、问候语、告别语为例[D]. 北京:北京大学,2015.

[13] KINGDON R. The Groundwork of English Intonation[M]. London: Longmans, Green & Co., 1958.

[14] 杨晓春,王桂芳. 对英语语调功能的归纳[J]. 外语教学与研究,2010(54):141-142.

[15] 陈凌. 由"东尊西卑"看"尚右"思想实质[J]. 襄樊学院学报,2009,30(1):47-49.

[16] 吴玲娟. 跨文化日常交际:请客、做客过程中的语用失误浅析[J]. 企业家天地下半月刊(理论版),2007(3):193-194.

[17] 贺鹤. 美国办公室的中西交锋[J]. 出国与就业,1998(8):16-18.

[18] 张优. 韩国文化对韩语话语规则的影响[J]. 河南科技大学学报(社会科学版),

2007, 25（2）: 67-69.

[19] 周小平. 论伊斯兰文化的和谐理念及现代价值[J]. 长春大学学报, 2009, 19（5）: 82-85.

[20] 司志武. 日语敬语和日本的人际关系理念[J]. 科技信息, 2007（16）: 313.

[21] 胡金婵, 胡金锭. 中美人际关系差异[J]. 才智, 2009（7）: 191.

[22] 黄江泉, 蔡根女. 人际关系在华人企业内部的强激励效应剖析[J]. 怀化学院学报, 2009, 28（3）: 53-56.

[23] 许火良光. 美国人与中国人：两种生活方式的比较[M]. 北京：华夏出版社, 1990.

[24] 原口俊道. 东亚地区的经营管理[M]. 上海：上海人民出版社, 2000.

[25] 赵含韫. 经济活动对人际关系和谐的诉求[J]. 河北科技大学学报（社会科学版）, 2005, 5（3）: 23-26.

[26] 彼得·M. 布劳. 社会生活中的交换与权力[M]. 李国武, 译. 北京：商务印书馆, 2008.

[27] 张树岭. 浅谈日本企业的感情激励[J]. 北方经济, 2013（8）: 77-78.

[28] 吕晨钟. 基于组织激励视角的中外企业比较研究：以GE、联想公司为例[J]. 特区经济, 2010（2）: 287-289.

[29] 尚千琳. 非洲的商务礼仪[J]. 大经贸, 2007（3）: 88.

[30] 朱光磊. 西方人际关系简单的一面[J]. 社区, 2001（2）.

[31] 殷莉, 韩晓玲. 英汉习语与民俗文化[M]. 北京：北京大学出版社, 2007.

[32] 苏雪妮. 解读中西方节日文化差异[J]. 英语广场：学术研究, 2013（2）: 111-112.

[33] 董天, 白灵. 中美节日差异对跨文化交流的意义[J]. 金田（励志）, 2012（7）: 178.

[34] 石琳. 中西传统节日文化的差异与空间拓展[J]. 怀化学院学报, 2010, 29（9）: 20-22.

[35] 崔艳菊, 李丙午. 谈礼貌用语的合适性[J]. 焦作教育学院学报, 2002（2）: 12-14.

[36] 党琳宁, 高菊霞. 中西方节日背后的情感表达，价值信念等方面的文化差异：以春节和圣诞节为例[J]. 考试周刊, 2014（35）: 16-17.

[37] 翟学韦. 人情、面子与权力[M]. 北京：北京大学出版社, 2006.

[38] 刘栋. 以实例浅析中西方文化差异[J]. 现代企业教育, 2014（10）: 356.

实 务 篇

第六章
跨文化冲突与谈判

 学习目标

- ➢ 掌握跨文化冲突的原因、本质特征和解决策略；
- ➢ 了解谈判的类型和过程；
- ➢ 了解影响跨文化谈判的变量因素；
- ➢ 掌握跨文化谈判的策略和技巧。

引例

中国铁建沙特麦加轻轨项目

2009年2月中国铁建拿下了沙特麦加轻轨项目，计划于次年11月开通运营。这是沙特国内50年来第一个轻轨铁路项目，线路两端为麦加禁寺和阿拉法特山，途径米纳、穆茨达里法。这是全世界穆斯林的朝觐之路，中国铁建对此十分重视。在2009年的年报中，中国铁建将该项目作为典型案例予以大肆宣传。按照中国铁建当时的测算，这个项目的盈利可以为中国铁建添上浓墨重彩的一笔。

然而当这个项目开始实际操作后，中国铁建发现麦加轻轨项目工程跟他们想象中的差别很大。除了恶劣的自然环境造成的限制外，还不可避免地存在语言不通、工作习惯差异等障碍。工作效率不高使得矛盾更加突出。此外，因为施工范围主要集中在穆斯林地区，非穆斯林无法进入，制约因素很多。

2010年下半年，中国铁建发布公告称计划工期出现阶段性延误。为了如期完成该工程，中国铁建在麦加投入大量人力、物力和财力。在那段时间，中国铁建从国内调拨了几千名员工前往沙特，如此匆忙地赴国外工作，使得这些从国内派过去的工人十分不适应，语言不通再加上沙特当地的工作环境十分恶劣，引发了管理混乱。

2010年9月23日，麦加轻轨铁路全线铺通，一个月后，中国铁建表示由于实际工程量比原计划大幅度增加等原因，项目总成本大幅度增加，该项目实际亏损约为41.53亿元。

（资料来源：赵阿丽.中国铁建股份有限公司跨文化冲突案例研究[D].合肥：安徽大学，2013.）

中国承接沙特麦加的轻轨项目亏损的主要原因是没有处理好中沙文化差异。在该项目中，中沙文化差异主要表现在语言、宗教信仰、风俗习惯和价值观等方面，文化差异的客观存在是跨文化冲突产生的根源。认识并处理好国家间的文化差异，对于解决跨文化冲突，提高管理效率有重要意义。

第一节　跨文化冲突概述

文化是指一个国家、民族或人群中形成的一种共有的、稳定的生活方式，这种生活方式决定了社会的行为准则和人们的理想信念。如果人们根据自身文化的个性和价值观念去解释和判断其他文化，则很有可能会对其他文化产生误解。

一、跨文化冲突的概念

跨文化冲突建立在冲突理论基础之上，以社会生活的冲突特性解释社会变迁，是指异质文化或亚文化之间相互对立、相互排斥、相互矛盾以及相互否定的状态（Andrew，1988）。它既指本国企业在与他国企业发生交易时因文化观念不同而产生的冲突，又包含了在一个企业内部由于员工分属于不同文化背景而产生的冲突，跨文化冲突的结果可能是文化的融合，也可能出现文化的取代，还可能是两种或两种以上文化脱离接触，宣告文化接触失败（李彦亮，2006）。

民族作为人类主导的社会群体类型，反映了不同族群在文化维度上的自我归属身份认知与价值体系。在商务谈判语境下，文化冲突在交互作用中影响谈判者的行为特质、谈判结构与模式选择。谈判者若视谈判为问题解决过程，则善用妥协整合式策略；若视谈判为零和博弈过程，则多采取排他对抗式策略；同样，对长期利益与短期利益的认知也在某种程度上影响谈判的特质与模式（宋义国，2016）。冲突的过程由潜在冲突开始，慢慢地转变为知觉冲突，再到意向冲突，等到变成显现冲突的时候，冲突的结果也就诞生了（金晨，2008）。

二、跨文化冲突的原因

文化具有根深蒂固的特性，只要是异质文化相互交流，就难以避免地会产生文化冲突。导致跨文化冲突的因素主要有观念习俗、思维方式和工作习惯、言语与非言语以及跨文化障碍。其中，观念习俗又包括群体观、权力观、时间观和风俗习惯。

（一）观念习俗

1. 价值观

观念的不同主要体现在价值观的差异上，价值观是文化的重要内容，它从潜在意义上支配着人们的社会行为。这里主要分析价值观范畴里的群体观、权力观和时间观。

（1）群体观。群体观是指处于某种文化下的人们是推崇集体主义和群体意识，还是强调个人主义和个人权利。东方文化强调集体主义和群体意识，忠实于国家权力和集体的利益，认为压抑自己的个性是一种美德，注重个人利益是私欲的表现；而西方文化崇尚自我意识和个人奋斗，人们张扬个性，普遍认为人应该追求自己的利益，如果将国家利益完全置于个人利益之上，就等于人权的丧失。

（2）权力观。权力观是指人们对权力和影响力的运用，即跨文化沟通的人通过他们各自的权力，试图互相影响，以使对方做出让步。霍夫斯泰德将权力观这一维度称为"权力距离"，他认为权力距离的大小反映出不同国家在对待人与人是否平等这一问题上的不同态度，权力距离大的文化是等级主义文化，社会地位被划分为不同的等级；权力距离小的文化是平等主义文化，等级主义文化下的人在跨文化沟通中会避免直接对峙，当遇到不能解决的问题时，他们会向更高一级领导咨询解决策略；另外，等级主义文化下的人也奉行运用权力来影响跨文化沟通的过程与结果（霍夫斯泰德，2008）。

例证 6-1

日本人的权力观

日本人在谈判时很注重对手的职位等级，如果对方职位比自己低，那么他们在谈判时就会显得很强硬，认为自己更有优势提出有利于己方的条件，试图以自己的权力来影响对方；如果对方比自己职位高，他们则会表现出谦卑与恭敬。而西方人认为，无论谈判双方处于什么职位，在同一场谈判中，只是谈判内容的协商，而谈判双方的地位是平等的，因此他们对日本人的做法难以理解。

（毛强，肖茨尹，2009）

（3）时间观。时间观包括人们对时间的看法与利用方式。一般而言，发达国家从工业革命进入到信息时代，人们的工作和生活节奏加快，时间观念强，特别是美国人，普遍具有"时间就是金钱"的观念，因而很珍惜时间。但在一些经济落后或是封建意识较为浓厚的国家里，人们往往不太重视时间，如中东人和拉丁美洲人的时间观念较弱，在他们看来时间是弹性的，时间应当用来享用。

2. 风俗习惯

风俗习惯是在特定文化的长期积淀下形成的，如果跨文化沟通时不能了解、尊重和适应彼此的各种习俗，便会产生文化的碰撞和冲突。例如，阿拉伯人在社交活动中经常邀请对方喝咖啡，按他们的习惯，客人拒绝接受邀请在阿拉伯世界被认为是对邀请人的侮辱，拒绝一杯咖啡会造成严重后果。曾经一位商人因拒绝了沙特阿拉伯人请他喝咖啡的友好提议而丧失了一次有利的商机。

（二）思维方式和工作习惯

思维方式和工作习惯是民族文化的具体表现，作为一种长期的文化积淀，潜移默化地影响着人们的社会生活。以东方文化和英美文化为例，两者在思维方式方面的差异主要表现在以下三个方面：一是东方文化偏好形象思维，英美文化偏好抽象思维；二是东方文化偏好综合思维，英美文化偏好分析思维；三是东方文化注重统一，英美文化注重对立。在跨文化沟通中，由于受思维方式的制约，不同文化的人呈现出对事物不同的理解和对问题不同的处理方法。

理查德·刘易斯（Lewis，1999）把世界文化分为单线活动型（Linear-actives）、多线活动型（Muliti-actives）和反应型（Reactives）。单线活动型是指那些用直线的方式制订计划、安排日程、组织工作，在一段时间只做一件事的人，例如德国人和瑞士人。多线活动型是指那些活泼、爱说话的人，他们在一段时间内做许多事，在工作过程中，不是根据时间表，而是根据每件事情的重要性来安排顺序，例如意大利人和阿拉伯人。反应型是指那些行事时比较注重礼貌和礼节的人，他们能够静静地倾听对方的发言，并对不同的建议谨慎做出反应，例如中国人和日本人。这三类人以不同的方式获取信息，单线活动型主要依靠数据，多线活动型主要依靠面对面的交流和对话，反应型综合上述两种方法。不同的文化背景决定了不同的思维和工作习惯，同时也造成了沟通中的跨文化冲突（李彦亮，2006）。

例证 6-2

谈判过程中东西方不同的思维方式

面临一项复杂的谈判任务时，西方文化，特别是英美人常将大任务分解为一系列小任务，将价格、交货、担保和服务合同等问题分次解决，每次解决一个问题，从头到尾都有让步和承诺，最后的协议就是一连串小协议的总和；然而东方文化则注重对所有问题的整体讨论，不存在明显的次序之分，通常要到谈判的最后，才会在所有问题上做出让步的承诺，从而达成一连串协议。

（毛强，肖茨尹，2009）

（三）言语与非言语

1. 言语交际

言语交际是指人们使用语言和文字进行交际的行为过程，在跨文化沟通中，不同的国家和地区使用不同的语言和文字，为实现有效的沟通和交流，跨文化沟通时必须选择双方都能理解的其中一方的或者第三方的语言和文字。但即使如此，因为语言和文字除了其外在的表征意义外，还具有其文化内涵，如果不注意其接受的对象和适用的文化背景，同样会造成误解和冲突。以国际通用语言英语为例，"妥协（Compromise）"一词在波斯语里没有它在英语里"双方能够接受的折中解决办法"的正面含义，只有一个反面意思，意为"损害"。

2. 非言语交际

除了语言交际，跨文化沟通中还广泛使用非言语表达方式。非言语交际是指抛开语言和文字而以当事人所呈现的静态及动态信息符号与副言语进行交际的过程，它包括仪容仪表、体态特征、表情手势、发型服饰等，它往往会暗示人们一些言语交际不能传达的信息，然而当沟通者发出的非言语信号不能被具有不同文化背景的对方理解或者被误解时，很可能不仅不能达到信号发出者原本的目的，甚至会适得其反，从而产生文化冲突。

（四）跨文化障碍

这里的跨文化障碍主要是从跨文化沟通者个人出发，包括认识上的误区、刻板印象（Stereotype）和民族中心主义。在认识上的误区方面，不同文化背景的人在沟通的时候容易犯的一个毛病是误认为对方与自己没有什么差别。一旦发现对方的行为与自己的预期相差很大,就会困惑、失望,造成跨文化沟通失败。

1. 认识上的误区

认识上的误区(Cultural Assumption)是指误以为对方与自己一样,否则感到困惑和失望。Barna(1979)认为,把自己的文化规范误认为是他人也接受的文化规范是跨文化交际的主要障碍。她指出:"代表不同文化的人们聚在一起,每个人都身穿西服,讲一口英文,相互的问候方式也相似,这种表面的类似是有欺骗性的。这就像是认为既然纽约、东京、德黑兰表面上看都是现代化的城市,那么它们就都一样了。如果对各种可能出现的分歧毫无警觉,不认识到需要学习的一套新的行动规则,那么,一个人从这个城市到另一个城市时就会立即出现问题,即使是做开车走路这样简单的事情。"

2. 刻板印象

刻板印象是指对于某些个人或群体的属性的一套信念。尽管我们没有和某一文化接触,但是我们可能会对它有一种先入为主的印象,例如法国人浪漫、德国人严谨等,这些就是刻板印象。刻板印象容易使人们忽视个体差异,从而不能客观地去观察另一种文化,失去了应有的敏感。在观察异国文化时只注意那些与自己的刻板印象吻合的现象,而忽略其他,会妨碍我们与不同文化背景的人们和睦相处,不利于跨文化沟通。

3. 民族中心主义

所谓民族中心主义就是按照本民族的观念和标准去理解和衡量其他民族文化中的一切,包括人们的行为举止、交际方式、社会习俗、管理模式以及价值观念等。在当今世界,尽管只有极少数人露骨地宣称自己的文化优越于其他文化,但是在观察另一种文化时,往往不自觉地以自己的是非标准为标准,对于与自己文化不同的事物常常做出价值判断。这种民族中心主义往往使人以本民族为中心,认为本国人比外国人更聪明、更可靠、更可信任。如果不同文化的人都这么想的话,文化冲突就难以避免了。

三、跨文化冲突的本质特征

跨文化冲突的本质特征主要体现在个体主义—集体主义的价值倾向冲突、弱语境与强语境的冲突、单一时间观和多元时间观的冲突三个方面。

(一)个体主义—集体主义的价值倾向冲突

个体主义(Individualism)是将自己作为独立个体,并对自己的命运和行动负责的一种评价自我的态度;而集体主义(Collectivism)强调共同利益、顺从、合作和相互依赖(Chaney & Martin,2014)。集体主义的国家包括中国、日本、印度、尼日利亚、喀麦隆和波多黎各等。在这些国家中,责任、诚实、礼貌、尊重长辈和家庭以及信奉社会价值等方面十分重要。德国人、欧洲裔美国人、荷兰人都信奉个人主义,追求自我利益最大化,推崇独立、创造力、好奇心等。在集体主义的社会体系里,年少者要以长者为先,个人要以家庭为主,家庭要以氏族为重,而氏族又要以社会和整个国家为中心,总之集体利益高于个人利益(王俊霞,2005)。例如在中国,无论是现实生活还是媒体舆论,都会对为抢救国家财产而献身的人大加赞扬，并号召人们向英雄学习，但是对于个人主义倾向的国家来说，人们不会这样去做，也不鼓励这样的行为，因为在他们看来，无论财富多宝贵，都不如人的生命更宝贵。当然，对于救人的行为，他们会加以鼓励的。

国外好撒玛利亚人法

1. 大陆法系好撒玛利亚人法

对一般救助义务的承认。罗马法并不存在给陌生人提供紧急救助义务的传统。在19世纪之后，大陆法系国家的法律才责令行为人对他人承担一般救助义务。这一做法在一定程度上填补了大陆法系国家关于不作为行为理论的法律漏洞。大陆法系各国对一般救助义务规定的共性特征有以下三点：第一，救助的对象是处于特定危险状态而不能自救的他人；第二，救助的主体是知道危难并能够救助的行为人；第三，救助的程度是救助者有救助能力且实施救助不会使自己或第三人置于危险境地。

对违反一般救助义务承担不作为侵权。法国民法规定，救助非常容易并不会给救助者的利益造成侵害的，存在不作为的民事责任。不作为的侵权行为亦应根据民法典第1382条和1383条承担责任，原则上，不作为和作为被同等对待。荷兰民法遵从了法国民法的发展，不作为和作为得到同样的对待。

2. 英美法系好撒玛利亚人法

自远古时代起，英美法系国家的刑法就认为，行为人不救助他人的行为不构成犯罪，行为人不用就其不作为行为对国家承担刑事责任。如果强加救助义务于"陌生人"，将未经其同意并违背其意愿迫使他们进入可能的危险或不便，就干预了其自治和个人的自由。

对一般救助义务的拒绝。英美法系侵权法关于救助义务的规定同刑法关于救助义务的规定完全相同，认为除非行为人与他人之间存在某种特殊关系，否则行为人不对他人承担民事救助义务，行为人不救助他人的行为不构成过错侵权行为，即便他人因此遭受损害，法律也不会责令行为人就其不作为行为对他人承担侵权责任。

对好撒玛利亚人豁免权的认可。英美法系国家的各类好撒玛利亚人法都肯定了好撒玛利亚人享有豁免权，即救助者在救助过程中即使存在轻微过错，也不对此承担责任。至今，好撒玛利亚人的豁免权已成为英美法系国家好撒玛利亚人法的突出特征，在鼓励善意施救行为方面发挥了重要作用。

（杨立新，王毅纯，2013）

（二）弱语境与强语境的冲突

跨文化交际学的奠基者之一霍尔（Hall）在《超越文化》（2010）一书中写道：强语境交流突出按预定程序传输的信息，这样的信息储存在信息接受者身上和背景之中，传达的信息中只包含了少量信息点；弱语境交流则与之相反，大多数的信息必须包含在传达的信息之中，以弥补环境中失却的信息。如强语境的国家有法国、新西兰、中国等；

弱语境的国家有德国、美国、加拿大等。强语境文化和弱语境文化具有不同的特征，图米（Ting-Toomey，1985）认为主要表现在以下四个方面。

（1）冲突出现的原因。强语境文化的成员倾向于把冲突看成具有情感性，情感冲突的出现是由于想消除感情对立而产生的紧张情绪，而弱语境文化成员则倾向于把它看成具有工具性，工具性冲突的出现是由于目的或目标不一致。

（2）冲突产生的条件。在强语境文化中，群体违背对行为的期望就会产生冲突，而在弱语境文化中，个人违背对有关行为的期望时易于产生冲突。

（3）交际双方对冲突的态度。强语境文化倾向于采取非对抗、间接迂回的态度，弱语境文化则更可能采取直接对抗的态度。

（4）个人解决冲突的方式。强语境文化倾向于采用情感直觉来解决冲突，弱语境文化则倾向于通过事实归纳和推理的方式来解决冲突。

（三）单一时间观和多元时间观的冲突

霍尔把不同文化的时间观念分为单一时间观（Momo-chronic）和多元时间观（Poly-chronic）。单向计时制强调日程、期限，讲究效率，倾向于做短期计划和一段时间只做一件事情的时间习惯。多向计时制讲究时间使用的灵活性，倾向于做长期计划和一段时间允许做多件事情的习惯。霍尔认为美国、德国、瑞士等欧美国家属于单向计时制国家，而非洲、阿拉伯和希腊属于多向计时制国家。霍尔没有对中国进行分类，但众多的学者认为中国应该属于多向计时制国家（杨庆，2016）。例如，中美在对时间期限的态度方面，美国人深受时钟的"铁腕"控制，为了用好时间，会对每日、每周和每月的活动进行周密的安排，制定时间表，并针对事情的重要性做好精确的打算，在对应的时间只做对应的事。相对于美国人对期限的苛刻，中国人对期限的理解要灵活得多，处理事情的顺序不是严格地按照事先定好的时间表，而是根据一件事情是否已经完成。例如，有些中小学老师上课经常拖堂，直到他把事先计划好的内容讲完。中国人往往把期限当成是接近最后底线的警告，似乎都心照不宣地知道期限之后还有一个真正的"底线"。如果想要一个会议能准时在 10:00 开始，通知上往往会将时间写成 9:40。

例证 6-4

美国人的单向计时

为了提高效率，有效利用时间，美国人会拟定计划表，事先做好充分准备，工作过程中全心准备，不会出现一心二用的情况。在会议或社交活动前，通常会事先通知，临时的邀请往往不会被接受。去别人家做客不预约是不受欢迎的，因为会打乱他人的计划，也是不礼貌的。准时对于单项计时制的人来说是需要严格遵守的准则。美国人认为，迟到是对他人的不尊重，迟到五分钟以上必须诚恳道歉，迟到半小时会被视作对他人的轻视，而多次迟到的人会被认为不值得信任。

（杨庆，2016）

第二节　跨文化冲突的解决模式与应对策略

跨文化冲突的现象是难以避免的，但是人们可以试着将跨文化冲突的影响降低，从而更好地完成沟通目标。常用的跨文化冲突解决模式有解决问题模式和保全面子模式，针对各种跨文化冲突，也可以依据冲突原因采取相应的管理策略。

一、跨文化冲突的解决模式

常见的跨文化冲突解决模式有解决问题模式和保全面子模式。

（一）解决问题模式

解决问题模式（Problem-solving Model）具有以下七个特点：① 冲突被视为公开发表的主要分歧与问题的论战；② 冲突既可以是非功能性的，也可以是功能性的；③ 当冲突被控制没有直接产生时，冲突是非功能性的；④ 当冲突提供公开解决问题的机会时，冲突是功能性的；⑤ 冲突中的实际问题应该与关系问题分别处理；⑥ 冲突应当公开、直接地处理；⑦ 冲突的有效处理可以视为解决问题的成功。

解决问题模式的目标是解决当前冲突的问题，冲突是具有潜在功能的，当冲突发生时，运用此模式的人非常注重成功的目标取向与实际行动方案的重要性，他们会有非常强烈的目标和结果取向。如西方人就善用解决问题模式解决问题。当发生冲突时，他们愿意将矛盾公开，投入大量的时间和努力对有争议的问题进行专门的沟通，以达到预期目的。他们认为只有把问题讲出来，将冲突的细节具体化，通过对话了解与冲突有关的各方的观点，逐个解决每一个细节问题，才能最终解决双方的冲突。因此，他们在谈判中强调问题的客观存在，注重事实和数据，在沟通中公开阐述自己的不同意见。

例证 6-5

斯宾塞的智慧解决问题模式

斯宾塞在纽约州帕拉丁桥镇附近有一片 250 英亩的农场。1972 年之前，他遵循的是"常规"的方案，目标是将他的牲畜数量扩大到 120 头奶牛。根据这个方案，充当饲料的谷物全部需要购买；此外，那时他每年已经需要消耗 30 多吨的商业肥料。但是，在 1972 年，当他的牛群增加到 70 头时，他的收成因为降雨而减半。他面临的选择是显而易见的：或者每年购买一半饲料，或者卖掉一半牛群。

他选择了后者。这个决定非同一般，因为它考验着他特立独行的智慧。不过，斯宾塞的品格和智慧在接下来的一步更令人敬佩，即他明白自己最初的决定意味着他的农耕模式、务农生涯以及抱持的预设都要发生深刻的改变。在牛群减半之后，斯宾塞发现，在原来的规模下，他的农业投入品库存过多，而且一直在滥用土地。在 120 英亩的耕地上，他种植了 60 英亩的玉米和 60 英亩的苜蓿。在大部分耕地上，他连续三年都种植玉米。他恍然发现以往的做法有着更深层的根源，而且其后果相当严重：对采购品的过度依赖、土壤结构恶化、有机质含量下降、不断恶化的土壤侵蚀、在大量使用化肥的情况下农作物产量依然下降等。此外，由于他使用大量浓缩饲料，奶牛出现了严重的消化疾病和其他健康问题。

他开始反思有关土地和生灵的本质问题，并且思考能否在它们的需求和自己的需求之间达至某种平衡。他的结论是，"与自然实现平衡就意味着成功"。他说，他的农场过去一直在"疲于奔命"，而现在他要让农场放慢节奏，学会"散步"。

在他做出减少牛群的关键决定之后，他还落实了其他几项实际举措。最终，斯宾塞执行各项措施最切实的结果就是生产成本"急剧下降"，而且每头奶牛的牛奶产量增加了1500~2000磅，整个农场的收益状况有所改善。为此，斯宾塞获得了道义上的满足感。

（温德尔·贝瑞，王子舟，2019）

（二）保全面子模式

保全面子模式（Face-maintenance Model）的特点包括如下7个方面：① 冲突被视为对社交脸面和和谐关系的破坏，应当尽量避免；② 冲突大多是非功能性的；③ 冲突表示对情感的突发缺乏自律和自检，因而冲突是情感不成熟的标志；④ 冲突为巧妙的体面交际过程提供检测场合；⑤ 实际的冲突问题总是与体面的问题相互交织在一起；⑥ 冲突应当谨慎地、巧妙地处理；⑦ 冲突的有效处理可以视为保全面子的成功。

保全面子模式的目标是为了避免相关群体丢面子或者面子蒙羞，当冲突发生时，运用此模式的人倾向于把时间和精力投在面子的得失和保全上，他们非常注重在解决冲突时照应面子和关系。如中国人就善用保全面子模式解决问题。中国人讲究和睦，不愿直接面对冲突，认为冲突可以通过竞争、合作、妥协、回避、和解的方法解决。如果双方在谈判中发生冲突，中国人通常强调双方合作的成功方面，以平衡冲突给双方关系带来的负面影响，即使在沟通中遇到困难，也避免向对方传递破坏和谐的信号。在处理冲突过程中，中国人表现出较高的灵活性，对所争议的问题提出新的建议或折中方案，避免矛盾升级，以保持双方已经建立起来的关系。

例证 6-6

是善意的"遗漏"还是欺骗

在三星公司里会见重要人士时，公司要求所有人必须留下面谈记录，还要记录个人信息，例如爱喝酒、集邮等，后者被认为是重要信息。

有一次，一位重要人士为残障人士，但写报告的某中国经理在相关特殊事项里没有记录残障信息。某高级管理者问没有记录的原因，这位经理回答说，因为那位人士有身体缺陷，所以没有记录。这位经理出于他人面子而没有记录"残障"事宜。从工作要求的客观角度看，这样做是不对的。报告书应该客观地记录事实。但是因为"面子文化"的影响，这位经理遗忘了报告书的本质，更关注"庇护"他人。的确，中国职员对面子、庇护、和谐、融洽等方面太过看重，往往影响到其他相关事务（比如，对公事务、技术领域等）。在韩国人看来，需要记录的特殊事项不管其好坏，只要是特征就应该全部记录，这属于公事公办。

（柳在润，金东光，2015）

二、跨文化冲突的应对策略

为应对跨文化冲突，可以有效地采取如下四个管理策略。

（一）尊重对方文化习惯

在跨文化交际中，所有人都希望得到别人的尊重和认可，如果交际双方分别来自集体主义文化和个人主义文化，那么个人主义交际者应该学会给对方面子，尤其是在公开场合，要理解对方团队内部的关系和职责；同时，集体主义交际者应该重新调整对于面子的关注度，把更多的注意力转移到利害相关的实质性问题上来。此外，当发生冲突时，集体主义交际者要认识到个人主义文化背景的交际者习惯把实质性问题与情感问题分开，同时，个人主义文化背景的交际者也要注意把实质问题与面子问题进行相互联系。总之，要根据不同的文化情境进行相应的面子管理。

（二）克服民族中心主义

尽管我们每个人都是在一定文化中成长起来的，文化是指导我们行动的指南，我们很难做到完全摆脱在社会中获得的各种观念和看法。但是，我们可以通过加强对造成文化冲突的文化差异的认识，来消除民族中心主义的思想禁锢。在跨文化沟通中，切记妄加评论和指责对方的行为准则与价值观，要学会包容和尊重异国文化，避免用本国的观念和标准去衡量和评判他国人员的价值观和态度行为等。

（三）采取建设性沟通方式

建设性的沟通要求交际双方在对对方立场和利益有更深入了解的情况下，讨论和分析冲突产生的原因和解决方案，交际双方要用心去聆听对方的兴趣、需求、目标和要求。在跨文化沟通中，应该开放地谈论自己关注的问题，从理性的角度看待冲突，承认自己的看法具有片面性，也认可对方的观点具有合理之处，在交际中应将注意力集中于共同点而不是分歧，把人和问题分开，专注于问题的解决。

（四）培养集体主义和个人主义文化的敏感度

集体主义文化和个人主义文化对跨文化交际具有深刻的影响，集体主义文化强调共识型决策，个人主义文化强调果断型决策，了解对方文化是更加注重集体的作用，还是更加注重个人的作用，有利于跨文化交际过程中对对方做出正确的预判，从而达到更好的沟通效果。

第三节 跨文化谈判概述

英国谈判学家马什（1988）指出："所谓谈判是指有关各方为了自身的目的，在一项涉及各方利益的事务中进行磋商,并通过调整各自提出的条件,最终达成一项各方较为满意协议的不断协商的过程。"跨文化谈判是指谈判参与者来自不同国家或地区,各自具有差异性的文化背景,为实现自身目标而相互磋商的过程。

一、谈判的类型

谈判按照不同的标准有不同的分类方法。按照谈判中涉及的资源情况,分为分配型谈判和整合型谈判;按照谈判方式,分为纵向谈判和横向谈判。

(一)分配型谈判与整合型谈判

1. 分配型谈判

分配型谈判(Distributive Bargaining)是指资源总量一定,双方通过磋商对资源进行分配,一方获得了较多的资源就意味着另一方必定只能获得较少的资源,是一种零和谈判,双方目标都是尽可能使自己的利益最大化。

在分配型谈判过程中,谈判方的战术主要是试图使对手同意自己的具体目标点或尽可能接近它。所以分配型谈判的重点是确定谈判的理想目标、谈判的底线和妥协的范围。

2. 整合型谈判

整合型谈判(Integrative Bargaining)是指资源数量可变,或者说双方可以创造新的价值,谈判的事项超过一个,双方对这些事项的重要性和优先性程度认识不一样,可以在这些事项上进行互换(Brett, 2000)。谈判中双方通过协商共同致力于各自目标的达成,是一种双赢谈判,目标是最大化共享成果。

要使整合型谈判取得成功,必须具有态度基础、行为基础和信息基础:① 态度基础是指要有诚意,愿与对方共享信息并坦率询问具体问题;② 行为基础是指要掌握熟练的谈判技巧,对事不对人,不让个人情绪影响谈判,不过早做判断,根据客观标准判断可能达成的协议;③ 信息基础是指要清楚了解谈判双方的利益焦点、最好的解决方案以及自己一方应做的努力。

例证 6-7

荷兰VS日本:价格谈判

荷兰的一家电器公司想从日本的钟表批发商三洋公司进口一批钟表。在谈判的两周前,荷方谈判人员就已经了解到三洋公司是家族企业,目前由第二代主导管理,领导比较稳重踏实,公司目前的财务状况不佳。

谈判过程比较顺利,但双方在价格的问题上比较有争议。日方的单价报价2 000日元,荷方还价1 600日元,对方不接受,谈判陷入僵局。为此,荷方提出预付部分定金,提高每年的购货量,拿出一定比例的费用作为广告费等方案,希望能够换取1 600日元的单价,日方还是不接受,谈判暂停。

恢复谈判后,荷方谈判代表表示:"既然大家的利益是一致的,为什么不能找出双方都能接受的价格呢?"并根据已获取的情报,表示这样的价格完全可以从其他地方购买。日方听过这番话之后表示慎重考虑一下，此时荷方提出 1 720 日元的新价格，并要求日方能够在 2 小时内回复，并起身准备离开，日方急忙留住荷方。2 小时后，日方表示："能否再提高一下价格？"荷方代表看日方有合作意向，提出："那我个人就给贵方 20 日元的价格优惠吧。"至此，双方签订了合同。

（袁其刚，2003）

（二）纵向谈判与横向谈判

1. 纵向谈判

纵向谈判是指在确定谈判的主要问题后，逐个讨论每一问题和条款，讨论和解决完一个问题，才会开始讨论下一个问题。纵向谈判的优点是：① 程序明确，把复杂问题简单化；② 每次只谈一个问题，讨论详尽，解决也彻底；③ 避免多头牵制、议而不决的弊病；④ 适用于原则性谈判。当然，纵向谈判也有其不足：① 议程确定过于死板，不利于双方沟通交流；② 讨论问题时不能互相通融，当某一问题陷入僵局后，不利于其他问题的解决。

例如，美国人的纵向谈判。美国谈判人员会在谈判过程中先解决数量问题，然后再讨论价格。这样，最终协议是就各个单一问题所做妥协的总结，谈判进展情况一目了然。解决了一半问题，谈判任务也就完成了一半。

例证 6-8

中澳铁矿石价格谈判

一年一度的铁矿石价格谈判始于 1981 年，经铁矿石供应商和消费商谈判协商后，双方确定一个财政年度的铁矿石价格。铁矿石供应商主要有 3 家：澳大利亚力拓公司、必和必拓公司以及巴西的淡水河谷公司。不过在 2008 年，一股新兴力量——澳大利亚第三大矿石供应商 FMG 公司也积极参与到铁矿石谈判中。而买方阵营主要有中钢协（中国）、新日铁（日本）、浦项制铁（韩国）和欧洲钢铁工业联盟。

根据谈判惯例，一旦供应商任意一方和钢厂任意一方价格达成一致，则本年度铁矿石谈判就会结束，其他供需双方均接受此价为新的年度价格，即首发价。但该惯例在 2008 年首次被力拓和必和必拓所打破。自 2010 年铁矿石价格谈判启动以来，必和必拓、力拓和淡水河谷三大矿商的报价不断攀升，从 20% 攀升到 90%，已经远远超出了中国钢铁企业的承受能力，谈判双方的预期差距越来越大，而且三大矿商主张用与现货市场挂钩的短期指数定价体系代替长期实行的长协定价机制。据海关总署统计，2009 年我国铁矿石进口量创下了历史新高，累计达到 6.3 亿吨，同比增长 41.6%，对外依存度达 69%。如果我国被迫接受国际铁矿石三巨头涨价的要求，我国钢铁企业将为此多付出超过 2 600 亿元的代价。总体来说，中国钢铁协会以宝钢为代表在与国际矿商的谈判博弈中处于被动地位，谈判陷入了迷局。

（陈博，于同申，2010）

2. 横向谈判

横向谈判是指在确定谈判的主要问题后，开始逐个讨论问题，但在某一个问题上出现矛盾或分歧时，就把这个问题放在后面，先讨论其他问题，如此循环讨论，直至所有问题谈妥。横向谈判方式相对灵活，只要有利于问题的解决，经过双方协商同意，讨论的条款可以随时调整。横向谈判的优点是：① 议程灵活，只要有利于沟通和交流，可采取任何形式；② 多项议题同时讨论，有利于寻找变通的解决办法。这种谈判方式的不足之处是：① 加剧双方讨价还价，容易促使谈判双方做出对等让步；② 容易使谈判人员纠缠在枝节问题上，而忽略了主要问题。

例如，法国人的横向谈判。法国人在谈判时喜欢先为协议勾画出一个大致的轮廓，然后再确定协议的大致原则，最后才确定协议的各个方面。他们把谈判的重点放在拟订一些重要的原则上，不太关注细节问题。如法国人在谈妥大约 50%的条款时，就会在合同上签字，但这并不代表他们就认同合同的全部内容，合同细节还可能会被要求多次更改。他们认为，大致要点已经确定的话，细节问题什么时候确定都无所谓。

例证 6-9

TTIP 谈判

2001 年开始的多哈回合谈判陷入困境，尽管 WTO 致力于重启该谈判，但谈判仍然停滞不前，全球多边合作由此搁置。2008 年金融危机后，以跨太平洋伙伴关系协定（以下简称为 TPP）和跨大西洋贸易与投资伙伴协定（以下简称为 TTIP）为依托，美国力图推动区域或双边合作。自 2013 年 7 月开始 TTIP 第一轮谈判，截至 2015 年 4 月底，美欧双方已经进行了九次谈判，平均每两个半月就进行一次，可谓高密集度的谈判。美欧双方的贸易代表在每轮谈判之后，都宣称谈判斩获了成果，尤其是最近的第八轮和第九轮谈判之后，双方代表都表达了对未来谈判的良好信心和预期。

根据 TTIP 谈判后公布的资料，谈判议题主要包括三个核心方面：市场准入、监管与非关税壁垒、规则制定。第七轮谈判取得了一些显著的成果，比如监管的技术工作和特定领域的监管取得成效、众多议题已经形成定期联系的机制等。但美欧双方在某些领域尚存在分歧，比如技术性贸易壁垒还未达成一致意见。随着谈判逐渐成熟化，谈判议题开始增多，谈判内容也逐步细化。在第八轮谈判结束后，三个核心议题都稳步推进，取得一系列成果。但第七轮没谈成的技术性贸易壁垒（TBT），第八轮谈判仍未取得实质性进展，需要进一步磋商；知识产权方面，也要进行微调；并且，关于投资保护迄今为止都没有纳入讨论范围。

（王学凯，钮维敢，2015）

二、谈判的过程

谈判的过程主要分为谈判的准备阶段、正式谈判阶段和终结与缔约阶段。

（一）谈判的准备阶段

谈判的准备阶段包括谈判内容的准备、谈判地点的选择和谈判团队的选择。当要与不同文化的人进行谈判时,除了包括产品价格和条款等问题在内的谈判内容需要充分准备外,还要考虑风俗、礼节、语言和信仰等因素。这些因素可以通过查阅书面材料或影像资料来了解,也可以咨询来自对方国家或者在对方国家待过较长时间的人员。

对于谈判地点,有的文化(如美国)相对不那么注重,他们甚至可以通过电话进行谈判,而拉丁美洲人和亚洲人则倾向于对方前往他们所在的国家,在自己的领土上谈判他们会感觉更舒服(Leaptrott,1996)。所以在具体的跨文化谈判中,如何合理地安排使双方都舒适的谈判地点需要提前商定和准备。

对于谈判团队的选择,要充分考虑人员的级别、年龄、数量、性别、性格和专业知识等方面的内容。例如,在与看重等级的国家谈判时,谈判团队领队的级别最好不要低于对方团队的领队,一方面可以避免被对方认为重视度不足,另一方面也可以在谈判中保持相对平等的地位,避免了给对方以居高临下的姿态进行谈判的机会。在成员数量上,美国和墨西哥团队一般是2~3人,日本则是4~7人。在谈判前最好先询问一下对方的谈判人员数量,以保证双方在人数上的均衡。而年龄、性别和级别在大多数亚洲国家、非洲以及中东国家都是很重要的考虑因素(Chaney & Martin,2014)。当然,如果有来自目标文化国家或者曾经到过那里的人员,那会是一个很好的选择。

(二)正式谈判阶段

正式谈判阶段包括开局、报价和磋商三个阶段。

1. 开局

开局阶段是指双方见面后,相互介绍、寒暄,或者交流其他谈判内容之外的话题的过程,也就是进入实质性内容讨论之前的交流。开局的主要任务是营造洽谈气氛和破题。热烈、积极和友好的洽谈氛围最受谈判者欢迎,开局氛围的营造也为开场破题做好了准备,破题的时间一般根据谈判的性质和总时长来确定,通常控制在谈判总时间的5%以内(张吉国,2010)。例如,4小时的洽谈,破题时间适合控制在12分钟以内。

开局是谈判双方表明自己立场的阶段,是各自重要观点的首次陈述,双方谈判人员的个人地位和作用会在谈判开局阶段显示出来,对谈判有着直接影响的洽谈格局也将在谈判开局后的几分钟内形成。所以,开局是影响整个谈判的重要阶段。谈判开局有两个目标:一是吸引对方的注意力和兴趣;二是完成建设性的基础工作。为达到这两个目标,开局阶段要特别注意考虑以下三个因素。

(1)形成良好的开局结构。在开局阶段应提供均等的发言机会,用简洁、轻松的语言阐明立场和观点,积极提出双方意见趋同的建议和问题,充分合作,并乐于接受对方的意见。

(2)正确估计自己的能力。谈判人员应该镇定自若,不被对方的身份地位吓到,不被对方提出的原则、数字、先例等迷惑,在谈判中要注意不能低估自己的能力,不要因为对方清楚自己的弱点而唯唯诺诺,同时也不应过于自信,不要认为自己已经掌握了对方的要求而过早地暴露实力,应始终保持谨慎的态度。

(3)谈判双方的实力。谈判实力的强弱会对谈判双方的心理产生影响,从而形成一种潜在的谈判格局。在具体的谈判中,如果双方实力相当,则较容易以友好、互利、合作为中心,营造和谐稳定的谈判氛围;如果我方实力有明显优势,在开局时仍应表现出友好和真诚;如果对方实力强于我方,也不应有紧张、害怕的心态,同样应沉着、大方,力求双方合作。

2. 报价

报价的"价",这里指的是广义上与谈判有关的各种交易条件。报价就是谈判一方向另一方提出自己的所有要求的过程。在报价方式方面,当下应用比较广的报价方式有西欧式报价和日本式报价。西欧式报价中卖方会先提出一个较高的价格,然后通过各种优惠,例如数量折扣、价格折扣、支付条件等方面的优惠,逐步接近买方的心理预期,最终达到成交的目的。这种报价方式可以很好地稳定买家,促使买家就各项条件与卖方进行磋商,最后的结果也通常对卖方更为有利。

日本式报价方式中卖方首先报出的是最低价格,同时列出对卖方最有利的结算条件,如果买方要求改变相关条件,卖方则会相应地提高价格,因此最终的成交价往往高于最初的报价。这种报价方式容易以最低价吸引买方的兴趣,同时排斥竞争对手,使其他卖主放弃,弱化买方市场的优势,当买方想要达到一定需求的时候,只好任卖方一点一点把价格抬高才能实现。

在报价时机的选择上,一般来说,先报价的一方通过报价已经为以后的谈判划定了一个发展框架,最终协议的达成很可能就在这个框架范围内,这个报价或多或少地支配着对方的期望水平。但是,先报价也有以下两个不利之处:① 对方听到报价之后对我方的报价起点已经有所了解,他们很可能调整方案,修改原先的报价,以获得更多的好处。例如,原本对方准备提 18 万元的报价,但是听到我方要价 20 万元时,他们很可能一开始就还价到 16 万元。② 对方可能会集中力量对我方报价发起进攻,试图逼迫我方一步步降价,但却始终不泄露他们打算出的价钱。当然,在谈判中是要坚决避免这种情况发生的,应该让对方报价、还价,决不能使谈判谈成围绕我方报价的防御战。

3. 磋商

磋商是指谈判双方在原先报价基础上进行讨价还价的过程。磋商阶段是谈判实质性的协调或较量阶段,双方开始真正地根据对方在谈判中的行为,调整自己的谈判策略,并决定自己的接受程度和条件要求。磋商的结果将直接关系到谈判双方所获利益的大小和各自需求的满足程度,所以,磋商阶段是谈判的核心阶段,磋商涉及讨价还价和妥协两个部分内容。

讨价还价是谈判双方为了解决存在的意见差异而进行的行为。作为谈判人员,要充分了解讨价还价的难度和关键点,讨价还价之前要对出手条件做充分的整理,厘清谈判双方分歧的部分,并对己方的有利条件和不利条件做好充分的梳理。还价可采取整体还价的方式,也可以采取分组还价的方式。例如,一项买卖的总交易价是 3 万元,整体还价的方式就是从整体上要求对方降价,如向对方提出 2.6 万元的价格;分组还价方式就是将买卖的各部分拆分开来议价,争取逐项将价钱谈低。在反复进行的讨价还价过程中,谈判人员需牢记报价目标,要时刻判断讨价还价的幅度与进展离自己的成交目标还有多远,在谈判过程中做到有的放矢,反应迅速。

妥协是谈判讨价还价阶段不可缺少的环节，没有妥协就难以达成最终协议。妥协让步在谈判中具有一定的必要性，但是在具体的谈判中是否让步、如何让步需要慎重考虑。通常情况下，谈判中的妥协让步要遵循以下三个原则。

（1）不轻易让步。谈判中妥协让步是正常现象，但是高明的谈判人员不会轻易做出让步，因为先做出让步可能坚定对方的信心，强化对方立场，导致己方丧失谈判主动权。只有在最需要的时候，或者谈判无法进行下去的情况下，才进行适当的让步，而且要慎重把握好让步尺度。

（2）有条件让步。从追求利益最大化的角度考虑，只要有可能，就应该让每一步妥协获得一定的回报，即换取对方一定程度上的让步。也就是在对方同意我方某些条件的前提下，我方做出适当的让步，例如可以在对方同意我方提出的付款方式的前提下同意适当降价。

（3）有效让步。有效的让步不至于使对方得寸进尺，同时又迫使对方让步。总之，让步要有明确的利益目标，"没有交换，绝不让步"，并且要严格控制让步的次数、频率和幅度，要让对方感到让步是艰难的。

例证 6-10

中方的让步策略

中国上海工业仪表公司希望能够和美国福克斯波罗公司进行合作，双方因此而展开合资谈判。但是和美方相比，中方的技术实力和地位尚处于落后状态，且谈判内容涉及敏感的技术转让。因此，中方要想在谈判中取得成功可谓困难重重。

为了引导谈判朝对中方有利的方向发展，中方谈判者在充分分析对方需求的基础上，向对方做出三次"让步"。首先是中国国家仪表和自动化局邀请美国代表团到中国进行实地考察。在考察的过程中，中方巧妙利用各种方式向美方展示了中国机械和汽车产品领域的光明前景。并使对方确信，将使福克斯波罗公司顺利占据这一世界上最后一个，同时也是最大的一个在电子操纵设备和计算机控制系统等业务方面尚未被开发的市场，这是福克斯波罗公司所迫切需要的。其次是为美方特意选择了一个最佳伙伴——上海仪表公司。这既节省了美方的合作伙伴的选择成本，又表明了中方的合作诚意。最后提出合资公司将享受最优惠的税收减免待遇。

中方的三次巧妙"让步"成功逐渐转变了中方在谈判中的地位，并最终促成合资谈判的成功。

（王育庆，2012）

（三）终结与缔约阶段

结束谈判有三种基本形式：成交、破裂和中止。成交是指双方达成协议而结束谈判；破裂是指双方的分歧得不到调和而导致交易失败或结束；中止是双方由于某些原因未能就交易内容或条件完全达成协议就结束谈判全过程的做法，对于中止的谈判，双方可约定恢复谈判的时间，也可不进行约定。

对于取得成交结果的谈判，谈判双方意见已经趋于一致，需要签订合同文本，经双方法人代表或被授权人签字盖章后，成为约束双方的法律性文件，任何一方违反合同中的条款规定，都必须承担法律责任，因此合同的签订不能有任何疏忽。合同中的各项条款必须使用准确的词语，并使用规范的文字表达，坚决不能出现含糊不清的语句。

三、跨文化谈判的变量因素

文化是社会群体独有的特征，文化价值观影响着谈判者的利益和优先事项；文化规范明确了谈判中的恰当行为和不恰当行为，影响着谈判者的策略。跨文化谈判模式的选择取决于谈判双方的文化偏好，对谈判另一方文化进行研究可以减少谈判时间。在跨文化谈判中，文化的影响是相对的，谈判能否顺利进行与所有谈判人员感知并适应彼此文化约束的能力有关。只有尽可能多地了解对方文化并理解对方，才能更精确地规划行动方案来实现目标。

图 6-1 所示为文化如何影响谈判。

图 6-1　文化如何影响谈判

资料来源：BRETT J M. Culture and Negotiation[J]. International Journal of Psychology, 2000(2): 97-104.

关于影响跨文化谈判成功与否的因素，唐纳德·威·汉顿等人（Hendon et al., 1996）将变量因素分为背景因素和氛围因素，史蒂芬·威斯（Weiss, 1993）则把影响跨文化谈判的因素细分成了十二个变量。虽然两者对跨文化谈判变量因素的划分方法不同，但是核心都在于：对谈判对手的文化背景的了解，是有效谈判的重要前提条件。谈判人员不仅要了解对方国家的发展历史和民俗习惯，还应该着眼于对方的文化特色。

（一）汉顿的两组变量

1. 背景因素

汉顿认为背景因素包括谈判双方的目标、谈判中的第三方、市场定位、谈判人员的技巧和经验。其中，谈判目标可以是双方共同的目标，也可能是被认为的目标；双方的目标可能是相互冲突的，也可能是互补的。谈判中的第三方指的是跨文化谈判时参与进来的顾问、代理人或者各方的政府机构等。市场定位包括谈判双方各自的定位。

2. 氛围因素

氛围因素包括谈判双方可感知的合作或冲突、权力和服从、可感知距离和双方的期望。可感知的合作或冲突主要是通过谈判双方的协议目标或协议内容来感知。权力和服从因素指的是当谈判一方权力较大时对谈判产生的影响。可感知距离指的是双方之间互相理解的程度。双方的期望包括真正交易的长期期望值和现时交易的短期期望值。

（二）威斯的十二变量

威斯（Weiss，1993）把影响跨文化谈判的因素分为十二个变量，即基本概念、谈判人员选用标准、侧重点、礼节、交流、说服争论的性质、个人角色、信任的基本条件、风险倾向、时间概念、决策制度和协议形式。

（1）基本概念。文化因素会影响谈判人员对谈判作用和谈判过程的看法。有的文化把谈判看成是输赢的竞争，有的看成是强弱的竞争，也有的将谈判看成是完成某项任务同心协力的过程。

（2）谈判人员选用标准。不同的文化背景，选用谈判人员依据的因素可能不同，常用的依据有过往的经验、权力关系、对某一领域的了解，或者其是否值得信任等。

（3）侧重点。在谈判中，有的文化强调协商与协议直接相关的主要问题，有的文化则强调人与人之间的关系。

（4）礼节。不同的文化都有自己特有的交往礼节，并且墨守成规的程度也不同。礼节包括送礼、娱乐、着装礼仪、就座安排、谈判人数、间歇时间安排、谈判过程持续时间等，在跨文化谈判中，是否采取正式的礼节需要认真考虑。

（5）交流。不同文化背景的谈判人员交流方式也会有所不同，有的谈判人员依靠语言交流，有的谈判人员则会有很多辅助性的非语言交流。交流方式越多样化，交流的环境就越复杂，人们对交流环境的关注就越多。

（6）说服争论的性质。不同文化背景的谈判人员会采用不同的争论方式去说服对方。有的谈判人员依据事实和逻辑争辩，有的依据直觉或感情，还有一些则依据谈判人员的宗教信仰和哲学思想。

（7）个人角色。不同文化的谈判人员对自己在谈判中的角色定位也不同。有的谈判人员把个人看成是至关重要的，某个人的成功或失败决定着谈判的结果；有的谈判人员则认为个人属于谈判集体，在谈判中会注意抑制个人雄心；还有一些谈判人员把谈判各方一起看成谈判的整体，谈判双方都十分关注整体的成功。

（8）信任的基本条件。谈判需要双方建立起信任关系，但不同文化的人建立信任的基本条件有所不同，有的文化仰仗过去的经验或成绩，有的文化依据直觉和情感。

（9）风险倾向。由于谈判结果的未知性，可以说谈判有一定的风险性。有的谈判人员乐于接受新思想或始料不及的建议，有的谈判人员则倾向于墨守成规。

（10）时间概念。有的文化时间观念强，制定详细的日程表和严格按照日程表执行对他们来说非常重要。有的文化则一般进程缓慢，认为时间可灵活掌握。

（11）决策制度。不同文化背景惯用的决策制度也有所不同。在谈判中，有的谈判团队会参照地位最高或资历最深的成员的意见来决策，有的则通过谈判团队中大多数人的意见来决策，还有的则必须力求所有成员的一致同意才能形成最终的决策。

（12）协议形式。有的文化强调书面协议，协议内容也十分详尽，针对可能发生的事件会制定尽可能多的条款；有的文化则十分强调个人承诺。

例证 6-11

雅虎收购 3721 之"待价而沽"

雅虎收购 3721 的过程，也是一个"待价而沽"的过程。最后，雅虎以 1.2 亿美元的高价成功收购 3721，"待价而沽"的谈判策略是一个非常关键的过程。要知道，2003 年 7 月，搜狐拟收购 3721 时所提供的报价也只是 4 500 万美元，不到半年时间，3721 便成功将自己的身价增加了一倍多。

在谈判前期，当时的新闻媒体就不断传出从新浪、搜狐到 TOM.COM 几大门户争抢收购 3721 的消息。甚至还有传微软将收购 3721 的消息。经过一轮的收购风波不但没有影响到 3721 的业务，反倒使 3721 名气更大，身价也陡升，更加强调了 3721 的底气。2003 年 9 月，华尔街分析师访问 3721，并给予其极高评价，此举更加加强了 3721 的底气。周鸿祎的精明之处便在于"待价而沽"，一直在等待更好的机会和更高的价钱。其在背后则使用了一些手段。在雅虎正式出手之前，收购金额、方式甚至签字时间就已"泄密"，被很多人所知。后经证实，这些都是 3721 的原投资人放出的风声，股东们都迫切希望把 3721 出售以套现。而之前所谓"多家网站抢购 3721"也是为此放出的夸大性消息。投资人还可趁机借此机会吸引些买主，借机抬高"物价"。而 3721 一次次地否认并购"传言"，也确实为自己引来了真正愿意出高价的买家——雅虎中国。在谈判后期，当 3721 与雅虎基本达成并购意向时，3721 又假意宣称不希望被收购，要海外上市。这使得雅虎又进一步将 1 亿的报价提高到 1.2 亿才成功买下了 3721。

（杜馨岩，2014）

第四节　跨文化谈判的策略与技巧

由于文化背景的不同，与同一文化背景下的谈判相比，跨文化谈判面临更多的问题，需要针对文化差异采取一些特定的策略与技巧。

一、跨文化谈判的策略

跨文化谈判策略主要包括合理安排谈判人员和针对特定文化采用特定策略两个方面。

（一）合理安排谈判人员

在跨文化谈判中，从谈判所需的专业知识考虑，以跨文化商务谈判为例，谈判人员一般包括商务人员、技术人员、法律人员、财务人员、翻译人员和记录人员。在具体选用谈判人员时，谈判人员的数量、年龄、级别、性别、专业知识以及性格都应该慎重考虑。例如，在与日本人谈判时，通常需要安排一两个高层人士，以示对对方的尊重。而与美国人谈判时，一般要安排律师出席，以方便及时解决谈判中涉及的法律问题。此外，除了专业知识和能力，谈判人员还必须兼具以下能力或素质。

1. 能理解并尊重对方的文化和风俗习惯

在谈判之前，已充分理解并接受各种文化的差异，了解对方的文化和风俗习惯。例如，在与西方国家谈判时，能够注意不涉及对方隐私和理解对方的宗教信仰；在与阿拉伯国家的人员谈判时，知晓并尊重对方一些特殊的风俗习惯；而在与东方国家谈判时，清楚与之见面的礼节。

一顶绿色帽子导致谈判失败

1992年，我国一商务代表团抵达美国，采购一项价值3 000万美元的技术设备，美方商务谈判人员想方设法令中国商务代表们满意，以期得到这个价值千万的大项目。谈判期间，美方按照中国习俗赠送了每个中国商务代表一个小礼物，礼品经过了仔细的包装，包装盒亦按照中国人的习惯进行了精美的装潢。然而，当每个商务代表按照美方习俗打开礼物后，所有人瞬间变了脸色。原来，精美的包装盒里装的是一顶高尔夫帽，而颜色却是绿色的。最终，谈判破裂。美方此次谈判失败的原因就是因为不了解中国文化不了解绿帽子对于中国男士而言是一种羞辱。

（郑晓霞，2015）

2. 在文化问题上能够保持谨慎中立

文化不同不代表对方更好或者更差，作为跨文化谈判人员，在文化问题上要能够保持谨慎中立，不妄加评论对方的文化准则。虽然从道德上讲，一些国家的习俗似乎让人难以理解，但是双方是谈判者的身份，而不是说教者的身份，谈判人员应当认识到对方对其文化的感知和自我对自己文化的感知是一样的，应能够接受并尊重对方的道德规范，并把这些规范视为他们的一部分。

（二）针对特定文化采用特定策略

如果谈判人员非常熟悉对方的语言和文化，那么他就可以使用对方的谈判方式和策略，从而有更大的把握取得谈判成功。

1. 了解对手的文化和文化冲突管理模式

跨文化谈判者不仅要了解对方的谈判预期和目标，还要了解对方的文化以及对方处理冲突的模式，不同的冲突管理模式对应的谈判行为如表6-1所示。在跨文化谈判中，个体主义文化的谈判者较多地采用控制/竞争的模式，把施惠与回避等行为看成是消极的回应方式。而集体主义文化的谈判者更倾向于采取妥协的模式。当然，冲突管理模式同时还受到谈判者个人风格的影响，在了解谈判对手的文化和文化冲突管理类型时，不仅要从文化背景的角度进行了解，还要从谈判者个人风格方面进行了解（伍忠丽，2013）。

表 6-1　冲突管理模式对应的谈判行为

冲突管理模式	谈判者行为
竞争/控制	企图将自己的意志强加于人，强调自己的利益高于对方
规避	对冲突避而不谈，回避冲突情境
施惠/谦让	高度关注对方利益，把对方的得失放在更重要的位置
妥协	权衡利益得失，互相让步
协作	双方均本着既为自我又为他人的态度来解决冲突
情感表达	用情感来指导谈判行为
第三方帮助	利用谈判双方以外的人进行调解
忽略	主动或被动地回避冲突，但同时又间接地获取对方反应

2. 选择合适的谈判方式

按照谈判方式的不同，谈判分为纵向谈判和横向谈判。美国人倾向于纵向谈判，他们在谈判中常表现出强烈的求胜欲望，迅速解决主要问题，法国人则是横向谈判的代表，他们倾向于为议题先画一个轮廓，然后确定议题的各个方面，再达成协议（林璐，2009）。根据对手惯用的谈判方式来进行谈判容易取得更好的效果。当然，在具体的谈判中，需要综合对手的谈判方式倾向和议题的内容考虑选择何种谈判方式。

3. 做好准备工作，避免沟通障碍

只有做好充分的准备工作，才能在谈判中灵活处理，随机应变，才有可能在谈判中处于主动地位。需要做的准备通常包括谈判者本身的情况分析、对手的情况分析、谈判人员的组成、谈判目标的拟定，必要时还要进行模拟谈判。自身情况分析主要是指进行谈判项目的可行性研究，对谈判对手情况的了解包括对手实力情况，对手所属国家的政策、法规、思维方式、风俗习惯以及对手的人员背景状况等。

二、跨文化谈判的技巧

准确巧妙地利用语言，掌握不同国家的谈判风格和技巧对跨文化谈判的成功起着不可忽视的作用。这里主要阐述了跨文化谈判的语言技巧与美国、日本、阿拉伯以及欧洲各国的跨文化谈判技巧。

（一）语言技巧

语言是信息传递的媒介，是人与人进行交际的工具。在很大程度上，语言的应用效用影响着谈判的成败。因此，谈判人员必须综合运用语言技巧，准确地把握对方的行为和想法，传递自己的意见和观点，从而达到谈判的预期目的。在谈判中要遵循以下语言表达的三个原则。

（1）客观坦诚，有的放矢。用语言传递信息时，要以客观事实为依据，在针对特定的谈判内容或谈判要求时，要有的放矢，对症下药。

（2）符合逻辑，具体灵活。符合逻辑是指提问时要察言观色、把握时机；回答时切题准确；说服时语言充满感染力和逻辑性。灵活是指根据对方的反应及时灵活地调整语言，转移或继续话题，不拘泥于既定的策略。

（3）规范流畅，文明礼貌。谈判所用的语言必须清晰易懂，口音标准，避免出现方言或俗语；不管出现什么情况，绝不能使用粗鲁和攻击性的语言，不伤及对方的面子和尊严（张吉国，2010）。

例证 6-13

商务谈判中的语言技巧

中国制造型企业 A 是美国企业 B 的供应商，在先期拥有良好合作的基础上，双方希望能将彼此的合作上升为战略合作伙伴关系并签订长期供货订单。对于 A 公司来说这个订单非常重要，同时也势在必得。由于先期拥有良好的合作基础，双方在产品的交货期、监造、运输、质量、售后服务等环节很快达成了一致，但最后却在价格问题上产生了矛盾。

A 公司希望的成交价格是 US$ 650/件，B 公司希望的成交价格是 US$ 630/件。当双方僵持不下的时候，A 公司谈判人员提到：As you know, it is a two-year contract. The cost of raw materials is increasing all the time. However, selling price is fixed. If we offer you the cheap price, how can we ensure our profit? What's more, everyone knows that this is an almost zero profit market now. A 公司很好地阐明了本方不能让步的原因是由于原材料成本的不断上升以及微薄的利润空间，但是在涉及这些企业敏感信息时恰当地使用模糊语如 increase all the time, almost，既很好地表达了想表达的内容，又避免了将敏感信息泄露给谈判对方。

最后双方在几轮的讨论后，同意将价格定为 US$ 640/件，并在合同中添加了补充条款，说明如果原材料价格有重大的浮动，双方保留重新商议成交价格的权利。在双方各自做出了妥协和退让后，最终顺利地形成了双赢的局面。

（金文华，2015）

（二）与各国谈判的技巧

文化背景不同造就了不同的思维和行为，形成了不同的谈判特色，为了取得跨文化谈判的成功，需要掌握不同国家的典型谈判风格和技巧。下面重点介绍与美国人、日本人、阿拉伯人和欧洲人的谈判技巧。

1. 与美国人谈判

首先，美国人性格干脆坦率、热情奔放，与之谈判首先要用热情拉近距离。其次，美国人时间观念强，讲究效率，谈判时要注意遵守时间，同时也可以利用其相对缺乏耐心的特点，适当地采取持久战进行拉锯式的磋商，直到对方失去耐心同意以我方的条件成交。最后，针对美国人重合同、守信用的特点，务必把律师纳入谈判团队，谨慎地签合同。

例证 6-14

美国人的效率观

江苏一家从事壁纸印刷业务的公司要从美国肯沃公司购买设备。当肯沃公司代表到中国时，江苏公司的经理亲自迎接，并且安排美国一行人住宿后举办隆重的欢迎晚会，其中许多市政府领导参加。第二天，肯沃公司代表急于开始就细节问题进行谈判，但是江苏公司方面却安排他们逛附近的景点。到了第三天，谈判终于开始了，但是江苏公司代表花费了大量的时间谈公司的历史、文化等一些基本问题，而且这些问题与谈判没有什么联系。

美国肯沃公司的代表实在无法容忍，打断了江苏公司代表的介绍，尖锐地指出他介绍的内容肯沃公司早就做过了解，不然也不会贸然过来谈合作。

在美国肯沃公司代表打断之后，江苏公司代表对此表示诚挚的歉意，并赶紧进入了谈判正题。因此，双方谈判的准备阶段得以顺利进行。

（Pye，1982）

2. 与日本人谈判

日本人在谈判时注重权力等级，因此在组建谈判成员时要注意安排职位相当或者更高职位的人员参加，以示尊重，安排职位高的人参与谈判也可能会额外地获取更多的主动权。在谈判沟通过程中，也要注意用语客气，要注意维护对方的面子。

3. 与阿拉伯人谈判

阿拉伯国家有一些特定的教义和习俗，切记不能对他们的教义妄加评论，并要全面了解和尊重他们的习俗。例如，握手和递物品的时候不能使用左手。另外，由于阿拉伯国家受男权文化影响深重，在谈判时切记不能派女性作为谈判代表。当然，谈判开始前也可利用阿拉伯人喜欢交际的习惯，适当安排交际活动，选择他们喜欢的话题与他们热情交流，借此拉近彼此的距离，并了解一些相关信息。

4. 与欧洲人谈判

与德国人谈判时，要注意德国人固守原则、时间观念强、效率高等特点，谈判时一般是按部就班地按照预定的标准和条款进行，商定的事宜不会再做改变。与英国人谈判时要注意他们保守、内敛的性格，做到公事公办，不轻易与对方谈个人感情。与法国人谈判时要充分了解法国人友善外向的性格，与他们建立友好、和谐、轻松的关系。同时也要注意法国人七八月份有度假的习惯，谈判时间的选择要尽量避开这个时间段。

总之，不同的文化会形成不同的风俗习惯和谈判风格，可以依据对方的风俗习惯和谈判风格来制订谈判策略。但是，有一点必须要清楚——尽管我们可以了解很多不同文化背景下谈判的方式，但即使是来自同一个国家的谈判者，也不会是完全一样的，文化异质性越大的国家谈判类型的跨度就越大。因此，可以以对方国家的文化为指导来制订谈判策略，但是不能仅仅依赖于对方国家的整体文化，还应与具体的谈判对象的个体化因素相联系。

本章小结

➢ 跨文化冲突建立在冲突理论基础之上，以社会生活的冲突特性解释社会变迁，是指异质文化与亚文化之间相互对立、相互排斥、相互矛盾以及相互否定的状态。

- 影响跨文化冲突的因素主要有观念习俗、思维方式和工作习惯、言语与非言语以及跨文化障碍。其中，观念习俗又包括群体观、权力观、时间观和风俗习惯。
- 跨文化冲突解决模式主要有解决问题模式和保全面子模式两种，针对各种跨文化冲突，也可以依据冲突原因采取相应的管理策略。
- 按照谈判中涉及的资源情况，谈判分为分配型谈判和整合型谈判。按照谈判方式分类，谈判分为纵向谈判和横向谈判。
- 谈判包括谈判的准备阶段、正式谈判阶段和终结与缔约阶段。准备阶段包括谈判内容的准备、谈判地点的选择和谈判团队的选择；正式谈判阶段包括开局、报价和磋商三个阶段；谈判有成交、破裂和中止三种终结形式，对于成交结果的谈判，谈判双方需要签订合同文本。
- 谈判团队的选择，要充分考虑人员的级别、年龄、数量、性别、性格和专业知识等方面的内容。
- 不同的文化会形成不同的风俗习惯和谈判风格，可以依据对方的风俗习惯和谈判风格来制订谈判策略。

网站推荐

1. 世界经理人网站：http://www.ceconline.com
2. 美国商务沟通学会：https://www.businesscommunication.org
3. 中国沟通与谈判网：http://www.tanpanwang.com

影视推荐

《世界是平的》

电影讲述在降低经营成本的考量下，工资低廉又会说英语的印度大学生成为美国电话网络销售公司的最爱，于是公司纷纷将呼叫中心迁往印度，但是文化差异闹出的灾难和因廉价而获得的利益可能不相上下。陶德在整个部门被外包到印度后，心不甘情不愿前往当地，训练承包的销售公司员工以美国方式工作、说话。从走出航站的第一刻起，陶德的世界已开始改变。

《白银帝国》

山西票号"天成元"堪称清代的全国"金融大鳄"，它掌控全国金融，兼营存放款，生意鼎盛时拥有中国各地以及俄国、蒙古国、日本及南洋的二十三个分号，富可敌国。本片的主轴是"天成元"这一商业帝国两代之间的传承故事。除了父子二人与一奇女子的三角恋情之外，更是借此传承过程表现中国古代两大思想体系——法家与儒家的义理之争。在影片中，又通过对绑匪横行、八国联军、戊戌变法等一系列历史事件的背景展示，凸显出"商人重义"这一晋商特有的仁义精神。该影片也旨在体现晋商制度，发扬晋商精神，向全世界介绍纵横五百年中、蒙、俄地区商业霸主的文化。同时，影片描写一山西票号起落的故事，由于清朝商业发达，晋商发明汇票制度，以汇兑代替危险的镖局押现银运输，且兼营存放款，是今日银行制度的前身，其劳方身股（即员工配股）的制度，更是首开世界先河。山西票号由于掌控当时的全国金融，甚至有"清廷的财政部"之称。

思考练习题 6-1：选择题

1. 从沟通者个人出发，跨文化障碍不包括（　　）。
   A. 认识上的误区　　　　B. 语言障碍
   C. 刻板印象　　　　　　D. 民族中心主义
2. 正式谈判阶段不包括（　　）。
   A. 开局　　　　　　　　B. 报价
   C. 磋商　　　　　　　　D. 缔约

思考练习题 6-2：简答题

1. 简述跨文化冲突的原因。
2. 概述谈判的过程。
3. 简述跨文化谈判的策略和技巧。

案例分析 6-1

德国戴姆勒—奔驰汽车公司与美国克莱斯勒汽车公司的合并

德国戴姆勒—奔驰汽车公司与美国克莱斯勒汽车公司于1998年5月合并，组建戴姆勒—克莱斯勒汽车公司。在短短的三年合作中，克莱斯勒股票价暴跌一半以上，并在2002—2004年裁员26 000人；更引人注目的是，在合并之初，克莱斯勒上层管理人员纷纷"跳槽"，导致大量高层管理人才外流。如曾使克莱斯勒摆脱倒闭危险的原董事长Lutz，政绩显赫，但在合并之前他就离开了克莱斯勒，以摆脱日后的烦恼。于是Eaton在合并之时成为戴姆勒—克莱斯勒公司双董事长之一，但他2000年5月提前一年退休，致使德方董事长一统天下。克莱斯勒原总经理 Jim Holden，由于不能使克莱斯勒公司管理与戴姆勒总部融合而被德方Dietz Zetsche取代职位，于是克莱斯勒完全成为戴姆勒的一部分。迄今为止，在原美国克莱斯勒公司高层管理人员中，仅有两人还担任着戴姆勒—克莱斯勒公司部门经理。

Stallkamp 是 Holden 的前任总经理，他在卸任之后坦言："我们不能忽视不同文化在管理中的影响。"他说他在董事会上曾提出，"一个成功的合并公司必须抛弃各自的企业文化，应创造双方都可遵循的一种文化。然而，我们没能整合两种文化，形成强强联合，反而一直在争论该选择哪家企业文化作为新企业的企业文化，这是十分不可取的。"

（庄恩平，2002）

问题讨论：

1. 分析案例中有哪些跨文化冲突的表现，并解释这些文化冲突的原因。
2. 结合案例，谈谈跨文化交际中应该注意哪些问题。

案例分析 6-2

巴西公司与美国公司的谈判

巴西一家公司到美国去采购成套设备。巴西谈判小组成员因为上街购物耽误了时间。当他们到达谈判地点时，比预定时间晚了45分钟。美方代表对此极为不满，花了很长时间来指责巴西代表不遵守时间，没有信用，如果总这样下去的话，以后很多工作很难合作，浪费时间就是浪费资源、浪费金钱。对此，巴西代表感到理亏，只好不停地向美方代表道歉。谈判开始以后美方还是对巴西代表来迟一事耿耿于怀，一时间弄得巴西代表手足无措，说话处处被动，无心与美方代表讨价还价，对美方提出的许多要求也没有静下心来认真考虑，匆匆忙忙就签订了合同。等到合同签订以后，巴西代表平静下来，头脑不再发热时才发现自己吃了大亏，上了美方代表的当，但已经晚了。

（赵芳，吴玮，韩晓燕，2013）

问题讨论：

1. 结合案例，谈谈美国人的谈判风格。
2. 如果你是巴西代表团的领队，你会如何进行这场谈判？

参考文献

[1] 赵阿丽. 中国铁建股份有限公司跨文化冲突案例研究[D]. 合肥：安徽大学，2013.

[2] 李晶. 文化"精准扶贫"中的跨文化沟通方法与策略[J]. 图书馆论坛，2017，37（11）：41-47.

[3] ABBOTT ANDREW. Transcending General Linear Reality[J]. Sociological Theory, 1988.

[4] RICHARD LEWIS. Cross Cultural Communication: A Visual Approach[M]. Warnford Hampshire: Transcreen Publications Riversdown, 1999.

[5] 李彦亮. 跨文化冲突与跨文化管理[J]. 科学社会主义, 2006（2）: 70-73.
[6] 宋义国. 跨文化商务谈判语境中的冲突与身份建构[J]. 文化学刊, 2016（3）: 19-21.
[7] 金晨. 论国际商务活动中的跨文化冲突与沟通[J]. 科技经济市场, 2008（9）: 84-85.
[8] 霍夫斯泰德. 文化之重: 价值、行为、体制和组织间的跨国比较[M]. 上海: 上海外语教育出版社, 2008.
[9] 毛强, 肖茨尹. 国际商务谈判中冲突的文化根源[J]. 市场论坛, 2009（10）: 94-96.
[10] 莉莲·钱尼, 珍妮特·马丁. 跨文化商务沟通[M]. 张莉, 王伊芹, 译. 北京: 中国人民大学出版社, 2014.
[11] LARAY BARNA. Ethics and Intercultural Communication Education[C]. Paper presented at the annual conference of the Society for Intercultural Education, Training and Research. Mexico City, Mexico, 1979: 1-14.
[12] CHANEY L H, MARTIN J S. Intercultural Business Communication[M]. 6th ed. New York: Pearson Publishing, 2014.
[13] 王俊霞. 美国的个人主义与中国的集体主义[J]. 佳木斯大学社会科学学报, 2005（02）: 75-76.
[14] 霍尔. 超越文化[M]. 何道宽, 译. 北京: 北京大学出版社, 2010.
[15] TING-TOOMEY S. Toward a Theory of Conflict and Culture[A]//WILLIAM B GUDYKUNST, LEA P. STEWART, STELLA TING-TOOMEY. Communication, Culture and Organizational Processes[C]. Beverly Hills: Sage, 1985: 71-86.
[16] 杨立新, 王毅纯. 我国善意救助者法的立法与司法: 以国外好撒马利亚人法为考察[J]. 求是学刊, 2013, 40（3）: 73-84.
[17] 杨庆. 论中美时间观念的差异[J]. 决策与信息（旬刊）, 2016（1）: 93-93.
[18] 温德尔·贝瑞, 王子舟. 解决问题的模式思维[J]. 世界教育信息, 2019, 32（15）: 38-43.
[19] 柳在润, 金东光. 中国"面子文化"对在华韩国企业内部沟通的影响: 以中国三星总部为例[J]. 中央民族大学学报（哲学社会科学版）, 2015, 42（S1）: 108-114.
[20] 马什 PDV. 合同谈判手册[M]. 章汝塥, 译. 上海: 上海翻译出版公司, 1988.
[21] BRETT J M. Culture and Negotiation [J]. International Journal of Psychology, 2000, 35(2):97-104.
[22] 袁其刚. 国际商务谈判[M]. 济南: 山东人民出版社, 2003.
[23] 陈博, 于同申. 资产专用性、机会主义行为与纵向一体化: 基于中澳铁矿石价格谈判的实证研究[J]. 经济与管理研究, 2010（10）: 109-114.
[24] 王学凯, 钮维敢. TTIP 谈判的跟踪分析及中国的关切[J]. 国际论坛, 2015（4）: 17-23.

[25] LEAPTROTT N. Rules of the Game: Global Business Protocol[M]. Cincinnati: Thomson Executive Press, 1996.

[26] 张吉国. 国际商务谈判[M]. 济南：山东人民出版社，2010.

[27] 王育庆. 商务谈判中让步策略探讨[J]. 包头职业技术学院学报，2012（3）：28-29，82.

[28] HENDON D W, HENDON R A, HERBIG P. Cross-cultural Business Negotiations[M]. Connecticut: Greenwood Publishing Group, 1996.

[29] WEISS S E. Analysis of Complex Negotiations in International Business: The RBC Perspective[J]. Organization Science, 1993(4): 269-300.

[30] 杜馨岩. 商务谈判中"待价而沽"谈判策略的应用分析：基于"亚马逊收购当当""雅虎收购3721"案例的对比分析[J]. 现代商贸工业，2014，26（17）：61-62.

[31] 郑晓霞. 文化差异对中美商务谈判的影响及技巧分析[J]. 市场周刊（理论研究），2015（8）：84-85.

[32] 伍忠丽. 国际商务谈判中的跨文化冲突管理[J]. 吉林省教育学院学报，2013（3）：129-130.

[33] 林璐. 东西方文化差异对于国际商务谈判的影响[J]. 湘潮（下半月），2008（3）：50-51.

[34] 金文华. 商务英语语言特点及涉外谈判中的巧妙应用[J]. 科技视界，2015（3）：194-195.

[35] PYE L. Chinese Commercial Negotiating Style[M]. Oelgesch Lager, Gunn & Hain, Incorporated, 1983.

[36] 庄恩平. 跨国公司文化冲突与融合：戴姆勒-克莱斯勒案例分析[J]. 管理现代化，2002（4）：53-56.

[37] 赵芳，吴玮，韩晓燕. 国际商务谈判中的跨文化障碍及应对策略[J]. 河北经贸大学学报，2013（4）：96-99.

第七章
跨文化沟通中的法律因素

学习目标

- 掌握法律的概念及特征;
- 了解法律与文化之间的关系;
- 了解跨文化商务沟通中的法律体系;
- 了解跨文化商务谈判中法律的作用;
- 了解跨国公司文化冲突中法律的作用。

引例

洛克菲勒诈取铁矿

美国的密沙比地区是一个丰富的铁矿区。洛克菲勒早就对该矿区垂涎三尺,可是正待他要出手拿下这块"肥肉"时,来自德国的梅里特兄弟却先下手为强,在密沙比收购了大量地产,并成立了铁矿公司。晚来一步的洛克菲勒只有等待时机再把它抢回来。

1873年,洛克菲勒等待的机会到了。这一年,美国发生了一次经济危机,梅里特兄弟也陷入了窘境。正在这时,当地的牧师劳埃德先生来到了梅里特兄弟家。在他们的谈话中,梅里特兄弟从当前美国所面临的经济危机谈到自己的困境,不由得满是伤感之情。

听到这番话的劳埃德牧师马上十分热情地对他们说:"或许我可以助你们一臂之力。我有一位有钱的朋友,我想,如果看在我的情面上,他应该能够借给你们一笔巨款。"

很快,劳埃德牧师就把从朋友那里借来的42万元的巨款带给梅里特兄弟,并表示利息比银行利率还低2厘。于是,他们马上立了一个字据,写道:"今有梅里特兄弟借到考尔贷款42万元整,利息3厘,空口无凭,特立此为证。"

梅里特兄弟写好了字据,又认真读了一遍,感觉没什么问题之后,非常高兴地在字据上签了字。而后,梅里特兄弟马上把巨款投向他们的矿产。谁知,借到钱不到半年,劳埃德牧师就又来到梅里特兄弟家中说:"我的那位借给你们钱的朋友洛克菲勒,要求你们马上归还他的42万元。"

由于梅里特兄弟把钱都投入到了矿上,根本拿不出那么多的现金。于是,洛克菲勒把梅里特兄弟告上了法庭。

在法庭上,洛克菲勒的律师拿着梅里特兄弟的借据向法官展示说:"这借据上写得清清楚楚,借的是考尔贷款。我们知道,考尔贷款是贷款人随时可以索回的贷款,也正因为这样，其利息低于一般银行的贷款利息。根据美国法律，借款人要么立即还款，要么宣布破产，两者必居其一。"

事到如今，梅里特兄弟才知道自己被别人算计了。

原来，梅里特兄弟是德国移民，英语都说不流利，更别提懂什么"考尔贷款"了。虽然他们在当初签借据时，也把借据仔仔细细地看过了，但是却只是凭借自己的理解，把"考尔贷款"理解为"考尔的贷款"，殊不知，"考尔贷款"是一项法律专用条款。

最终，梅里特兄弟只好宣布破产，将矿产以52万元的价格卖给了洛克菲勒。

（案例来源：商战案例[EB/OL].（2015-10-12）. http://blog.sina.com.cn/s/blog_e9084e460102vx9n.html.）

由此可见，跨文化商务沟通中的法律问题对合作双方非常重要。当一方以本国法律起草法律文件时，其中可能有意或无意使用特殊的专用条款或专有名词，那么另一方对该文件的解读和审查就显得尤为重要。对此，我们又该如何避免案例中的情况发生呢？

在本章，我们将要审视跨文化商务沟通的法律意义。在全球化的大环境中，管理者可能与本国或别国的政府、企业、员工及公众进行沟通和交流。那么，作为管理者就十分有必要了解将与之打交道的人的文化和该文化中规范商务活动的法律和法规。

第一节　法律与文化

基于不同的社会哲学有不同的社会发展轨迹，不同国家的法律制度往往存在着很大区别。要保证谈判活动的正常进行、谈判协议能够得以顺利实施，正确认识法律制度的差异是不容忽视的。与此同时，一个值得注意的现象是，不仅不同国家的法律制度存在着明显的不同，不同国家法律制度得以遵照执行的程度也有很大不同。在国际商务谈判领域，因各国的政治、经济和法律制度不同，尤其是传统文化与风俗习惯不同，使得拥有不同文化背景的各国谈判者存在着明显的文化差异。价值观念、时间观念、思维方式、人际关系观念和谈判风格的差异是最为突出的文化差异类型。必须把谈判双方的价值观念、时间观念、人际关系观念等文化因素和谈判技巧、谈判策略、谈判过程等有机结合起来，并将之及时纳入企业的发展战略和组织结构之中，只有这样才能顺利实现双方文化融通、利益双赢的国际商务谈判目标（张景成，罗国太，2011）。

法律制度来源于文化价值观。价值观是文化的重要内容，它从潜在意义上支配着人们的社会行为。在国际商务谈判中，各国的谈判者必然会遭遇不同价值取向的冲突（左小平，2005）。法律不是孤立存在并发展的，它们是和文化联系在一起的。因此，与其他法人的雇佣、解聘、合同、财产、争端解决方式及所有权相关的法律都有其文化根基。这些法律的制定、颁布和执行方式都受沟通方式和文化偏好的影响。同时，法律制度还会促进文化价值观的改变。

一、法律的概念

法律是由国家制定或认可并以国家强制力保证实施的，反映由特定物质生活条件所决定的统治阶级意志的规范体系(《思想道德修养与法律基础》编写组,2018)。法律是统治阶级意志的体现,是国家的统治工具。

法律有广义的和狭义的之分。广义的法律指法律的整体。它包括作为根本法的《宪法》、全国人大及其常委会制定的法律、国务院制定的行政法规、某些地方国家机关制定的地方性法规等。狭义的法律是我国法律渊源体系中效力仅次于《宪法》的一种,专指全国人大及其常务委员会制定的一种规范性文件(张文显,2003)。中国特色社会主义法律体系,是以《宪法》为统帅,以法律为主干,以行政法规、地方性法规为重要组成部分,由《宪法》相关法、民法商法、行政法、经济法、社会法、刑法、诉讼与非诉讼程序法等多个法律部门组成的有机统一整体(孙革,2013)。法律是一系列的规则,通常需要经由一套制度来落实。法律通常是指由社会认可、国家确认、立法机关制定规范的行为规则,并由国家强制力(主要是司法机关)保证实施的,以规定当事人权利和义务为内容的,对全体社会成员具有普遍约束力的一种特殊行为规范。

法律是维护国家稳定、各项事业蓬勃发展的最强有力的武器,也是捍卫人民群众权力和利益的工具,还是统治者管理被统治者的手段。在不同的地方,法律体系会以不同的方式来阐述人们的法律权利与义务。其中一种区分的方式便是分为欧陆法系和英美法系两种。例如,法国、意大利、德国、荷兰、西班牙、葡萄牙等国和拉丁美洲、亚洲的许多国家的法律都属于欧陆法系。英国、美国、澳大利亚、新西兰等国家和地区的法律属于英美法系。有些国家还会以他们国家的宗教法条为其法律的基础,例如犹太教的哈卡拉和伊斯兰教的沙里亚法规等。

二、法律的特征

法律的特征主要包括以下七点。

(一)法律是一种概括、普遍、严谨的行为规范

法律首先是指一种行为规范,所以规范性就是它的首要特性。规范性是指法律为人们的行为提供模式、标准、样式和方向。法律同时还具有概括性,它是人们从大量实际、具体的行为中高度抽象出来的一种行为模式,它的对象是一般的人,是反复适用的。法律还具有普遍性,即法律所提供的行为标准是按照法律规定所有公民一概适用的,不允许有法律规定之外的特殊,即要求"法律面前人人平等",一旦触犯法律,便会受到相应的惩罚。

法律规范不同于其他规范的另一个重要特征就是它的严谨性。它由特殊的逻辑构成。构成一个法律的要素有法律原则、法律概念和法律规范。每一个法律规范都由行为模式和法律后果两个部分构成。行为模式是指法律为人们的行为所提供的标准和方向。其中行为模式一般有三种情况,分别是授权性规范、命令性规范和禁止性规范。

(二)法律是国家制定或认可的行为规范

这是法律来源上的一个重要特征。所谓国家制定和认可是指法律产生的两种方式。国家制定形成的是成文法,国家认可形成的通常是习惯法。

(三）法律是国家确认权利和义务的行为规范

法律所规定的权利和义务不同于其他社会规范的权利和义务，它是由国家确认或认可和保障的一种关系，这是法律的一个重要特征。

（四）法律是由国家强制力保障实施的行为规范

由于法律是一种国家意志，它的实施就由国家强制力来保障。法律所规定的权利和义务是由专门的国家机关以强制力保证实施的，国家的强制力部门包括军队、警察、法庭、监狱等有组织的国家暴力。

（五）法律是调整社会关系的行为规范

因为社会是以物质生产为基础而组成的人们的总体，法律的调整是指向人们的行为，是对人们行为所设立的标准，即调整一定的社会关系。

（六）法律是具有普遍性的社会规范

普遍性或一般性是法律的一项形式特征，这为所有论及法律性质的学者所强调。法律的普遍性不是针对所有人或者所有行为的适用上的普遍性，并不需要普遍地适用于每个社会成员，而应该是指法律对在其效力范围内的人或行为在适用方面具有普遍性，法律对其效力范围内的所有人及行为都有效。通常来说，法律之所以必须具有普遍性，是法律本身作为应然规范的性质使然。作为一种应然规范，法律告诉人们在什么情形下以什么标准行事。要达到这一效果，就必须以普遍性作为支撑：一是它必须针对全体社会成员定规立制，而不是下达给某个特定人的命令；二是它的标准不以现实中个别人的实际状况为准据，而是以共同体需求为基础。实际上，规范性、应然性与普遍性在某种意义上就是同义词。主张普遍性是法律概念的重要组成部分，在功能上也是极为可行的，即通过将一种一致的裁判标准适用于大量相同或极为相似的情形，能够将某种程度的一致性、连贯性和客观性引入法律过程之中，这将增加一个国家内部的和平，为司法的公平和公正奠定基础（姜迪，2016）。

（七）法律具有可诉性

法律的可诉性是现代法治国家法律的基本特征之一。它有助于提高公民的法律意识、切实保障公民权利、维护司法机关的公信力和法律自身的权威性，进而维护社会秩序的稳定，加快法治国家建设的进程。

法律可诉性一般包括两个方面的含义：一是可争诉性，即任何人均可将法律作为起诉和辩护的根据；二是可裁判性（可适用性），即法律是法官裁判的依据和标准。法律能否用于裁判、能否作为法院适用的标准，是判断法律有无生命力、有无存续价值的标志（房旭，张晓莹，2013）。

三、法律的作用

法律的作用是指法律对人的行为以及最终对社会关系和社会所产生的影响，其实质是统治阶级（或人民）意志、国家权力对社会关系和社会生活的影响（严峰，2005）。法律的作用有很多,主要有以下八个方面。

(一)明示作用

主要是以法律条文的形式明确告知人们,什么是可以做的,什么是不可以做的,哪些行为是合法的,哪些行为是非法的,违法者将要受到怎样的制裁,等等。这一作用主要是通过立法和普法工作来实现的。

(二)矫正作用

主要是通过法律的强制执行力来机械地校正社会行为中所出现的一些偏离了法律轨道的不法行为,使之回归到正常的法律轨道。例如,法律对一些触犯了法律的违法犯罪分子所进行的强制性的法律改造,使其违法行为得到了强制性的矫正。

(三)预防作用

该作用主要是通过法律的明示作用和执法的效力以及对违法行为进行惩治力度的大小来实现的。法律的明示作用可以使人们知晓法律而明辨是非,即告诉人们日常行为中,什么是可以做的,什么是绝对禁止的,触犯了法律应受到的法律制裁是什么,违法后能不能变通,变通的可能性有多少,等等。

(四)指引作用

指法律作为一种行为规范,为人们提供某种行为模式,指引人们可以这样行为、必须这样行为或不得这样行为,从而对行为者本人的行为产生影响。也就是说,法的指引功能(作用)是通过规定人们的权利和义务来实现的,它涉及的对象主要是本人的行为。

(五)评价作用

指法律作为人们对他人行为的评价标准所起的作用。法律的评价可分为两大类,即专门的评价和一般的评价。前者是指经法律专门授权的国家机关、组织及其成员对他人的行为所做的评价,如法院及其法官、仲裁机构及其仲裁人员、行政机关及其行政人员对人们行为所做的裁判或决定。其特点是代表国家,具有国家强制力,产生法律约束力,因此又称效力性评价。后者是指普通主体以舆论的形式对他人行为所做的评价,其特点是没有国家强制力和约束力,是人们自发的行为,因此又称为舆论性评价(严峰,2005)。

(六)预测作用

指人们可以根据法律规范的规定事先估计到当事人双方有何行为及其行为的法律后果。也就是说,预测作用的对象是人们相互之间的行为,这里的"人们"应该做广义的理解,即国家机关的行为。

(七)强制作用

指法律为保障自身功能得以充分实现,运用国家强制力制裁、惩罚违法行为的作用。也就是说,法律的强制作用只能针对违法犯罪人的行为,如果没有违法犯罪行为发生,那么法律的强制作用就不能显现。

（八）教育作用

指通过法律的实施，法律规范对人们今后的行为发生的直接或间接的诱导影响。也就是说，法律的教育作用针对的是一般人的行为，例如，通过对违法行为实施法律制裁不仅对违法者本人起到警示、警戒的作用，而且也对一般人产生了教育性影响。

四、法律与文化的关系

法律是文化不可或缺的组成部分，而文化同样是法律不可或缺的构成要素。尽管法律经常被视为某种具有奇特规则和怪异语言的独特领域，然而它实际上恰恰是某种文化据以表达其秩序观念的具体方式。

没有非文化的人类社会，也没有无社会的人类文化，文化既是人类社会各级区域系统的普遍属性，同时也是该社会系统的构成要素。文化是法律系统运行最重要的外部社会环境要素之一，还是法律运行的基础和发展的动因。法律的发展和进步与区域系统文化变革和跨系统文化传播是紧密相关的（邹龙妹，2013）。

（一）文化是法律运行的基础

文化对法律的作用，会导致不同区域社会系统的成员对待同一法律规则的认知不同，而不同的法律认知又会进一步导致他们采取不同的处理行为。例如，同样是处理环境污染问题，日本的公司可能会雇用大量工程技术人员去寻求根本性的解决，而美国的公司就可能雇用很多律师去规避自身的法律责任或去转移这种责任。法律之所以会因为系统事件、系统地域、系统族群成员而有所不同，是因为它产生并存在于特定区域族群系统的历史文化之中，具有鲜明的区域时代文化特色。

（二）文化是法律发展的动因

法律集中反映其所属的区域社会系统成员的基本价值观念，不同时代、不同区域和不同族群所建立的系统运行组织，即国家、政权等，都曾主动或者被动地把各自区域系统的显性文化特征融入法律规则之中。不同的区域社会系统有着不同的文化特征和文化内涵，在系统各级成员交互行为日益频繁的今天，不同区域社会系统的文化，必然不断地发生接触、冲突、交流甚至融合。从法律发展的社会动因来看，它一方面来源于跨区域系统之间的不同族群文化的交流、沟通所带来的文化冲突和刺激，另一方面它又依赖于重新考量区域系统运行以达到秩序重构的理想目的。

（三）法律是文化发展和繁荣的保障

国家文化的大发展、大繁荣离不开稳定、有序和高效的系统内外部环境。法律作为系统的强制性规范，贯穿了能够作为法律客体那部分文化产生、归属、传播、使用、交易及消亡的全过程。系统内部文化经济活动的两大途径——生产和交易都离不开系统成员之间的交互活动。系统成员之间的交互活动往往伴随着权益的冲突和矛盾，蕴藏着对系统成员人身权利和财产权利的潜在威胁。从法律系统功能的维度出发，法律通过权利和责任的表述模式设定了系统成员主体之间的行为界限，能够指引系统成员采用合适的文化生产和交易方式，能够评价系统成员哪些涉及文化系统的行为应受到惩戒。所以，相关法律的颁布和实施，能够保障系统成员进行文化生产和文化交易的自由，避免或缓解因为系统文化交互而导致的冲突和矛盾，在相对复杂和不确定的经济过程中赋予行为结果的可预期性和保障权益收付的稳定性，并通过构建奖励和惩罚机制来指引系统成员对文化经济行为的选择，进而间接引导系统文化资源的配置和流向。

例证 7-1

法律与文化

临近1985年冬天，纽约的天气很糟。气温降至零下，露宿街头的人们饱受寒夜的折磨，苦不堪言。为了应对此种局面，纽约市政府发布了一项政令，命令把无家可归者、流浪者和被遗弃者全部集中起来，给他们指定居所。然而面对政府的好意，一位白人流浪汉在面对记者的采访时竟毅然声称："除非我做错了什么事，否则他们别想把我带走！"而另一位黑人流浪者则更拔高为"我们享有权利"。纽约市政府试图帮助无家可归者，这本身并不足为奇，他们可以拒绝这种帮助，而这类事时常发生。但是，如此潦倒落魄的一个人竟提出了一种奇异的权利主张，并且以这样的法律口吻来进行辩解，则令人费解并使人感到不可思议。无论如何，上述两位无家可归者所发出的声音，在某种程度上真实地体现了当代美国文化的核心特征，至少是这种文化的一个缩影。

（弗里德曼，2005）

第二节 法律体系

尽管每个国家都有自己的法律和法律体系，但是总的来说，世界上的法律可分为五大法系，它们分别是中华法系、大陆法系、英美法系、伊斯兰法系、印度法系，其中中华法系和印度法系已经解体。

一、法系的概念

法系是指具有共同法律传统的若干国家和地区的法律。它是一种超越若干国家和地区的法律现象的总称。要正确把握法系的含义，必须把法系同法律体系、法学体系、法律文件体系、法律的历史类型等概念区别开来。

法律体系是指由一个国家内部各个现行法律部门所构成的有机统一整体。也就是说，不包括国际法。而且法律部门也不同于部门法，前者包括《宪法》，后者一般不包括《宪法》。

法学体系是指由法学的各个分支学科所组成的有机体系。它与法系有一定联系，但又区别于法系。法学体系是一种学科体系，是一种学理分类。而法系是一种关涉传统的体系，是一种现实分类。二者都具有一定的确定性，但同时又具有一定的开放性与适时变化性。

法律文件体系可以划分为规范性法律文件体系和非规范性法律文件体系。与法系比较起来是一个横向分类与纵向分类的区别。

法律的历史类型是按照历史上法的阶级本质和其所依赖的经济基础对法所进行的基本分类。这是马克思主义法学关于法的分类方法之一。与法系比较，前者侧重时间性，后者侧重地域性；前者侧重实质特征，后者侧重形式特征。法系是在对各国法律制度的现状和历史渊源进行比较研究的过程中形成的概念。当代世界主要法系有中华法系、大陆法系、英美法系、伊斯兰法系和印度法系，其中印度法系和中华法系已经解体，现存的有大陆法系、英美法系和伊斯兰法系（孟爽，2009）。

二、中华法系及其特点

中华法系是中国封建法律和亚洲一些仿效这种法律的国家法律的总称，是法制史上的一个概念。中华法系是最早产生在东亚大陆的中国封建法律体系，其因具有封建法律的典型性和示范性，故能超越国界，影响周边的封建国家。因此形成以中国封建制度为内涵，以周边的日本、朝鲜、越南等封建国家的同期法律制度为外延的带有儒学特色的区域性法律系统（田韶华等，2008）。

中华法系形成于秦朝（公元前221—公元前206年），到隋唐时期（公元581—公元618年）成熟。最初的国家与法产生于夏朝，后来经过商朝再到西周时期逐渐完备。经过春秋战国时期法律制度的大变革，成文法在各国颁布，到秦朝时中华法系就有了雏形。秦朝的法律制度从现在湖北云梦出土的秦简来看，已经很完备，初步确立了中国古代各项法律的原则。

此后，经过西汉和东汉，以及三国两晋南北朝长达八百多年的发展，到隋唐时，法律思想和法律制度都已成熟，自成体系。代表性的法典就是保存至今的《唐律疏议》，这是中华法系完备的标志。唐朝以后，宋、元、明、清各朝都以此为蓝本创制自己朝代的法律制度。日本所学的正是隋唐的法制，至今日本还用的省（相当于中国的部）、地方县（相当于中国的省）、府、道都是学习隋唐法制的结果。中华法系在历史上不但影响了中国古代社会，而且对古代日本、朝鲜和越南的法制也产生了重要影响。

中华法系主要具有以下五个基本特点。

（一）以儒家思想为理论基础，摆脱了宗教神学的束缚

自汉武帝"罢黜百家，独尊儒术"以后，儒家的纲常名教成了立法与司法的指导原则，维护三纲五常成了封建法典的核心内容。由汉至隋盛行的引经断狱，以突出的形式表现了儒家思想对于封建法制的强烈影响。中国封建法律与西方不同，西方中世纪法律体系中涂有神灵色彩的宗教法规是重要的组成部分，起过维护封建统治的特殊作用。但早在奴隶制末期，中国神权法思想已经发生动摇。在中国封建法律体系中，不存在中世纪西方国家那种宗教法规，儒家的纲常名教代替了以神为偶像的宗教。

（二）维护封建伦理，确认家族法规

中国封建社会是以家族为本位的，因此，宗法的伦理精神和原则渗入并影响着整个社会。封建法律不仅以法律的强制力确认父权、夫权，维护尊卑伦常关系，并且允许家

法族规发生法律效力。由宋迄清，形形色色的家内成文法是对国法的重要补充，在封建法律体系中占有特殊的地位。

例证 7-2

康熙家训

康熙9岁继位，14岁亲政，执政61年，是中国历史上执政时间非常长的一位帝王。他平三藩，收台湾，两次出兵雅克萨，三次亲征，挫败噶尔丹叛乱。他本身就非常重视家庭教育，他有一篇很著名的文章，叫《圣谕十六条》。其子雍正继位后，将康熙有关齐家治国的《圣谕十六条》编辑成《圣谕广训》；又把康熙对皇子皇叔的训诫汇编成《庭训格言》，收入《钦定四库全书》。

雍正帝亲订的《圣谕广训》，不仅自己恪守其精神，而且要求皇族子弟带头执行，使全国兵民"仰体圣祖正德厚生之至意"，实现"风俗醇厚，家室和平"移风易俗之目的。在雍正的督导下，清代各府州县的学官于每月的初一、十五二日择地聚集士庶，宣讲《圣谕广训》。因此，《圣谕广训》不仅是帝王家训，也是"面向全国"的名副其实的家教教科书。

（资料来源：中国古今家族成功传承经典案例[EB/OL]．[2020-02-18]．http://www.doc88.com/p-385488960751.html．）

（三）皇帝始终是立法与司法的枢纽

皇帝是最高的立法者，所发诏、令、敕、谕是最权威的法律形式，皇帝可以一言立法，一言废法；皇帝又是最大的审判官，他或者亲自主持庭审，或者以"诏狱"的形式，敕令大臣代为审判，一切重案会审的裁决与死刑的复核均须上奏皇帝，他可以法外施恩，也可以法外加刑。而西方国家中世纪在相当长时间里，各级封建领主都享有独立的立法权和司法权。

（四）官僚、贵族享有法定特权

中国封建法律从维护等级制度出发，赋予贵族、官僚以各种特权。中国的封建法律同世界上任何国家的封建法律一样，是以公开的不平等为标志的。

（五）诸法合体，行政机关兼理司法

中国从战国李悝著《法经》起，直到最后一部封建法典《大清律例》，都以刑法为主，兼有民事、行政和诉讼等方面的内容。这种诸法合体的混合编纂形式，贯穿整个封建时代，直到20世纪初清末修律才得以改变。

例证 7-3

中华法系中的存留养亲

《唐律疏议》："诸犯死罪非十恶，而祖父母父母老疾应侍，家无期亲成丁者，上请。"即凡非十恶死罪人犯，若家中祖父母或父母老病无人奉养，又无成丁，是否执行死刑，

要奏请皇帝批复；至于犯流罪者，则"权留养亲"。

大明律仿唐律专列"犯罪存留养亲"条："凡犯死罪，非常赦所不原者，而祖父母、父母老疾应侍，家无以次成丁者，开具所犯罪名奏闻，取自上裁。若犯徒流者，止杖一百，余罪收赎，存留养亲。"

《大清律例》沿用明律，并将"留养承祀"正式定为秋审免死的条件，清代的律例对此项规定极为具体。律文："凡犯死罪非常赦不原者，而祖父母、（高、曾同）父母老、（七十以上）疾、（笃废）应侍，（或老、或疾）家无以次成丁（十六以上）者，（即与独子无异，有司推问明白），开具所犯罪名（并应侍缘由）奏闻，取自上裁。若犯徒、流（而祖父母、父母老、疾无人侍养）者，止杖一百，余罪收赎，存留养亲。"

（张晋藩，2005）

三、印度法系及其特点

印度法系是公元5—7世纪以前古代印度奴隶制法及以其为基础的古代缅甸、锡兰（今斯里兰卡）、暹罗（今泰国）、菲律宾等国法律的统称。古代印度居住着不同种族、风俗习惯和宗教信仰的人民，其各自法律的共同点是，都与宗教、道德规范和哲学联系密切。印度古代法大体可分为佛教分支和婆罗门教分支，相互兴替。它起源于婆罗门教法，后佛教兴起，孔雀王朝阿育王定佛教为国教，婆罗门教法的影响遂逐渐缩小，而后被阿育王召集高僧编纂的三藏经典所取代。三藏即《律藏》、《经藏》和《论藏》，《律藏》记载佛教僧侣的戒律和佛寺的一般清规，《经藏》为释迦牟尼说教集，《论藏》包含佛教哲学原理的解说。三藏佛教法，特别是其中的《律藏》，具有法律的性质。后来佛教影响减弱，婆罗门教法又兴盛起来。8—9世纪，婆罗门教吸收了佛教和耆那教的某些教义，改称为印度教。因此，印度古代法也往往被称为印度教法。

印度古代法律肯定了王权无限的君主专制制度，宣布国王是具有人形的伟大的神，其光辉凌驾于一切生物之上。同时，印度古代法律肯定了古印度奴隶制社会的种姓制度。这四个种姓分别是：婆罗门，即僧侣贵族，掌握教权，垄断知识，享有种种特权，是最高种姓；刹帝利，即武士贵族，握有政治军事权力，是世俗统治者；吠舍，包括农牧民、手工业者和商人，是社会的基本生产者；首陀罗，是最低种姓，无任何权力，专为高级种姓服务。

种姓实行世袭，界限森严，对社会影响极深。《摩奴法典》还规定奴隶来源有被俘、给养、出生、购买、赠予、继承和惩罚七种。奴隶所得财产归主人所有。此外，还有关于土地、债权、婚姻、家庭、继承以及刑法、诉讼等方面的规定。

现在上述各国，包括印度在内，均已不再采用印度古代法。印度法系已成为历史名词，但在习惯中还保留有一些遗迹。

印度法系主要具有如下四个特点：① 印度宗教众多，影响到印度法律的结构，体系异常复杂，婆罗门教以《吠陀经》为其最高经典，佛教以三藏为基本经典；② 集法律、伦理道德和哲学为一体；③ 法典不是国王或立法机构颁布的，而是由宗教界的著名人士或婆罗门教的僧侣贵族按照社会需要和阶级利益而进行编撰的；④ 公开宣扬社会的不平等，将一切居民的地位和权利义务用法律形式加以确定，形成一套完整的种姓制度。

四、大陆法系及其特点

大陆法系又称民法法系、罗马日耳曼法系，之所以有这样的称谓，是因为大陆法系是在罗马法和日耳曼法的基础上建立和形成的，以罗马法为源头（田韶华，2008）。大陆法系包括两个支系，即法国法系和德国法系。法国法系是以1804年的《法国民法典》为蓝本建立起来的，它以强调个人权利为主导思想，反映了自由资本主义时期社会经济的特点。德国法系是以1896年《德国民法典》为基础建立起来的，强调国家干预和社会利益，是垄断资本主义时期法的典型。除了法国、德国外，属于大陆法系的国家和地区还包括意大利、西班牙等欧洲大陆国家，也包括曾是法国、西班牙、荷兰、葡萄牙四国殖民地的国家和地区，如阿尔及利亚、埃塞俄比亚等及中美洲的一些国家，如尼加拉瓜等。

大陆法系主要有如下四个特点。

（1）全面继承罗马法。在法律的历史渊源上，大陆法系是在罗马法的直接影响下发展起来的，大陆法系不但继承了罗马法成文法典的传统，而且采纳了罗马法的体系、概念和术语。如《法国民法典》以《法学阶梯》为蓝本，《德国民法典》以《学说汇纂》为模式。

（2）实行法典化，法律规范的抽象化、概括化。在法律形式上，大陆法系国家一般不存在判例法，对重要的部门法制定了法典，并辅之以单行法规，构成较为完整的成文法体系。立法与司法的严格区分，要求法典必须完整、清晰、逻辑严密。法典一经颁行，法官必须忠实执行，同类问题的旧法即丧失效力。法典化的成文法体系包括宪法、行政法、民法、商法、刑法、民事诉讼法、刑事诉讼法。

（3）明确立法与司法的分工，强调制定法的权威，一般不承认法官的造法功能。在法官的作用上，大陆法系要求法官遵从法律明文办理案件，没有立法权。大陆法系国家的立法和司法分工明确，强调制定法的权威，制定法的效力优先于其他法律渊源，而且将全部法律划分为公法和私法两类，法律体系完整，概念明确。法官只能严格执行法律规定，不得擅自创造法律，违背立法精神。

（4）法学在推动法律发展中起着重要作用。法学创立了法典编纂和立法的理论基础，如自然法理论、分权学说、民族国家理论等，使法律适应社会发展需要的任务由法学家来完成。

五、英美法系及其特点

英美法系又称普通法法系，是指以英国普通法为基础发展起来的法律的总称（王雅琴，2015）。它首先产生于英国，后扩大到曾经是英国殖民地、附属国的许多国家和地区，包括美国、加拿大、印度、巴基斯坦、孟加拉、马来西亚、新加坡以及非洲的个别国家和地区，如肯尼亚、尼日利亚和南非等。到18—19世纪时，随着英国殖民地的扩张，英国法被传入这些国家和地区，英美法系终于发展成为世界主要法系之一。它们在法律分类、宪法形式、法院权力等方面存在一定的差别，是西方国家中与大陆法系并列的历史悠久和影响较大的法系，注重法典的延续性，以传统、判例和习惯为判案依据。

英美法系主要有如下六个特点。

（1）以英国为中心，英国普通法为基础。英美法系起源于英国，然后推广到很多使用英语的国家。普通法系以英国普通法为基础，但并不仅指普通法，它是指英国的三种法律，即普通法、平衡法和制定法的总称。

（2）以判例法为主要表现形式，遵循先例。判例法泛指可作为先例据以决案的法院判决，通常与制定法（Statute Law）相对而言，是英美法系法律的一个重要渊源。根据判例法制度，某一判决中的法律规则不仅适用于该案，而且往往作为一种先例而适用于以后该法院或下级法院所管辖的案件。只要案件的基本事实相同或相似，就必须以判例所定规则处理。这就是所谓"遵循先例"（Stare Decisis）原则（李伟民，2002）。

（3）变革相对缓慢，具有保守性和"向后看"的思维习惯。英美法系的法律制度是以判例法为基础的，而判例法的原则和规范是包含在大量的司法判例中的，判例是由法官在长期的审判活动中所做出的判决积累而成的，故变革相对缓慢，同样，"法官造法"也具有保守性和"向后看"（"遵循先例"）的思维习惯。

（4）在法律发展中，法官具有突出作用。法官的突出作用主要体现在法官的职能上，即"法官造法"。在英美法系中，法官判案时要遵循先例。有先例可循时，法官要根据以前判例中所确立的法律原则或规则做出判决；而在无先例可循时，法官就可以创造先例，这一过程，也就是创立和发展法律的过程。

（5）体系庞杂，缺乏系统性。英美法系国家的法律渊源多以普通法和平衡法这两种通过判例来确定法律规则的判例法为主。虽然也有制定法，但大都是对判例法的补充或整理，往往缺乏系统性。

（6）注重程序的"诉讼中心主义"。英美法系的诉讼程序以原告、被告以及其辩护人和代理人为重心，法官只是双方争论的仲裁人而不能参与争论，与这种对抗式程序同时存在的是陪审团制度，陪审团代表人民参加案件审理，但主要做出事实上的结论和法律上的基本结论（如有罪或无罪），法官负责做出法律上的具体结论，即判决。

例证 7-4

美国布朗诉托皮卡教育局案

布朗诉托皮卡教育局案系列的核心案例是1951年秋天以奥利弗·布朗为首提起的集体诉讼。20世纪50年代早期，琳达·布朗是一位住在堪萨斯州托皮卡的学生。她和她的姐姐泰瑞·琳每天都要沿着石岛铁路调车厂走一英里的距离到公共汽车站，然后搭车到距离家有五英里之远的黑人学校蒙罗小学。琳达·布朗尝试到离她家较近的萨姆纳小学上学（该学校离家只有几个街区的距离），却遭到托皮卡教育局的拒绝，理由是萨姆纳小学只招收白人小孩。1951年秋天，由于原告的足额加入，以学生琳达·布朗父亲奥利弗·布朗作为第一原告对托皮卡教育局提起集体诉讼，声称主张种族隔离的学校已经侵害了琳达·布朗依据《宪法》第14条修正案所保障的同等保护权，要求校区停止种族隔离政策。

布朗诉托皮卡教育局案上诉到最高法院时，最高法院将几个同样具有种族隔离教育背景的案子合并一起审理，且合并判决（除波林案）。因此，布朗诉托皮卡教育局案是一个对这些所有合并审理的案子以及随后的布朗第二案的称呼。它们包括：布朗诉托皮卡教育局案（堪萨斯州的案子）、布理格斯诉伊利奥特案（南卡罗莱那州的案子）、戴维斯诉普林斯·爱德华郡教育局案（维吉尼亚州的案子）、贝尔顿诉格布哈特案（又称布拉诉格布哈特案，德拉瓦州的案子），以及波林诉夏普案（华盛顿哥伦比亚特区的案子）。

1954年5月17日，以厄尔·沃伦为首席大法官的九位大法官，以9:0的票数对布朗系列案做出了裁决，表达了最高法院对美国种族隔离所持的反对态度。裁决宣布："公共教育领域绝不允许'隔离但平等'原则存在。在教育机构内推行种族隔离，实质上就是一种不平等。"自此，在美国历史上，"隔离但平等"原则被画上了句号，黑人与白人的平等权向前迈出了重要的一步。

（胡建森，2017）

六、伊斯兰法系及其特点

伊斯兰法是对中世纪的阿拉伯帝国和其他伊斯兰教国家封建法律的统称。它产生于7世纪初，在8—11世纪达到全盛，随着阿拉伯帝国的崩溃而逐步衰落，但至今仍为少数国家在不同程度上沿袭。从这个意义上可以说，伊斯兰法系是一个"活的法系"，以《古兰经》为立法基础。作为一种法律制度和法律文化传统，伊斯兰法在人类文明史上占据着独特的地位，其中包括《古兰经》《圣训》、教法学和阿拉伯原有习惯（齐海滨，1984）。《古兰经》有许多内容涉及法律，是伊斯兰法的基本渊源。《圣训》是对《古兰经》的解释和补充，是仅次于《古兰经》的伊斯兰法的基本渊源。教法学是著名法学家对《古兰经》和《圣训》中的伊斯兰法原理的解释和发展，实质上也就是为疆域扩展和社会生活复杂化的需要而进行的法律创制活动。阿拉伯原有习惯是伊斯兰教创立前阿拉伯人的古老观念和处理民商事纠纷等方面的习惯。在这些习惯中，只有与伊斯兰教义不相抵触或被穆罕默德改造、吸收到伊斯兰教义中的才继续有效。

（一）伊斯兰法系的主要内容

1. 穆斯林义务

信仰真主是穆斯林的首要义务，"穆斯林"一词意即信仰安拉、服从先知的人。每一个穆斯林必须执行五种善功，即念功、拜功、斋功、朝功和课功。① 念功，乃五功之首。通过念诵，使每个穆斯林在心灵中念念不忘主宰万物的安拉和安拉的使者。② 拜功，是穆斯林敬拜安拉的一种宗教仪式，也是一种修身养性的宗教功修。所谓礼拜，就是按照规定的时间和程序，而朝麦加克尔白的方向跪拜安拉。③ 斋功，即每年伊斯兰教历9月举行一个月的斋戒功修。每天从日出前开始至日落，禁止饮食，戒除私欲。④ 朝功，即朝觐麦加的一系列宗教仪式的必修功课。凡成年穆斯林，身体健康，路费宽裕，家人生活安定，身无债务，往返路途安全，无论男女，一生至少应去麦加朝觐一次。⑤ 课功，即对财产占有者的一项宗教课税功修。凡理智健全的穆斯林个人，财产达到规定限额时，都应交纳一种名为"则卡提"（阿拉伯语，即"天课"）的宗教税，亦称济贫税。

2. 土地所有权

土地是安拉的财产，只有先知的继承人哈里发才有权支配，阿拉伯贵族和普通自由人只享有占有权。后期，土地占有者的权力逐渐扩大。麦加城及其邻近地区是圣地，非穆斯林不得在该地居住。被征服地区的土地占有者如果皈依伊斯兰教，可以保留原有土地。

3. 债权法

因致人损害所生之债和因契约所生之债已经分开。以宣誓确认的诺言必须实践，食言者应以施舍赎罪，通常是释放1个奴隶、救济10个贫穷穆斯林、斋戒3天等。因欺诈、错误、强迫而缔结的契约无效。非穆斯林不能购买土地和穆斯林奴隶。奖励交易，禁止利息。

4. 家庭法

婚姻是一种契约，妇女不是缔约当事人，而是契约的标的物，必须由监护人代为订立；男方必须交聘金；一夫可娶四妻。血统近亲、乳母近亲禁止结婚。一方行为淫荡、宗教信仰不同也禁止结婚。妻子应尊敬和服从丈夫，只有在极少数情况下，如丈夫不赡养妻子，妻子才可以请求离婚。休妻制盛行，被休之妻在一定期限内仍应居住原处，在此期限内丈夫可以与她言归于好；休妻可进行三次，第三次为永久离别。妇女应披长衫，除丈夫、父母、子女、兄弟、姐妹等外，在人前不能显露身体面容；不能轻易和男人直接交谈。

5. 继承法

非穆斯林不能继承穆斯林的财产，除近亲属（包括妇女）外，盟友也可继承。每一继承人都应得一定份额，若有其他继承人，这种份额依比例递减。遗嘱人只能处分其财产的三分之一。

6. 刑法

伊斯兰法中保留了阿拉伯人原来通行的血亲复仇制度，若被害者近亲属同意，可缴纳赎罪金。杀害自由穆斯林所缴纳的赎罪金比杀害妇女和非穆斯林高得多。伊斯兰法认为肉体刑印象最深，最能起到警诫作用，因而被广泛采用。

（二）伊斯兰法系的特点

伊斯兰法系主要有如下四个特点：① 伊斯兰法是"伊斯兰教革命"的产物；② 作为伊斯兰教经典的《古兰经》和《圣训》，是伊斯兰法的基本渊源；③ 伊斯兰法的内容也表明它兼具宗教和道德规范的性质；④ 伊斯兰法的另一个显著特点是：作为中世纪的封建法律，还保留有许多奴隶制内容和原始氏族习惯的残余，打上了早期阿拉伯封建社会的鲜明烙印。

第三节 跨文化商务谈判中的法律适用

法律是一种要对其进行深入分析的区域文化，与政治、诗歌、航海以及园艺等具有一定的共同点，都具有区域性的特点。也就是说，在进行跨文化商务谈判时，首先要充分尊重地域系统中的种族文化特点，其次要了解并尊重当地的法律标准和精神。

在当代，跨文化商务谈判已成为经济活动不可缺少的一环。但跨文化商务谈判能否取得成功，所签订的协议能否如实履行，不仅取决于方法与技术，更重要的是谈判是否依据已经确定并被公认的行为规范——法律，如果依据法律，其结果必然具有约束力。显然，在现代一切社会活动中，法律的地位举足轻重。我国《宪法》规定："一切国家机关和武装力量、各政党和各社会团体、各企事业组织都必须遵守宪法和法律。一切违反宪法和法律的行为，必须予以追究。任何组织和个人都不得有超越宪法和法律的特权。"这就表明了在跨文化商务谈判中依据和运用法律的极端重要性。

一、商务谈判的相关法律法规

商务谈判既要着眼于其本身，即促使对方最大限度地接受己方的要求，又要考虑双方达成的协议是否可以顺利履行。如果仅仅着眼于谈判本身，迫使对方接受了己方的不合理要求，又为此在谈判中搞得双方很不愉快，那么后续履行就有可能不顺利。总而言之，在商务谈判中应该了解双方相关的一些法律法规，并在之间实现平衡。

（一）《中华人民共和国合同法》

《中华人民共和国合同法》（以下简称《合同法》）是调整平等主体之间的交易关系的法律。它主要规定合同的订立、合同的效力以及合同的履行、变更、解除、保全、违约责任等问题。

订立合同的原则：① 合同当事人的法律地位平等，一方不得将自己的意志强加给另一方；② 当事人依法享有自愿订立合同的权利，任何单位和个人不得非法干预；③ 当事人应当遵循公平原则确定各方的权利和义务；④ 当事人行使权利、履行义务应当遵循诚实守信的原则；⑤ 当事人订立、履行合同，应当遵循法律、行政法规，尊重社会公德，不得干扰社会经济秩序，损害社会公共利益。

（二）《联合国国际货物买卖合同公约》

考虑到在平等互利基础上发展国际贸易是促进各国间友好关系的一个重要因素，采用照顾到不同的社会、经济和法律制度的国际货物买卖合同统一规则，将有助于减少国际贸易的法律障碍，促进国际贸易的发展。

1. 公约的宗旨

公约的宗旨是建立新的国家经济秩序，在平等互利的基础上发展国际贸易，照顾到不同的社会、经济和法律制度，制定国际货物销售的统一规则，以减少法律障碍，促进国际贸易的发展。

2. 合同双方的义务

卖方的义务主要包括：① 交付货物。这是卖方的主要义务，根据公约的规定卖方应依合同约定的时间、地点及方式完成交货义务。② 品质担保。卖方必须保证其交付的货物与合同约定的相符。如果合同没有约定的，依公约的规定。③ 权利担保。分为所有权担保和知识产权担保。④ 交付单据。单据在象征性交货的情况下，对买方非常重要，可能会影响到买方能否及时提取货物或转卖货物。买方的义务主要有两项——支付货款和接收货物。

3. 违约的救济方法

违约的救济方法是指在一方违反合同时，另一方当事人依法获得补偿的方法。

卖方违约买方的救济方法有五点。① 要求实际履行。《联合国国际货物买卖合同公约》（以下简称《公约》）第四十六条第一款规定，卖方违反合同时，买方可以采取要求实际履行的办法。第四十七条规定，买方可以规定一个合理时间的额外期限，让卖方履行义务。② 交付替代物。依《公约》规定，买方只有在货物与合同不符，构成根本违反合同时，才可以要求交付替代物。③ 修理。卖方对所交付的与合同不符的货物进行修补、调整或替换有瑕疵的部分。④ 减价。《公约》第五十条规定，如货物与合同不符，不论价款是否已付，买方都可以减低价格。⑤ 宣告合同无效。依《公约》第四十九条规定，买方有权在下列情况下宣告合同无效：第一，卖方根本违反合同；第二，卖方在买方规定的宽限期间内没有交货或声明不交货。

买方违约卖方的救济方法：① 要求履行义务。依据《公约》第六十一条至第六十三条的规定，如果买方不履行其在合同中约定的义务或《公约》规定的义务，卖方可以要求其履行义务，如支付货款、接收货物等。② 宣告合同无效。根据《公约》第六十四条的规定，卖方在下列情况下可以宣告合同无效：买方的违约是根本违约；买方在宽限的时间内仍没履行，或买方声明将不在规定的时间内履行。

（三）反倾销法

1. 倾销

倾销是指一国（地区）的生产商或出口商以低于其国内市场的价格或低于成本的价格将其商品抛售到另一国（地区）市场的行为。关于执行1994年《关税及贸易总协定》第六条的协议规定，如果在正常的贸易过程中，一项产品从一国出口到另一国，该产品的出口价格低于在其本国内消费的相同产品的可比价格，也即以低于其正常的价值进入另一国的商业渠道，则该产品将被认为是倾销。

2. 反倾销

反倾销（Anti-Dumping）是指对外国商品在本国市场上的倾销所采取的抵制措施。一般是对倾销的外国商品除征收一般进口税外，还要增收附加税，使其不能廉价出售，此种附加税称为"反倾销税"。反倾销法的国际规范主要包括国际双边条约和多边条约，其中最有影响的就是GATT/WTO《反倾销守则》。反倾销法是美国外贸法的重要组成部分，包括程序法和实体法。程序法主要包括美国反倾销主管机构以及反倾销诉讼程序。实体法主要是征收反倾销税的条款、征收反倾销税、中止协议和反规避措施等。美国反倾销程序包括调查程序、征税程序、行政复查和司法复查。美国反倾销案的调查和判定机构有两个——美国国际贸易委员会和美国商务部。

世贸组织的《反倾销守则》规定，成员如果要实施反倾销措施，必须遵守以下条件：① 倾销及其确定。倾销的界定，根据正常价值、出口价格以及倾销幅度进行计算。② 损

第七章 跨文化沟通中的法律因素

害及其确定。主要是确定国内产业受到损害应当调查的主要事项。③ 确定倾销和损害的因果关系。只有倾销和损害之间存在因果关系，才能做出实施反倾销措施的裁定。④ 关于同类产品和国内产业。进口倾销产品和国内申请人生产的产品必须属于同类产品。国内产业必须达到国内同类产品总量的一定比例才有资格作为国内产业的申请人。⑤ 有关反倾销措施的规定。包括临时反倾销措施和最终反倾销税的征收以及追溯征缴和退还反倾销税或保证金的有关规定。⑥ 有关反倾销程序的规定。主要包括反倾销申请、调查、证据、披露、裁决、司法审议、复审、争端解决、公告等。程序性规定是反倾销法的重要内容。

按照倾销的定义，若产品的出口价格低于正常价格，就会被认为存在倾销。出口价格低于正常价格的差额被称为倾销幅度。

例证 7-5

反倾销 "小蜜蜂"落足美国市场

武汉小蜜蜂食品有限公司（以下称"小蜜蜂公司"）是一家集科研、生产、销售为一体的股份制民营企业，是国家农业产业化重点龙头企业，于1997年成立，位于武汉市江夏区庙山开发区。该公司主要从事农产品加工，其主要产品为蜂产品和荚头两大系列，二十多个品种，出口市场主要为日本、欧盟、美国、东南亚等二十多个国家和地区，年创汇1000万美元以上，产值过亿元。

据湖北日报披露：从2001年开始小蜜蜂公司参与了对美国蜂蜜反倾销的应诉。当年5月小蜜蜂公司首次向美国出口几十吨蜂蜜，即被告知为倾销商品，须向美国政府缴纳24%~183.3%的特别关税。附加说明称，这是美国2000多家蜂农集体向美国商务部提起的诉讼，称中国企业向美国倾销蜂蜜，其中包括武汉小蜜蜂食品有限公司。

首次向美国出口蜂蜜，怎么就成了倾销？小蜜蜂公司决意向美国商务部讨说法。小小民营企业，与美国商务部打官司，可不是一件容易的事。且不说聘请美国律师、往返美国提供材料、接受美国有关方面问卷调查及实地核查的复杂性，仅各种费用，公司初算要花费近200多万元。该公司的董事长孙毅说："加入世贸组织后，我国企业在国际贸易活动中应享受平等待遇，应诉反倾销这是中国企业的权益，我们必须据理力争。"于是，这家成立不久的民营企业开始了与美国商务部打官司的漫长道路，也为湖北农产品应诉反倾销带了个好头。

针对小蜜蜂公司的反倾销应诉，武汉市外经贸主管部门及时组织相关企业学习WTO规则，同时带领该公司有关人员专程前往北京向商务部（原外经贸部）汇报，积极参加由中国食品土畜进出口商会组织的反倾销应诉，最终获得了单独税率，取得了这场"洋官司"的初步胜利。按照"谁应诉谁受益"原则，湖北地区只有武汉小蜜蜂公司一家企业可以出口蜂蜜到美国，该公司抓住机遇，迅速占领市场，努力扩大出口规模。2002年该公司出口蜂蜜3600多吨，创汇350多万美元。2003年仅1~5月出口蜂蜜创汇达到295万美元，同期增长幅度为332%，取得了骄人的成绩，并带动了一批农民增产增收，受到地方各级政府的嘉奖。

（资料来源：武汉小蜜蜂食品有限公司：首次出口美国遭遇反倾销及其应诉的案例分析[EB/OL].[2019-07-25]. https://wenku.baidu.com/view/6c286186c950ad02de80d4d8d15abe23492f0304.html.）

二、法律在跨文化商务谈判中的作用

跨文化商务谈判是指在文化差异的基础上,不同的经济实体为了自身的经济利益和满足对方的需要,通过沟通、协商、妥协、合作、策略等各种方式,把可能的商机确定下来的活动过程。商务活动的实质是源于商品价值和使用价值的转换交易,而在市场经济法下,法律为包括商务谈判在内一切商务活动的健康有序进行提供了保障,但同时也要求,包括商务谈判在内的一切商业活动必须依法进行。

(一)法律能使跨文化商务谈判趋向公平与合理

法律是一个上层建筑的范畴,其与经济基础的联系最为直接,是经济基础最直接的反映。法律是由国家制定的,是一定时期内以经济为基础的社会各种政治力量对比关系的产物,经济法就是社会经济关系的重要调节器,是保证该社会经济秩序的安全阀。国内经济法调整和规范的是国家内部的各种经济关系和经济行为,它不仅约束国有经济与集体经济的行为,也约束私营经济的行为。在跨文化商务谈判中,一旦有一方侵犯了另一方法定范围内的权利,另一方就可以依据法律规定,与对方进行交涉、谈判,以维护自身的合法权益,谈判就会在平等的条件下进行,其结果就会公平。

国际经济法调整的是各国间经济关系以及规范国际贸易的行为。它约束大国也约束小国的行为,发达国家与不发达国家、富国与穷国在法律面前都是平等的。例如,1962年联合国大会通过了《关于自然资源永久主权的宣言》,1974年通过了《建立新的国际经济秩序宣言》和《各国经济权利和义务宪章》,从而把主权原则扩充到经济方面,使各国的经济主权及经济自主和独立成为新的国际经济秩序的基本原则。这就使国际法逐渐改变了过去那种强国限弱国、大国欺小国的局面,逐渐趋向平等。沟通双方依据这种公认的较为公平的行为准则进行谈判,结果也会更趋向于平等。

(二)法律能促使跨文化商务谈判趋向科学化

任何谈判都是在代表某一组织、集团或个人利益的谈判代表之间进行的,而各位谈判代表的个性与素质又各不相同:"强硬型"谈判对手自信而傲慢;"不合作型"谈判对手又以自我为中心,善用谈判技巧;而"阴谋型"谈判对手有时为了满足自身的利益和欲望,经常使用一些诡计来诱惑对方达成不公平的协议。在这种情况下,法律把符合客观规律的、确实行之有效的制度和方法条文化并使之固定下来。规范性、强制性和稳定性是法律的基本特征之一。当谈判依据这种固定的、具有科学性的法律时,就能促使谈判摆脱那种纯粹以谈判者自身素质决定胜负,或以玩弄骗术获取成功的现象。而且,在谈判协议签订后,对不善意执行者,法律仍有控制权,凡违法的,法律就要制裁。这样,就使谈判的各方必须通过法律来约束自己的言行。总之,谈判通过法律的规范和强制摆脱了随意性,从而趋向科学化。

(三)法律能促使跨文化商务谈判趋向正规化

法律作为上层建筑中最为直接反映经济基础的部分,它是人为制定的,但人并不是凭空形成法律条文的,总是在参照各种惯例和习俗的基础上形成各种法规的,期间就使有关的处理各类关系的一般通行做法从不正规变为正规。例如，贸易惯例并不是法律，并不具有法律的普遍约束力，从严格意义上讲，它还不正规。但是，当法律做出规定，即一旦当事人在合同中采用了某项惯例，它对合同双方当事人就具有了约束力，它就变为正规条文了。谈判以该条法律为依据，这项惯例就毋庸置疑地具有了法律效力。《中华人民共和国涉外经济合同法》第五条规定，对中国法律未做规定的事项，可以适用国际惯例。1980年《公约》第九条也规定，双方当事人应受他们业已同意的任何惯例的约束，并规定，除另有协议外，双方当事人应视为已默示同意受他们已经知道或理应知道的惯例的约束。这些条文都使惯例转化为法规。如此来说，遵不遵守这些惯例，就不是当事人愿不愿意的问题，而是违不违法的问题了。

法律面前无戏言。所以，依法规范谈判，能使谈判行为乃至谈判双方之间的关系正规化。正规化之所以重要，是因为它可以减少谈判中的交易成本，大大节约谈判双方的时间和精力。目前，随着信息高速公路的发展，已出现了利用电子计算机及互联网进行双边贸易谈判的现象，在这种贸易双方代表并不直接见面的远距离谈判的过程中，一切依法律操作的做法将变得更为重要。

例证 7-6

上海金纬机械制造有限公司与瑞士瑞泰克公司仲裁裁决执行复议案

上海金纬机械制造有限公司（以下简称"金纬公司"）与瑞士瑞泰克公司（RETECH Aktiengesellschaft，以下简称"瑞泰克公司"）买卖合同纠纷一案，由中国国际经济贸易仲裁委员会于2006年9月18日做出仲裁裁决。2007年8月27日，金纬公司向瑞士联邦兰茨堡（Lenzburg）法院（以下简称"兰茨堡法院"）申请承认和执行该仲裁裁决，并提交了由中国中央翻译社翻译、经上海市外事办公室及瑞士驻上海总领事认证的仲裁裁决书翻译件。同年10月25日，兰茨堡法院以金纬公司所提交的仲裁裁决书翻译件不能满足《承认及执行外国仲裁裁决公约》（以下简称《纽约公约》）第四条第二点关于"译文由公设或宣誓之翻译员或外交或领事人员认证"的规定为由，驳回金纬公司申请。其后，金纬公司又先后两次向兰茨堡法院递交了分别由瑞士当地翻译机构翻译的仲裁裁决书译件和由上海上外翻译公司翻译、上海市外事办公室、瑞士驻上海总领事认证的仲裁裁决书翻译件以申请执行，仍被该法院分别于2009年3月17日和2010年8月31日，以仲裁裁决书翻译文件没有严格意义上符合《纽约公约》第四条第二点的规定为由，驳回申请。

2008年7月30日，金纬公司发现瑞泰克公司有一批机器设备正在上海市浦东新区展览，遂于当日向上海市第一中级人民法院（以下简称"上海一中院"）申请执行。上海一中院于同日立案执行并查封、扣押了瑞泰克公司参展机器设备。瑞泰克公司遂以金纬公司申请执行已超过《中华人民共和国民事诉讼法》（以下简称《民事诉讼法》）规定的期限为由提出异议，要求上海一中院不受理该案，并解除查封，停止执行。

最终，上海市第一中级人民法院于2008年11月17日做出（2008）沪一中执字第640-1民事裁定，驳回瑞泰克公司的异议。裁定送达后，瑞泰克公司向上海市高级人民法院申请执行复议。2011年12月20日，上海市高级人民法院做出（2009）沪高执复议字第2号执行裁定，驳回复议申请。

（案例来源：上海金纬机械制造有限公司与瑞士瑞泰克公司仲裁裁决执行复议案[EB/OL].（2014-12-20）. https://www.chinacourt.org/article/detail/2014/12/id/1520784.shtml.）

（四）了解地方相关法律规定及既往裁判案例

相关法律规定是指法律、法规、规章、政府命令、司法解释等各个领域、各个层级的法律性规定及既往裁判案例。通过了解地方相关法律规定及既往裁判案例，可以在跨文化商务谈判中掌握主动权，同时可以避免因不了解地方相关法律规定而犯的错误。因此，在跨文化商务谈判中可以事先了解谈判主题事件的法律性质和潜在的诉讼仲裁案件后果，以帮助确定谈判的根本策略（如是否力争谈判成功，是否可以让步及如何让步）。这样还可以帮助廓清商务谈判的基本刚性框架，避免在框架之外进行谈判或因谈判结果落在谈判框架之外无法执行而浪费时间。

三、跨文化商务谈判中的法律适用原则

法律是规范跨文化商务谈判活动中最常见、最完备的规则形式，在商务谈判活动中进行适用法律有着固有的必然性。跨文化商务谈判中的法律适用必须遵循国家主权原则、平等互利原则、合理利用法律保护合法权益原则、遵守国际规则及惯例的法律原则（何爱华，2005）。

（一）国家主权原则

国家主权是指一国的国家权利对其他任何国家具有独立性，国家有权按照自己的意志自由地处理其对内对外事务，而不受其他国家的干涉。法律出自国家，国家性是其显著特征之一。它以国家的名义创制，在一国全部地域范围内对一切人和组织发生效力，并由国家强制力保证实施。国家主权原则在商务谈判的法律适用中主要表现在以下几个方面。

（1）无涉外因素的商务谈判一律适用本国的法律规定，而不得协议参照外国法律作为谈判标准。当双方协议遵守的外国法律规定与本国法律规定有冲突的，应以本国法律规定为准。此所谓涉外因素，又可称为外国因素或国际因素，是指谈判的要素中涉及外国的成分。我国合同法规定，在我国境内履行的中外合资经营企业合同、中外合作经营企业合同、中外合作勘探开发自然资源合同适用我国的法律。因此，在我国境内成立的中外合资企业、中外合作经营企业和外资企业之间以及它们同我国其他企业、经济组织或者个人之间进行的商务谈判均应以我国法律的规定作为谈判的标准。

（2）在国际商务谈判中，谈判的双方应相互尊重对方的社会经济法律制度，尤其要遵守商务活动进行地所在国家的法律及公序良俗。国家对本国的领土完整及自然资源拥有永久主权，任何经济组织或个人如无法律授权，都没有权力向外方允诺出售、出租或开发国土，也无权对外减免税收或给予特殊的外汇管理权。双方协议选择适用外国法律或由外国法院来解决争议时，不得损害本国的主权，也不得与本国的公共秩序相抵触。

（二）平等互利原则

平等原则是我国法律的基本原则，在《宪法》和民法中均有明文规定，同时，它也是世界范围内公认的一条法律原则。市民社会的平等观是机会的平等，而不是结果的均等。商务谈判的双方当事人法律地位平等，都具有享受民事权利和承担民事义务的资格，任何一方都不能以"特权者"的面目出现，不允许恃强凌弱、以大欺小。双方所有的协议只有在协商一致且体现各自真实意思表示的情况下才有效。互利就是在权益上要彼此有利，当事人间确定权利义务关系的具有法律效力的文件，如合同，应满足双方利益的要求，不得以损害他方利益的方法来满足一方的要求，更不得利用经济、技术或其他实力的优势，诱迫对方签订不平等协议。而且，在一定情况下，要从双方具体经济条件出发，使经济实力较弱的一方确实得到相应的实惠。

只有平等，才能互利，也就是说，互惠互利是以平等为前提的。但是，平等互利并不意味着双方在利益上的收获是均等的，而是承认其在合理基础上的不等。

（三）合理利用法律保护合法权益原则

当事人参与商务谈判的目的是为了寻求一定的利益，因此必定运用一切可以利用的方法、手段或者技巧来为己方争取利益，其中包括法律手段。法律的一些规定正是为了合理地保护当事人的正当利益而设定的，当事人必须合理地使用法律以达到预定的目的。以承揽加工合同为例，法律规定承揽人将其承揽的主要工作交由第三人完成的，应当就该第三人完成的工作成果向定作人负责，未经定作人同意的，定作人可以解除合同。定作人可以在谈判中将这样的法律规定作为双方的协议内容，以防止承揽人任意转包。相应地，法律对承揽人的利益也做了一些保护性规定：定作人中途变更承揽工作的要求，造成承揽人损失的应当赔偿；定作人未向承揽人支付报酬或者材料费等价款的，承揽人对完成的工作成果享有留置权，但当事人另有约定的除外。对于后者情况下，承揽人是否对完成的工作成果享有留置权就应该成为双方谈判的一个重点方面。如果承揽人有留置权，就意味着在定作人拖欠费用时，承揽人扣押承揽加工物抵债是合法的，否则，即为违法行为。

（四）遵守国际规则及惯例的原则

在国际商务谈判中，适用的法律往往不是单方当事人所属国的法律，而是适用国际规则及惯例。国际规则主要由国际条约构成，国际条约是国家间缔结的确定、变更或终止相互权利义务关系的协议。现适用得最广泛的国际规则莫过于 WTO 规则。我国加入 WTO 后，对任何经济组织和个人来说，应该遵守的 WTO 规则不仅仅是乌拉圭回合达成的协议文本，还包括我国加入 WTO 的承诺，这些都是具有约束力的规则。WTO 规则中规定和确认当事人的权利、义务等实体问题的规则主要包括三个部分：货物贸易规则、服务贸易规则、与贸易有关的知识产权规则。用以保证当事人的权利和义务得以实施的有关程序规则分成两部分：争端解决规则与程序、贸易政策审议机制。国际惯例是指在长期的普遍的国际商务实践中形成的习惯做法，它常常表现为一些约定俗成的成文或不成文的规则。国际惯例不是各国的共同立法，也不是一国的法律，因而在未经国家认可的情况下不具有法律的约束力。国家认可国际惯例的方式有两种：一是直接认可，即将某一国际惯例的内容直接纳入本国的法律规范中;二是间接认可,如允许谈判者协议是否接受某一国际惯例。我国法律明确规定,我国法律和我国缔结或者参加的国际条约没有规定的,可以适用国际惯例。因此,当双方在某个问题上发生争议,而法律没有明确的规定且双方就此无协议时,可以国际惯例作为判断标准来解决纠纷或争议。

第四节 跨国公司相关的法律规制

随着经济全球一体化,跨国公司成为企业配置全球资源、谋求最大利润的常用组织形式,跨国公司规模和数量日渐庞大,对各国经济和社会的影响与日俱增。本节主要从跨国并购的法律风险、跨国公司人权责任的法律规制、跨国公司避税的法律规制和跨国公司商业贿赂的法律规制四个方面来对跨国公司相关的法律进行阐述。

一、跨国并购的法律风险

跨国并购时企业的法律风险主要是由于未能遵守东道国的法律监管而引起的。东道国调整跨国并购的法律体系在保证和促进跨国并购的同时,也出于各种目的对跨国并购行为进行监督和制约。东道国跨国并购监管法律的核心机制主要包括反垄断法、公司法、证券法和外资法等,主要内容包括禁止垄断、公平交易、保护股东或投资者权益、信息披露及时充分、禁止欺诈、政府介入并实施必要的控制、保护雇员合法权益等。对于企业来说,各种管制跨国并购的法律规范构成了顺利实施并购的障碍。这些障碍的实际效果是增加并购成本,或是提高并购难度,或是限制投资比例,或是出于反垄断或其他原因而直接禁止并购。如果不能排除这些障碍,这些障碍就会现实性地转变为法律风险,给企业造成不可挽回的损失。

为了确定跨国并购的可行性,减少并购中可能产生的法律风险与损失,并购企业在决定并购目标企业前,应对目标企业的外部环境和内部环境进行审慎的调查和评估,尽可能详尽地了解目标企业,从而决定是否并购和怎样并购。在实施并购过程中,应尽量避免以下有关法律问题:① 目标企业的资产、责任、运作、反并购行为等问题;② 关于并购的合法性、正式授权与效力问题;③ 可能加诸并购企业的潜在责任问题;④ 税收、环保等问题。为降低和避免跨国并购的法律风险,应在并购协议中规定比较详尽的陈述与保证条款、维持现状条款、交割的先决条件条款、风险分担条款、赔偿责任条款等,以最大限度保护自己的利益。在不违法的前提下,并购企业可以采取合理的规避措施以避免法律风险,减少损失(袁松,2007)。

例证 7-7

紫金矿业败走刚果

从紫金矿业豪情满怀地发布《紫金矿业关于收购 Platmin Congo Limited 股权公告》,到媒体报道该收购被刚果(金)政府宣布无效,再到紫金矿业宣布放弃收购,这一过程极具戏剧化。2010 年 5 月 7 日，紫金矿业宣布将与中非发展基金联合收购 Copperbelt 所持有的 Platmin 全部已发行股份及 Copperbelt 集团内部应收账款，获得 Deziwa 铜钴矿项目及 Ecaille C 铜钴矿项目的控股权，收购总花费约为 2.84 亿美元。5 月 10 日，《美国之声》援引刚果（金）矿业部长的幕僚长 Alexis Mikandji Penge 的话称，该项联合收购协议"违反有关规定，在刚果（金）没有效力"8 月 24 日，中非发展基金总裁迟建新表示，该项目已经有很大进展，中非发展基金的代表团刚刚和刚果（金）政府进行过接触，刚果（金）政府已明确表示欢迎中国企业到刚果（金）投资。9 月 1 日，资金矿业副董事长蓝福生对外表示，仍然在等刚果（金）政府的批准，具体事宜由被收购方来操作。9 月 7 日，紫金矿业发出了放弃收购的公告。

（资料来源：国际矿业并购的十大关键问题及对策 [EB/OL]．（2018-9-26）. https://www.sohu.com/a/256178659_820252.）

二、跨国公司人权责任的法律规制

在当前国际经济秩序中，跨国公司凭借其强大的经济实力愈发扮演重要的角色，跨国公司在经营活动中，侵犯东道国人权的问题也引起广泛的关注。

（一）跨国公司的人权责任

跨国公司的人权责任内容至少包括保护生命权、健康权的责任，保护劳工权的责任和保护环境权的责任（程燕龙，2015）。

1. 保护生命权和健康权的责任

生命权和健康权是人的基本权利，跨国公司保护生命权和健康权的责任对内体现在对其内部员工的生命权和健康权的责任，对外体现在对其所涉及的消费者的生命权和健康权的责任。

2. 保护劳工权的责任

在市场运行规律的作用下，大多数跨国公司将劳动密集型产业转移到劳动力成本低的广大发展中国家和地区，跨国公司在追求经济利益最大化的目标和劳工权利保护之间常常发生矛盾。为了降低成本，跨国公司往往压低工资、福利待遇，工厂存在诸多生产安全隐患，生产过程中也存在卫生、环境标准不达标等问题。

3. 保护环境权的责任

环境与人类生存息息相关，跨国公司在世界范围内从事各种生产和经营活动的过程中，将生产技术带到全球各地的同时，也把污染留在了世界各个角落。对于欠发达的国家和地区来说，为了把握带动当地经济发展的机遇，容易纵容或忽视跨国公司对环境的破坏，而对生态环境的负面影响也必将由全体人类共同承担。

例证 7-8

宝洁"SK－II 安全危机"事件

2005 年 3 月初，江西消费者将宝洁告上法庭，原因是使用 SK－Ⅱ产品后，非但没有出现宣传的神奇功效，反而导致皮肤灼伤，并在该产品掩藏在中文下的日文产品成分说明中发现俗称"烧碱"的氢氧化钠。3月7日，宝洁发表紧急声明，称SK-Ⅱ产品是安全的，宣传效果也有测试数据为证。3月9日，代言SK-Ⅱ紧肤抗皱精华乳的香港明星刘嘉玲发电子邮件表示声援，称"我很高兴继续支持SK-Ⅱ"。随后宝洁公司草草地发布声明，称"产品有双重保险保证其安全性"，并强调"产品手册中对产品的宣传有实验数据支持"。同时，宝洁公司指责"此事后面有利益集团在操纵"。紧接着，宝洁公司在全球范围内推出公益活动——"生活、学习和成长"，向中国公益事业第一品牌"希望工程"捐献400万元。3月21日，河南《今日安报》披露，郑州消费者由于担心SK-Ⅱ质量有问题，要求退货被拒绝，决定起诉宝洁公司。众媒体转载了这条新闻，并对SK-Ⅱ的安全再次质疑，但宝洁仍然对外界含糊其词。4月1日，宝洁公司到南昌市工商局签字接受20万元处罚。4月7日，王海向国家工商总局举报宝洁SK-Ⅱ广告欺诈消费者。8月24日下午，宝洁公司在北京临时召开SK-Ⅱ媒体沟通会。

（资料来源：宝洁SK-II风波[EB/OL]. [2020-02-25]. http://finance.sina.com.cn/nz/bjSKII/.）

（二）跨国公司人权责任的相关规制

人权是每个人最基本的权利，国与国之间的组织和一些国家在人权保护方面做了大量的努力。

1. 联合国的相关规定

2003年联合国《跨国公司和其他工商企业在人权方面的责任准则（草案）》经联合国增进和保护人权小组委员会决议获得批准，该准则规定了如机会平等权、非歧视待遇和工人权利等与企业有关的具体人权，还阐述了企业对环境保护和消费者保护的责任。

2. 经济合作与发展组织（OECD）的相关规定

经济合作与发展组织（OECD）的《多国准则》专门提出"企业根据东道国政府的国际义务和承诺，尊重受其活动影响的人权"，还提出了结社自由、禁止使用童工、消除强制劳动和就业歧视等多方面与劳工人权有关的建议。之后的修订还增加了实施监督机制的内容，要求各成员国建立"联络点"，负责督促和监督准则的实施，并接受有关公司不遵守准则的"具体申述"。任何个人和组织都可以申诉，实践中多数申诉来自于工会。

3. 非政府组织的相关准则

非政府组织在跨国公司履行人权义务方面也做了大量工作，其中极具代表性的有《苏利文（Sullivan）全球原则》《考克斯（Caux）圆桌工商企业原则》和SA8000认证计划。

《苏利文（Sullivan）全球原则》最早在1977年由12家在南非投资的美国跨国公司代表颁布，旨在要求改善当时南非黑人的工作环境和社会福利待遇，并在1999年成为全球性原则。它的主要内容涵盖了机会平等、禁止虐待和歧视、尊重结社自由、建立安全健康的工作环境、保护环境、提倡公平交易、提供训练机会等。

《考克斯（Caux）圆桌工商企业原则》源自20世纪80年代欧美企业与日本企业的对话，把跨国公司对于人格的尊重作为其从事商业活动的基础，从某种意义上为跨国公司在人权领域承担义务提供了理论基础，该原则中企业应履行的道德义务也为设定跨国公司人权义务的具体内容提供了参考。

《SA8000 标准》是全球第一个可用于第三方认证的人权责任国际标准，并已获得国际社会的普遍认可。其内容主要涉及童工、强迫劳动、健康与安全、就业歧视、结社自由、工资报酬等多方面以及上述项目的管理体系。该标准对跨国公司人权义务的规定更加具体明确，并且可以通过认证的方式促使跨国公司更好地履行《国际劳工组织公约》《世界人权宣言》《儿童权利公约》和其他相关人权公约中的人权义务。

长期以来，国际组织对人权的保障做了不懈的努力，但涉及国家主权和国家利益等方面的因素，在实际操作上往往存在诸多的难度和障碍。基于属地管辖原则，东道国通过完善内部法律体系才能更有效地对跨国公司进行规制。如巴西积极采取立法措施，完善本国劳动法、环境法和公司法等相关立法，撤销给予跨国公司的"超国民待遇"，在人权问题上一视同仁，使得本国的企业人权责任问题现状得到很大改观。印度实施了比较完备的外资法规和与国际接轨的会计制度，并建立了国家外资管理委员会作为专门的组织机构对本国的跨国公司进行监督和管理。

三、跨国公司避税的法律规制

为了最大限度地获取利益，跨国公司往往会通过各种手段来实现避税。

（一）跨国公司避税的主要方式

跨国公司的避税方式主要有利用转让定价转移利润、滥用国际税收协定、通过资本弱化进行避税、通过纳税人的国际转移进行避税和利用国际避税地避税（赵福东，2012）。

1. 利用转让定价转移利润

在母公司与子公司、子公司与子公司之间代销产品、提供商务、转让技术和资金借贷等活动所确定的企业集团内部价格。国际上依各国税率高低可分为高税区和低税区，跨国公司利用转让定价手段在集团内部转移利润，使得集团公司的利润尽可能多地在低税国（或避税地）关联企业中实现。

2. 滥用国际税收协定

国际税收协定是指两个或两个以上主权国家为解决国际双重征税问题和调整国家间税收利益分配关系，按照对等原则，经由政府间谈判所签订的一种书面协议。所谓滥用国际税收协定，一般是指一个第三国的居民利用其他两个国家之间签订的国际税收协定获取其本不应该得到的税收利益。比较常见的做法是：跨国纳税人试图把从一国向另一国的投资通过第三国迂回进行，以便适用不同国家的税收协定和国内税法，从而减少跨国纳税人的税负。也就是跨国公司一般在一个有广泛税收协定的国家中建立中介性的国际控股公司，通过该控股公司向海外子公司进行参股，并取得股息。当然，利用这一手段的前提条件是控股公司所在地对本国居民公司国外来源的股息要免税或低税，其对本国居民向非居民支付的股息征收的预提税要低。

3. 通过资本弱化进行避税

资本弱化是指企业为了达到避税或其他目的，在企业融资方式的选择上，以贷款的方式替代募股方式进行投资或融资。资本弱化在税收上的主要结果是增加利息的税前扣除，同时减少股息的所得税。

4. 通过纳税人的国际转移进行避税

通过纳税人的国际转移进行避税，即一个国家税收管辖权下的纳税人迁移出该国，成为另一个国家税收管辖权下的纳税人，或没有成为任何一个国家税收管辖权下的纳税人，以规避或减轻其总纳税义务的国际避税方式。移居的办法对自然人和法人都适用，如高税国采取注册地标准判断法人的居民身份，则公司可以采取变更注册地点的办法摆脱该国的居民身份；而如果高税国采用管理机构所在地标准判定居民身份，则公司法人可以将董事会开会地点或经营决策中心迁出该高税国，造成实际管理机构不在高税国的事实。

5. 利用国际避税地避税

国际避税地是指人们在那里拥有资产或取得收入不必负担税收，或者只负担比在主要工业国家轻得多的税收的地方。这些国家或地区由于实行特殊的税收政策，给了跨国纳税人减轻税收负担的场所和机会。跨国纳税人一般在避税港设立受控公司，开展中介业务，并利用有关国家延期纳税的规定，使之成为利润积累和转运中心，达到推延或逃避母公司居住国税收从而减轻税收负担的目的。

（二）各国对跨国公司避税的法律规制

1. 对转让定价避税的规制

最早对转让定价避税采取措施的国家是美国，20世纪60年代，美国在国内收入法相关章节中确立了对跨国公司关联企业间转让定价调整的法律制度。英国、法国、德国等一些国家也借鉴美国的做法制定了各自的转让定价法规，在各自的税法中规定了对跨国转让定价有权进行相关调整的条款和具体的实施细则，而且在实施过程中加强了有关转让定价的审计。

经济合作与发展组织（OECD）以协调人的身份协调税务当局与跨国公司之间的关系，制定并多次修改了《关于对所得和资本避免双重征税的协定范本》，并公布了《转让定价与跨国公司》指导方针，明确规定了属于正常交易价格的方法。经济合作与发展组织（OECD）对转让定价开展了广泛的研究，公布了很多指导性的文件，不断完善在对转让定价实施税务管理方面的作用。

随着跨国公司业务的拓展，发展中国家也逐步重视跨国转让定价避税的问题，但是由于发展中国家法律法规的相对不完善，易造成管理上的漏洞，加上实践经验不足和专业人员的缺乏，发展中国家在执法方面和管理方面都不如发达国家。

2. 各国对滥用税收协定的规制

税收协定的一般目的是避免双重征税，而国家间对征税权进行分配实则是为了减少跨境贸易、投资和人员流动的障碍。因此税收协定也通常提供一定的优惠政策。实践中，纳税人往往利用税收协定网络提供的税收优惠和合理的商业架构来实现税收负担最小化、税后利润最大化。这种税收筹划无可厚非，但是对税收协定的适用应加以限制，以防止不法适用和滥用。税收协定滥用行为违背了跨国纳税人税负公平原则，打击了各国谈签税收协定的积极性，也造成了来源国的税基侵蚀（张涵，2017）。

目前，国际上在反滥用税收协定方面，一般会在税收协定上进行规制，主要有以下六种方法：① 排除法。即在双边税收协定中规定，对在另一国享受特别低税的居民公司不赋予税收协定优惠。② 禁止法。即一国应设法避免与那些实行低税制或在税制上易于设立导管公司的国家或地区签订双边税收协定。③ 真实交易法。即规定不是出于真实的商业经营目的，只是单纯为了谋取税收协定优惠的纳税人，不得享受协定提供的税收优惠。④ 纳税义务法。即一个中介性质的公司其收入所得如果在注册成立的国家没有纳税义务，则该公司不能享受税收协定的优惠。⑤ 收益所有人法。即税收协定规定的税收优惠的最终受益人必须是协定国居民，第三国的居民不能借助其在协定国成立的居民公司而从中受益，要透过法律实体来看最终接受股息人的居住国。⑥ 渠道法。即缔约国的居民将公司所得的很大一部分以利息、股息、特许权使用费等形式支付给一个第三国居民，该笔所得不能享受税收协定给予的预提税优惠。

而在各国国内的税法中，除了美国和瑞士制定了专门的防范协定滥用的法律条款外，其他国家防止协定滥用主要适用一般的反避税立法条款。

3. 各国对资本弱化避税的规制

资本弱化又称资本隐藏、股份隐藏或收益抽取，是指纳税人为达到减少纳税的目的，用贷款方式替代募股方式进行的投资或融资。由于各国对股息和利息的税收政策不同，当纳税人筹资时，会在贷款或发行股票两者中进行选择，以达到减轻税收负担的目的。一些国家在税法中制定了防范资本弱化条款，对企业取得的借贷款和股份资本的比例做出规定，对超过一定比例的借贷款利息支出不允许税前扣除（中国资产评估协会，2012）。

美国针对资本弱化的问题提出了不符合法律规定的利息不可以扣除的规定。规定要求该利息所得必须与美国的经营无实际联系，同时该利息还应该满足美国公司的净利息数额不能超过当年的利息扣除费用这一点。

澳大利亚的税法规定境内子公司不能将支付给"外国控制方"的超额利息作为费用扣除。其中，"外国控制方"是指在居民公司拥有15%以上的股权，或者有权直接或间接地获得15%以上股息或资本分配的非居民公司。"超额利息"是指"外国控制方"提供的贷款超过了股权投资的一定倍数时，向其支付的贷款利息。

日本的法律规定当居民公司的债务超过股本的三倍，或者从贷款者那获得的贷款数额超过了贷款者持有公司股份的三倍时，这部分贷款利息金额要从纳税可扣除数额中除掉。

法国在其立法中规定如果企业的股本比率达到一定比率时，有税收协定的，按照协定规定执行纳税标准，并规定向国外公司贷款的利率不能高于本公司发行公司债券的年平均利率。

俄罗斯资本弱化避税的新规则结合了俄罗斯法院的相关实践，部分援引了转移定价规则中对关联方的定义，通过重新定义关联方的方式改变了"受控债务"的范围，规定了从形式上和从实质上认定"受控债务"两种情形，并增加了例外情形的规定。（崔晓静，潘敏，2019）

4. 各国对避税港避税的规制

避税港又称避税地，主要是指向其他国家和地区的投资者提供无税、低税或其他特殊优惠条件的国家和地区。

美国的税收立法规定如果国外的公司各类股票的总额中有百分之五十以上分属于美国股东，而这些美国的股东每人所持有的股份又在百分之十以上的话，这个国外公司就被美国税法认定为受控制的外国公司。在这种情况下，凡根据分红比例应返回到美国股东的收入也应该被包括在美国股东应纳所得税额，不得享受税收推延。加拿大和日本在相关规定中也参考了美国的这一模式。

比利时税法规定本国居民向国外有关联的企业转移利润时，如果属于不正当的转移，那么在计算征税所得额时一律不能扣除，此项规定也适用于避税港和对低税国的不正当利润转移。

英国在税法中规定没有通过国家有关部门的批准，本国居民不能擅自搬出英国，对违反该条规的居民，不仅要按其在英国国内所获得的收入依法纳税，而且还要受到严厉的刑事处分。

四、跨国公司商业贿赂的法律规制

当今世界范围内，跨国公司商业贿赂普遍存在。跨国公司商业贿赂的产生有经济、政治及法律制度等的共同作用，破坏了公平的市场竞争，也对政府的公信力产生了重大的影响，当然，对跨国公司自身的发展也有一定的危害。

1. 联合国的相关规制

联合国自20世纪70年代开始就积极采取措施防止和控制国际经济交往中的违法行为，2005年开始生效的《联合国反腐败公约》是第一部全球性反腐败公约。《联合国反腐败公约》的内容包括明确商业贿赂的违法性、规定预防措施和机关、规定商业贿赂行为的责任、规定治理商业贿赂的国际合作、明确了引渡的条件和程序。

2. 经济合作与发展组织的相关规制

经济合作与发展组织在遏制跨国商业贿赂方面也做出了努力，相继出台了一系列法规，1997年《反对在国际商务交易活动中行贿外国公职人员公约》出台。该公约的主要内容包括明确行贿外国公职人员的行为犯罪、规定法人与自然人的责任、对法律互助和引渡做出规定、规定相应的会计制度等。

3. 欧盟的相关规制

1998年通过的欧盟《反腐败刑法公约》是欧盟打击商业贿赂的重要法律文件，该公约明确宣布了商业贿赂为犯罪，对法人责任、司法管辖、司法制裁及其措施、引渡和司法互助和交换信息方面增加国际合作、建立专门的反腐败机构、负责执法和控制的当局之间的合作、对证人以及那些愿意同司法机构合作者的保护等做出了规定。1999年通过的《欧盟反腐败民法公约》规定了因腐败行为遭受损失的受害人可获得民事赔偿，规定国家或有关当局有义务对公务员腐败行为造成的损失进行赔偿的国家赔偿责任，并对保护雇员的举报行为做了规范。此外，《欧洲联盟反贿赂法》《欧洲共同体金融保护法》《关于禁止在国际商业往来中贿赂外国官员的协定》等法律也在多角度预防和制裁商业贿赂方面进行了规范,大大增加了跨国公司的违法成本。

4. 亚太经合组织的相关规制

2001年亚太经合组织成立了亚太地区反腐败行动组,此后制定了《反腐败行动计划》等文件,2007年反腐败和增强透明工作组出台了《商业行为准则》《公职人员行为准则》和《公共和私营部门反腐原则补充》,2009年部长级会议对《新加坡反腐败宣言》和《亚太经合组织加强治理和反腐败的指导方针》达成共识,2014年于北京召开的APEC部长级会议上通过了《北京反腐败宣言》,为解决实践中的执行问题提供了新的契机。《北京反腐败宣言》主要有以下亮点:① 信息共享与合作。通过更好地运用引渡、司法协助、追回腐败所得等方式,让腐败分子找不到安全港。② 建立亚太经合组织反腐败执法合作网络。建立APEC反腐和执法机构网办公室,并与《联合国反腐败公约》《联合国打击跨国组织犯罪公约》、经济合作与发展组织、金融行动特别工作组、亚太反洗钱组织等公约和国际组织现有的反腐败机构合作打击腐败行为。③ 动员社会力量参与反腐败行为,并制定相应制度予以保障。

例证 7-9

葛兰素史克中国行贿事件

2013年7月11日,公安部的一则通报成为国内外医药界的一枚重磅炸弹:因涉嫌严重商业贿赂等经济犯罪,葛兰素史克(中国)投资有限公司(以下简称"GSK中国")部分高管被依法立案侦查。这一全球知名药企行贿事件持续发展,警方进一步披露GSK中国部分高管涉嫌经济犯罪案情,包括中国4名高管在内的超过20名药企和旅行社工作人员被警方立案侦查。

GSK中国为达到打开药品销售渠道、提高药品售价等目的,利用旅行社等渠道,向政府部门官员、医药行业协会和基金会、医院、医生等行贿。涉案的GSK高管涉嫌职务侵占、非国家工作人员受贿等经济犯罪。旅行社相关工作人员则涉嫌行贿并协助上述高管进行职务侵占。

截至2013年7月14日,包括上海临江国际旅行社有限公司在内,至少4家旅行社涉案,一些政府官员和医院亦卷入。2014年9月19日,长沙市中级人民法院对GSK处以罚金人民币30亿元,这是迄今为止中国对境内医药企业开出的最大罚单。马克锐等被告被判有期徒刑2~4年。

(资料来源:GSK贿赂细节曝光:30亿元权色交易斩落四高管[EB/OL].(2013-07-16)[2020-02-25]. http://business.sohu.com/20130716/n381710804.shtml.)

本章小结

> 法律的特征主要包括以下七点:(1)它是一种概况、普遍、严谨的行为规范;(2)法律是国家制定或认可的行为规范;(3)法律是由国家确认权利和义务的

行为规范；（4）法律是由国家强制力保障实施的行为规范；（5）法律是调整社会关系的行为规范；（6）法律是具有普遍性的社会规范；（7）法律具有可诉性。

➢ 法律的作用有：（1）明示作用；（2）矫正作用；（3）预防作用；（4）指引作用；（5）评价作用；（6）预测作用；（7）强制作用；（8）教育作用。

➢ 法律与文化的联系包括以下三个部分：（1）文化是法律运行的基础；（2）文化是法律发展的动因；（3）法律是文化发展和繁荣的保障。

➢ 世界上的法律可以归结为以下五大法系：（1）中华法系；（2）印度法系；（3）大陆法系；（4）英美法系；（5）伊斯兰法系。

➢ 跨文化商务谈判中法律的适用原则有：（1）国家主权原则；（2）平等互利原则；（3）合理利用法律保护合法权益原则；（4）遵守国际规则及惯例的原则。

➢ 跨国公司的人权责任内容至少包括保护生命权和健康权的责任、保护劳工权的责任和保护环境权的责任。

➢ 跨国公司的避税方式主要有利用转让定价转移利润、滥用国际税收协定、通过资本弱化进行避税、通过纳税人的国际转移进行避税和利用国际避税地避税。

网站推荐

1. 北大法宝：http://www.pkulaw.cn
2. LexisCN 律商网：https://hk.lexiscn.com
3. 国务院发展研究中心信息网：http://www.drcnet.com.cn
4. 人民法制网：http://www.rmfz.org.cn

影视推荐

《逍遥法外》

弗兰克·阿巴格诺擅长伪造文件，父母离异后，不满 18 岁的他深受打击，孤独而伤心地开始了伪造支票骗取现金的行当。他一次次得逞，在美国 50 个州与全球 28 个国家开出总金额高达 600 万美元的空头支票，成为美国历年通缉名单上最年轻的罪犯。不久后，他又假冒飞行员，借此乘坐高级飞机，入住高级酒店。此后，他又利用一张伪造的哈佛医学学位证书在乔治亚州一所医院当起了急诊大夫。在那里，他很快和一个叫布雷达的护理员坠入了爱河，然后弗兰克·阿巴格诺跟着他的这位女朋友来到了她的家乡新奥尔良。

身为检察官的布雷达的父亲，听说弗兰克·阿巴格诺从加州伯克利大学法律系毕业，非常高兴自己的女儿找到这样一位男朋友，于是安排他做了检察官助理。弗兰克·阿巴格诺也满意自己目前的职业，正当他想通过自己的努力取得路易斯安那州的法律从业资格考试时，被执着的 FBI 调查员乔·夏弗盯上了。幸运的是，弗兰克·阿巴格诺总是先于乔·夏弗一步用法律保护自己，并用电话和明信片一次次地戏弄乔·夏弗。

有趣的是,虽然弗兰克·阿巴格诺和乔·夏弗两人都不承认,但他们在某些方面却有着惊人的相似:两人都喜欢用打电话来度过寂寞的圣诞节,和家人都很疏远,而且似乎都喜欢上了这种追逐和被追逐的游戏。乔·夏弗很同情弗兰克·阿巴格诺在还不满20岁时犯了这么多罪,但是乔·夏弗无法忍受被他一次又一次地戏弄。

最后,弗兰克·阿巴格诺终于没有逃脱法网。

推荐理由:《逍遥法外》讲述的是一个寻找爱的过程。它告诉我们什么是人类真正需要和追寻的东西!在影片中出现的一系列人物,都对爱充满了渴望,但他们对爱的理解和追寻的方式却不尽相同!

思考练习题 7-1:选择题

1. 下面哪一种语言不是法律的特征?(　　)
   A. 普遍性　　　　　　　　B. 可诉性
   C. 严谨性　　　　　　　　D. 保障性
2. 下面选项中哪一项不属于法律的作用?(　　)
   A. 批评作用　　　　　　　B. 预防作用
   C. 强制作用　　　　　　　D. 指引作用

思考练习题 7-2:简答题

1. 简述法律的特征。
2. 简述法律在跨文化商务谈判中的作用。
3. 简述跨文化商务沟通中的法律对策。

案例分析 7-1

山东某市塑料编织袋厂与日本客商的谈判

日本某公司向中国某公司购买电石,此时,是他们间交易的第五个年头,去年年末谈价时,日方压了中方 30 美元/吨,今年又要压 20 美元/吨,即从 410 美元/吨压到 390 美元/吨。据日方讲,他们已拿到多家报价,有 430 美元/吨的,有 370 美元/吨的,也有 390 美元/吨的。而据中方了解,370 美元/吨是个体户报的价,430 美元/吨是生产能力较小的工厂供的货。供货厂的厂长与中方公司的代表共 4 人组成了谈判小组,由中方公司代表为主谈。谈判前,工厂厂长与中方公司代表达成了价格共同的意见,工厂可以按 390 美元/吨成交,因为工厂需订单连续生产。公司代表讲,对外不能说,价格水平自己会掌握。公司代表又向其主管领导汇报,分析价格形势;主管领导认为价格不取最低,因为自己是大公司,讲质量,讲服务。谈判中可以灵活,但步子要小。若在 400 美元/吨以上拿下则可成交,拿不下时把价格定在 405~410 美元/吨,然后主管领导再出面谈,请工厂配合。中方公司代表将此意见向工厂厂长转达,并达成共识和工厂厂长一起在谈判桌争取该条件。中方公司代表为主谈。经过交锋,价格仅降了 10 美元/吨,以 400 美元/吨成交,比工厂厂长的成交价高了 10 美元/吨。工厂代表十分满意,日方也满意。

(资料来源:山东某市塑料编织袋厂与日本客商的谈判[EB/OL].(2016-06-16)[2020-03-04]. http://www.xuexila.com/koucai/tanpan/583612.html.)

问题讨论:

1. 怎么评价该谈判结果?
2. 该谈判中方组织上有何经验?

案例分析 7-2

圣 诞 节

美国 Y 公司向中国石家庄某工厂销售了一条彩色电视机玻壳生产线,安装后,调试的结果一直不理想。一晃时间到了圣诞节,美国专家都要回家过节。于是,全线设备均要停下来,尤其是玻璃熔炉还要保温维护。美方人过节是法定的,中方生产线停顿是有代价的,两者无法融合。美方走后,中方专家自己研究技术,着手解决问题,经过一周的日夜奋战将问题最大的成型机调试好了,这也是全线配合的关键。该机可以生产合格的玻壳后,其他设备即可按其节奏运转。等美方人员过完节,回到中方工厂已是三周后的事,一见工厂仓库的玻壳,十分惊讶,问:"怎么回事?"当中方工厂告诉美方,自己调通生产线后,美方人员转而大怒,说:"中方人员不应动设备,应该对此负责任。"并对中方工厂的外贸代理公司做出严正交涉:"以后对工厂的生产设备将不承担责任,若影响我们回收贷款,还要索赔。"

(本案例源于网络,并经作者加工整理)

问题讨论:

1. 上述跨文化谈判案例涉及哪些法律问题?
2. 从上述案例中,我们可以得到哪些启示?

参考文献

[1] 张景成,罗国太. 国际商务谈判中的文化因素[J]. 鸡西大学学报(综合版),2011,11(5):139-140.

[2] 左小平. 国际商务谈判中的文化因素[J]. 商业研究,2005(6):23-25.

[3] 《思想道德修养与法律基础》编写组. 思想道德修养与法律基础[M]. 北京:高等教育出版社,2018:139.

[4] 沈宗灵. 法理学[M]. 北京：北京大学出版社，1999：29.
[5] 张文显. 法理学[M]. 北京：高等教育出版社，2003：55.
[6] 孙革. 中国特色社会主义法律体系形成及其影响研究[D]. 锦州：渤海大学，2013.
[7] 姜迪. 平等视域下法律的普遍性问题研究[J]. 湖北社会科学，2016（6）：144-150.
[8] 房旭，张晓莹. 法律的可诉性研究[J]. 湖北警官学院学报，2013（12）：67-70.
[9] 严峰. 论法律的作用[J]. 新疆教育学院学报，2005，21（3）：118-119.
[10] 邹龙妹. 论法律与文化的相互作用机制[J]. 学术交流，2013（12）：40-44.
[11] 孟爽. 中华法系的立体思想[J]. 法制与社会，2009（28）：370-370.
[12] 田韶华，秦虎，王喜军. 中西法律思想影响因素比较研究[J]. 铜仁学院学报，2008，2（1）：5-7.
[13] 张晋藩. 人本主义：中华法系特点之一[J]. 河北法学，2005（9）：84-46，92.
[14] 王雅琴. 西方司法制度的差异与变革[J]. 长安，2015（6）：60-61.
[15] 李伟民. 金融大辞典[M]. 哈尔滨：黑龙江人民出版社，2002：11.
[16] 胡建淼. 美国布朗诉托皮卡教育局案："隔离但平等"的法律原则被推翻[J]. 人民法治，2017（12）：86-87.
[17] 齐海滨. 简述伊斯兰法的特点[J]. 法学杂志，1984（1）：47-48.
[18] 何爱华. 商务谈判中的法律适用[J]. 社会科学家，2005（S1）：188-189.
[19] 燕娜，李诚. 北京市技术市场行政执法调解机制的引入研究[J]. 科技创业家，2012（19）：171-173.
[20] 吴志鹏. 借助仲裁解决行业纠纷[J]. 中国电信业，2016（8）：48-49.
[21] 弗里德曼. 选择的共和国：法律、权威与文化[M]. 高鸿钧，等，译. 北京：清华大学出版社，2005.
[22] 袁松. 跨国并购法律风险及其防范应对[D]. 郑州：郑州大学，2007.
[23] 程燕龙. 跨国公司人权责任法律问题研究[D]. 石家庄：河北经贸大学，2015.
[24] 赵福东. 跨国公司避税的法律规制研究[D]. 武汉：中南民族大学，2012.
[25] 张涵. 东北亚四国跨境税收协调与合作问题研究[J]. 税务研究，2017（8）：71-75.
[26] 中国资产评估协会. 经济法[M]. 北京：经济科学出版社，2012：412
[27] 崔晓静，潘敏. 俄罗斯资本弱化规则新发展及对中国的启示[J]. 国际法研究，2019（5）：100-116.

第八章
海峡两岸及港澳的跨地区文化沟通

学习目标

- 了解港澳台与大陆的历史发展与现状；
- 了解港澳台地区间的文化差异；
- 掌握港澳台地区与大陆的跨地区文化沟通；
- 了解港澳台地区与大陆企业的跨文化地区管理。

引例

中银香港：中资金融机构跨地区文化管理的先行者

中国银行（香港）有限公司（以下简称"中银香港"）于 2001 年 10 月 1 日正式成立，是一家在香港注册的持牌银行。在长期发展过程中，中银香港经历了管理结构的重大变化，跨地区文化管理也改变了过去中资企业特有的内地文化主导模式，不断融合香港当地文化，最终建立了有别于母行中国银行的企业文化，即本地文化成分占多数，香港特色明显，但同时亦带有一定的内地管理风格和文化氛围。

中银香港跨地区文化管理的具体实施可以分为以下三个阶段：第一阶段是制度建设与宣传推广。该阶段的主要任务是根据企业内部的文化构成以及所处的市场环境、社会环境等，构建企业文化的主要内容，形成相对成熟的架构体系，同时通过组织演讲、讲座以及文体活动等多种方式向员工进行宣传。第二阶段是制度的贯彻实施。为了保障管理制度的有效推行，中银香港设置了 360 度绩效考核机制，将跨地区文化管理与薪酬体系挂钩，以此激励员工对企业文化的认同，并将其作为自身日常工作的行动指南。事实上，前两个阶段对于员工而言均为被动接受的过程。第三阶段则是员工认同企业文化，主动将企业核心价值观付诸实践。

为了进一步提升跨地区文化管理的实施效能，近年来中银香港加大企业文化推广与落实的力度，其富有亲和力的企业文化与跨文化地区管理方式也逐渐为员工所认同。跨文化地区管理作为企业制度管理的辅助机制，发挥着愈来愈重要的作用。

（资料来源：在港中资金融机构的跨文化管理[EB/OL].（2014-05-07）. http://blog.sina.com.cn/s/blog_e8ad9ad20101t49j.html.）

第一节　海峡两岸及港澳地区概述

亚文化是整体文化的一个分支，是由各种社会和自然因素造成的各地区、各群体文化特殊性的方面，是总体文化的次属文化。一个文化区的文化对于全民族文化来说是亚文化。

一、海峡两岸及港澳地区的概念

海峡两岸及港澳地区的含义和使用存在多种认识，从地理层面上理解，特指中国大陆、中国香港、中国澳门和中国台湾。从文化角度考虑则泛指中国大陆、中国香港、中国澳门、中国台湾，以及其他由中华文化主导或受中华文化影响较大的地区，如马来西亚、新加坡等。本章的海峡两岸及港澳地区是从地理层面来说的，特指中国的大陆和港澳台地区。

表8-1　大陆和港澳台各项数据比较

	中国大陆	中国香港	中国澳门	中国台湾
总人口/万人	140 005	750	67	2 360
面积/平方千米	9 634 057	1 106.34	32.80	36 192.815 5
国民生产总值/万亿美元	14.36	0.097 6	0.039 8	0.151 9

（资料来源：国家统计局；CEIC Data；教育部；总人口截至2019年；GDP大陆截至2019年年底，港澳台数据截至2019年第三季度）

二、大陆与港澳台的历史发展和现状

港澳台是对中国香港、澳门、台湾的统称，因为三地在政治、经济和文化体制上有诸多类似，有别于大陆（内地），故我们常常将香港、澳门、台湾等地区统称为"港澳台"。香港、澳门、台湾是海峡两岸及港澳地区的三个重要文化窗口，纵观三地的历史发展，可谓历尽坎坷。

（一）中国大陆的历史发展和现状

中国大陆是相对于台湾地区、香港和澳门特区而言的，一般在涉及港澳地区时使用这一概念。1978年是中国大陆经济的重要转折点。在改革开放以前，中国大陆比较封闭，经济发展受限；改革开放之后，大陆开始和世界各国开展政治、经济、文化上的交流，学习和吸收世界发达国家的先进技术和管理经验，积极缩小和发达国家之间的经济差距。

现如今，中国的国际地位和改革开放初期相比有显著提升，中国已经成为国际社会重要的成员，中国的科技、军事等快速发展，中国的政治影响力、文化影响力逐渐走向世界的中心。自从2010年中国的GDP总量超越日本成为世界第二大经济强国之后，中国的国际地位显著提升，越来越多的人开始关注中国，更多的国外学者研究中国的发展模式。因此，在一些国际经济论坛、国际会议等场合，"中国模式"经常被人关注和提及。

(二)香港的历史发展和现状

香港地处中国华南地区,全境由香港岛、九龙半岛、新界等三大区域组成,是全球高度繁荣的国际大都市之一。清道光二十二年(1842年),中英鸦片战争爆发,清廷战败,割让香港岛给英国。咸丰十年(1860年),又割让九龙半岛给英国。光绪二十四年(1898年),新界也被英国强行租借,香港地区遂全部归英国人管理,自此香港完全受英国殖民统治。

1997年7月1日,中国对香港恢复行使主权,香港成为中华人民共和国的一个特别行政区,除防务和外交事务归中央政府管制外,享有高度自治权。香港实行一国两制,保留原有的经济模式、法律和社会制度。在经济发展方面,香港是继纽约、伦敦后的世界第三大金融中心,合称为"纽伦港",在世界享有极高声誉。

(三)澳门的历史发展和现状

澳门北邻广东省珠海市,西与珠海市的湾仔和横琴对望,东与香港隔海相望,相距60千米,南临中国南海。澳门是一个国际自由港,是世界人口密度最高的地区之一。1553年,葡萄牙人取得澳门居住权;1887年12月1日,葡萄牙与清朝政府签订《中葡会议草约》和《中葡和好通商条约》,正式通过外交文书的手续占领澳门并将其辟为殖民地。

1999年12月20日,中国政府恢复对澳门行使主权。经过四百多年欧洲文明的洗礼,东西方文化的融合共存使澳门成为一个风貌独特的城市,留下了大量的历史文化遗迹。澳门是世界四大赌城之一,实行资本主义制度。其著名的轻工业、旅游业、酒店业和娱乐场使澳门长盛不衰,成为全球最发达和富裕的地区之一。

(四)台湾的历史发展和现状

台湾是中国第一大岛,是中国不可分割的一个部分。明末被荷兰和西班牙侵占,1662年郑成功收复;清代1684年置台湾府,属福建省,1885年建省;1895年清政府以《马关条约》将台湾割让给日本,1945年抗战胜利后光复;1949年国民党政府在内战失利中退守台湾,海峡两岸分治至今。

台湾自20世纪60年代起推行出口导向型工业化战略,经济社会发展突飞猛进,缔造了举世瞩目的台湾经济奇迹,名列"亚洲四小龙"之一。台湾制造业与高新技术产业发达,半导体、IT、通信、电子精密制造等领域全球领先。台湾文化以中华文化为主体,是中华文化的重要组成部分,对少数民族的南岛文化亦有影响,近现代又融合日本和欧美文化,呈现多元风貌。

港、澳、台三地文化与大陆文化一脉相承,但是由于经历较长时期不同的社会演进,各自又形成了各自的特色,成为中华民族文化的亚文化分支。

第二节 港澳台文化的比较

港澳台由于独特的政治、历史、文化与地理地貌差异,在继承了中华传统文化的基础上，又形成了与大陆文化不同的格局。港澳地区同是我国岭南文化的延伸，也同在百余年前成为西方列强的殖民地，经历了长期的西方文化灌输过程，中西文化不断碰撞，形成以中国岭南文化为根又深受西方工业文明影响的特殊文化形态。台湾地区本属于我国的闽南文化，由于作为岛屿长期独立在海上，在20世纪中叶之前，一直由世居民族担任着文化实践主体，而伴随着政治局势的改变，台湾也进入正统中国文化与当地少数民族文化深度融合的时期。而之后随着国际局势的演变，台湾文化又受到来自经济发达国家的文化冲击，尤其是比邻我国的日本文化，对台湾文化有着深刻影响。由于受西方文化冲击的时间较短，且更多地受到同属东方文明的日本文化的侵入，因此台湾与港澳地区相比更为东方，也更为传统（梁桂麟，刘志山，2008）。

一、港澳台城市生活特点的比较

港澳台三地由于历史背景和经济文化发展的不同，呈现出具有各自特色的城市生活特点。

（一）港澳台城市生活特点

1. 香港城市生活特点

1997年7月1日，香港结束一百多年的殖民统治，开始拥有自己独立的货币、法律、海关体系和自治政府。香港人口中百分之九十以上是中国人，语言方面英语和粤语占统治地位，回归后普通话逐步普及。香港华裔主要使用广东话，而非华裔则多以英语作为交际语，在书面语方面则使用中文白话文和英文。香港大部分居民多为珠江三角洲一带移民，也有不少从内地以及世界各地迁居的人，他们也会把自己故乡的语言带到香港，香港的语言系统因而具有兼容并包的特点。

香港的现代化气息十分浓郁，经济、通信、科技、交通、生活、娱乐都处于世界发展水平的前沿，尤其是香港的电影业最为著名，对世界电影业都产生了深远的影响。香港的城市生活呈现出一种忙碌快捷的节奏，作为紧张工作后的一种放松手段，香港的娱乐业高度繁荣发达，香港人对赛马十分狂热，赛马活动的个人平均投注额居全球之冠。香港还是一个集世界各地美食于一身的"美食之都"，在香港可以品尝到世界各地的美酒佳肴。此外，香港虽然地狭人稠，却能在购物方面给游客提供最大的满足感，是一个名副其实的购物天堂。

2. 澳门城市生活特点

澳门虽然长时间受葡萄牙的殖民统治，但是葡萄牙国势弱小，实行自由港政策，也没有强制华人葡化，因此葡语仍属小语种，只在官方使用，没有在学校教育中推行。葡式建筑、葡式饮食等葡式风俗，主要还是在上流社会中存在。在语言方面，澳门与香港一样，粤语在社会上占绝对优势，香港增补字符集也被澳门采用。由于毗邻香港，香港文化大规模渗入，因此有人将港澳文化视为一种文化类型，香港文化和澳门文化的区别主要体现在澳门文化具有浓厚的拉丁色彩。由于历史的原因，数百年来有不少居住在澳门的葡萄牙人与澳门华籍居民通婚，形成了具有印、欧、亚裔血统的土生葡人族群，他们历代在澳门生活，形成了独特的土生文化，在语言、价值观、生活习惯和饮食等方面表现出东西兼备的文化特色。因此，澳门呈现出的是一种多元混合型文化。

澳门博彩业历史悠久，素有"东方蒙地卡罗"之称。1961年葡萄牙政府海外部颁布法令，定澳门为旅游区，准许澳门以博彩作为一种特殊的娱乐，并强调其对澳门经济发展的作用，从此博彩业在澳门正式合法化。回归后的澳门根据基本法，是否改变对博彩业的政策由澳门政府自行决定。回归初期，澳门政府就确立了"以博彩旅游业为龙头，以服务业为主体，其他行业协调发展"的经济发展战略。澳门博彩监察协调局数据显示，澳门博彩业毛收入从2002年的235.0亿澳门元，一路攀升到2013年的峰值3618.7亿澳门元。博彩业快速发展，使其成为澳门的支柱产业。博彩业的GDP占比，从1999年的30.1%一路攀升到2013年的峰值63.0%，近年虽有所回落，但2018年仍然高达50.5%，远超其他行业。

3. 台湾城市生活特点

台湾自古以来就是中国的领土，本土人很少，多数是福建、广东两省的移民。台湾话包括台湾少数民族语、闽南话台湾方言、客家语，台湾话在语言学分类上属于泉漳片，与厦门话极为接近，在书面文字方面则使用繁体汉字。台湾话从台湾本土语言中吸取了一些词，因此与普通话在字词、句法上略有出入。

台湾饮食文化融合各地美食风格，台湾菜与闽南菜（还受福州菜影响）和广东潮汕潮州菜渊源深厚，也受客家菜、广州菜和日本料理的影响。台湾有著名的小吃文化，各式风味小吃云集的夜市是台湾民众生活文化的代表之一，凤梨酥、牛轧糖等台湾特产是知名的伴手礼。茶是台湾民众的传统饮品，代表性茶饮珍珠奶茶广受欢迎。

台北市是台湾第一大城市，也是台湾的政治、经济、文化和交通中心，城市的发展适于艋舺港口的开发，工业以电机及电器制造为主。服务业在台北市整体产业中占90%以上。服务业的盛行，让台北市成为一座生活必需品相当容易取得的城市。台北的夜市文化世界闻名，夜市中集合了各种潮流玩具、生活用品、衣服饰品、新奇发明、神算占卜、传统游戏等。台北的著名夜市有士林夜市、宁夏圆环夜市、辽宁街夜市、饶河街夜市、延平北路夜市、通化街夜市和龙山华西街夜市。

（二）港澳台的文化禁忌

港澳台的禁忌习俗渗透于衣食住行、言谈举止、婚育丧葬和岁时年节等日常生产和生活的各个领域。港澳台民间禁忌与大陆风俗的并存，说明港澳台文化与大陆文化既传承又互补，传统的"中原文化"与"闽文化""岭南文化"呈现出兼容并蓄的跨地区文化沟通面貌，同时又反映出中西合璧的社会风貌。

在饮食方面，台湾民间忌将筷子插于碗饭上，以示与丧葬礼俗中的"脚尾饭"相区分。同时用餐时也忌别人打扰，流传着"吃饭皇帝大"的谚语。在社交举止方面，台湾以当面用手指人为不敬，更视用中指指人为亵渎对方。

在语音禁忌上，港澳受西方文化的影响，普遍忌讳"13"这个数字。如果某月十三日刚好是星期五，便被视为不吉利之日，即所谓"黑色星期五"。它来源于《圣经》故事，耶稣和他的门徒共进最后的晚餐时，被十三人中的一个叛徒出卖而被钉死在十字架上，那天刚好又是星期五,所以此日被视为不吉之日。由于这个忌讳,香港很多街道门牌号只有12号、12号B和14号,而没有13号。香港人喜欢"8"字,因为"8"与"发"谐音。另外,"4"与"死"谐音,港澳台民间也忌讳这个数字,香港的门牌号常无4号,台湾医院里没有4号楼或第4号病房,公共汽车也无4路,机车牌照尾数也没有"94"(因为台语"94"与"碾死"同音)。此外,香港人称书店为书局或图书公司,因为"书"与"输"同音,不吉利;干杯时不说"干杯"而叫"饮胜",因为"干"在生意上或赌场上表示输光;为忌讳"干",说粤语的港澳华人常将"猪肝"改称"猪润","鸡肝"改称"鸡润","豆腐干"改称"豆腐润"。

二、港澳台教育的比较

公民教育是一个国家或地区培养合格公民的手段,侧重培养公民的认同感、归属感和公民基本素质。语言教育则影响着地区居民对所属文化乃至自身身份的认同,也显示了一个地区对文化的包容性。本部分主要从公民教育和语言教育两方面对港澳台三地的教育进行比较。

(一)公民教育的比较

广义的公民教育(citizenship education)是指在现代社会里,引导人们有效地参与国家和社会公共生活、培养明达公民的各种教育手段的总和,包括全体社会成员、全部与公民社会生活相关的教育内容和各种教育手段。狭义的公民教育(civics education)是指为培养参与国家或社会公共生活有效成员所需知识的公民学科(蓝维,2007)。无论是广义的还是狭义的公民教育都是指培养公民素质的教育,包括政治素质、思想素质、道德素质、法律素质、心理素质和文化素质等(刘志山,梁桂麟,2012)。

1. 香港的公民教育

香港作为较早推行公民教育的地区,伴随着香港的发展历史,在"培养公民"的理念上经历了从大英帝国臣民到香港市民再到中国公民的历程。2019年6—7月,香港爆发了持续近两个月的游行示威活动,其暴力行径触及"一国两制"的底线,而青年是这场激烈街头运动中的主力,香港事态的日益严重也显示出香港青年国民教育存在的问题(谢碧霞,2019)。香港的公民教育从萌芽开始,就因为无国籍归依而缺失了公民教育中最核心的部分。香港公民教育尽管在培养港人的文明素养、法治精神、责任意识等方面成效显著,但是由于其着眼点只强调香港,港人的本土意识、地方意识得到了强化,而对其母国的国家意识、民族共同体意识等却没有得到培养。特别是从近几年反中央、反内地的言行中,就不难看出香港公民教育在"一国两制"下的局限性(黄月细,徐海波,2017)。如何在未来改善乃至改变这种现状,香港教育将任重而道远。

2. 澳门的公民教育

澳门的公民教育起步较晚,在回归之前,由于澳葡政府对公民教育采取"放任自流"的政策,各所学校按照自己学校的性质和偏好选择教材,致使"许多学校采用来自香港、内地或台湾地区的课本,其内容与澳门的相关性也十分有限,因而澳门学生了解其他地区往往更胜过自己的社会"（贝磊，古鼎仪，2006）。回归以来，澳门特区政府构筑了一整套旨在培养青少年"爱国爱澳"核心价值的教育体系。并且这套教育体系随着 CEPA 系列协议、粤澳合作、"一带一路"倡议及粤港澳大湾区战略的有序推进，其成效逐步彰显。有关当地中小学生的相关统计数据充分表明，澳门的"爱国爱澳"教育已经深入人心。澳门广大青少年已经把自己与国家发展紧密联系在一起，达到了水乳交融的程度（常乐，2020）。

3. 台湾的公民教育

台湾经济与香港经济一样，在 20 世纪七八十年代得到了快速增长，台湾的公民教育也由此获得了诸多发展空间。一方面，台湾在公民教育中极力强化"台湾意识"和"台湾认同"；另一方面，台湾作为一个自由化和民主化较高的地区，不可避免地受到了全球化时代所带来的各种机遇和挑战，包括公民教育在内。2002 年起，台湾把培养全球意识和土著意识相结合作为小学和初中课程的要点，具体来说有以下六个特点：① 重视传承与弘扬中华民族的传统美德；② 坚持以学生为本拓展学生参与社会活动的能力；③ 全方位、多维度、多形式的教学活动和教学方式；④ 教材内容编写上层次分明、由浅入深、循序渐进；⑤ 注重显性课程和隐性课程的互补作用；⑥ 具有本土化特色的公民教育教学内容；等等（许娜，2015）。当然，由于台湾特殊的历史背景和国际地位，其教育包括公民教育一直都受到台湾政治的影响，特别是两岸关系和国际关系的影响。

例证 8-1

台湾"本土化"的公民教育

2001 年，台湾地区"教育部"向 1200 余名教师提供地方语的训练，并允许他们利用方言进行教学。小学一年级到六年级要教一种方言，或闽南语或客家话或其他任何一种土著语言。每周至少一次，总课时量占语言类课程的 20%～30%。初中的地方语言作为选修课。

（Law，2004）

（二）语言教育的比较

语言作为交流的工具，受当地历史及与外部交流的因素影响深远。语言教育政策既影响着地区公民身份意识的培养，也彰显着地区的文化包容性。

1. 香港的语言教育

香港是一个典型的双语社会，"两文三语"是香港人社交的语言工具，"两文"指中文和英文，它们是香港的官方语言文字，"三语"指普通话、粤语和英语。英语主要用来与外界沟通，香港回归前，港英政府通过语言教育政策，形成了目前英语的语言使用状况，中文和普通话是从 1984 年中英两国签署《中英联合声明》到 1997 年香港回归的过渡期间和回归后逐渐受到重视的。1997 年 9 月特区政府针对香港特殊的语言环境，提出了包括普通话在内的"三文两语"政策。鉴于不同语言在香港社会发展中所起作用大小的不断更替，香港特区政府的语言教育政策经历了"重英轻中"到"重中轻英"，再到"中英兼擅"的发展过程。2010 年香港特区政府出台《微调中学教学语言》，赋予学校发展空间，让学校本着"以学生为本，因材施教"的理念，科学地采取适切的语言进行各学科教学，改变了以往强制性的语言教育政策（柯森，2010）。

2. 澳门的语言教育

澳门是一个多语社会，"三文四语"是目前澳门的语言现状。"三文"是指中文、葡文、英文。中文和葡文是澳门官方语言文字；英文是回归后不断兴盛的语言。"四语"是指普通话、粤语、葡语及英语。葡语是葡萄牙人四百多年前带来的语言，中文和普通话是在过渡期和回归后逐渐受到重视的语言（张桂菊，2009）。2006 年 9 月生效的《非高等教育制度纲要法》规定了"教学语文"的四点要求：① 公立学校应采用正式语文中的一种作为教学语文，并给学生提供一种更为正式语文的机会；② 私立学校可使用正式语文或其他语文作为教学语文；③ 拟使用其他语文作为教学语文的私立学校，须经教育行政当局评估并确认其具备适当条件后方可实行；④ 以其他语文作为教学语文的私立学校，应给学生提供学习至少一种正式语文的机会。

澳门本地大、中学生对四种语言在语言认同上的总体特征为：绝大多数澳门青年对粤语的认同度最高，认为粤语既是母语，又是生活语言、工作语言、民族语言和官方语言；对其他三种语言的认同度较低，且功能明显分化，多数澳门青年认为葡语是官方语言和第二外语，普通话是国家通用语，英语是第一外语。这一情况反映出语言认同在澳门相对复杂的一面，与其"三文四语"的语情是相符合的（覃业位，徐杰，2016）。

例证 8-2

澳门"三文四语"的现状

2006 年澳门统计暨普查局的资料显示，澳门居住人口 502 113 人。3 岁以上的居住人口中，85.7%以广州话为家中常用语言，而使用普通话及其他中国方言的分别占 3.2%及 6.7%；以葡语为家中常用语言的居住人口占 0.6%；以英语及其他语种作为家中常用语言的分别占 1.5%及 2.3%。除家中常用语外，有 54%的居住人口可流利使用另一种或多种语言与人沟通。其中以懂普通话的人比例最高，占上述人口的 65.3%；其次是英语，占 27.9%。按常用语言及其可使用语言合计，发现 3 岁及以上居住人口中，91.9%懂广州话，38.5%能够使用普通话，而懂英语及葡语者则分别占 16.6%及 2.4%。澳门居住人口日常用语情形如表 8-2 所示，澳门居住人口的语言能力状况如表 8-3 所示。

（柯森，2010）

表 8-2　澳门居住人口日常用语情形

日常用语	时间		
	1991	2001	2011
中文（粤话、普通话与其他方言）	96.6%	97%	94%
葡文	1.8%	0.7%	0.7%
英文	0.5%	0.7%	2.3%

表8-3 澳门居住人口的语言能力状况

日常用语	时间		
	2001	2006	2011
中文（粤话）	94.4%	91.9%	90%
中文（普通话）	26.7%	38.5%	41.4%
葡文	3.0%	2.4%	2.4%
英文	13.5%	16.6%	21.1%

（数据来源：澳门统计暨普查局的人口普查数据）

3. 台湾的语言教育

台湾的语言现状是"一文多语"。"一文"是指"国语"，也就是中文；"多语"是指"国语"之外的其他少数族裔和原住民的语言。台湾目前使用的语言有"国语"、闽南语、客家话和原住民语，其中"国语"和闽南语是最通用的语言，客家语和原住民语使用的人数在不断减少。"国语"是台湾的官方语言，被应用在台湾人的工作、学习及日常生活中，闽南语则主要作为日常口语使用得比较多，特别是在中老年群体中。从台湾语言教育的发展来看，被日本统治的50年间，日文得到了一定程度的推广，1945年开始推行"国语"政策，消灭日文，打压乡土语言。1987年解严（解除戒备措施）之后，台湾的语言教育政策开始从限制逐渐转向容忍，带有压迫性的语言政策有所松绑。到2001年，全面推行九年一贯课程，实施以"国语"为中心、兼顾乡土语言的语言教育政策。

三、港澳台税制的比较

了解港澳台三地的税制，对加强海峡两岸及港澳地区经济和文化等各个领域的交流与联系具有积极的意义。特别是香港和澳门地区，与内地经贸交流频繁，经济往来限制少，内地居民也有机会赴港澳获得就业机会。

（一）香港的税制

为适应香港"投资者乐园"的自由市场经济，香港税制一贯坚持税种少、税率低的特点。按照《中华人民共和国香港特别行政区基本法》的规定，香港实行税收政策的高度自治，香港的财政收入全部用于自身需要，不上缴中央政府，中央政府不在香港征税。也就是说，香港无须执行内地的税收政策，自行立法，规定税种、税率减免优惠及其他税务事项。

香港的税种按性质分可分为直接税和间接税。直接税在税种结构中占有很大比重，包括物业税、薪俸税、利得税、利息税、遗产税。其中物业税、薪俸税和利得税是直接税中的主要税种，采用分类所得征税方法，同时，香港又准许纳税人选择各种所得合并计算的个人入息课税，即综合所得课征方法。间接税主要包括应课税品税、印花税、差饷、娱乐税、博彩税、酒店房租税、机场离境税、商业登记费、车辆税、专利或特权税、的士牌税等。

从总体上看，香港的税收具有简单、税种少、税负轻、稽征简便的特点，具体来说：① 税制以收入为基础。由于奉行"不干预主义"经济政策，香港税制的调控意识较弱，税制中税额负担的界限以有利于取得足够经常收入为限。② 征税面窄，税种少，税负轻。香港采取低税率、少税种的做法来最大限度地吸引外资，在税种方面，也仅有15种（不含利息税），除了酒类、烟草、烃油和甲醇这4类商品征收应课税品税外，对货物的进出口和转口均无限制，不征收关税。此外，香港不设投资利得税，这极大地保护了投资者的积极性，激发了企业的进取精神。③ 坚持属地制原则。香港一贯坚持所得来源地原则，只对香港来源的收入课税，有效地避免了国际性公司在香港双重纳税的问题。④ 稽征简便，灵活性大。如采取实报实收的暂缴课税方式，不采用"从源扣缴"税款的方式；市民每年只需填报税表一次，税务局依据税表和其他有关资料进行评估，进程简单（於鼎丞，2009）。

近年来，香港先后推出了一系列税制改革措施，如暂停征收酒店房租税、豁免离岸基金缴付利得税、废除遗产税、扩大交易所买卖基金的印花税宽免范围等，目的都是在经济发展的大背景下更好地推动香港发展和加强香港竞争力。

（二）澳门的税制

与香港一样，澳门保持财政独立，实行独立的税收制度。澳门的征税法例使澳门变成所有想在亚太地区建立工商活动基地的投资者的税务天堂，虽然澳门没有与其他国家签署双重征税的国际公约，但由于税收水平低，并不构成外来投资的障碍。

澳门的税种也分为直接税和间接税，直接税主要包括营业税、所得补充税、职业税、房屋税、物业转移税以及专利税等，间接税主要包括印花税、旅游税、消费税以及罚款和手续费等，直接税是澳门政府主要的资金来源。此外，澳门对一些特殊行业（如博彩业、公共交通业、电信业等）实行特许专营制度，政府与各专营公司签订专营合同，实行监控，并对其征收专项税款。专营税是澳门税制的一个特色，专营税并无系统的税收法律法规，而是通过专营公司、社团同政府签订专营合约来具体规定。

澳门的税制具有以下特点：① 税种少，税率低。源于葡萄牙的"轻税富民"思想，澳门也实行轻税政策，在现行税制中规定征收的税种只有14种。另外，澳门税制对各个税种规定的税率很低，累进幅度小，且豁免和优惠的范围很多。② 部分税种采用固定税额的形式。澳门税制中很多税种采用固定税额，例如，营业税对所有行业均按定额纳税；对于从事独立劳务的职业者，职业税根据职业性质的不同规定差别固定税额；部分专利税、消费税等也实行定额税率。③ 专营税地位突出。专营税作为澳门特有的税种，在整个财政税收体系中占据举足轻重的地位，特别是博彩特别税对澳门经济发展影响重大。④ 采用属地征收的原则。不管是否为澳门居民，或个人住所和公司总部是否在澳门，需要对其在澳门取得的总收益缴纳所得补充税。

（三）台湾的税制

台湾的税制与大陆税制有明显的相似之处，但由于历史、政治和文化等方面的原因，台湾税制又有其自身的特点。台湾现行的租税结构，按照财政收支划分可分为"中央税""省及直辖市税""县市税"（地方税）三级。"中央税"包括营利事业所得、综合所得税、遗产税及赠予税、货物税、证券交易税、关税和矿税；"省及直辖市税"包括营业税、印花税和使用牌照税;"县市税"包括田赋、地价税、土地增值税、房屋税、契税和娱乐税。

台湾税制主要有以下两个特点:① 所得税、销售税、财产税三大体系并存。在台湾现行的税制中,三大税系并存,目前台湾税目的种类逐步简化,税制的重心也由农业社会的财产税体系逐渐转移到工商业社会以所得税和销售税制体系为主的租税体制,其中所得税占主要地位,且在赋税收入中的比重逐年提高。② 税收负担具有弹性。台湾的税收负担极具弹性,在通货膨胀的情况下,利用物价指数连动法,根据消费者物价指数进行调整,以消除通货膨胀对纳税人造成的不利影响(於鼎丞,2009)。

(四)大陆及港澳台所得税率比较

由于各地经济税制的不同,为促进大陆与港澳台地区的经贸发展,四地在税收领域开展了广泛的协调。如1998年内地与香港签署了所得税避免双重征税的安排,2003年也与澳门签署了类似的安排,这两个安排的签署对于消除内地与港澳地区所得税领域双重征税问题起到了积极的作用。同时,大陆与台湾也分别出台了一些涉外税收规定,如大陆在个人所得税法、外资企业所得税法及台湾的《台湾地区与大陆地区人民关系条例》中均做出了税收抵免的规定,这些规定有利于减轻两岸间的双重征税(李娟,2006)。

表8-4 大陆及港澳台个人所得税比较

地区	税收模式	分类	税率结构
大陆	分类所得税制	包含工资、薪金所得;稿酬所得;特许权使用费所得;经营所得;利息、股息、红利所得;财产租赁所得;财产转让所得;偶然所得;其他所得	(1)工资、薪金所得,适用3%～45%的超额累进税率。 (2)个体工商户,个人独资企业,合伙企业的生产经营所得和对企事业单位的承包、承租经营所得,适用5%～35%的五级超额累进税率
香港	分类综合所得税	涉及薪俸税、利得税和物业税	比例税率和累进税率。其中,薪俸税采用15%的标准税率或2%～17%的四级超额累进税率。纳税人可以采用超额累进税率计算薪俸税但按超额累进税率征收的薪俸税,不得超过以扣除费用前的总所得乘以标准税率计算出来的税额。利得税和物业税都采用标准税率
台湾	综合所得税制	包括营利所得、执行业务所得、薪资所得、利息所得、租赁所得及权利金所得等10个项目的全年所得合并计算再依免税额、扣除额扣除的综合所得净额计税	用五级超额累进制按年计征。税法还规定,当年消费者物价指数与上年度之指数上涨累计10%以上的应纳税所得税按同一比例上涨

续表

地 区	税 收 模 式	分 类	税 率 结 构
澳门	分类综合模式	现行所得税制在税法上没有区分个人所得税和公司所得税，按照收益类型和按照纳税人的不同类型，设置不同的税种。职业税、所得补充税和房屋税是澳门按照收益课征的三种税项。其中职业税是对个人工作收益征收；所得补充税是对个人和法人工商活动收益征收；房屋税是对个人和法人房屋租金收益征收	税率为 7%～12%六级累进税率，免征额为 95 000 澳元。在免征额以上部分，税率分别按7%～12%递增，逾 28 万的部分统一缴税为 12%。不课税受益包括十四项，在法条里详细列举，内容涵盖医疗、住房等各项福利津贴。澳门的免税额不是固定的，行政长官的年度施政报告可根据通胀等因素，建议调高免征额度。比如在 2012 年财政年度，免税额就从 9.5 万元调高至 14.4 万元，减收全体就业居民职业税的 30%

（资料来源：于青明，于翠平. 大陆香港个人所得税制度比较与借鉴[J]. 财政界，2006（1）：185-186. 薛文郎. 租税法规[M]. 台北：新文京开发出版股份有限公司，2005：3. 马靖昊说会计. 内地和澳门的个税政策对比[EB/OL]. （2013-11-3）. http://blog.sina.com.cn/s/blog_5411bc3b0101cxtt.html. ）

近年来，为吸引港澳台人才来大陆发展，促进海峡两岸及港澳地区人才、经济发展交流，内地出台了许多人才税收优惠政策。2019 年财政部、税务总局联合发布《关于在中国境内无住所的个人居住时间判定标准的公告》，使在境内工作的境外人士（包括港澳台居民）的境外所得免税条件比原来更为宽松。最新公告将居民个人的时间判定标准由境内居住满一年调整为满 183 天，为了吸引外资和鼓励外籍人员来华工作，促进对外交流，新的《个人所得税法实施条例》继续保留了原条例对境外支付的境外所得免予征税优惠制度安排，并进一步放宽了免税条件：一是将免税条件由构成居民纳税人不满五年，放宽到连续不满六年；二是在任一年度中，只要有一次离境超过 30 天的，就重新计算连续居住年限；三是将管理方式由主管税务机关批准改为备案，方便了纳税人。

四、港澳台标准书面汉语的比较

正确认识港澳台三地语言的共性表现和个性特征，有助于海峡两岸及港澳地区人民更好地了解自己所使用的标准书面汉语以及相互间的异同，从而增进相互之间的了解，加强相互间的沟通以及语言文化的认同。

（一）港澳台标准书面汉语的共性

港澳台三地标准书面语最大的共性主要表现在两个方面：① 与早期现代汉语高度一致，很大程度上保留了早期汉语的传统；② 在新词、新义、新用法方面保持高度的同步性或一致性，因此港澳台三地之间的词语（特别是新词语）的一致程度远高于大陆（刁晏斌，2014）。

早期现代汉语中有一些同素倒序词，发展到后来大陆和港澳台选择了不同的形式，如内地普通话使用"素质"，港澳台使用"质素"。与普通话取用不同语素顺序的词还有"找寻、消夜、齐整、爽直、菜蔬、私隐、取录、怪责、帖服、配搭、挤拥等"。另外，有一些音译外来词，内地普通话逐渐改用意译，而港澳台三地依旧保留原有的音译形式，如"盘尼西林（青霉素）、维他命（维生素）、摩登（时髦）、菲林（胶卷）、卡通（动画）"等。

例证 8-3

"素质"与"质素"

表示"固有品质或性质"意思的词语，早期有"素质"和"质素"两种形式，后来大陆选择了"素质"，港澳台地区则选择了"质素"，例如：
- City'super 成为您生活的一部分且提升生活质素。（《自立晚报》，2011-12-28）
- 除夕夜巴士服务未能有效疏导参加倒数活动人潮，居民乘搭巴士出现混乱，居住在凼仔的居民甚至经旧大桥步行回家，有居民批评公交服务质素阻碍公交优先政策的推行。（《澳门日报》，2011-01-05）

在语法方面，因为语法比词汇更加具有稳定性，因此港澳台三地标准书面语在语法上与早期现代汉语的一致程度更高。就关联词来说，早期现代汉语中关联词不像现在这样成对出现，往往只用一个，港澳台的书面语中保留了这一现象。

例证 8-4

港澳台关联词使用举例

以下是港澳台地区关联词"即使……（也）……"的使用举例（括号内为省略掉的词）。
- 田北俊认为，即使暂停使用卖地一段时间，日后的楼价（也）不会大幅上升，因为期间仍有补地价的楼盘推出。（《明报》，2002-09-27）
- 另一名党内人士认为，全代会即使要表决，预料（也）只会出现一面倒的情况，不会因为127人遭到停权而影响结果。（《自立晚报》，2013-05-24）
- 然而，不少乘客即使被拒载，（也）因怕麻烦而拒绝指证，令稽查行动的成功率大打折扣。（《澳门日报》，2011-03-10）

由于港澳台地区与大陆社会制度不同，各自的价值观、语用观也有差异，加上由于之前大陆同胞与港澳台同胞在生活的各个领域来往较少，相互之间语言文字碰撞的机会少，而港澳台三地之间往来频繁，语言方面互相影响的程度更大，因此港澳台三地的一致性要高于与大陆的一致性。

（二）港澳台标准书面汉语的个性

港澳台三地标准书面语既有共性，也有不少个性特征。三地语言的个性特征主要与以下两个因素有关：一是外语的影响；二是方言的吸收。

台湾受日本统治 50 年，香港被英国统治了 99 年，澳门被葡萄牙统治了 150 年，这些历史在三地的语言方面打下了深深的烙印。台湾"国语"具有大量日语借词，如"达人、豆乳、干物女、封杀、攻略"，这些词也由台湾传到了其他地区。香港吸收了大量英语外来词汇，而且大部分是音译词，并且具有浓厚的地域色彩，如"士巴拿"（扳手，英语 Spanner 的音译）、"甫士咕"（明信片，英语 Postcard 的音译）。澳门语言则受葡萄牙语的影响，形成独具特色的"葡式中文"，另外，由于距离香港较近，也受英语的影响很大。因此，在澳门的公文中，经常出现按葡语的语言结构写作的中文，使得写出来的中文不像中文，更像是葡文的翻译作品，同时也掺杂了一些英语的借词。在词语方面，香港主要是向英语和日语借词，澳门除了全盘把香港的借词再借过来之外，还向葡语借词或者根据葡语构词特点构成了一些词，例如"过班纸（成绩单）、沙纸（证明文件、毕业文凭）、科假（休假）"等。

在方言的吸收方面，台湾语言的总体格局是"两大两小一分散"。"两大"是指"国语"和闽南语，"两小"是指客家话和少数民族语言，"一分散"是指从大陆去的各省人所说的各种汉语方言（戴红亮，2012）。台湾本就属于闽南方言区，以闽南语为母语的人也多，因此台湾的"国语"受闽南方言的影响最深，由此也与大陆普通话产生了一些同形异义词。其他的客家话以及少数民族的语言也都有一定的影响，而这些情况在港澳地区基本上不存在。港澳地区同属于粤语区，标准书面语受粤语影响很深，普通话与粤语方言并用的现象非常普遍，香港的"港式中文"其实是"标准中文"与"粤语中文"之间的过渡型书面语。

第三节　港澳台与大陆的沟通

港澳台与大陆同属一个中国，相互之间交流频繁。本节主要从港澳台与大陆的教育交流、港澳台与大陆的民商司法联系和协作及港台企业在大陆的跨地区文化管理四个方面进行阐述。

一、港澳台与大陆的教育交流

随着港澳台经济、文化等各领域交流合作的日益深化，以及教育部内地高校联招考试的启动和学历互认的推进，越来越多的港澳台青年来到大陆求学。港澳台学生可以通过"联招"和"免试"等方式升读大陆高校。同样，港澳台三地的高校也吸引了无数大陆学子前往深造。

（一）港澳台地区学生来大陆求学

内地高校可以在国家下达的招生计划之外，根据自身办学条件，自主确定招收港澳台学生的数量或比例。港澳台学生的报考条件：通过面向港澳台地区的联合招生考试；参加大陆统一高考、研究生招生考试并合格；通过香港中学文凭考试、台湾地区学科能力测试等统一考试并达到同等高校入学标准；通过教育部批准的其他入学方式，经内地高校录取，取得入学资格。对未达到本科录取条件但经过一定阶段培养可以达到入学要求的港澳台学生，高校可以按相关要求招收为预科生。预科生学习满一年经学校考核合格后，可转为本科生。此外，高校可自行招收港澳台进修生、交换生和旁听生。已获得大专以上学历或在大陆以外的大学就读本科专业的港澳台学生，可向内地高校申请插入就读与原所学专业相同或相近的本科课程，试读一年。试读期满，经所在试读学校考核合格，可转为正式本科生，并升入高一年级就读，报学校所在省级教育行政部门备案。

可申请招收港澳台学生的普通高等学校需具备以下四个条件：① 具有实施全日制本科及本科以上学历教育资格；② 具有良好的师资条件和教学科研设备；③ 校园及周边环境良好，具备适合港澳台学生生活的食宿条件；④ 设有对港澳台学生的管理机构或配有专门负责人员，建立健全关于港澳台学生招收、培养和管理的各项规章制度。

（二）大陆学生赴港澳台留学

1. 内地学生赴香港留学

香港作为首个给内地学生开放高校资源的港澳台地区，内地学生可以申请香港高校的本科和硕士课程。香港高校在内地本科招生主要有两种形式：① 考生参加内地高考，在提前批录取，例如香港中文大学和香港城市大学。② 考生参加内地高考，学校参考高考成绩，但是高校有其自身的报名程序，且独立招生。例如香港大学、香港理工大学等。与澳门、台湾相比，赴港留学更受内地学生青睐，主要有以下四个原因：① 名校云集。香港八所公立大学在世界排名都十分靠前。QS2019 年世界大学排名中，香港大学排名 25，香港科技大学排名 37，香港中文大学排名 49，香港城市大学排名 55，香港理工大学排名 106。且香港高校教育注重与国际接轨，每年都有大量外籍人士和国际学生涌入香港学习。由《泰晤士报高等教育专刊》（THE）发表的"2020 年国际化程度最高的世界大学排名"的前十所大学中香港高校就囊括了四所。② 申请手续简单。申请香港高校的硕士，学生可免试入学，通过递交申请材料、面试，条件优秀者可被录取。此外，香港高校的硕士学位在学习年限上比内地高校时间短，1~2 年即可获得硕士学位。③ 奖学金丰厚。以本科为例，香港各高校为内地学生设立了入学奖学金，主要颁发给高考各科成绩突出的学生，而且奖学金无须单独申请，香港高校会根据学生的条件给予评比和发放。同时香港高校还设有大量不同类别的奖学金及奖项供所有在校本科生申请。④ 可以获得在香港工作的机会。在香港修读经本地评审的全日制学士学位或以上程度课程的非本地学生，只要修业期不少于一个学年，便可从事实习工作、校园兼职工作或暑期工。每周兼职时间上限为 20 小时，暑期兼职没有限制，毕业后合法留香港找工作的时间为 12 个月。

随着近年来越来越多的内地学生赴港求学，为惠及更多内地学子，北京师范大学与香港浸会大学于 2005 年在广东省珠海市携手成立首家"内地与香港合作办学"高校——北京师范大学—香港浸会大学联合国际学院，为内地报考学生提供国际化教育及课程。

2. 内地学生赴澳门留学

澳门计划在内地招生的高校包括澳门大学、澳门理工大学、澳门科技大学、澳门城市大学、旅游学院、澳门镜湖护理学院等高校。报考澳门高校的考生高考成绩一般要达到本科第一批录取分数线以上，个别院校参考本科第二批录取分数线。与就读港校相比，澳门的学费相对较低，澳门本科课程每年学费要比香港省一半以上。另外，澳门高校的录取相互之间不受影响，考生可同时兼报澳门地区的大学，也可同时填报香港高校和内地高校，如果考生收到内地、香港和澳门高校多张录取通知书，考生可选择一所学校报到注册。

3. 大陆学生赴台湾留学

继香港、澳门相继向内地学生开启招生大门后，2011年开始，台湾地区高校也正式向大陆学生招生，但仅面向北京、上海、浙江、江苏、福建和广东6个省市的考生。按照规定，台湾公立大学只能招收博士生和硕士生，因此，台湾地区招收本科生的高校多为私立学校，只有少部分公立高校招收大陆本科生。与香港留学相比，赴台留学费用低很多，但是台湾地区针对大陆学生发布的"三限六不"方针使得赴台留学相对具有更多的限制因素。"三限"包括：① 限校，初步仅认大陆数十所一流大学学历；② 限量，总量管制大陆学生来台人数，约为台湾招生总量0.5%～1%，约为一年1 000人，同时会分配各校招收大陆学生人数，不会让大陆学生集中在少数学校；③ 限领域，初步不开放大陆学生就读"国安"、医疗、药理治疗等专业领域。"六不"包括：① 大陆学生来台考试不加分；② 不影响台湾学生就读权益，以外加名额招收大陆学生；③ 不列编大陆学生奖学金；④ 不允许大陆学生在校外打工；⑤ 大陆学生不可考专业证照；⑥ 毕业后不可续留台湾就业和从事公职。

当然，除了学历教育，港澳台高校与大陆高校之间还有一些短期教育交流项目，两岸四地的学生可以通过学校申请短期交流项目进行参观和交流学习，具体情况视各学校的情况而定。

二、港澳台与大陆的民商司法联系和协作

海峡两岸及港澳地区日渐密切的民商事往来构成了充满活力的"海峡两岸及港澳经济圈"，作为经济关系保障和矫正机制的相关司法联系和协作制度在实践的催逼下日渐形成（江保国，2015）。

（一）港澳台与大陆民商司法联系和协作现状

随着香港和澳门的回归，内地与港澳相继签订了《内地与香港关于建立更紧密经贸关系的安排》（CEPA）及其系列补充协议，与台湾也签订了以《海峡两岸经济合作框架协议》（ECFA）为代表的系列协议，这些系列协议加强和深化了海峡两岸及港澳地区的经贸合作。在司法协作和联系制度上，内地与港澳之间分别就送达、取证、民商事判决和仲裁裁决的承认和执行签订了协议安排，大陆与台湾则在2009年签订了《海峡两岸共同打击犯罪及司法互助协议》，司法协作安排与经济合作协议呈并行发展态势。

目前海峡两岸及港澳地区的民商司法联系和协作采取的是双边协商模式。"一国两制、和平统一"是没有先例的战略选择。这一框架下衍生出来的区际司法协助也需要在实践中摸索，双边协商模式以一种柔性的方式将区际司法协助成果法律化和制度化，使得我国的区际司法协助能够以一种渐进的方式稳步前进，有利于针对港澳台的特点分别

进行规则设计，最大限度地照顾各方需求和现状。

（二）港澳台与大陆现行民商司法联系和协作体系存在的缺陷

双边协商模式是特定历史语境和法律框架下我国解决区际司法协助问题的自然选择，它成功运行于海峡两岸及港澳地区之间，为解决我国内部不同法域体系下的民商事争端起到了重大的作用，然而，双边协商模式在取得丰硕成果的同时，也暴露出了一些缺陷（江保国，2015）。

1. 缺乏宏观整合

虽然基本法授权特别行政区与全国其他地区通过协商方式进行区际司法协助，但对协商的步骤和原则缺乏指导性规定，导致了以下两个问题：① 四法域之间司法协助双边协商存在着相当的不平衡性。目前的区际司法协商行为主要存在于内地与港澳台之间。这体现了内地法域的主体性和中心性，但是其他三个法域之间在区际司法协助问题上存在滞后性。② 希望达成什么样的目标？这不仅是理论上的先决问题，更为执行者提供必要的裁量空间。但是目前内地与港澳台之间签订的系列安排无一例外地回避了这个问题，这种就事论事的态度有助于减少协商各方在抽象理据上的纠缠，将注意力专注于具体问题的解决，但由此也使这些安排注定成为过渡性的、实验性的成果，甚至可能因为其僵化无力而沦为一纸空文。

例证 8-5

内地与港澳文书送达的困境

内地与港澳分别就民商司法文书的送达签订了安排，但实际成效却不尽如人意，"送达难"问题仍然困扰着不少法院。为此，最高人民法院2009年颁布了《最高人民法院关于涉港澳民商案件司法文书送达问题若干规定》，在与港澳的送达安排机制外向内地法院提供了邮寄、传真、电子邮件等新的送达方式，但这一规定使得内地与港澳业已达成的送达安排处于非常尴尬的境地，在多数情况下将面临被弃之不用的境地，更可能在送达合法性方面出现瑕疵甚至是问题，影响到下一步可能的域外认可和执行。

（张宪初，2010）

2. 缺乏后续的协调评估

各法域对区际司法协助安排的转化适用形成了"双边协商、分别执行"的模式，但是"双边协商"和"分别执行"之间却缺乏必要的黏合机制，导致"分别执行"变成了事实上的"各行其是""各自为政"，对执行的效果也缺乏及时的评估和反馈。区际司法协助安排是各法域间基于平等自愿而签订的协议，其缔结和履行均具有非强制性。在现阶段，区际司法协助安排的这种弹性有利于消除各法域内部对参与区际司法协助协商的顾虑，但是由于我国现有的区际司法协助安排大多具有一定的试验性，其规则设计需要通过实践中的试错来不断完善和调整，同时对执行安排中出现的争端也需要双方进行协调解决，后续协调机制的缺位不仅使安排的可操作性和现实回应性大打折扣，也可能会间接影响到协商参与方的积极性。

3. 未能有效整合非官方途径

虽然学界通常将区际司法协助的主体限定为法院之间,但事实上我国承担的各法域间司法协助职能向来不是单一的法院主体。由于我国海峡两岸及港澳同宗同源,民间商事往来在港澳回归之前就已十分密切,在官方或半官方的双边协商模式之外,尚存在着大量的民间资源可用于破解区际司法协助中的难题。

例证 8-6

区际民商司法协助的非官方途径

改革开放之初,为解决港澳同胞到内地申请公证证明收养子女等事务的需求,司法部颁布了《关于为港澳同胞回内地申请公正而出具证明办法的通知》,授权八位律师办理证明事宜,后又连续发文将授权范围依次扩大至遗产继承、股息领取,甚至"凡发生在香港地区的法律行为、有法律意义的事实和文书"等事项。在当时内地司法实践中,也存在着法院通过港澳当事人亲属劝说其回到内地出庭或作证的情况。而香港和澳门也对通过民间途径进行区际司法协助持开放态度,如香港《高等法院规则》明确规定,合同当事人可以约定实施送达的方式。台湾在《关于如何给在台湾的当事人送达法律文书问题的批复》中也认可了原告直接向台湾当事人直接送达或转告法律文书的做法。

(江保国,2015)

在"前双边协商"时代,非官方区际司法协助为海峡两岸及港澳民商事司法程序的正常进行做出了非常积极的贡献。实践证明,它们的存在无损于各法域的公共秩序,也不会对双边协商构建官方区际司法协助路径形成阻碍。但我国现有的区际司法协助安排并未对非官方途径的区际司法协助方式表明态度,在双方协商模式日渐规范和成熟的情况下,此前大量采用非官方途径的合法性就出现了疑问。

三、港台企业在大陆的跨地区文化管理

随着《内地与港澳关于建立更紧密经贸关系的安排》(CEPA)和与台湾《海峡两岸经济合作框架协议》(ECFA)的签订,港澳台与大陆的经贸合作越发紧密,相互之间经贸往来频繁,港资企业、台资企业或者合资企业在大陆迅速发展起来。

(一)港台企业管理风格比较

在员工管理方面,港资企业大多为家族企业,采用网络化经营,且多与西方跨国公司结为上下游产业的策略联盟。在管理手段上,都以中华文化为内核,并有机融入了西方先进管理手段。在对员工的培训教育上,港商都相当重视,注重培养内地员工的团队精神,并将之贯彻于生产流程、生活服务的方方面面。此外,港资企业的人力资源管理也更倾向于自由化。台湾文化相对香港文化,被普遍认为更接近大陆文化,同时也受到日本文化与西方文化的影响。在对大陆员工的管理上,台商管理受日本影响较大,加上台商自身的军训经历,员工管理更严格一些,大都实行封闭式管理,采用内部化服务与大家庭式的集中化管理来融合公司内的不同文化。

台资企业强调对员工实行长期聘用，通过保障员工的工作机会，使员工产生对企业的归属感，而港资企业对这个方面的重视程度明显低于台资企业。另外，台资企业对员工不同的工作内容与职责规定十分明确，港资企业对工作内容的规定也较为详细，但强调程度不如台湾高绩效企业。因而台资企业对员工的培训相对于港资企业更为专一，而港资企业对员工的职业发展规划较为注重多方面技能。

例证 8-7

台湾富士康在大陆的跨地区文化管理

富士康是知名的在陆台企，在企业人力资源管理的过程中不可避免地面临着跨地区文化管理的冲突。其主要表现为：

一是大陆员工流失率高。台湾员工对企业有更高的忠诚度，认为员工和企业之间是一种信任关系，台湾本地企业更加关注员工的态度，更愿意招聘和使用那些长期忠诚于企业的员工，这种管理理念也普遍存在于像富士康这样的大陆台资企业中。而大陆员工对企业忠诚度较低，认为企业和员工之间是一种劳动契约关系，当企业不能给予自己所期望的薪酬和良好的发展机会时，会毫不犹豫地选择离职。这种观念上的冲突加之富士康大陆员工与台湾员工之间不公平的薪酬和晋升制度以及富士康高压的管理方式，导致了富士康大陆员工的高流失率以及富士康资方与大陆员工之间的不信任关系。

二是不公平的晋升和薪酬激励制度使大陆员工普遍不满。由于文化上的差异，台湾人天生就具有很强的地域观念，与大陆其他外资企业不同的是，台资企业管理人员本地化的程度很低，富士康也不例外。一直以来，富士康处于台干（台湾干部）强势、陆干（大陆干部）弱势的局面，在富士康 13 000 多名干部队伍中，台湾地区派驻的干部约为 2 500~3 000 名，他们多位居公司的中高层，陆干数量虽已超过 10 000 人，但是协理级别以上的仍很罕见。并且，台干和陆干之间还存在同工不同酬的现象，同一级别台干工资是陆干的 4~5 倍。在激励方面，富士康给予经理级以上台干以股权激励，而对陆干只有"138"的激励政策，即对服务时间达 1 年、3 年、8 年的核心干部给予奖金、补贴、住房等相关福利。

三是严厉的管理方式使大陆员工不堪忍受。由于台湾文化高权力距离和高不确定性规避的特点，台资企业普遍采用严厉的管理方式，这和大陆员工的平等观念和制度应该人性化的观念产生了冲突。

（徐智华，2011）

（二）港台企业的跨地区文化管理

香港文化、台湾文化与大陆文化同宗同源、一脉相承，但是由于不同的社会演进，相互之间又形成了各自的特色，成为从属于中华民族文化的亚文化。港台企业的内部管理实质是亚文化管理，这种跨地区文化管理与其他外资企业在大陆的管理有着较为明显的差异。

例证 8-8

台湾大陆合资企业里的跨地区文化冲突

A 合资公司是大陆、台湾双方共同投资运营的一家集装箱运输公司。高层管理人员及部门主管由双方共派。大陆方是有悠久历史的国企，台方则是新兴的家族公司。

事件 1：刚开始运营时，条件差，大陆员工感到工作有困难。若在原单位一般会有领导做思想工作，而 A 合资公司三月内无人过问此事。双方都有意见。台方认为工作要以客户为中心，工人就要努力工作，挑条件讲困难太过分，而大陆员工认为合资公司把工人看成打工仔，不是企业的主人，很有失落感。

事件 2：一天，办公楼旁的叉车突然失火，边上就是货物，楼内所有大陆员工都快步跑往现场协助灭火，而台方无一人到现场，在办公室隔窗观火。双方的典型抱怨：大陆方认为干部应该不顾生命安危，保护国家财产安全。台方却认为：人的生命高于金钱和财产，且现场失火应该由专门人员负责灭火。

（谢宁铃，2004）

港台企业要实现有效的跨地区文化管理，需要立足它们与大陆文化的不同点，从进行跨文化培训、形成共有的价值观和建立有效的激励体系三个方面着手。

1. 进行跨地区文化培训

跨地区文化培训是为了加强人们对不同文化传统的反应和适应能力，促进不同文化背景的人之间的沟通和理解。跨地区文化培训的主要内容包括对文化的认识、文化敏感性训练、语言学习、跨地区文化沟通及冲突的处理、地区环境模拟等。可以组织企业双方的管理人员了解对方母企业的发展历史和企业文化，增加双方的非正式交往，以理解对方的文化。

2. 形成共有的价值观

找出双方文化的共同点，作为跨地区文化沟通和进行文化整合的基点。企业的终极目的是盈利，在这种终极目的之下，企业经营理念和管理模式多少有一些相同之处，因此，可以以这些相同之处作为契机发展双方都能接受的、高效的企业经营理念和管理模式，实现员工文化、管理者文化和企业整体的制度文化三个层次的融合。文化整合后的企业经营理念，不仅要从制度上成为企业运作的准则，还应通过各种激励、约束手段，使之内化为员工的价值观念和行为准则，贯彻到企业管理的各项职能中去，实现对员工的软管理，使得每个员工都能够把自己的思想与行为同公司的经营业务和宗旨结合起来，从而实现企业文化的有机融合和最有效的管理（谢宁铃，2004）。

3. 建立有效的激励体系

对于拥有完整教育经历、思想独立、成就感欲望强烈的大陆新生代员工而言，同事关系、经济报酬、成就感和监督关系越来越成为他们职业选择的首要因素。对于企业组织与主管领导而言，不仅需要提供合适的薪酬福利等物质性激励，更需要健全的多方面的精神性激励（刘椰辰，2018）。因此，企业需要建立有效的激励体系，用正刺激来强化企业倡导的价值观。例如，建立有效的考核与晋升制度——通过各种优惠待遇，包括奖金激励职工，使努力学习和有贡献的员工具有相应的提升机会；通过为员工提供职业生涯发展计划，重视人员培训来表明企业对人才的重视，以此调动员工积极性，促进双方合作。此外，还需要根据员工年龄层的变化，通过调查研究，了解员工的真实需求。

本章小结

- 海峡两岸及港澳地区的含义和使用存在多种认识，从地理层面上理解特指中国大陆、中国香港、中国澳门和中国台湾。从文化角度考虑则泛指中国大陆、中国香港、中国澳门、中国台湾，以及其他由中华文化主导或受中华文化影响较大的地区，如马来西亚、新加坡等。
- 港澳地区形成以中国岭南文化为根，又深受西方工业文明影响的特殊文化形态。台湾地区本属于我国的闽南文化，经历了与当地土著民族文化深度融合的时期，又受日本文化深刻影响。
- 广义的公民教育是指在现代社会里，培育人们有效地参与国家和社会公共生活、培养明达公民的各种教育手段的总和。范围包括全体社会成员、全部与公民社会生活相关的教育内容和各种教育手段。狭义的公民教育是指为培养参与国家或社会公共生活有效成员所需知识的公民学科。
- 香港的税收的特点主要有：（1）税制以收入为基础；（2）征税面窄，税种少，税负轻；（3）坚持属地制原则；（4）稽征简便，灵活性大。
- 澳门的税制具有以下特点：（1）税种少，税率低；（2）部分税种采用固定税额的形式；（3）专营税地位突出；（4）采用属地征收的原则。
- 台湾税制的特点主要有以下两点：（1）所得税、销售税、财产税三大体系并存；（2）税收负担具有弹性。
- 港澳台三地标准书面语的共性主要表现在两个方面：（1）与早期现代汉语高度一致，很大程度上保留了早期汉语的传统；（2）在新词、新义、新用法方面保持高度的同步性或一致性。
- 随着港澳台经济、文化等各领域交流合作的日益深化，以及教育部内地高校联招考试的启动和学历互认的推进，越来越多的港澳台青年来到大陆求学，港澳台三地的高校也吸引了无数大陆学子前往深造。
- 海峡两岸及港澳的区际民商司法协助安排与经济合作呈并行态势，目前区际民商司法协助采取的是双边协商模式。
- 港台企业要实现有效的跨地区文化管理，需要立足于它们与大陆文化的不同点，从跨地区文化培训、形成共有的价值观和建立有效的激励体系三个方面着手。

网站推荐

1. 国家移民管理局政务服务平台：https://s.nia.gov.cn/mps/main.html

2. 国务院港澳事务办公室：http://www.hmo.gov.cn
3. 内地（祖国大陆）高校面向港澳台招生信息网：http://www.gatzs.com.cn
4. 香港大学内地本科生入学计划：https://aal.hku.hk/admissions/mainland
5. 港校直通车：http://www.gohku.com
6. 海峡两岸招生服务中心：https://hxla.gatzs.com.cn
7. 大学校院招收大陆地区学生联合招生委员会 https://rusen.stust.edu.tw/spf/index.html

影视推荐

《一路走来半世纪》

《一路走来半世纪》是香港无线电视台（TVB）于 2018 年开播的一档七集纪录片。主要讲述无线电视新闻部过去半个世纪采访过的人和事，大至全城关注的新闻事件，小至一地一区一人的民生议题。本片分为七个专题——房屋、文化娱乐、交通运输、工商百业、医疗教育、民生点滴和政制时事，向大家细说香港在过去五十年一路走来的成长印记。片中展示了许多过往的珍贵视频资料，是一部了解香港发展的纪实性历史纪录片。

《过台湾》

《过台湾》全片共 14 集，从台湾的远古时期开篇，重点讲述从明朝末期到 1945 年台湾光复三百多年间的台湾史。从收复台湾、移民迁徙、垦拓种植、经贸交通、抵御外侮、文治武功、宗教信仰、艺文风情等方面分列专题，通过大陆先民移民台湾、开发台湾、建设台湾、抵御外侮的一个个故事，展现台湾的历史发展轨迹以及海峡两岸同文同种、血脉相依的历史渊源关系。

思考练习题 8-1：选择题

1. 使用"两文三语"的地区是（　　）。
   A. 香港　　　　　　B. 澳门　　　　　　C. 台湾
2. 专营税是哪个地区特有的税种？（　　）
   A. 香港　　　　　　B. 澳门　　　　　　C. 台湾

思考练习题 8-2：简答题

1. 简述港澳台标准书面汉语的共性。
2. 简述港澳台与大陆现行的区际民商司法协助体系存在的缺陷。

案例分析 8-1

2019年内地109所高校将免试招收香港学生

香港特区政府教育局表示,欢迎教育部公布2019年内地部分高校免试招收香港学生计划的具体安排。根据安排,参与计划的内地高等院校将增加至109所。

特区政府教育局发言人表示,2019年参与免试招生计划的内地高校数目比2018年增加了7所,新增的高校包括中央音乐学院、中央戏剧学院、中央美术学院、湖北大学、广东海洋大学、长安大学和兰州大学。

另外,免试招生计划中"校长推荐计划"的考生推荐名额,每家香港中学由6个名额增加至8个。而"校长推荐计划"的最低录取标准维持不变,学生在香港中学文凭考试中,4个核心科目(即中国语文科、英国语文科、数学科和通识教育科)的分数总和须为10分或以上,且每个科目的分数不得低于2分。

免试招生计划将一如既往地依据香港中学文凭考试成绩择优录取香港学生,他们无须额外应考内地联招试。香港学生可于2019年3月1日至20日在网上预先报名。各院校可根据考生报考资料安排面试,并将于明年7月底公布录取名单。

为了让学生和家长更加了解免试招生计划的具体安排,特区政府教育局与国家教育部将于12月1日至2日合办"2018内地高等教育展"。109所参加2019年免试招生计划的内地高校也会参展,介绍其院校及相关资讯。

免试招生计划在2012年开始推行,去年通过免试招生计划获内地高校录取的香港学生共有1295人,分布在150个不同的专业。

(资料来源:2019年内地109所高校将免试招收香港学生[EB/OL].(2018-10-8). http://www.gov.cn/xinwen/2018-10/08/content_5328610.htm.)

问题讨论:

1. 讨论教育部推行免试招生计划的原因。
2. 比较内地学生赴港求学和香港学生报考内地高校的动机差别。

案例分析 8-2

利丰集团的跨地区文化管理

香港利丰集团起源于广州的华资贸易(1906—1949年)公司,是香港历史最悠久的出口贸易商号之一。利丰公司为香港利丰集团在中国内地设立的采购办公室,职员构成为中国内地人为主的中低层人员和香港人为主的中高层管理人员。利丰公司内部行政管辖区域遍及深圳、广州、湛江等南中国一、二线城市。

长期以来利丰都将矩阵式的汇报体系应用在事业部式的组织结构中,在这样的管理模式下存在着许多问题:

（1）由于语言问题造成的沟通问题：不习惯以普通话沟通的香港人与不习惯以粤语沟通的内地人进行沟通，容易出现"鸡同鸭讲"的情况。即便学会了粤语，也未必等同你理解了粤语社会的思维模式。

（2）多重领导、领导经常性变更导致的沟通问题：利丰公司的员工经常需要与两个或两个以上的香港上级汇报，而香港上级经常调动，使得员工需要不断地去适应新的领导的工作风格与做事模式。

（3）沟通方式造成的沟通问题：香港地区的管理层员工更倾向于使用邮件和电话作为沟通工具，即便是在同一个办公室也是使用邮件作为沟通工具。而中国内地的员工更喜欢其上级采取面对面的沟通方式。

无论是利丰公司的香港员工还是中国内地员工，双方都希望营造一个和谐的工作氛围，而且也重视公司伦理。比如"一家人"（one family）理念的提出与在利丰进行的企业文化理念的推广：

（1）网络宣传。利丰通过内部网络进行"一家人"理念的宣传，内容包括员工与利丰的故事、利丰的最近动态、管理层的假日祝福（录像）等。

（2）企业活动：利丰每年都有一次高层会议，全球的高级总经理和总经理都会到香港地区参加。利丰积极组织员工参与公众活动：马拉松慈善长跑，划龙舟比赛，慈善资助，等等，促进员工互相沟通。

（3）员工申诉机制。员工可以越级或者向人力资源部或者向企业总裁申诉，体现了"一家人"中的"平等"理念。

（资料来源：曾琛. 利丰公司跨文化管理研究[D]. 天津：南开大学，2010.）

问题讨论：

1. 利丰在跨地区文化管理方面存在哪些问题？
2. 根据本案例，谈谈你对亚文化间跨地区文化沟通的认识。

 参考文献

[1] 马丁·希尔伯. 跨国人力资源管理[M]. 李向红，徐卫卫，译. 北京：中央编译出版社，2005.

[2] 梁桂麟，刘志山. 港澳台高校通识教育比较研究[M]. 北京：中国社会科学出版社，2008.

[3] 蓝维. 公民教育：理论、历史与实践探索[M]. 北京：人民出版社，2007.

[4] 刘志山，梁桂麟. 港澳台公民教育比较研究[M]. 北京：中国社会科学出版社，2012.

[5] 谢碧霞. 增强香港青年国家认同的教育路径分析[J]. 青年发展论坛，2019（4）：43-51.

[6] 黄月细，徐海波. "一国两制"下香港公民教育的反思与建构[J]. 当代港澳研究，2017（4）：4-20.

[7] 常乐. 教育政策与青年国家认同："一国两制"的澳门范例及经验[J]. 深圳大学学报，2020（1）：34-41.

[8] 许娜. 台湾地区青少年公民教育的特点[J]. 青年学报，2015（3）：43-47.

[9] 贝磊，古鼎仪. 香港和澳门的教育：从比较角度看延续与变化[M]. 北京：人民教育出版社，2006.

[10] WING-WHU LAW. Globalization and citizenship education in Hong Kong and Taiwan[J]. Comparative education review，2004（3）：263-264.

[11] 柯森. 港澳台教育改革与发展：异同及其解读（2000—2010）[M]. 广州：广东高等教育出版社，2010.

[12] 张桂菊. 澳门回归后"三文四语"教育现状研究[J]. 比较教育研究，2009（11）：13.

[13] 於鼎丞. 港澳台税制[M]. 广州：暨南大学出版社，2009.

[14] 李娟. 中国两岸四地税收协调的问题及其对策[D]. 山西：山西财经大学，2006.

[15] 刁晏斌. 港澳台地区标准书面汉语的共性与个性[J]. 语言教学与研究，2014（6）：101-109.

[16] 戴红亮. 台湾语言文字政策[M]. 北京：九州出版社，2012.

[17] 徐智华. 富士康人力资源管理反思及其启示[J]. 企业经济，2011（1）：76-79.

[18] 江保国. 两岸四地民商司法协助双边协商模式之缺陷与改进[J]. 广东行政学院学报，2015（3）：50-56.

[19] 张宪初. 数点雨声风约往：香港回归以来与内地民商事司法协助进展回顾与检讨[J]. 人大法律评论，2011（2）：3-41.

[20] 谢宁铃. 台湾大陆合资企业跨文化管理分析[J]. 海峡科学，2004（7）：32-35.

[21] 李继. 中国区际民商司法协助法律问题研究[D]. 北京：中国政法大学，2006.

第九章
跨文化交友

 学习目标

- ➢ 了解交友与文化的关系；
- ➢ 了解文化差异并避免交友误会；
- ➢ 了解跨文化婚恋；
- ➢ 掌握跨文化交友能力。

引例

不领情的外国朋友

一位复旦大学的老师请一位在美国认识的友人给自己的学生讲如何学习英语，并很热情地接待了他一个星期，包括听音乐会、游览西湖等。这个美国人在上海待完七天后到广州看他的朋友，见面第一句就说："在上海就和坐监狱一样，他们安排的时间分分秒秒都有人陪，本来想自己走一走，结果一点时间都没有，最后一天我想请他们吃顿饭，结果他们不准，去的时候坐出租车，我连给出租车钱的机会都没有。"

在这位美国人看来，他自己完全失去了自由，失去了控制自己生活的能力。尽管他的看法有些极端，但一般西方人都会有这样的感觉。中国人的热情一方面让他们很感动，另一方面让他们吃不消。所以中国人接待外宾的时候不必太过热情，这种热情有时对方是不领情的。你想向他们提供帮助，最好先问问他们。要注意你的热情不一定是对方欣赏的，有时会给对方造成不便。

（资料来源：戴凡. 中国、北美日常文化差异释疑[EB/OL]. （2010-09-23）. http://blog.sina.com.cn/s/blog_626a321f0100ljc1.html.）

世界文化源远流长、博大精深，又千姿百态、丰富多彩。所谓文化是指包括知识、信仰、艺术、道德、法律、习俗以及包括作为社会成员的个人所获得的其他任何能力、习惯在内的一种综合体（Tylor, 1871）。在和不同的人进行交友时，不仅要考虑对方的个人性格、爱好、习惯、家庭、阅历等因素，还要把对方的整个文化背景考虑在内。

第一节　跨文化交友概述

　　随着全球化进程的加速，我们居住的地球已渐渐变成一个村落——"地球村"。全球化深刻地改变着人类社会的传统和以国家为基本单位的交友体系，交友也逐渐冲破国别，走向全球化。因此，跨文化交友对现今的人类交友有着深刻的意义。在国际留学背景下，到国外留学交流的经历让我们感受到了解跨文化交友的重要性。中国文化和世界上很多文化有差别，哪怕是中国文化内部都有很多的差异。正是由于这些差异，我们在交友过程中会有很多误会。文化差异所引起的误会往往是人们所不知道的，这样的误会在人与人之间造成的伤害往往更加严重。因此，我们需要留意这方面的差异，以便在跨文化交友过程中更加顺利地交到朋友。

一、跨文化交友的概念

　　跨文化交友是指不同文化背景的人们之间的交际。他们的社会背景、生活方式、信仰等方面都存在着不同程度的差异，在这种情况下交友时，说话人和听话人对信息的理解不可能完全一致。跨文化交友的目的就是使交友双方了解非本民族的语言、文化传统、风俗人情、思维方式、价值观念等，更好地建立友谊。

例证 9-1

打电话的大学问

　　中国人给西方人打电话容易出现冲突。我的一个美国同学一次说："我没办法相信一个中国朋友晚上11点给我打电话。"我说："11点不算太晚，凌晨1点都有给我打的。"他很不理解："怎么可能这样打？"中国人好朋友之间经常相互客气，本来电话打来的时候你已经睡了，但还说没睡；本来已经影响你了，但你硬说没有关系。这其实也就鼓励了对方，下次还会这么晚打，所以中国人在这方面的行为习惯就会一直循环下去。

　　但是，西方人不一样。首先，一般他们是不往家里打电话的，除非是非常好的朋友。但即使是非常好的朋友，也一般在晚上9点半以后就不打了。除非有急事，或者大家之间有一种默契，比如知道对方有晚睡的习惯。

　　其次，中国人认识之后很喜欢把家里的电话告诉对方，尤其是女性把家里的电话给对方，那就意味深长了。一般外国人交换的是工作电话，关系比较好的才会把家庭电话给别人，而且是对方主动给的，因为这是一种隐私。

　　在美国读书时，一次我在户外听学校的免费音乐放松，有一个人过来对我说："你有笔吗？"我说没有。他又问我旁边的朋友，我朋友把笔借给他，他就写了一个电话号码，然后回身给我："这是我的电话号码。"我很不解："干吗要给我号码？"他说："有空给我打电话啊。"他走后，我旁边的美国朋友说："他对你有兴趣了。"可见，美国人在这方面是相当大方的。

周六、周日也是非常敏感的时候,这两天早上最好10点半以后再打电话,因为这个时候是睡懒觉的时候。如果没什么急事的话,最好上午不要打电话。当与外国人交往的时候,你最好问一句:"什么时候打电话最方便?"如果他说晚上也无所谓,最好再问晚到几点。这样如果他不高兴了,你可以引用他当初的话来反驳他。

打电话还有一个礼节,当对方的妻子或女朋友接电话说对方不在时,中国人很快会问下一句"他去哪儿了",其实并不是真的想知道他去哪儿了,只是习惯这么说。但是西方人听了会很难受,认为这是隐私,特别当女性单独在家时,更会担惊受怕。如果是陌生人,会给女性这样的感觉:你问他什么时候回来,可能会在空档期袭击她。他们在这方面是比较警惕的。所以不能问"他什么时候回来"或"去哪儿了"这样敏感的问题,而应该问"我什么时候可以找到他"或"我可不可以留言"等类似的话。

(资料来源:戴凡. 中国、北美日常文化差异释疑[EB/OL].(2010-09-23). http://blog.sina.com.cn/s/blog_626a321f0100ljc1.html.)

二、文化与交友的关系

从跨文化交际角度来看,跨文化交友是指在特定的交际情况中,具有不同文化背景的交际者使用同一种语言(母语或目的语)进行的口语交际。跨文化交友包含以下三个要点(苑馨予,2015)。

(一)交友双方必须来自不同的文化背景

文化背景的差异是一个宽泛的概念,既指不同文化圈之间的差异,也指同一文化圈内部亚文化之间的差异。在本书中,我们所讨论的文化背景差异主要指不同文化圈之间的差异,尤其是中国和欧美国家的文化差异。从跨文化交友的实际情形来看,由于文化背景的差异导致交际失误,容易引起冲突的主要是中国和欧美国家的人际交往。中国同亚洲地区国家,如日本、韩国以及东南亚一些国家的人际交往,虽然也有文化差异的一面,但要顺利得多,这是因为这些国家与中国同属东方文化圈,彼此之间在文化取向和交际规范方面有很多相通的地方。

(二)交友双方必须使用同一种语言交际

这是显而易见的,假如一方使用一种语言,而另一方使用另外一种语言,交流是无法进行的。但是,既然交友的双方来自不同的文化背景,又要使用同一种语言,那么用来交际的语言对一方来说是母语,而对另一方来说必然是第二语言(习得的"目的语")。例如,一个中国人与一个美国人交谈,他们可以选择使用汉语,也可以选择使用英语,这样他们就可以用同一种语言直接交流,而不需要通过翻译这个中间环节。

(三)交友双方进行的是实时的口语交流

跨文化交友的途径多种多样,可以是语言符号的交际,也可以是非语言符号的交际,如商品、画报、实物、影像、演出等物化形式符号的交际。可以是现场的双向交际,也可以是通过媒介的单向交际,如电视、广播、报刊、广告等传播方式的交际。可以是口语交际,也可以是书面交际,如信函、公文等的来往。本书讨论的主要是实时的口语交际，即双方面对面的交谈。此外，也包括伴随口语交际而可能发生的书面语交际，即文字传播方式的交际。

三、跨文化交友的特点

在跨文化交友过程中只有把握跨文化交友的特点，才能减少交友过程中可能出现的矛盾和误会。跨文化交友的特点主要包括以下五个方面：① 双方文化共享性差；② 文化差异程度不同；③ 无意识的先入为主；④ 矛盾与冲突增多；⑤ 具有文化变异性（侯建军，2007）。

在韩国同学家做客

于静是汉语国际教育硕士一年级的学生，由于平时经常和留学生一起上课，课间也经常在一起聊天，渐渐地与韩国留学生英爱熟悉起来。有一天，英爱邀请于静去她的宿舍做客，于静愉快地接受了英爱的邀请。可是，当于静来到英爱的宿舍门口时，发生了尴尬的一幕，于静把鞋脱下来后习惯性地寻找拖鞋却没有找到，无奈只好向英爱求助，但英爱并未拿拖鞋而是做了一个用脚上的白袜子蹭地的动作，于静不解，但是见对方没有拿拖鞋的意思，也只好很别扭地直接走了进去。这时看到房间里还有两个男孩子，英爱给他们做了介绍。原来，两个男孩是英爱的同学，他们每周都会在一起学习，讨论问题。大家都坐下之后，于静刚要开口，其中的一个男孩突然问了一个很突兀的问题："你多大？"虽然中国人不像西方人那样将年龄视为多大的隐私，但是异性突然问了这样一个风马牛不相及的问题，还是让于静心里多少有些别扭。好在接下来的聊天还是很愉快的，只是两个男孩子知道于静比他们年长两岁后，变得十分有礼貌，一直称呼其姐姐，倒是让于静很不好意思。

（孙秋桂，2015）

虽然中韩同属亚洲国家，但双方文化在很多方面仍有一定的差异性。首先，韩国人在房间里不穿拖鞋，只穿着袜子在房间活动，他们的地板通常擦得十分干净。例证中英爱用袜子蹭地的动作正是为了表明自己房间的地板很干净，不会弄脏于静的袜子。

另外，韩国人很可能在初次见面就询问你的年龄，尤其在双方看起来年纪差不多的情况下，他们不是想窥探你的隐私，而是确定在接下来的谈话中是否使用敬语。韩国人对于长辈甚至是同辈中年长的人哪怕仅是几岁之差，都要使用敬语。使用怎样的语言是绝对不能出错的，否则会给人留下没有礼貌、缺乏教养的印象。例证中的两个男孩子虽然使用汉语，但因为于静年长一些，他们在用词和动作上还是会格外礼貌的。

上述案例体现了中韩文化差异所带来的跨文化交友障碍，虽然没有引起较大的冲突，但还是让原本愉快的气氛多少有些尴尬。如能了解对方文化，问题就能迎刃而解。

（一）双方文化共享性差

共享性是指人们具有共同的文化特征，在交流学中指人们对同一客体给予和享有共同的编码。同文化交友与跨文化交友的基本区别在于前者的交友双方共享同一文化，而跨文化的双方则是来自不同文化背景的主体，其各自文化中的规范体系、物质产品、社会组织、语言符号与非语言符号系统的相似与不同混淆在一起，文化共享性差。

（二）文化差异程度不同

在跨文化交友研究中，两种文化的相似程度对理解跨文化交友具有重要意义。在跨文化交友中，双方的文化差异在程度上是不同的，由此而产生误解的可能性也是不同的。双方所具有的共性越多，他们在交友过程中可能遇到的挫折或文化曲解就越少。当不同文化群体成员的文化差异增大时，误解的可能性会更大。

在发达国家之间，其文化差异的程度也是不同的。以美国为例，与其他六个发达资本主义国家——日本、法国、德国、意大利、英国、加拿大相比，美国与日本的文化差异最大，与加拿大的文化差异最小。

（三）无意识的先入为主

在跨文化交友中，缺乏对对方文化背景了解的一方，常常会无意识地用自己的文化标准衡量和评判对方的行为。人们自呱呱落地，大都成长和受教育于某种单一的文化环境中，并潜移默化地在头脑中形成一整套文化准则。在与同一文化内的人交往时，人们又不断地运用这些准则，久而久之形成一种思维习惯。虽然人们有能力冲破自己单一文化的樊篱，以多元文化的眼光看待不同文化的人们，但是实际上多数人难以做到这点。一是多数人少有机会直接与多种异文化接触，丰富自己的阅历；二是有些人即使和异文化有所接触，却偏爱自己熟悉的文化，总是从交往中寻找与自己文化相似的东西；三是有些人会在与异文化接触的机会面前退缩；四是青少年时期在头脑中积淀的文化成分，到成年之后难以改变。

（四）容易产生文化休克

在跨文化交友中，交往者在心理上往往会产生"文化休克"（Cultural Shock）。文化休克是指在跨文化交友中，参与者由于失去了自己熟悉的社会交往的信号或符号，对对方的符号不熟悉而产生的深度焦虑症。也有人把这一定义扩大到由持续不断的不适应而产生的精神疲劳，失去熟悉的食品、伙伴等之后的感觉，对对方的反感，被对方所反感，对自己价值观遭到亵渎、价值观和身份角色的混乱引起的不舒服，对应付环境无能的感觉，等等。例如，茅盾的小说《子夜》中，吴家老太爷从农村来到上海后，因受不了光怪陆离的文化的刺激而死去。这实际上就是具有农村封建文化的吴老太爷适应不了半殖民地的资产阶级都市文化而产生了"文化休克"。

例证 9-3

挥不去的"抑郁症"阴影

樊季敏（化名）是上海理工大学的一名研究生，研二期间她前往澳大利亚悉尼大学学习，可是不到一年，原本开朗活泼的她居然患上了抑郁症。

"刚到澳大利亚时，我看到满机场的外国人，听到周围的外国话，觉得心里空空的。"由于自己的语言不过关，樊季敏没能和同学们一起出发，只能自己孤身前往澳大利亚读语言。"后来到了语言学校，班里也没有中国人，我自己做饭、洗衣服，应付考不完的小测验和写不完的小论文，没有朋友也没有太多交流，我心里想：也许我根本坚持不到毕业。那种孤独太难捱了。"小樊感慨道。后来，她开始有些自暴自弃，把自己关在屋子里，玩游戏、看电影，从中得到一些安慰，可成绩却一落千丈，连续挂红灯，这让小樊彻底崩溃。

原本就深感孤独的小樊，失去了自己仅有的骄傲资本，她开始焦虑，失眠头疼，直到被诊断为抑郁症。满心期待的澳大利亚留学之旅居然演变为一场"抑郁症"的噩梦，这让小樊无法接受。面对未来，她表示自己很迷茫，希望自己可以先恢复健康，再考虑是否要继续留学。

（资料来源：令留学生深陷消极情感漩涡，"文化休克"该如何医治?[EB/OL].（2016-09-10）. https://www.sohu.com/a/114091397_107743.）

（五）具有文化变异性

与同文化交友相比，跨文化交友在文化传递功能上有所不同。同文化交友更多的是表现文化的"遗传性"功能，而跨文化交友更多的是表现文化的"变异性"功能。同文化交友的文化遗传功能，是一种有利于巩固本群体文化的功能；而跨文化交友的文化传递功能，是把异质文化传递给别人，它更多表现出的是文化的变异功能，使得文化群体的部分成员、文化的某个方面，以至整个文化群体的文化发生变异。

第二节 跨文化交友的结构

文化模式是一个社会中所有文化内容组合在一起的特殊形式和结构，是一个社会为人们提供安全感、反复出现的系统行为模式。特殊的文化模式是指不同国家、不同民族，甚至不同地区、不同社会群体的多样文化结构与文化内容。特殊文化模式会受到国家、民族、地区、阶层等多种因素的影响。

一、跨文化交友的模式

每个人的性格不同，其交友方式各有千秋。在互联网出现以前，人与人之间的交往主要通过聚会，或者是朋友与朋友之间相互介绍认识。互联网进入人们生活之后，传统的交友模式已经无法满足人们的需求，各式各样的交友网站如雨后春笋般冒出来。目前的跨文化交友模式主要有三种：传统的线下交友、基于互联网的线上交友以及混合的线上加线下的交友模式。

（一）线下交友

线下交友，即传统的跨文化交友模式，也就是交友双方面对面地进行交友活动。荀子说："人之生也，不能无群。"人们自出生后，就会在日常生活中与家人、同学、同事、老板以及各种朋友面对面地交流。这种最传统的面对面的交友模式既有优点，同时也存在一定的缺陷。在面对面交友时，可以更加真实地体验交友的感觉，尤其是对方的情绪、表情等细微的变化，这有助于在交友过程中进行一些决策，促进友情的发展。其局限性就是太费时费力，也许花了很多时间和精力交到的朋友不是心中所想的样子，又或者交到的朋友数量太少。

（二）线上交友

社交网络作为一种新兴的、实用的交友模式，其真实性、稳定性等特点得到了人们的青睐，在跨文化交友中发挥着越来越重要的作用。社交网络利用各种固定终端或移动终端，在同一个虚拟空间或区域里落户，人们可以随时、随地、随心地同任何人交往，以满足人们社会人际交往的需求，也为跨文化交友节约了大量的时间与空间。

通过线上进行交友，可以浏览成千上万的异性信息，可以使用各种非同步和同步的方式与朋友进行交流。生活节奏越快的城市，人们对于通信效率的要求就越高。很多白领、大学生都是"时间的穷人"，没有多余的时间一对一沟通，所以希望通过一对多这种简单且高效的方式进行跨文化交友。

很多社交网站在近几年取得了巨大成就。例如，Facebook 每月活跃用户超过 23 亿，是全球最受欢迎的社交网络，是互联网上最大的分享网站，也是世界上访问量第二大的网站。2012—2016 年，Facebook 先后收购 Instagram、WhatsApp、Oculus 等公司，以产品构建社交网络生态，更让其社交第一的地位稳如磐石。而另一社交巨头 Twitter 2019 年第四季度的财报显示，其第四季度日平均可货币化活跃用户（mDAU）为 1.52 亿，实现了 21% 的增长。此外，全球领先的职场社交平台 LinkedIn（领英）自 2003 年在美国硅谷创立至今，用户数不断增长，目前全球会员达到 6.75 亿，覆盖全球两百多个国家和地区。国内方面，作为中国领先的社交媒体，微信 2019 年的月活跃账户数超过 11.5 亿，同比增长 6%；微博 2019 年 9 月的月活跃用户数为 4.97 亿，较上年同期净增约 5 100 万。

例证 9-4

Tinder

Tinder 是国外最常用的一款交友软件，相当于中国的探探。在国外，这个 App 被视为苹果应用商店里的"装机必备"软件。

在国外只要有手机的年轻人，基本上都会装 Tinder。它的功能实际很简单：基于你的地理位置，应用每天为你"推荐"一定距离内的四个对象，根据你们在 Facebook 上面的共同好友数量、共同兴趣和关系网给出评分，得分最高的推荐对象优先展示。你可以选择"喜欢"，或者选择"跳过"（相当于一次评分）该名推荐对象。假如你喜欢的推荐对象恰好也喜欢你，那么你们就可以互发消息、在 Facebook 上互相关注、组织线下见面等。但它的登录方式是默认使用脸书登陆,所以要使用 Tinder 需要先注册一个 Facebook 账户。

Tinder 也是第一个发明"左滑拒绝右滑喜欢"功能的社交软件。并且用户质量普遍很高,除了外国人还有海归和美籍华裔。对于想结交外国朋友的人,这款软件最适合不过了。

(本案例源于网络,并经作者加工整理)

(三)混合(线上+线下)交友

除了单纯的线上或线下的交友模式之外,还有把两种模式相结合,即混合的交友模式。随着科技的发展,生活节奏的加快,人们已不满足于传统的交友模式,而是倾向新型的交友模式。人具有社会性,时刻需要情感交流,线上的交友模式正好弥补了线下交友模式的缺点——空间的局限性。现实生活中,朋友不可能随时随地陪伴身边,尤其是跨文化交友的双方更可能相隔千里。互联网出现以后,空间不再是阻隔。通过互联网,不仅可以在线上认识更多异文化的朋友,而且可以在进一步了解之后,把纯线上的朋友发展成现实生活中的朋友,与异文化的朋友在线下见面。此外,现实生活中的异文化朋友也可以通过线上交流来巩固友谊。这种线上与线下混合的交友模式汲取了两种模式的优点,是跨文化交友的常见模式。

二、影响跨文化交友的主要因素

由于文化背景的不同,跨文化交友时难免会产生一些误会、矛盾或者障碍。解决这些障碍,首先要找到影响跨文化交友的因素。任裕海(2002)认为,影响跨文化交友的因素主要有不确定感、相似度、信息表露、自我理念、符号系统、面子等。

(一)不确定感

在与陌生人交往的开始阶段会有两种不确定感出现:一是预测性不确定感,即对陌生人的态度、感情、信念、价值观和行为进行预测时产生的不确定感;二是解释性不确定感,是跨文化交友者在试图解释说明对方的态度、感情和思想观念时产生的不确定感(Berger & Calabrese, 1975)。

在跨文化交友的过程中,特别是在开始阶段,文化背景的差异必然会增加交际者的不确定感。交往行为中缺少可预测性会产生焦虑和不信任感,同时,减少不确定感会导致积极情绪的产生,而增加不确定感则会导致消极情感的产生。不同文化在减少不确定感的具体方式上也有差异。在个体主义文化中,交际活动的信息大多存在于言语中,交际者对语境的需要相对少;而在集体主义文化中,交际者所需要的信息大量存在于语境中,或者内化于个体的认知结构。因此,这两种文化的成员在试图减少不确定感时所寻求的信息在性质上有所不同。为有效地控制和减少不确定感,跨文化交友者应当在充分认识到两者文化差异的基础上,选择适当的方式进行相互沟通。

(二)相似度

跨文化交友者彼此之间的相似程度是影响跨文化交友的另一个因素。在人际交往的初期，交往活动能否顺利进行，部分取决于交际双方在文化、种族、态度等方面的相似程度。当然，在交际活动中真正起作用的不一定是两者之间实际的相似之处，而往往是两者之间感觉的相似程度。

虽然差异有时也受人欢迎，但这种欢迎是有条件限定的，即交往活动历时较短，差异在数量上较少且不涉及核心信念。相似度在人际关系形成初期，可以基于众多背景因素和相对浅表的观点和兴趣，当人际关系发展至一定程度时，某些话题、信念和价值取向会逐渐成为构成相似度的关键范围，也就是说，如果要关系继续发展，这些范围必须有相似性（Knapp，1978）。

尽管由于文化差异的存在，跨文化交友从一开始就变得复杂，但交际双方并非因此就不可能形成亲密的关系。如果交际双方能够感觉到彼此或多或少具有一些相似性，并且也能够因此减少不确定感，那么人际关系就会由初始阶段向亲密阶段发展。如果交际双方不能获得足够的相似度，其相互关系在亲密程度上向前发展的可能性就会减少，可能一直停留在仅仅相识的层次。

（三）信息表露

跨文化交友的过程中，从人际吸引的角度看，向对方披露自己的情况，对方会因此感到被尊重和被信任，有助于增加交往的亲密度。由于人际关系的形成需要有相互了解作为基础，因此，自我表露对于跨文化交友来说必不可少。

人际关系的发展取决于交际双方的信息表露。亲密关系具有一些显著的特点，如交际者可以自由选择不同的交流方式，不论是涉及人格核心的还是较次要的范围，交际双方都可以自由交流。一旦文化定型观念的影响被打破，交际者的文化背景也就不再是影响交际活动的主要因素了。随着跨文化交友的发展，交际者对交际活动的预测会从主要利用文化和社会信息，转变为更多地利用交际个体的心理信息，双方存在的差异更多归因于交际者个人具体的特点，而非归因于他们的文化背景。

（四）自我理念

在跨文化交友的过程中，自我理念具有显著的影响。不同文化的自我理念类型会造成交往方式和关系界定上的差异。例如在个体主义文化中，由于强调自我的主体性和明确的自我疆界，自我的概念大多是完全独立的；而在集体主义文化中，由于更注重群体的和谐，个体的特征因而就具有更多的关联性，自我概念中往往包括他人，至少是与自我具有亲密关系的他人的成分。在个体主义文化中，亲密关系的内涵更多是参与和分享；而集体主义文化的亲密关系，则更多带有社会责任和相互依赖的成分。显然，当具有不同文化背景的个体相遇时，由于不同文化自我理念的影响，双方对交际活动的期待、解释和评价会有差异，误解和冲突的发生也就在所难免。

（五）符号系统

符号系统是指人际交往过程中通过语言符号和非语言符号实现沟通的手段和方式。语言是文化的符号，无论是文明的传承积累，还是社会的交际沟通，语言都是最重要的工具。在跨文化交友过程中，说话者发音失准或含糊不清，词语错用，语调使用不当，话语结构混乱，或者听话者理解能力弱，都会造成交友过程中话语信息传递的困难，妨碍跨文化交友的实现。

例证 9-5

"你病了吗？"

一位中国学生发现他班上的一个外国留学生看上去不太舒服，脸色苍白，就非常关心地问："Are you sick? You should drink plenty of water and put on more clothes"。

中国人看见别人不舒服，为了表示关心，经常直截了当地问候人家："你病了吗？你感觉不舒服吗？"但在英语文化中，直接问别人"Are you sick? What's wrong with you?"是绝对不行的，这只有医生在询问病人时或在非常亲密的人之间才能使用。英美人对别人健康状况的隐私问题表示关心与同情时，口气非常诚恳与委婉："You sound as though you've got a cold. / You seem rather tired. Are you OK? / You look a bit pale. Are you feeling all right?"这样问完之后，如果对方没有进一步的表示，这时候最好明智地马上岔开话题。至于后面的"多喝点水，多穿点衣"的建议就更不适合了。中国人认为对他人病情的关心是非常应该的，而英美人对中国人这种过分热情很反感，他们认为这侵犯了其独立自主的权利和自己的隐私。在上面这种情况下，如果对方真的病了，表示祝愿就可以了，如："I do hope you'll be feeling better soon. / Take good care of yourself"。

（唐德根，1995）

非语言符号与文化之间同样具有密切的关联，绝大多数非语言行为都是文化群体代代相传和后天习得的，是长期历史和文化积淀下形成的某一群体的共同习惯。在跨文化交友过程中，人们对自己文化的非语言行为往往习以为常，对其他文化的非语言行为却十分敏感。而且在跨文化交友中，非语言符号往往比语言符号更容易引起误解和冲突。

例证 9-6

西方人的礼物

中国人和西方人都是讲究送礼的，但是中国人的送礼有时在西方人看来是莫名其妙的。例如，西方人不习惯中国人用所谓见面礼来加强师生间的纽带，但这并不是说学生不可以给老师送礼，只是一定要礼轻，情要重。美国人送礼是很奇怪的，很轻，但会让你十分感动。我记得在美国第一次过圣诞的时候，我收到的其中一个礼物是切菜板，我的一个美国学生说看到我的切菜板不大好用，就送了我一个。第二年的圣诞，我的房东给我送了四只碗，说知道我的碗不多，而且他们买的碗东方色彩很浓，可见他们尊重你的文化而且知道你的需要。他们不会觉得礼轻送不出手，而是觉得情谊是很重要的。第三年的圣诞，我在芝加哥收到了在纽约的朋友寄的他们自己烘烤的饼干，只是因为在他们家吃饭时我随口夸赞了他们做的饼干很好吃。可见美国人送礼不会让你有什么心理负担，他们注重的是那份情。美国人之间经常送T恤，一个原因是家里经常保持恒温，总能穿得着；另一个原因是旅游产品的规范化使印有本地名称的T恤只能在本地买到，这使礼物多了一层特别的含义。可见，美国人是从小处着眼但表达的东西却是很感人的。

（资料来源：戴凡. 中国、北美日常文化差异释疑EB/OL］.（2010-09-23）. http://blog.sina.com.cn/s/blog_626a321f0100ljc1.html.）

（六）面子

无论何种文化，人们都需要维护并获取更多的面子，维护面子的途径是人们在社会交往中的各种礼仪。交际行为是否会威胁到对方的面子，取决于人际交往中的三种因素：① 对面子的威胁与交际者的控制需要有关。双方地位和权力差距较大的交友关系，与地位平等的交往关系相比，前者的交际行为被解释为威胁面子的可能性更大。② 威胁面子的可能性与人际交往的亲密程度有关，若在交往关系中交际者之间的社会距离较大，社会熟悉程度较小，则交际行为威胁面子的可能性就更大。③ 对面子可能造成的威胁还与不同文化的评价标准有关，不同文化对交际行为可能伤及面子的程度会有不同的评价。在一种文化中是损伤面子的行为，也许在另一种文化看来是完全可以接受的。

在跨文化交友过程中，由于文化差异的存在，各种具体的交际行为，如请求、警告、批评、道歉甚至赞扬，都有可能给对方的面子带来威胁或损伤。理解并尊重来自他文化的交往对象的面子需要，在交往过程中表现得体，维护和提升对方的面子感，有助于培养和发展良好的跨文化交友关系。因此，跨文化交友者要考虑对方保持积极面子的需要，并且必须采取适合对方文化信念的面子手段来满足对方面子的需要。

例证 9-7

若让你的中国员工丢脸，你就会失去他们

在美国一家跨国公司的上海办公室，外籍销售总监伊恩·福斯特正与中国下属讨论上月未能实现的销售目标。他反复质问区域销售经理李元（音），为什么李元的团队一直业绩不佳。福斯特当众对李元的团队表示失望。李元默默地点头，眼睛瞟向窗外，然后离开会场，回避与福斯特进一步讨论，再也没有回来。对李元来说，当着同事的面遭公开批评是难以接受的。他的自尊心受到伤害，感到很没面子。

留面子在中国社会很重要。当缺点或错误被公之于众时，中国人会感到尴尬。很多驻华的西方管理层，总是试图挑战面子的迷宫。他们很容易表现得严厉、爱伤人，结果导致员工害怕、沉默。对在华管理人员来说，要在推动高效的工作表现和维持员工的士气上平衡兼顾，是一个微妙的工作。

（资料来源：《福布斯》：中国人的面子文化挑战外籍高管[EB/OL].（2012-05-31）. https://oversea.huanqiu.com/article/9CaKrnJvDCE.）

三、跨文化交友中称呼、问候和介绍

上文介绍了文化的差异性以及影响跨文化交友的几个主要因素。除此之外，跨文化交友中还有一些需要注意的地方，包括称呼、问候和介绍。

(一）称呼

人们在社会交友中总以某种语言形式称呼对方，称呼用语即称谓语或称呼语。在中国，姓氏有单姓、复姓之分。在港澳台地区，女性结婚后，其姓氏往往是双重的，即在自己的姓之前加上丈夫的姓。中国人姓名的一般特点是姓在前名在后，外国人的姓名就有所不同。外国人的姓名一般有以下四种情况。一是姓在前名在后的，如日本、朝鲜、韩国、越南、匈牙利人等，只是日本人的姓大多是两个字，如福田、岗村、田中、山口，他们的姓名与地名有关。对日本人一般可只称姓，对男士为表示尊敬、文雅，可在姓后加上"君"，如岗村君、福田君等。二是名在前姓在后的，如欧美人（除匈牙利以外）和加拿大、澳大利亚、新西兰等英语国家的人、阿拉伯人及泰国人，都是名在前姓在后。英美人士姓名，第一节是本人的名字（教名），最后一节为姓，中间一节是母亲的姓或与家庭关系密切者的名字，也有的是尊敬的好友或名人的名字。如约翰·斯图尔特·史密斯，即姓史密斯，名约翰。俄罗斯人的姓名一般由三节组成，其排列顺序是本人名、父名、家族姓。如弗拉基米尔·伊里奇·乌里扬诺夫（列宁），第一节是本人名，第二节是父名，第三节是姓。对于这些国家的人士来说，最主要是记住第一节本人的名字和最后一节的姓。西班牙人姓名由三四节组成，第一、二节是本人名，倒数第二节为父姓，最后一节为母姓，简称时，多用第一节本人名和倒数第二节的父姓。缅甸人则只有名而无姓。三是西方女性未婚前用父姓，婚后改为夫姓，如一个叫玛丽·琼斯的姑娘，嫁给了约翰·史密斯先生，那么她便被称为玛丽·史密斯太太；但女演员和女作家，多用艺名或笔名，很少改随夫姓。四是英美人常有父子、祖孙同名，人们为了加以区别，常常在称呼他们的后辈时冠一个"小"字。

在正式场合，对英语国家的人士要称呼其姓名的全称。在其他的西方国家中，称呼语更正式一些，如在德国与意大利，在工作场合中，通常会在姓的前面加上其头衔，表示一个人的教育水平或在其行业、职业的级别，如在姓前加 Professor, Doctor 或 "Frau Kurr" 等，只有其亲人与朋友可直接称呼他们的名字。而在东方的文化里，在称呼一个人的职业时，常常会在姓后加上职业名称，如刘社长、杨总等。不同文化背景下，人们对称呼的偏好也会有所不同。因此，在进行跨文化交流前，应当了解差异并使用正确的称呼方式（罗朝红，2019）。

例证 9-8

女人和女孩

有一次学校请到一位年轻的教英语的女外教，在介绍她时，一位中国男老师说："今天我们请到了一位漂亮的女孩。"本来是溢美之词，但那位外教听了后很不高兴说："我是女人。"在西方特别是 20 世纪 60 年代女权主义运动兴起之后，人们觉得女人代表 sexy，而对西方人来说，sexy 很重要。在他们看来女孩则不成熟，所以人们愿意被叫作女人而非女孩。但中国人刚好相反，唯恐被叫作女人，即使自己三十多岁未婚也说自己是女孩。在西方，有时二者的界线也是很微妙的。当男性说到自己的妻子或女朋友时，有时也会称她们为女孩；有时女性在自己的群体中也会说女孩。

（资料来源：戴凡. 中国、北美日常文化差异释疑[EB/OL].（2010-09-23）. http://blog.sina.com.cn/s/blog_626a321f0100ljc1.html.）

（二）问候

人们见面或相遇时有互致问候或打招呼的习惯。人们在实施这一言语行为时也许并没有意识到它的重要性，而实际上它的社会功能远比想象的重要得多。因为，没有说招呼语或致问候语，交友是无法开始的。可见，问候是交友开始的标志和认定，它体现礼貌以及相互间良好的人际关系。同时，问候具有建立和延续人际关系的作用。正是由于这一点，熟人相见，不论任何场合，都要互致问候，或挥手致意。人们之所以不约而同地遵守问候的规范，是因为他们珍视并希望保持、加强现有的或刚刚建立起来的人际关系。

见面的步骤与习惯，也会因文化不同而有所差异。中国人更喜欢握手，日本人、韩国人更倾向于握手加鞠躬，泰国人一般行拱手礼和合十礼，美国人多为握手（紧握），英国人则轻握。对于俄罗斯人，通常男人们相识时会相互握手，在和男士相识时，女士先伸手或不伸手而轻微地点头致意。中东国家多数为先握手，然后再进行贴面礼。对于贴面礼，每个国家贴面的次数也会不一样。一个伊朗代表与土耳其代表同时来访中方一家企业，伊朗代表先主动与中方代表打招呼并进行问候礼，左右依次贴面三次。接着，与土耳其客人打招呼，贴面两次以后，中方代表想继续进行第三次贴脸时，土耳其客户突然停下来了，中方代表一脸愕然，以为自己冒犯了对方。中方代表正准备道歉时，土耳其代表解释说："伊朗的贴面礼是贴三次，而土耳其的贴面礼是贴两次。"这才化解了现场的尴尬。由上可见，在从事跨文化交流活动中，了解双方问候礼仪的差别，可以避免沟通时产生的尴尬，并有助于加深初次见面时的印象（罗朝红，2019）。

除了了解问候礼，在跨文化交友的过程中，学会问候语也很重要，特别应该学会正确而得体地与西方人打招呼。

例证 9-9

中美问候语差异

中国人见到对方比较喜欢关心地问一句："吃了吗？"或客气地询问："你到哪里去？""你在忙什么？"大家都习以为常，而且彼此心里也清楚，"去哪里"只是友人在路上相遇时说的一句客套话。但美国人认为这样说不礼貌，他们习惯早上见到问声"Good morning!"或者简单地招呼一声"Hi!""Hello!"

倘若用汉语习惯用语的英译版"Have you eaten or not（吃了吗）？"或"Where are you going（去哪儿）？"问候美国人，他（她）可能会纳闷"难道我没有足够的钱吃饭吗？"或许误以为"你要请我吃饭？""至于我去哪里，与你有何相干？"去哪里？"这本来是一句礼节性问候语，美国朋友可能会视之为侵犯隐私的无礼行为。

（刘晓玲，2005）

问候语的使用遵循相互性原则，也就是 A 向 B 致问候，B 也必须向 A 致问候。问候大概是开始谈话的最通常方式之一。各个语言社区都有问候语,但其语言形式和使用规则不尽相同。不过,各种语言的问候语有一个共同点,即都使用相当简练的语言形式。可见,问候这一言语行为大多使用的是高度规约化的、仪式性的、模式化的套语。英语的问候据其内容可分为以下几类。

1. 祝愿式问候

祝愿式问候,顾名思义,就是一种期望对方平安无事、一切都好的良好祝愿。英语中这类问候用得很多。

Good morning!(早上好!)用在早晨起床后到午饭之前,可用于各种语言场合,而Morning(早上好!)较口语化,不能用于正式场合。

Good afternoon!(下午好!)午饭后到下午6点前使用的问候语,较为正式。

Good evening!(晚上好!)用于下午6点之后比较正式的场合。

Good day!(一天愉快!)在英国和北美,这是一个比较过时的问候语,但在澳大利亚非常流行。

Good night!(晚安!)严格来说,这并不是一个问候语,它只是人们在晚上告别的时候使用的一句话,祝愿对方睡个好觉。

Hello!(喂,你好!)最常用的问候语,可用于一天中的任何时刻,几乎可用于任何场合。

Hi!(嗨,你好!)非正式的问候语,有人认为这是典型的美式英语,因为所有的美国人都喜欢用它打招呼,但现今英国的年轻人也经常使用。

另外,节日祝福也属于此类,例如:

Merry Christmas!(圣诞快乐!)

Happy New Year!(新年快乐!)

Happy Birthday!(生日快乐!)

Happy Children's Day!(儿童节快乐!)

2. 关心式问候

关心式问候体现了打招呼者对对方身体、生活、工作等方面的关心。但这毕竟是问候语,多数情况下问候人并不真的想知道对方的真实情况。这种关心式问候语在英语问候语中所占比例较少。

How are you?(你怎么样?)此句关注对方的身体或生活状况,通常用于熟人之间。一般情况下,对此问候的回应应该是下面几种形式。

Very well, thank you. And you?

Fine, thanks. And you?

Quite well, thank you. And you?

OK, thanks. And you?

Not too bad, thanks. And you?

当人们真的不舒服时,他们可能会说:"Not too bad, I'm afraid."但是这里需要注意的是,我们必须明确和问候人的社会关系,并且推断出问候人是否对此真的感兴趣,否则即便是在真的不舒服的情况下,也不要说:"I'm afraid I'm ill"。

和 "How are you?" 有同样功能的还有下面这些句式。

How are things going?
How are things?
How is everything?
How are things with you?（情况怎么样？）
How are you doing?（工作如何？）
How are you getting on?（进展怎么样？）
How's life?（生活怎么样？）
How is your family?（家里人怎么样？）

3. 交谈式问候

问候在英语中数量较少，这是因为西方人把生活或工作等具体情况视为隐私，所以他们总是避开这类话题。但是英语国家的人们，尤其是英国人，经常以谈天气来打招呼，因为天气是个中性话题，它不涉及任何隐私。英美人一般从以下几个方面谈论天气。

（1）谈论天气的一般特征：

Lovely day, isn't it?
Miserable weather, isn't it?

（2）谈论温度：

So cold today, isn't it?

（3）谈论风雨等：

It's extremely windy today, isn't it?
It's a heavy rain, isn't it?

（4）谈论天气的变化：

It's a bit cooler today, isn't it?

（5）谈论过去的特殊的天气：

That was a violent storm that we had last night, wasn't it?

（6）谈论未来的天气：

It looks like rain, don't you think?

（7）谈论盼望的天气：

We could do with some sunshine. Couldn't we?

除了谈论天气之外，英美人还喜欢谈体育、政治、娱乐等话题。

4. 称赞式问候

称赞式问候即人们在会面时以称赞的方式向对方致以问候。例如：

You look very fine today.（你看上去气色不错！）
You look very slim.（你看上去很苗条！）
You look very smart in that sweater.（你穿那件羊毛衫很精神！）

5. 非语言问候

非语言问候是由当时的客观条件决定的。当交友双方正在匆匆行走，或者两人相距较远，或者身处一个声音特别嘈杂的场所，说话听不清楚，这时可用体态式问候。这类问候按照不同的体态动作可分为举手致意、点头致意、欠身致意、脱帽致意和微笑致意等。

（三）介绍

介绍是跨文化交友活动中必不可少的礼仪，是不相识者得以会面或结交的重要桥梁。通过介绍结识他人是古今中外共有的礼仪行为，它帮助人们扩大友谊，不断建立新的社交关系。不论是在中国，还是在英语国家，在社交活动中陌生人相见一般需要他人介绍，自我介绍要视具体情况而定。

自我介绍就是对别人谈起自己的情况，如告知对方自己的姓名与国籍，若有需要还可以介绍自己的头衔、职业、爱好，也可谈及双方共同的朋友、共同的兴趣等。自我介绍的目的通常是要与对方进行接触、建立联系、开展对话，甚至进一步深入交流。

自我介绍的模式可以是，问候+讲述自我信息（通常还会介绍和听话人共同认识的第三者）。需要注意的是，自我介绍中的问候是陌生人之间的问候，不能使用熟人之间的问候语，如"How are you/How's your family?"等；同时在讲述自己的信息时，一般情况下要使用全名，前面也不加头衔（如 Mr., Mrs., Ms.），但如果你是一位已婚的年长者，可以使用"Mrs.+夫姓"的形式。

例证 9-10

介绍来宾

学校新来了一名美丽的美国女教师，一位学校领导向教师们这样介绍她，"Ladies and gentlemen, I'm delighted to introduce to you a very pretty girl, Miss Brown. She is a very good teacher from the USA."

对这番赞美的话，美国女教师却露出一脸难堪的样子。学校领导却不知自己做错了什么，一时不知该如何是好。后来，她解释说自己感到难堪的是 pretty 和 good 两个词。她觉得在那种场合，介绍应该突出被介绍人的身份、学历、职务等，而不应该是外貌和抽象的评论。相比之下，如果把 pretty 和 good 改成实际教育背景和经历，这样的介绍就比较客观，更令人容易接受。

（资料来源：Mindie. 三句话看中外文化与礼仪差异[EB/OL].（2015-03-12）. https://www.hjenglish.com/readingclassics/p723352/.）

可见，介绍这一言语行为是高度规约化的，有其固定的模式，并且带有明显的文化特征。只有记住这些模式，才能实现成功的跨文化交友及交流活动。

第三节 跨文化婚恋

婚恋不仅是人类社会发展进程中的大事，也是人生成长过程中的标志性大事，婚不成则业难立，家不安则社会乱。而随着世界经济、科技和文化的发展，在全球一体化的浪潮中，婚恋也明显地出现了全球化的趋势，跨文化婚恋日益增多。

一、跨文化异性交往

异性交往是人际交往中一个普遍存在而又特别敏感的领域。男女之间本来就有很大的差别，而将这种差别极大的异性交往放入广阔的国家、民族、文化背景中时，要考虑的因素就更多了。不同性别的跨文化交往，要考虑的不仅有性别，还有社会背景、文化差异、风俗习惯等。因此，在与不同文化背景的异性交往时，一定要慎之又慎，小心应对，以使交往顺利完成（彭燕，2009）。

（一）异性交往的阶段

根据阿特曼的社会渗透理论，关系发展的过程是由较窄范围的表层交往向较广范围的密切交往发展。跨文化异性之间的交往要经历以下几个阶段（侯玉波，2007）。

1. 定向阶段

在这个阶段，主要是初步确定要交往并建立关系的对象，包含对交往对象的注意、抉择和初步沟通等。人们对人际关系具有高度的选择性。生活中，人自然而然地特别关注那些在某些方面能够吸引自己兴趣的人。

2. 情感探索阶段

在这个阶段，双方主要是探索彼此在哪些方面可以建立真实的情感联系。尽管已经有了一定的情感卷入，但还是避免触及私密性领域，表露出的自我信息比较表面，因此仍然具有很大的正式性。

3. 情感交流阶段

在此阶段，双方的人际关系开始出现由正式交往转向非正式交往的实质性变化。表现在彼此形成了相当程度的信任感、安全感、依赖感，可以在私密性领域进行交流，能够相互提供诸如赞赏、批评、建议等真实的互动信息，情感卷入较深。

4. 稳定交往阶段

这是人际关系发展的最高水平。双方在心理上高度相容，彼此允许对方进入自己绝大部分的私密性的领域，分享自己的生活，自我暴露更深更广，相互关心也更多，成为"生死之交"。

（二）异性吸引

异性吸引是异性之间的相互接纳和喜欢，是一种交往双方在情感方面相互亲近的现象，是人际关系的一种特殊形式。异性之间吸引程度越大，关系就越亲密。通常，根据异性吸引的程度可以分为合群、喜欢和爱情。合群主要是指与异性在一起、接近异性的倾向，这种倾向更多是人的一种"天性"，它不涉及是否喜欢他人的情感。喜欢是中度的异性吸引形式，主要表现为乐于与某个异性在一起，并且共处时感到轻松愉快。爱情是强烈的异性吸引形式，是人类最亲密的高级吸引形式，是两性之间的相互吸引和依恋的一种特殊的强烈感情。

影响异性吸引的因素有以下几个方面（刘冬梅，2016）。

1. 个人因素

个人因素在异性相互交往中起着较为关键的作用，个人因素包括外在形象、个人能力和人格特征等。

第一，外在形象。人与人交往初期，人的容貌、谈吐、举止、服装、风度和适当的行为等都影响着人们的情感态度以及相互间的吸引程度。如俊朗的外表、高贵的气质、优雅的举止更容易引起别人的关注和喜欢，给别人留下好印象。而第一印象往往影响着人们的进一步交往，留给别人第一印象好的人可以获得更多机会。

第二，个人能力。个人在能力素质和特长等方面表现突出，往往会受到异性的亲近和欢迎，人们都羡慕或崇拜那些比自己能力强的人。虽然才能与被人喜欢的程度在一定范围内成正比，但超出这个范围可能会产生逃避或拒绝，任何一个人都不愿意选择一个各个方面都比自己强的人去喜欢。

第三，人格特征。良好的人格特征是异性交往中最稳定的因素，它比外表更具有吸引力。例如，个性随和、开朗乐观、热情善良、机智果断、富有幽默感的人更容易受到人们的欢迎。真诚直率、谦虚谨慎、意志坚强、作风正派的人更容易得到他人的信任，给人安全感和信赖感。

2. 相似性

"酒逢知己千杯少，话不投机半句多。"人们在性别、年龄、兴趣爱好、阅历、受教育水平、社会及家庭背景、职业等方面相似程度越高，越会在彼此身上找到熟悉感、亲切感，从而产生亲密感。在人们的交往初期，信念、价值观和个性特征的相似性的作用往往还显示不出来，这时，年龄、社会地位、阅历的相似性等因素起更重要的作用。

3. 互补性

一般来说，相似性在异性吸引中起着决定性的作用，但当交往双方在需要、能力、气质、人格特征等方面的差异正好构成一种互补性关系时，也会产生强烈的吸引。例如，脾气急躁的人往往喜欢与性格温和的人相处，依赖性强的人更喜欢与独立性强的人在一起。

4. 相互性

正如孟子所说："学人者人恒学之，助人者人恒助之，敬人者人恒敬之，爱人者人恒爱之。"任何人都不会无缘无故地接纳他人，人们通常都会喜欢那些喜欢他们的人。如果你想和谁成为朋友或建立和谐的人际关系，就要主动表现出真诚、热情、友好和关爱。

二、跨文化恋爱

爱情是人类世界最美好的感情，是人类亘古不变的话题。作为人类共通的基本情感，世界各地人们的爱情观及表达方式有其相同或相似的地方，但在不同的文化里，人们对爱情的阐释又五花八门，见仁见智。由于信息和交通的发达，不同国家的人们交流的机会也大大增加，这使得跨文化爱情在当今社会生活中成为一种新的文化时尚。

（一）跨文化恋爱的概念

爱情是个体与个体之间强烈的依恋、亲近、向往，以及无私的情感。它通常是情与欲的对照，爱情由情爱和性爱两个部分组成，情爱是爱情的灵魂，性爱是爱情的附加属性，并不是必要存在的，情爱才是爱情的根本与核心。

跨文化恋爱，顾名思义，就是跨越文化和国界的两个个体之间的爱情。跨文化恋爱与同文化恋爱的最大不同就是恋爱双方来自不同的国家或者具有不同的文化背景，在语言、风俗习惯、思维方式、家庭环境、饮食习惯和社交礼仪等方面都存在差异。这些差异一方面增加了跨文化恋爱开始的难度，另一方面也增加了跨文化恋爱维持的难度。

（二）跨文化恋爱的条件

跨文化的恋爱虽然美好，但并不适合所有人。跨文化恋爱需要满足以下几个要点。

1. 没有语言障碍

不仅在对方不懂你的语言时，即使对方掌握你的语言，你也要去学他们的语言。因为这是沟通的基础，更是双方相互适应的第一步。

2. 有多元的生活和认知

多元的生活本身会增加感情发生的可能性，但比多元生活更重要的，是你是否理解外国文化，或至少了解一些，以避免因为文化的区隔，产生不必要的冲突。

3. 在感情中勇敢而包容

跨文化恋爱包含许多独特的挑战，因此，一个对感情中的未知抱着积极的态度、愿意去磨合和改变，并且不担心这种改变会破坏自己的人，更适合跨文化的感情。

（三）跨文化恋爱的途径

1. 介绍

介绍一直以来都是谈恋爱最直接的渠道，不管是同文化恋爱还是跨文化恋爱。介绍人可以是朋友、同事、家人或者婚介所。现在网络发达，甚至网友都可以帮忙牵线搭桥。不过，要想通过介绍找到心仪的对象，而且还是不同国家的对象，首先需要介绍人有这方面的相关资源，比如有同学在国外留学或同学有认识来华的留学生，抑或有亲戚生活在国外等；然后需要让周围的朋友、家人和同事知道，自己还处于单身阶段，而且有想找对象的打算；第三就是要让介绍人知道你对另一半的要求，这样他们才能有针对性地帮你物色合适的对象。

2. 网恋

近年来，随着互联网的飞速发展，网恋也成了一种新的恋爱方式。互联网使我们可以更加高效和方便地与家人、朋友、志趣相投的人沟通，而不受时间和距离的限制。各种跨国婚恋网站和社交 App 层出不穷，也给了当下很多年轻人认识异国朋友的机会。很多宅男宅女都通过社交媒体、游戏、共同的兴趣爱好等来认识对方。在长期网络聊天的过程中，两个人彼此心生爱慕而发展出一段异国网恋。但是网络具有一定的虚拟性，通过网络交异国网友还是要谨慎。

3. 留学和移民

当下越来越多的家庭为了给孩子更好的教育选择让孩子出国留学或者举家移民国

外，与此同时也有大批外国家庭和学生来华生活和留学，这为跨文化恋爱创造了更多的条件和可能。首先，在异国留学或者移民国外，基本上语言没有问题，不存在沟通障碍；其次，因为在异国学习和生活，对异国的思维方式、价值观以及生活习惯和文化习俗等都有一定了解和认识，更能理解和尊重双方之间的文化差异。而这两点正是跨文化爱情开始的基础。

4. 商务（跨国企业）

在外企或跨国企业工作的年轻人，可以在公司或者一些商务活动中接触到外国的同事或客户，也是开展跨文化恋爱的一种途径。当下年轻人生活之外的时间都留给了工作，同在一个公司或者同参加商务活动，可以跟异国同事有更多的时间和机会相处。比如一起出差、一起做项目等，这样就可以加深双方的了解，从而谱出一段美好的异国恋曲。

5. 旅行

外出旅行也是一个很好认识异国朋友的机会。不管你是在国内旅行还是出国旅行，都有可能认识异国驴友。钱钟书曾说，如果你爱一个人，那就和她去旅行，如果旅行过后你们仍旧相爱，那就结婚吧。由此可见旅行对检验两个人感情的作用。如果你在旅途中认识了异国驴友，通过旅行可以看出这个人是否有条理、是否有责任感、是否有处理问题的能力，还有你们是否能好好相处。如果这些对双方来说都不是问题，那就大胆开始你的跨国恋吧。

例证 9-11

丝路跨国恋：有"一带一路"来助力

在遇到阿妮塔之前，内蒙古小伙元朝辉从未想过自己未来的妻子会是一位哈萨克斯坦人。但爱情是没有预示和逻辑的，一次聚会上的意外邂逅，元朝辉爱上了来中国留学的哈萨克斯坦姑娘阿妮塔，并展开热烈追求。相爱八年的两人顺利走进了婚姻的殿堂。

为了让妻子与远在哈萨克斯坦的亲人保持频繁的联系，元朝辉在哈萨克斯坦开了一个卖中国产品的小店。在"一带一路"的大背景下，元朝辉夫妻成为开通中哈贸易和友谊之路的桥梁，架起的不仅有中哈两国越来越多的贸易往来，还有两人甜蜜的爱情和未来。

（晓红，2018）

三、跨文化婚姻

婚姻文化是人类社会文化的重要组成部分。随着全球化步伐的加快，各国经济和文化交流加强，跨文化婚姻已经成为社会发展的一种必然趋势，同时也因为其不同于同文化婚姻的独特性和出现的各种问题而受到人们的持续关注。

（一）跨文化婚姻的发展

婚姻，指的是个体之间建立的一种社会以及法律上的契约，同时也是一种亲属关系的建立。而跨文化婚姻，指的是来自一个文化的人选择与另一个文化的人结为夫妻。这些婚姻发生在不同种族和民族之间（刘钰，2014）。

跨文化婚姻其实古已有之。过去跨文化婚姻的最大特征就是带有浓厚的政治色彩，有欧洲各国为达到某些政治目的，在各皇室之间进行的联姻；在亚洲有中国、波斯、大食、扶桑等国之间因贸易、宣扬国威等进行的通婚，从元朝开始朝鲜就被迫向中国朝廷进献美女，明初仍如此。明朝开国时，明太祖朱元璋的后宫中就有不少朝鲜妃嫔，明成祖朱棣便是朝鲜人硕妃所生的朱门之后。明成祖登基后也不断下诏派人到朝鲜选秀女入宫。

当前跨文化婚姻越来越普遍，究其原因，主要有以下三点：①全球一体化使世界各国的文化趋于融合，由此人们的价值观、人生观发生了变化，过去那种内心的种族障碍得到了释放，人们多数不再介意配偶的语言、肤色、习俗等，周围的人在心理上也能接受他所认识的人与外国人结婚。②西方的文化当前在中国得到了极大的传播，许多西方的书籍、电视和影片在中国出版或者放映。人们的思想在很大程度上受到了影响，婚姻观也随着变化，跨国婚姻也经常出现在人们眼中。③海外有大量的华人，他们成为文化传播的涉外婚姻的直接参与者。

（二）跨文化婚姻的类型

从现代男女恋爱关系的发展来看，跨文化婚姻可以分为以下三种。

1. 初始型

这个类型代表的是单纯的资源配置，这种情况下女方年轻未受过高等教育，不会或只会很少的外语，对其他文化基本无概念。双方基本无法交流，也都对意识形态毫无概念。女方由于生活环境的恶劣，需要寻找更好的繁衍后代的自然以及经济条件，由于没受过教育到了男方国家后基本找不到工作，无法融入当地社会，女性处于相对依附的状态，不太容易和男方起冲突。

2. 进阶型

双方受过一些教育，男方或女方掌握至少一门外语，无论这是不是对方的母语，只要有一门语言可以沟通即可。男女双方理解力和适应力都有限，矛盾仅存于生活习惯、家庭风俗之类的层面。比如，该不该把内衣、内裤以及袜子一同扔进洗衣机里，生活开支由谁来负责，等等。双方不能互相理解，经常起冲突，日积月累最后不欢而散。

3. 升级型

男女都受过高等教育，而且教育程度差异不是特别大。双方中至少一方有国外生活的经验，这意味着双方收入差距不大而且至少有一方熟练掌握对方的母语，或者一门共同的外语，了解多国文化及生活习惯。在家庭生活方面，这种类型的配偶有思想开放、相互理解强、包容力强、更能适应对方的特征。这种类型比起进阶型来说婚恋成功率高得多。

（三）跨文化婚姻中可能面临的冲突

其实，跨文化婚姻无论从生物学的意义上，还是从文化的意义上，都有莫大的好处，但是文化的影响更为巨大，因为这涉及两人和两个家庭在文化上的理解和兼容。从根本上来看两个不同文化的人走在一起，就是两种文化的相遇，是两种不同的文化感知和符号系统的相互碰撞。不同文化交流产生的问题导致了跨文化婚姻更多的矛盾冲突，也导致了一些婚姻的失败（刘钰，2014）。

1. 个人主义和集体主义

跨文化冲突常常缘于对行为正确与否的不同期望。比如，一对中美结合的夫妻很可能会对义务这种行为产生不同的理解。从个人主义和集体主义这个角度来理解，西方人多倾向于个人主义，而多数亚洲人都倾向于集体主义。美国、澳大利亚、英国、加拿大、新西兰等国家都是更倾向于个人主义。在这些国家中，人们更喜欢竞争而不是合作，非常注重个人隐私。而很多倾向于集体主义的国家，例如中国、泰国、哥伦比亚等，人们生活在一个庞大的家庭，强调亲缘关系，强调对家人的支持、保护和忠诚。在这样的家庭中成长，个人隐私被最小化。在这样两个不同环境中长大的人，要彼此适应对方的价值观是比较困难的，因此矛盾也是不可避免的。

2. 高语境和低语境

跨文化婚姻，特别是中西跨文化婚姻，受高低语境的影响比较大。这主要反映在语言的交流和思维习惯上。高语境交流的特点是内隐、含蓄和意会，较多使用非语言编码，人际关系紧密。而低语境交际的特点是外显、明晰和直接，较多使用语言编码，人际关系不密切。对于习惯直接语言表达的西方人而言，要理解亚洲国家这种含蓄隐晦的含义是非常不容易的。比如，中国人说话依赖于语境，有时候只是一个眼神或手势就表达了自己的想法，无须语言。异文化的伴侣可能永远弄不明白，对方没说话，自己怎么知道他想要干什么。这就会使跨文化婚姻出现各种小摩擦和小争吵。

3. 家庭关系

在很多西方国家，父母尽可能早地让孩子开始独立，尽可能给孩子私人空间，不干涉孩子的生活。孩子成立了自己的家庭以后，也很少打扰父母的生活，彼此之间保留私人空间。而这种状况在多数亚洲人的眼中是不合适的。无论成家与否，父母和孩子之间都要保持密切的联系。父母甚至会干涉孩子对伴侣的选择。对于这样背景的跨文化夫妻，双方家庭可能都不习惯这个异族文化的媳妇或者女婿。因此，不同的家庭观点和文化背景，甚至是风俗习惯，都会影响跨文化夫妻的生活。

4. 孩子的教育理念

在中西结合的家庭中，夫妻双方经常会因为孩子教育的问题而产生冲突。比如是不是让孩子尽早独立，是不是给孩子过多的自由，等等。文化背景相同的夫妻对于孩子的培养和教育等问题容易达成共识，而来自不同文化的夫妻对于很多细节问题都有不同的看法。这样的跨文化夫妻即使是之前沟通好双方认同的培养方式，最后在操作过程中也容易产生分歧。

例证 9-12

跨文化家庭：被接受真的那么难？

美国纽约，Lydia 和她的老公 Paul 结婚已有二十余年。中国改革开放初期，Lydia 赴美留学，工作期间认识了美国人 Paul，两人一见钟情。相处后，发现彼此之间有着很多共同爱好。

近期，Lydia 的母亲从四川飞到美国与夫妻俩一起生活，方便照顾 Lydia 的两个孩子。Paul 在一次家庭聚会上坦言，结婚前，从未想过文化冲突这种事情，结婚后就明显感受到了两个家庭之间观念的不同。

Lydia 的母亲是土生土长的中国人，在饮食起居和教育小孩子上，经常与 Paul 有不一样的观点。晚上，Paul 就拉着 Lydia "吐槽"丈母娘的种种问题。Lydia 作为中间人，为了调和两个人的关系也付出了很多。

但如今，Paul 轻松笑谈："中国人现在爱说：没有什么事是一顿火锅解决不了的，实在不行就两顿。况且，每次吃到 Lydia 做的中式美餐后，什么不开心也都烟消云散了！"

（资料来源：跨文化婚姻 有爱才最重要[EB/OL]. （2018-11-16）. https://baijiahao.baidu.com/s?id=1617293487301341099&wfr=spider&for=pc.）

爱情之美好，在于两人之间的惺惺相惜，兴趣相投；婚姻之美好，在于两人生活中经历磕磕绊绊也不离不弃。在跨文化的爱情和婚姻中，双方都应该多一些尊重、信任和包容，这样才能让感情走得更长久和美满。所以，别让"跨文化"阻挡你的爱情，也别让"跨文化"成为婚姻里的隔阂。

（四）跨文化婚姻关系维系和冲突应对

由于跨文化婚姻家庭关系的稳定有利于经济全球化的进一步发展，所以维持跨文化婚姻家庭关系的稳定很重要。然而这些跨文化人群选择结婚或者离婚的过程中却由于各自国家的一些风俗的不同，使得婚姻关系中涉及的配偶数量、结婚年龄、结婚程序等方面存在较大的差异，导致他们在结婚或者离婚的过程中遇到了一系列的难题（张春玲，2017）。

1. 跨文化婚姻的实质冲突与形式冲突

跨文化婚姻冲突包括实质冲突与形式冲突两种类型（张健，周洋静，2019）。各国婚姻法规定不同，缔结婚姻的实质要件和形式要件产生了法律冲突。法律实质冲突体现在对结婚的年龄、自愿原则、性别要求以及禁止性规定的差异。① 年龄方面。韩国与日本要求男子达到 18 岁，女子达到 16 岁；菲律宾要求男女皆为 16 岁；美国各个州也略有差异。对比来看，我国规定为男 22 岁，女 20 岁，属于婚龄规定相对偏大的国家。② 自愿方面。婚姻自由是人权的体现，遍历各国法律规定，基本都明文规定了婚姻自由权，仅有一些国家受到宗教文化的影响而限制婚姻的自由选择权。③ 性别方面。男女婚姻结合为最广泛的基础组合，随着近些年观念的发展，部分国家突破了两性性别结合的限制，开始承认和认可同性婚姻，丹麦、荷兰、瑞典、比利时相继赋予同性婚姻合法的地位，但在沙特阿拉伯、也门、伊朗、苏丹、尼日利亚、索马里、伊拉克和叙利亚这 8 个联合国成员国中，同性恋可判死刑。与同性婚姻类似，变性人的婚姻也引发了一些法律冲突，这些都不同程度地挑战了各个国家婚姻制度的性别规则。④ 禁止性规定方面。主要集中在不宜结婚的疾病种类、近亲结婚之禁止、重婚之禁止以及再婚期四个方面。各个国家的不同规定各有差异，也呈现出不同的立法选择，冲突在所难免。

法律形式冲突体现在缔结婚姻所需的特定形式，包括登记主义、仪式主义、领事主义和普通法婚姻。① 登记主义。需到特定的部门进行登记，以大陆法系为主，典型代表国家有法国、日本、中国；登记主义能够最大程度上减少非法结婚现象。② 仪式主义。结婚需要举行特定的结婚仪式，以伊斯兰国家（如伊朗）为代表。不同的宗教有不同的结婚仪式；一些国家除要求结婚需具备特定仪式外，还需要民事登记，如德国和罗马尼亚。③ 领事主义。领事婚姻也即在领事驻在国同意的基础上，通过本国外驻的领事或外交人员为分布于该国的本国居民依法进行婚姻登记；领事婚姻的成立需要不同国际法主体间达成多边或双边协定，或者政府间基于互惠互助而签订。④ 普通法婚姻。非正式婚姻，英美法系中承认没有经过法定登记审核而长期以夫妻名义生活的事实婚姻，我国对此种婚姻的态度历经了两个阶段，即 1994 年之前承认，1994 年之后按非法同居关系处理。

2. 跨文化婚姻的法律冲突解决

关于跨文化婚姻涉及的法律冲突问题，主要通过两种法律方式来实现（张春玲，2017）：一种是通过制定法律冲突规范，或者通过参加多边条约制定统一的冲突规范来为冲突的解决提供方向。此方法虽然可以起到一定的作用，但是它有一定的缺点，那就是不涉及实体权利与义务的选择，仅仅起到一个指引的作用。第二种方法是通过制定统一实体法规范来解决跨文化婚姻冲突。这种方法虽然可以直接对跨文化婚姻冲突的解决发挥作用，但是此方法很难在大范围内得到广泛的应用。

目前这两种方法可以混合使用，在各国婚姻的立法规定相似的区域按照统一的实体法规范来解决问题，在各国婚姻立法冲突较大的区域，可以通过冲突法规范来解决。同时，各国通过不断地磨合扩大统一实体法使用的范围，这样对于跨文化婚姻法律冲突的解决是大有裨益的。

3. 跨文化婚姻离婚

离婚是按照一定程序解除婚姻关系，而跨文化婚姻离婚可能会导致多个国家对同一离婚案件享有管辖权或者没有国家对该案件享有管辖权。离婚一般分协议离婚和诉讼离婚两种。

（1）协议离婚。我国的离婚程序可分为协议离婚和诉讼离婚。如果双方自愿离婚，则双方必须亲自到婚姻登记机关申请离婚，婚姻登记机关首先会查明双方是否自愿离婚，然后确认双方对子女和共同财产做出处理，最后颁发离婚证。

跨文化婚姻的协议离婚与国内协议离婚没有很大不同，我国《婚姻登记条例》中也明确规定中国公民同外国人在中国内地自愿离婚的，男女双方应当共同到内地居民常住户口所在地的婚姻登记机关办理离婚登记。中国的边民与毗邻国边民自愿离婚的，受《中国边民与毗邻国边民婚姻登记办法》调整，同样要到中国边民常住户口所在地的婚姻登记机关办理。而在中国驻外使领馆办理的离婚登记除满足双方是完全行为能力人，自愿离婚且对子女抚养、财产及债务债权的处理达成合意外，还必须要求当事人的婚姻关系在该使领馆缔结，且驻在国承认使领馆办理离婚登记的效力。

协议离婚的缺点在于世界上有些国家（地区）不承认协议离婚的效力，这将导致大量的"跛脚婚姻"(即在一个国家有效而在另一个国家无效或者解除的婚姻)。如德国只能通过法院判决离婚,我国香港地区的离婚也必须通过法律的诉讼程序来解决。如果我们不了解境外婚姻制度,最好通过诉讼离婚来解决跨文化婚姻,以避免境外国家或地区不承认在中国发生的协议离婚,还要耗费另外的时间和精力去诉讼离婚(赵雅卿,2016)。

(2)诉讼离婚。跨文化诉讼离婚是指跨文化夫妻双方就是否离婚或者财产的分割、债务的分担、子女的抚养等问题无法达成一致的意见,而向法院起诉,法院经过审理后,通过调解或判决解除婚姻关系的一种离婚制度。

4. 跨文化婚姻离婚的法律适用

因为跨文化婚姻离婚关系重大,各国关于跨文化婚姻离婚的规定都较为严格,有的国家承认协议离婚的效力,有的国家不承认协议离婚的效力。国际上一般关于离婚的法律适用主要有以下规则:① 适用法院地法;② 适用当事人属人法;③ 选择或重叠适用当事人属人法或法院地法;④ 适用有利于实现离婚的法律。2010年我国颁布了《中华人民共和国涉外民事关系法律适用法》,对涉外离婚的法律适用问题做出了详细的规定。在该法颁布以前,国内的离婚可以通过协议解决,也可通过诉讼解决,但中国人与外国人在中国境内缔结的婚姻,无论是否自愿离婚,只能通过诉讼解除婚姻关系(赵雅卿,2016)。

例证 9-13

邓文迪默多克离婚 她争来了多少遗产

新闻集团和美国21世纪福克斯公司的董事长,澳大利亚传媒大亨鲁珀特·默多克2013年11月20日与中国妻子邓文迪在纽约法院达成离婚协议。离婚协议的细节没有公开披露。双方在发表的一份声明中说,"我们高兴地宣布我们已经达成了一个友好的离婚协议。"

当年,82岁的默多克通过信托基金中有表决权的股票控制新近拆分的新闻集团和21世纪福克斯公司。这些拥有表决权的股份将由默多克的4位成年子女普鲁登丝、伊丽莎白、拉克伦和詹姆斯继承。除普鲁登丝外,其他3名子女都积极参与公司的运作。在默多克去世后,这些子女对基金所控制的两家公司38%的股份都拥有表决权。

当年44岁的邓文迪没有新闻集团的股份。邓文迪与默多克的两个适学年龄的女儿,12岁的格蕾丝和10岁的克洛伊,是持有870万股无投票权的基金受益人。

财富杂志《福布斯》2013年9月估计,默多克家族财富约为134亿美元。根据两人的婚前协议,邓文迪能够得到默多克财产中的一部分。

(案例源于网络,并经作者加工整理)

第四节 提升跨文化交友的能力

身处日新月异的社会,跨文化交友能力显得格外重要。娴熟地进行跨文化交友不仅能够认识世界各地的人们,与他们进行沟通交流,还能了解国际先进的技术、管理知识和市场资源，以成功地进行各种贸易、管理活动。此外，提升跨文化交友能力还能有效地理解来自不同文化背景的人，向对方展示中华民族博大精深的文化，将中华文化推广到全球文化体系中。

一、影响跨文化交友的心理障碍

几乎每个文化群体都有一套规则以规范其成员的行为，要把这些理论应用到实践，首先要了解每个人面对异文化的心态，在面对异文化时是倾向于认为它与自己的文化相同还是相异？是否认为异文化与自己的文化平等？这些问题都会出现在跨文化交友者面前，它主要源于交流者的心理因素，可称之为影响跨文化交友的心理障碍，这些障碍主要包括焦虑、偏见和歧视以及同质文化圈的理解限制。

（一）焦虑

古迪孔斯特（Gudykunst，2003）认为，在理解群体间交流的时候，情感过程是一个非常关键的因素，如人们在交流过程中的焦虑。焦虑在心理学上被视为心理障碍的一种，每个人都会在一定的生活情境下体会到焦虑或者恐惧，但对一些人来说，焦虑成了一个问题，干扰了他们有效处理日常生活的能力或使他们失去了享受生活的乐趣。

在跨文化交友过程中，当不能预期要发生什么时就会产生焦虑，因此很自然地把心思放在紧张的感受上，从而不能在交友过程中完全地呈现自己。比较极端的情况还会产生社交恐惧症（Social Phobia），即个体对可能被他人观察到的公众场合预先感到持久的非理性恐惧，也就是说，虽然知道这种恐惧是非理性的、多余的，但还是会被恐惧所控制，躲避那些可能有公众监视的场合。

焦虑有一个上限和下限，在上下限之间才能保证交流进行下去。超过上限，就会过于不安，以致无法或者不想与陌生人进行交流，此时只顾得上关注自身焦虑的情感，而无法进行正常交友；低于下限会觉得交友毫无新奇可言，缺乏交友的动力。依照古迪孔斯特的观点，跨文化交友中的焦虑并非越少越好，而应维持在上下限之间，从而既可保证交友者的自信，又可保证交友者的兴趣。

（二）偏见和歧视

偏见的产生通常基于内外群体的划分，即认为自己属于内群体的人，这样很容易导致对外群体的偏见，看高内群体，看低外群体，而极端的偏见则会导致种族中心主义或者性别主义等。当针对外群体的消极态度转化为行为时，就会导致歧视。歧视是基于他人的民族、性别、年龄、性取向或者其他特征而不公平地对待此人的过程。偏见是一种态度，歧视是一种行为，偏见是歧视的指导思想。

偏见不一定会导致歧视，但往往以非常间接的方式导致歧视行为。斯坦福大学的社会学家理查德·拉皮埃尔（Lapiere，1934）在20世纪30年代曾专门研究过偏见和歧视的关系：一方面，在面对面的情况下，双方交流时可供参考的信息越全面，越可能改善一部分人先入为主的偏见；另一方面，可能面对面交流时会留面子因素，不会深入了解对方不想表露的信息，双方获得的都是对对方有利的信息，就不会存在所谓的偏见。

偏见是歧视的诱发因素，只有转变带有偏见的态度，才可能减少外在的歧视行为。单纯依靠法律和政策不可能改变歧视的文化规范，转变持有偏见的态度才是关键。尽管社会心理学家还没有办法消除全部偏见，但可以用内外群体融合的拼凑技巧得出一个乐观的结论：一旦不同群体的成员之间产生了友谊，偏见就会减少。友谊能够让人们更多地了解外群体成员，友谊还可能促进去地域化的过程，当人们了解了更多外群体的规则和风俗后，对内群体规范的固执程度就有可能降低。

（三）同质文化圈的理解限制

面对某一事物时，人们总是倾向于而且常常不假思索地认为他人与自己有相同的视角、相同的意思诠释，而这种"相同"假设在很大程度上会成为我们理解异文化的阻碍。人们总以为别人会采用跟自己一样的方式诠释信息，但这并非事实，人们依着自己的参考框架诠释陌生人发出的信息，而陌生人也依照他的参考框架解释收到的信息，在这一过程中可能会产生误解和无效沟通。因此，假想的同质文化并不是有意识地认为自身与异文化完全相同，而是一种无意识的条件反射、一种习惯性思维。

Gudykunst（2003）指出，要矫正交流中产生的错误诠释，需要"有意识的注意"：当人们可以控制交流的自动过程，有意识地停止自动加工信息，开始主动加工信息的时候便启动了有意识的注意。当进行有意识注意时，人们倾向于采用更广泛的范畴预测陌生人的行为，如他的文化背景、民族、种族或者他正扮演的角色，而不是简单地套用某个指标上的定型观念。当进行有意识注意时，人们可以观察到在熟悉的情境和熟悉的交流中，一个陌生人不同于以往所交往过的其他人的行为，但如果人们不开启有意识的注意，则可以认为他正在以不同于我们的视角诠释问题，我们就可以尝试站在对方的视角上看待问题。

总而言之，当人们假设两种文化同质的时候，就是没意识到差异的重要性。当人们缺乏关于新文化的足够信息，同时假设新文化与自身的文化有差异，这将会比较有意义，因为毕竟每一种文化多多少少都是与众不同的。此时需要多一句询问的话："你们的习俗是什么？（What are the customs）"（陈雪飞，2010）。

例证 9-14

道歉的表情

有一次，中国留学生李娟犯了一个错误惹得她的朋友 Lily 很生气，后来她意识到错误非常严重，就去找 Lily 道歉。李娟说了"对不起，以后不再犯类似的错误"这样的话，于是 Lily 问："是吗？你很肯定你知道了吗？"李娟赔着笑说："是的，我真的是意识到了这次错误的严重性。"Lily 更加不理解，还问："Are you sure?"这边越问，那边笑得就越诚恳。最后 Lily 十分恼火，说："你给我出去！"不接受她的道歉。

对中国人来说，道歉一定是赔着笑脸；但是在北美，道歉什么表情都可以有，就是不能笑，你笑着道歉，别人就会以为你不诚恳。

（资料来源：戴凡. 中国、北美日常文化差异释疑[EB/OL].（2010-09-23）. http://blog.sina.com.cn/s/blog_626a321f0100ljc1.html.）

二、提高跨文化交友的能力

在当今科技迅速发展和经济全球化趋势日益明显的形势之下，国际文化交流，无论在广度、深度，还是频度上都在加大，不同国家和民族之间的文化相互作用也相应增强。文化交流的过程是一个参照、比较、吸收和互补的过程。然而，无论是对外国文化进行鉴别还是融合，都必须建立在对外国文化的深入了解和真正理解的基础之上。前面讲到影响跨文化交友的心理因素，克服心理因素就是跨文化交友能力的一大步提升。在具体如何提高跨文化交友能力方面需要注意三点：外语学习、认识多样性和文化培训。

（一）外语学习

学习一门外语是进行跨文化交友的前提。近年来，随着各国之间频繁的交流、交流领域的不断扩大，语言的重要性愈发凸显出来。外语学习不仅能扩宽思路、扩大视野，而且还能打开通往其他文化的窗口。语言本身是文化的一部分，人类的典章、仪式、歌曲、故事、咒语、祈祷、法律（还未计入会话、请求或指示）等都是言语行为和言语活动。社交往来、教育和谈判这些复杂的文化活动也完全受语言的支配。因此，语言不仅是文化的一部分，而且是一个重要的关键部分。所有那些试图完全加入并理解某一特定文化的人，都必须相应地掌握它的语言，因为只有通过这种语言才可能参与并体验这一种文化。

学习一门外语，每个人的学习方法各不相同，找一个适合自己的学习方法是最重要的，也是最难的一部分。学习一门语言，最重要的是词汇，相对而言，语法相对比较简单，掌握了几十条语法规则就可以了。其二是练习，想要熟练地使用一门语言，大量的语言练习必不可少。在一种语言环境中练习能在相对短的时间内掌握一种语言的口语技能，进步很快。此外，还可以通过音乐、影视作品、书籍等学习一门语言，这同时是另外一种了解其他文化的途径。

（二）认识多样性

多样性的出发点是强调每个个体在某些方面是不同的，而这些不同应该得到重视。这里的微妙之处在于文化的多样性并非指种族、民族、年龄和性别方面的差异，正如美国《民权法》所提供的解释："多样性被广泛用于许多人口统计变量的术语，包括但不限于种族、宗教、肤色、性别、国籍、残障、性取向、年龄、教育程度、出生地以及技能特征等。"

文化多样性是人类社会的基本特征，也是人类文明进步的重要动力。我国学者韩民清指出，"文化多样性是与人和人类社会的存在形态密切联系在一起的"。人的存在方式具有多样性，这就决定了人类文化发展的多样性及客观必然性。不同的个体、不同的人群之间都存在差异性。这种差异性也必然通过文化的多样性表现出来。国内外学术界对于文化多样性的影响一直有不同意见。一部分学者认为，多样的文化之间将会不可避免地产生冲突，而另一部分学者则认为，多样的文化是人类进步的重要推动力。人类文化的多样化可能会因各种文化间的"误读"而产生各民族间的摩擦和冲突。

正确认识文化的多样性对顺利地进行跨文化交友具有至关重要的作用。首先，当我们了解到各国各民族的文化有多样性的时候，我们自然而然地会包容别国文化与我们文化不同的地方，至少不会排斥甚至贬低其他文化；其次，认识到文化的多样性之后，我们会在跨文化交友中减少许多不必要的摩擦和麻烦。文化是人类为了改造自己的生存环境而进行的精神生产活动，全球化背景下不同文化应该多元并存、东西互补和共同发展。用某一种文化去"统一世界"，搞所谓的"西方文化优越论"，或认为"世界的前途将是中国文化的复兴"是不现实的，而且也不利于民族文化的发展。各种文化之间要通过交流和对话来达到"和"的目的，这样各种文化才能共生共荣。事实上，这种表述已经相对明确地把文化多样性与和谐社会的建设联系起来了。那就是，以宽容平和的心态看待当前这个多元文明并存和多彩文化互动的世界，才能实现求同存异、求同尊异、取长补短、互补共生，在文明的交流和对话中建设持久和平、共同繁荣的和谐世界（阮炜，2001）。

（三）文化培训

在日常生活中就要注重文化的培训，尤其是在将要进行跨文化交友前。尽管自2000年以来，跨文化培训在我国日益受到关注，但是针对该领域从培训需求到培训计划、培训实施和培训效果评估的系统性研究成果还不多见，我国的跨文化培训研究还停留在比较初级的阶段，主要翻译国外的研究成果，缺乏创新。虽然国外学者对跨文化培训有比较成熟的研究，但我们在运用时要考虑这些理论与实践产生的特定文化背景以及自身的文化背景与实际情况，切勿生搬硬套。

跨文化培训是一门实践性较强的学科，它涉及心理学、教育学、社会学、语言学、人类学、交际学、人力资源管理、组织行为学等多个学科的理论知识，其中从跨文化角度进行的心理学、教育学和交际学的理论研究及学习理论与跨文化培训联系最为密切。一般地，跨文化培训的主要内容包括对文化的认识、文化敏感性训练、语言学习、跨文化沟通及冲突的处理、地区环境模拟等。在实施跨文化培训前，首先要分析培训需求，然后确定跨文化培训目标，再制订跨文化培训计划，设计培训方案，实施跨文化培训，最后对跨文化培训效果进行评估。

中式英语闹笑话

一次，某省外事厅的一位领导携带家眷和迎宾团接见从美国来参加文化交流会的美国代表团。美国代表团团长与该领导见面时就说："你的妻子实在是太漂亮了，太漂亮了。"该领导用英语说："Where where."（哪里 哪里）美国代表团团长说："Every where."（哪都漂亮）顿时接见会场笑声一片。

（李雅琴，屈琼，2013）

本章小结

> 跨文化交友中的交友双方来自不同的文化背景，双方要使用同一种语言进行交流，还必须是实时的口语交流和直接的语言交际。

> 跨文化交友过程中必须先了解一种文化,在这一过程中,会碰到很多文化差异性,这需要交友者去了解不同文化的语言环境,弄清楚哪一方是高语境文化,哪一方是低语境文化。
> 跨文化交友的特点有:双方文化共享性差、文化差异程度不同、无意识的先入为主、易产生文化休克、文化变异性。
> 跨文化交友的模式包括线下、线上和混合式的交友模式。影响跨文化交友的主要因素有不确定感、相似度、信息表露、自我理念、符号系统和面子等因素。此外,在跨文化交友中要注意称呼、问候、介绍等方面。
> 影响异性吸引的因素有个人因素、相似性、互补性和相互性;跨文化恋爱的途径有介绍、网恋、留学移民、商务(跨国企业)、旅行等;跨文化婚姻的类型包括初始型、进阶型和升级型,跨文化婚姻可能在个人主义和集体主义、高语境和低语境、家庭关系和孩子的教育理念等方面产生冲突。
> 在进行跨文化交友时,要克服焦虑、偏见和歧视以及同质文化圈的理解限制等心理障碍。提高跨文化交友的能力要从外语学习、认识文化多样性和文化培训等方面着手。

网站推荐

1. 中国文化交流网:http://www.whjlw.com
2. 中华文化网:http://cn.chinaculture.org

影视推荐

《推手》

电影《推手》以一位从小练习太极拳的朱老先生被在美国当工程师的儿子从中国内地接出后,与美国媳妇玛莎在语言、生活方式上的矛盾为主要内容,探讨了众多移民美国的中国家庭所共同面临的文化隔阂问题以及老一代与年轻一代人在情感上的危机。朱老先生最后离开了儿子,自己去唐人街的餐馆洗碗打工,在这段经历中,唯一能给他一点安慰的是一位从中国台湾来的陈老太。导演李安通过展示这两位老人对故土的怀恋,表达了所有海外移民那无法遏止的乡愁。

《海角七号》

电影讲述的是在台湾恒春夏都沙滩酒店沙滩上举办的大型演唱会,由于当地人的坚持,暖场乐团将由当地的乐手们组团演出。这个七拼八凑组成的乐团,让个性严谨、心情烦闷的日本籍监督友子小姐伤透脑筋,其中总是不肯好好配合练团的主唱阿嘉更是随时都会惹怒她。

随着演出时间愈来愈近,阿嘉和友子之间的冲突也愈演愈烈。没想到一份装在写着旧址"恒春郡海角七号番地"邮包里的过期爱情,竟在半世纪后,悄悄牵起了另一段跨国之恋。

思考练习题 9-1：选择题

1. 在跨文化交友中不包括（　　）。
   A. 来自不同的文化背景　　B. 使用不同语言
   C. 进行实时的口语交流　　D. 进行直接的语言交际
2. 跨文化交友不包括下面哪个方面？（　　）
   A. 称呼　　　　　　　　　B. 问候
   C. 欣赏外国电影　　　　　D. 介绍

思考练习题 9-2：简答题

1. 你认为中美文化各自的优缺点是什么？在跨文化交友中哪些传统我们应保持？
2. 你所接触的老外最常见的抱怨是什么？如何对待和处理老外的抱怨？

案例分析 9-1

在中国的中东"故乡"生活

对于不少中国人来说，伊朗是一个拥有古老文明的神秘国家。事实上，随着中伊关系的不断深入发展，有越来越多的伊朗人在中国工作和生活。

"我叫马吉利，我叫马幸福，我们是来自伊朗的双胞胎兄弟。在伊朗，如果你是第一次和人见面，或者平时见面，男人和男人，女人和女人，都是这样握握手，不过要是异性见面，就不能这么做了，要当心哦！"

吉利和幸福这两个名字中国味儿十足，因为这对双胞胎兄弟已经在中国生活了 8 年。十多年前，马吉利和马幸福兄弟从德黑兰大学硕士毕业，开办了自己的设计工作室，从事室内设计、产品设计等工作。他们的事业蒸蒸日上，在伊朗艺术设计界接触了不少名师名家，但兄弟俩一直都希望能继续学习深造。在工作了几年之后，他们决定出国继续学习艺术设计。2008 年，马幸福和马吉利到清华大学继续攻读设计专业的博士学位。

现在马吉利和马幸福兄弟举家住在北京。虽然已经在中国生活多年，但两兄弟还是保持着伊朗的生活习惯。比如喝茶，伊朗人的习惯就和中国人十分不同："伊朗人一般喝黑茶，这茶有点儿苦，所以我们会用点儿甜的东西，比如糖块儿来调和一下。我们不会把它放到茶里，而是会把它含在嘴里，可不要嚼它啊！"

说起伊朗文化和习惯，就不能不说波斯地毯。波斯地毯不但制作精美，质量上乘，而且是伊朗人生活中不可或缺的一部分。和喝黑茶一样，马吉利和马幸福兄弟两家人就餐时还保持着席地而坐的习俗。不过，这对于他们的中国朋友来说，可就没有那么容易习惯了："伊朗家庭必须要有地毯的一个原因是我们要坐在地上而不是桌子上吃饭。我曾经邀请过中国和其他国家的朋友来我家做客，中国朋友真的不太习惯直接这样坐在地上吃东西。"

两兄弟还说，中国和伊朗都是很伟大的国家，而伊朗人也对中国的历史文化知之甚少，他们很希望能够凭借在伊朗和中国多年来积累的人脉和优秀的艺术品鉴能力，成为两国的文化使者。

（案例来源：在中国的中东人：伊朗兄弟讲述在中国的"故乡"生活[EB/OL]．（2016-01-22）．http://news.cri.cn/2016122/8185359a-47ce-3d43-b88b-5e944e5d33fb.html．）

问题讨论：

在跨文化交友中，我们每个人都可能存在这样或那样的偏见或局限，只是程度和领域不同罢了。如果你在国外生活，你如何让自己喜欢那个国家，喜欢上那个国家的生活方式？

案例分析 9-2

跨文化交友障碍

1. "龙"不仅指代 Dragon

中国学生黄光勤在美国留学。有一天，她和她的女房东苏珊讨论家庭关系和孩子抚养的问题。她说："在中国，家长经常要帮孩子做决定，孩子还小不能自己做决定。"苏珊说："真的吗？但是在美国，孩子们都要被鼓励独立并且对所做的事情负责任，所以我们从他们还很小的时候就要鼓励他们自己做决定，这可以帮助他们表达自己的想法并且做出选择。"黄光勤说："无论父母做什么都是为孩子好，因为父母望子成龙。"一听到这句话，苏珊诧异地问道："龙？为什么你们中国的父母希望孩子成为'恶魔'？"

2. 书骗了我

陈冉是一个曾经在美国留学的中国学生。他到美国一个星期后，他的物理教授邀请他上门做客。书上说美国人很开放，健谈。所以到了教授家以后，他就一直说，甚至还说了一些很"开放"的话。他能够从教授脸上感到一丝丝不对劲，教授好像不太愿意说太多的话。但是陈冉还是继续说。当他要离开的时候，终于鼓起勇气问教授："教授，您能告诉我，我哪儿做得不好吗？我好像让您觉得不舒服了。"教授回答道："你说得太多了，那让我感到不自在。"陈冉对这个回答感到诧异，他想："书骗了我！"在后来的日子，陈冉慢慢发现教授是个沉默寡言的人。

3. 按照我的习俗

邓畅四年前去法国留学，并且跟法国女孩儿 Diana 相爱了，于去年四月结婚。婚礼在巴黎举行，双方的亲朋好友都出席了婚礼。邓畅的中国亲朋好友都为邓畅准备了大"红包"，Diana 的法国朋友准备的都是一些礼物。邓畅知道在法国不送红包，他还是感到不快。Diana 察觉到邓畅的不快，并解释在法国不送红包。邓畅说道："我知道，但是这些礼物就和日常礼物一样，要知道，今天可是我生命中最重要的一天啊！他们应该按照我们中国的习俗来。"

（储军伟，李澜，2015）

问题讨论：

根据上述案例讨论跨文化交友的主要障碍，并阐述该如何提高跨文化交友能力。

参考文献

[1] EDWARD B T. Primitive Culture[M]. Cambridge: Cambridge University Press, 1871.

[2] 耶登. 语言教学课程设计原理[M]. 北京：外语教学与研究出版社，2000.

[3] 苑馨予. 中西方文化差异在跨文化交际中的体现[J]. 科学中国人，2015（30）：200.

[4] 侯建军. 跨文化交际的特点分析[J]. 商场现代化，2007（6）：30-31.

[5] 孙秋桂. 跨文化交际中中韩文化差异案例分析[J]. 边疆经济与文化，2015（2）：20-21.

[6] 侯建军. 文化与中西文化差异比较[J]. 商场现代化，2007（20）：211-212.

[7] 唐德根. 中国学生英语交际失误分析[M]. 长沙：中南工业大学出版社，1995.

[8] 罗朝红. 跨文化交际中商务礼仪的差异分析[J]. 现代商贸工业，2019（25）：43-44.

[9] 刘晓玲. 中英文称呼与问候语的文化差异[J]. 中山大学学报论丛，2005（4）：139-144.

[10] 彭燕. 不同性别的跨文化交际[J]. 陕西师范大学学报，2009（38）：101-103.

[11] 侯玉波. 社会心理学[M]. 北京：北京大学出版社，2007.

[12] 刘冬梅. 浅析增加人际吸引的要素[J]. 才智，2016（4）：250.

[13] 晓红. 丝路跨国恋：有"一带一路"来助力[J]. 金融经济，2018（15）：67-69.

[14] 刘钰. 从宏观视角研究跨文化婚姻的差异及解决技巧[J]. 时代教育，2014（12）：253-255.

[15] 张春玲. 涉外婚姻的法律冲突及解决[J]. 法制博览，2017（4）：244.

[16] 张健，周洋静. 跨国缔结婚姻的法律冲突及解决措施[J]. 文化学刊，2019（7）：191-193.

[17] 赵雅卿. 中国涉外离婚的法律问题研究[J]. 法制与社会，2016（1）：183-184.

[18] GUDYKUNST W B. Cross-Cultural and Intercultural Communication[M]. Thousand Oaks: SAGE Publications Inc, 2003.

[19] LAPIERE R. Attitudes Versus Actions[J]. Social Forces, 1934(13): 230-237.

[20] 陈雪飞. 跨文化交流论[M]. 北京：时事出版社，2010.

[21] 阮炜. 文明的多元性与历史的统一性[J]. 深圳大学学报（人文社会科学版），2001（5）：84-89.

[22] 罗西. 中国真性感[J]. 视野, 2012 (2): 103.
[23] 储军伟, 李澜. 跨文化交际障碍案例分析[J]. 青春岁月, 2015 (5): 232-233.
[24] 任裕海. 影响跨文化人际关系若干因素探析[J]. 南京社会科学, 2002(8): 56-60.
[25] BERGER C, CALABRESE R. Some Explorations in Initial Interaction and Beyond [J]. Human Communication on Research, 1975(1):99-112.
[26] KNAPP M. Social Intercourse [M]. Boston: Allyn and Bacon, 1978.
[27] 李雅琴, 屈琼. 从语言迁移角度看中式英语成因[J]. 才智, 2013 (26): 201-202.

第十章
留学教育与交流

✏️ **学习目标**

- ➢ 了解留学教育的概念;
- ➢ 理解出国留学教育的目的与意义;
- ➢ 了解出国留学在跨文化适应中存在的问题及对策;
- ➢ 了解来华留学生教育的现状;
- ➢ 了解来华留学生教育的培养模式;
- ➢ 了解留学教育服务流程与海归留学生服务。

引例

留学热与归国潮

第三方社会调查机构麦可思研究院近日在北京发布的《2019年中国大学生就业报告》(就业蓝皮书)显示,2018届大学毕业生就业率为91.5%。大学生已从昔日的"天之骄子"变为普通人,部分不甘平凡的学生往往选择出国留学,提升自身竞争力。尴尬的是,等他们学成归国,赫然发现,洋文凭并不如想象中管用。

1847年,第一个中国留学生容闳踏上留洋之路,之后一百年的时间中,中国先后兴起了五次留学浪潮。1949年新中国成立,至1966年"文革"爆发,留学生几乎全部是官派公费,归国后大多进入机关单位。

1977年,政府出台"支持留学,鼓励出国,来去自由"的政策,中断十年之久的留学热再度兴起,与此同时,自费留学愈演愈烈。教育部2019年3月发布的最新数据显示,2018年度我国留学人员总数66.21万人,其中59.63万人属于自费留学。风潮之下,留学开始成为一项投资、一门生意、一个产业,市场规律在幕后调拨运转。

备受经济危机困扰的西方各国从这轮中国留学热中发现了商机。法国政府推出旨在吸引中国留学生的课程计划,期望到2015年吸纳5万名中国留学生。当然,这些留学生的命运会怎样,谁也不能保证。

(资料来源:中国留学热的多面现实[EB/OL].(2013-01-14). http://www.ceconline.com/mycareer/ma/8800065953/01/.)

近年来,我国经济实力快速提高、高等教育不断发展,加之顺应时代潮流,将知识作为国家实力最重要的构成要素,致力于人才的培养和争夺,通过知识的竞争来提升中国在国际上的地位。与此同时,留学教育以及与此相关联的人才培养和人才流失,也成为各国政府关注的焦点。从全球视野看,各国把留学教育作为一项同其国家利益紧密联系的国策。一些发达国家以其强大的经济实力作为后盾,大量接受外国留学生,向他们传授思想、知识和技能;一些发展中国家积极派遣留学生作为促进科技移植、发展经济和加强交流的有效途径(唐平,2003)。

第一节 出国留学教育与交流

中国留学教育历史悠久,无论是建国初期留学苏联热、"文革"期间的中断,还是到改革开放之初的公派留学、20世纪80年代末以来的大众留学,留学教育在曲折中不断发展成熟。作为高等教育国际交流的主要形式,留学教育在思想启蒙、文化传播、人才培养、社会变革等方面发挥了积极而重要的作用。出国留学是培养创新人才的有效途径,加强出国留学教育,把培养、吸引和使用人才作为一个大系统,采取多种措施吸引高层次留学人才回国工作或以适当方式为祖国服务(戚德祥,2003)。留学教育在充实留学生的生活和改变其命运的同时,也深深地记录着新中国社会变迁的历史脚步,成为中国社会进步的推动力之一。国内出国留学的人数在20世纪七八十年代得到了空前发展,2018年我国出国留学人数已达到66.21万。留学教育是两种文化交流沟通的过程,不同国家间的文化差异会带来文化陌生,因此在留学教育中同样贯穿着跨文化交流。

一、出国留学教育

从广义上讲,出国留学就是学习其他国家和民族的优秀文化、科技等各个方面的成果。留学教育是各国文化交流的一个重要途径。一个自我封闭、不善于学习的民族和个人是不会进步的。

(一)留学教育的概念

留学,旧称留洋,一般是指一个人去母国以外的国家接受各类教育,时间可以为短期或长期(从几个星期到几年),这些人也被称为"留学生"。

(二)留学教育的主要类别

1. 公费留学和自费留学

按留学费用分类,留学可分为公费留学和自费留学(王晓琳,2013)。改革开放以来不同时期的公派留学教育政策均取得较好的成效。公派留学教育是国家发展综合国力、提升经济、政治与文化水平的基本政策之一,纳入国家战略之中(王东芳,2018)。公费留学在国内一般是指中国政府,也就是教育部提供的留学基金,需要向教育部申请。此外,还有一些国际组织和基金会的经济资助,这种资助项目通常分为两种:一种是资助机构直接接受申请者学习或工作,申请程序基本上和申请国外大学的奖学金程序一样;另外一种是资助单位只提供经费,申请者还需自己落实学习或工作地点。公费留学还有一种方式是交换留学,留学生作为交换生到外国大学学习,学习期限一般为一年,学习期间不用支付对方大学的学费,每个月还有生活费,但是留学人员需要支付国内的学费。留学人员出国之前一般需要向国内大学支付"交流金"。以上两种留学途径都要求留学人员在学习结束后回国。自费留学是指使用本人、直系亲属提供的资金或国外奖学金,到国外院校进行学习的个人行为。

2. 短期留学和长期留学

按留学时间长短分类,留学可分为短期留学和长期留学。短期留学是指海外游学、海外大学短期培训项目等。长期留学是指在国外攻读学位、进修研修、合作科研、受聘工作等,在外停留期限在三个月以上(含三个月)。

(三)留学教育的发展历程

留学教育的发展历程主要包括以下四个阶段。

1. 晚清时期的留学教育(1872—1911年)

1872年,清政府第一批留美幼童30人从上海乘船赴美,拉开了中国近代留学教育史的序幕。此前容闳、黄宽、黄胜三位青年于1847年在传教士的带领下赴美留学,有学者以此作为中国近代留学教育的肇始。

2. 民国时期的留学教育(1912—1949年)

辛亥革命胜利后,中国留学教育进入了一个新的历史时期,即民国时期。这一时期的留学教育深受政治局势的影响,大致分为三个阶段:第一阶段为1912—1927年,即民国初期和北洋政府时期。这一阶段,政局动荡、战事不断,但留学教育在困境中不断发展。第二阶段为1928—1945年。北伐胜利初期,留学教育获得了较大的发展,但是由于抗日战争爆发,留学教育发展趋于缓慢,陷入低潮。第三阶段为1946—1949年。抗战胜利后,由于内战爆发,南京政府对留学教育实行紧缩政策,共产党则开始向苏联派遣留学生。

3. 新中国成立至改革开放前的留学教育(1949—1977年)

从新中国成立至改革开放前这一期间,留学教育经历了曲折的发展道路。这一时期的留学教育分为三个阶段:第一阶段为1949—1966年,即"文革"之前的17年。这一阶段留学教育取得了相当成效,主要向苏联和东欧等国家派遣留学生,其中以苏联为主要留学对象国。第二阶段为1966—1976年。"文革"期间留学教育出现低潮,一度陷入停滞。第三阶段为"文革"结束至改革开放前,这是留学教育发展的一个过渡期。

4. 改革开放以来的留学教育(1978年至今)

改革开放以来,我国留学教育迈入了一个崭新的发展时期。这一时期的留学教育分为两个阶段:第一阶段为1978—1991年。在改革开放的背景下,以邓小平同志关于扩大派遣出国留学人员的讲话为指导方针,我国留学教育发展进入了全新的时期,开始了全新的探索。第二阶段为1992年至今。"支持留学,鼓励回国,来去自由"等留学工作方针的出台,国家留学基金管理委员会的成立,"春晖计划"等若干资助项目的启动,使留学教育获得了迅速的发展。

（四）留学教育的发展趋势

留学教育担负起了培养大批优秀人才、缓解高等教育供需矛盾和弘扬文化的历史重任。随着世界经济的不断发展，留学教育呈现出更科学化、规范化的发展趋势。

1. 留学人数增加

从1978年到2018年年底，我国各类出国留学人员累计达585.71万人，2018年我国出国留学总人数达到66.21万人。随着经济的发展，留学人数呈现突飞猛进的增长。

2. 留学申请过程简化

签证审批时间及程序的简化大大缩减了留学申请的过程，加拿大留学签证申请时间线上为26天左右，线下为47天左右。

3. 留学国别多样化

以中国留学生为例，过去的几十年大都奔向美国、英国等发达国家。近年来，越来越多的学生开始转向如泰国、马来西亚等国家，接受不同文化的熏陶及教育。

4. 产业化发展趋势

20世纪90年代以来，以美国为代表的发达国家将留学教育视为"无烟产业"，这主要是指留学输入国通过接受留学生的学杂费以及留学生在求学期间的生活消费，来实现国家财政收入和刺激消费地的新型产业模式。澳大利亚就将留学教育称为"出口工业"。澳大利亚统计局2018年发布的数据显示，国际教育为澳大利亚带来349亿澳元的收入，高于2017年的303亿澳元和2016年的258亿澳元。

二、出国留学交流的方式

对于已经拿到录取通知的中国留学生而言，带着录取时的喜悦心情来到国外课堂，恐怕会产生恐惧和不适应。习惯了传统中国教学模式的中国留学生，在国外课堂上该如何更好地表现自我？

为了使留学生尽快适应国外的文化和生活，很多大学都设有辅助性项目。留学生的人际网络越来越多样化，他们得到的有关东道主文化的信息越来越多（Furnham et al., 1985）。所以留学生也应积极地参与进来，拓展社会人脉。

（一）与同学交流

中国留学生在国外与同学积极交流，可尽快融入外国生活和学习当中。中国留学生在国外容易形成自己的交际圈，只跟中国人打交道，甚至有的留学生在国外待几年，除了课堂上与同学沟通外，课外一次也没有跟外国学生交流过，更别说一起参加活动。随着中国留学生日益增多，这种现象更加普遍。相对而言，中国留学生在英语国家更容易与中国学生聚在一起，在非英语国家与当地同学交流相对会多些。有些中国留学生选择与当地学生同居，在促进交流方面有着积极的作用。积极地参与到同学的活动和交际中，锻炼自己的跨文化交际能力，无论是对生活还是学习，都将大有裨益。

（二）与外国老师交流

跟外国老师相处最重要的礼节之一就是预约。导师们通常都很忙，私人关系再熟悉的导师都要预约才可以见面，贸然拜访是很不礼貌的行为。另外，准时也非常重要，在约见时迟到会让老师对你的印象大打折扣。

作为留学生，国外求学会遇到很多挑战，更应注重与老师的交流。老师们通常非常尊重学生。在西方，教师对学生提出的建议会欣然接受，因为学生给了他们生活来源，这点可能与中国有些不同。

（三）参加学术交流

学术交流是指针对规定的课题，由相关专业的研究者、学习者参加，为了交流知识、经验和成果，共同分析讨论解决问题的办法，而进行的探讨、论证、研究活动，可以是座谈、讨论、演讲、展示、实验、工作坊等形式。有些国家因其特有的文化、经济、地理等优势，经常举行学术交流活动，某些有条件的学校也是如此。参加学术交流可充分与他人交换意见与学习，对于留学生学习以及语言的提升都很有帮助，同时能够开拓留学生的视野。

（四）与社会人士交流

大学会举办各种活动，使学生与社会有更多的接触机会。例如，加拿大的大学会举办各种研习会（Workshop），邀请留学生到当地人的家里，了解本地人的生活方式、社会和人际关系等。此外也可以通过熟悉的朋友扩大自己的朋友圈，无论是通过社团交友还是通过兴趣爱好结识朋友，都可以通过这一渠道去认识朋友的朋友，扩大自己的朋友圈。社交圈广泛之后，留学生生活也会更加多姿多彩。

（五）参加宗教仪式

不同的国家有不同的民族和风俗，也有不同的信仰，留学生要重视宗教问题，了解并尊重他人的宗教信仰。在国外常常会见到一些宗教组织，他们会在多种宗教仪式的场合，以各种形式宣扬自己的传教活动。留学生参加这种活动不仅可以开阔自己的眼界，还可以促使自己更好地融入当地社会当中。但也要提高安全意识，在宗教活动中不要发表不负责任的过激言论，以免为自己带来麻烦。

三、出国留学的跨文化适应问题和解决方法

"U"曲线假说的提出者 Lysgarrd（1955）认为，旅居者对一种新文化的适应模式沿袭一种英文字母"U"的曲线走势。在这个"U"字形曲线假说中，跨文化旅居者的适应可被划分为四个阶段。第一阶段是"蜜月期"，这个阶段旅居者对新环境中的一切均感到新鲜有趣。第二阶段为"文化震惊"阶段，意指旅居者在新环境中碰到各种各样的问题，并要面对这些问题。第三阶段是"个体适应调节"阶段，意指个体对新文化变得更加熟悉，并已洞悉如何在所居国的文化背景下表现得体。第四阶段是"完全适应"阶段，意指旅居者已经完全融入所居国的文化中（Black & Mendendal，1991）。

格拉洪（Gullahorn，1963）根据对留学生的异文化适应过程，进一步发展了"U"曲线假说，并提出了"W"曲线假说，也叫跨文化适应曲线，用来描述留学生回国后的再

适应过程。这种跨文化适应曲线反映了多数人在接触异文化时所表现出来的一种基本样式。该曲线共分为以下七个阶段。

（1）蜜月期——对所见所闻都感到十分新鲜，觉得周围的人也很亲切。

（2）斗争期——面对日常生活及工作上的种种困难出现无力感，常常在斗争与脱逃两者之间徘徊。

（3）纠葛期——困难和问题无法顺利解决，而使情况更加恶化。

（4）适应期——逐渐适应当地社会和日常生活。

（5）再纠葛期——自以为对异文化已经了解，但对复杂的问题仍不能很好地把握。

（6）归国前期——喜悦地期待着归国，精神振奋，有恋恋不舍之情。

（7）归国后的冲击——与所期待相反，在生活及与人接触当中，有疏远之感，必须进行文化的再适应。

在国外留学期间，由于文化、价值观、生活方式、生活习惯等的不同，因处于社会性隔离而产生焦虑、抑郁的心理态度，便是经常提及的文化休克（Cultural Shock），即其提出的跨文化适应曲线的前四个阶段。

1. 学生常见"不适症"

留学生在国外求学中所遇到的问题，一般涉及学习、心理、文化适应、生活和安全方面。

（1）学习问题。主要是语言和学习方法上不适应。中国的教育模式培养出来的大多数是哑巴英语，几乎所有留学生留学之初都会遇到语言障碍。

例证 10-1

旧的学习方式难以解决语言障碍

我是 2016 年 12 月来英国的。起初，我认为到英语国家，过 3 个月或半年，英语自然就会好的。但是同大多数英语不好的同胞们一样，由于英语不好，我们大多数都会选择中国房东，然后在抵达英国后，我们扎堆在中国人圈子里。虽然在这 3 个月里，我仍然不时地像国内一样学学英文，但在 3 个月的过程中，我逐渐意识到这与我人在国内事实上是没有区别的：我的圈子是中国人，我的学习方法是我过去使用的方法，这也导致我的英语在起初并没有得到很大的提升，直到我改变我的学习方式。

我现在的房东是英国某红砖大学的项目负责人，因为她本人是受教育人群，思想开明，又爱思考，所以我们经常讨论和交流些关于中英文化的区别。有一次她跟我说，她认为中国人喜欢扎堆，与其他国家的人交流不足；中国人英语不好，也不爱表达。我的解释是：因为大多数中国人虽然学了至少 10 年英语，但由于学习方法不对，大多数中国人的听力和口语都很差，因为英语不好，怕耽误别人时间，或不愿走出舒适区，导致上述中国留学生只在中国人圈子交往，以及因为意识到与相同文化背景的中国同胞的交流除了保持汉语水平，没有其他促进和帮助，而选择学习和做科研。

（资料来源：与英国房东就中国留学生英语学习的交流[EB/OL]. （2018-10-21）. https://www.jianshu.com/p/37565486517b.）

（2）心理问题。许多留学生在国外有思乡感、孤独感、抑郁症、封闭感和挫折感，缺乏自我价值和社会认同感。

（3）文化适应问题。许多留学生不具备适应当地社会文化环境的能力，不能与当地人有效进行接触，产生文化休克、跨文化精神疲倦现象，对国外的社会文化习俗、规范不适应。在人际关系上，由于文化的差异和语言上的障碍，虽然表面上可以跟外国人融洽相处，但要深入交往还有一定的困难。

例证 10-2

留学生的孤独

"别人只看到照片里的我们在异国风情的美景中笑得灿烂，却看不到我们过年时一个人在网络上守岁的眼泪；别人只看到我们和金发碧眼的外国朋友谈笑风生，却看不到我们生病时一个人躺在床上的无助。"在法国留学三年间，小瑜几乎每天都要更新微博和个人空间。她的亲友们都觉得她在异国他乡过得很快乐，小瑜说："我没在外人面前掉过一滴眼泪，但最近拿起电话，却经常不知该对最亲的人说什么，那种交流的梗阻和莫名的生疏常常令我恐惧。生活在这个无依无靠的国度，在假装开心地挂上电话之后，我经常只能抱着笔记本在这里一边码字、一边掉眼泪。"小瑜在出国之前从未离开过父母，甚至没有离开过家乡；当家的温暖被陌生的语言和文化所替代，好友和恋人由于时差和距离逐渐疏远，关注和疼爱似乎都在远去；但是，小小的虚荣心让她只展示最光鲜的一面。由于害怕亲友担心，经常"报喜不报忧"。

（资料来源：需要跃过"心慌"这道坎儿[EB/OL].（2011-07-27）. http://world.people.com.cn/GB/57507/15259655.html.）

（4）生活问题。许多留学生由于是独生子女，生活自理能力较差，不会烧饭，不会用洗衣机，有些留学生甚至乱花钱，不会购买生活必需品。因为中西方饮食习惯大不相同，一些留学生总是希望在国外也能吃到地道而熟悉的中餐，没有适应当地的饮食。

（5）安全问题。近年来，中国留学生海外安全问题频发，而且呈现出向世界各国蔓延的趋势。即使是在治安一向良好的加拿大、澳大利亚、美国、日本、荷兰、德国等国家，也不同程度地存在中国留学生遭受威胁、侵害的问题。例如，2017年6月9日赴美交流学习的中国留学生章莹颖被凶手蓄意绑架、强暴并谋杀这一事件震惊国内外，并由此引发人们对于出国留学安全问题的思考。此外，国外时有发生的枪击事件也直接或间接地影响留学生的生命安全，例如2017年10月美国拉斯维加斯枪击案、2019年3月新西兰男子直播开枪杀人事件、2020年2月泰国枪击案等。

2. 适应方法

留学生在国外出现的各种不适应需要从自身找到解决办法，主要可以从以下四个方面来应对"不适症"，快速融入国外文化，丰富留学生活。

（1）做好出国前的准备。首先要掌握所留学国家的语言，打好外语基础。其次，要克服文化偏见，通过网络、书籍等了解目的国的风土人情，尤其是要加强对其文化的理解。最后，要掌握必要的文化适应策略。

（2）掌握出国后的适应技巧。到达留学地后，留学生要尽快了解当地环境，尽快建立自己的心理支持系统，如家人、同学、新朋友、中国同学会或同乡会、心理咨询服务机构等，这些人际关系和社群网络会在困难的时候为留学生提供帮助。例如，中国海外留学生心理支持中心便是一家致力于为在英留学生适应文化环境、完成学业和保持身心健康等方面提供全方位心理护航，以及多种情绪支持的非营利型社区服务组织。该机构坐落于英国伦敦，机构中的专家团队来自中英两国，包括多位经验丰富且具备资格认证的心理咨询师。

要解决好吃和住的问题，住房尽量选择在舒适的地方，饮食应注意营养，还要充分休息，同家人保持必要的联系。

（3）培养乐观向上的心理。留学生要善于自我调整，保持健康良好的心理状态。既不能因为价值观冲突对异国文化产生抵触情绪，也不能因对异国文化盲目地崇拜而迷失自我。要努力了解两种文化的差异，用乐观的心理看待两国文化差异，通过心理调节，使自己成为积极进取、适应良好的留学生。

（4）增强自身安全防范意识。加强自我安全防范意识，不给危险以可乘之机，在学习、生活、出行、交友等方面，提高自我防卫能力。例如，平时应了解学校的紧急联系电话和联系人、居住地附近的报警电话号码、当地中国使领馆的电话号码等，以备紧急情况时使用。

第二节 来华留学教育与交流

随着中国国际地位的提升、经济的发展以及教育水平的提高，来华留学人数逐步增加，外国留学生在中国学习生活的过程中，将自身的文化带入中国。以中国文化为大背景，跨文化沟通对留学生的生活和学习至关重要。

一、来华留学教育的现状

目前，来华留学生教育培养模式主要包括三种形式：封闭式、半封闭式和开放式，这主要是由我国具体的国情和经济体制决定的（关秋红，2010）。

20世纪50年代初，我国政府刚刚成立，各种经济体制都实行国家集中管理，因此，当时的来华留学生教育管理实行的也是国家集中计划和集中管理，还处于封闭式的管理培养模式（高晓清，2001）。随着我国经济的改革开放，来华留学生的教育培养模式也逐渐由中央集权管理转变为地方政府分权，尽管自费的来华留学生的招生审批权下放到地方政府，但是，整个来华留学生的教育培养模式仍属于半封闭式（辛暖，2004）。直到1992年，党的十四大确立了我国经济体制改革的目标，即建立社会主义市场经济，高校的教育体制也发生了相应的变化。与此同时，由外交部、教育部等部委联合组成的国家对外汉语教学领导小组也相应成立，直接隶属于国务院（王留栓，2008）。自此来华留学生教育培养逐渐进入开放式，教育管理部门还相继出台了一些新的政策，不仅逐渐放开来华留学生的入学审批权,而且对于来华留学生的就医、收费、住宿等方面,也都做出了相应的规定,这就为高校来华留学生的教育管理提供了较大的发展空间,逐渐强化了高校来华留学生教育管理的职能,从而促使高校对于来华留学生的教育培养模式逐步趋于灵活化和多样化。

经过五十多年的发展,来华留学生的教育培养模式得到了很大的发展。但是,毋庸置疑的是,目前我国高校留学生的教育培养模式还存在着问题和制约因素,与国外发达国家相比,具有相当大的差距,这种差距既有政府的因素,也有高校自身的发展因素。但随着改革开放的发展,尤其是进入 21 世纪以来,来华留学生教育获得了蓬勃的发展,规模迅速扩大,层次得到提高,接受来华留学生的院校数量不断增加。

二、来华留学教育的发展历程

新中国成立以来,来华留学教育事业取得了长足的发展。来华留学生人数从 1950 年的 33 人发展到 2018 年的约 49.2 万人,再创新高,留学生的国别从最初的东欧五国,发展到来自世界各地的 196 个国家;来华留学生的类别从当初的语言生发展到本科生、研究生、高级进修生等;留学生的专业分布由当初的单一专业发展到文、理、工、农、医、艺术等多种学科门类;接受留学生的学校由当初的清华大学一所学校迅速增加到几乎每一个高校。直到 21 世纪,随着知识经济日益显现,经济全球化、高等教育国际化纵深发展以及我国成功加入 WTO,来华留学生教育作为我国高等教育的一个重要组成部分发挥着越来越重要的作用。但当前来华留学生总体规模、层次与西方发达国家相比,还是有着很大的差距,来华留学生教育的发展与我国的国际地位极不相称。展望 21 世纪,来华留学生教育应当充分发挥自己的优势和特色,在激烈的国际教育市场竞争中谋求更大的市场份额和发展空间(郑向荣,2010)。

来华留学教育经历了从无到有、从小到大、从边缘化逐渐向中心化转移的发展过程,大致可分为以下四个阶段。

(一)初创阶段(1950—1966 年)

1950 年应捷克斯洛伐克和波兰的要求,我国接受了东欧留学生加入清华大学中国语文专修班进行汉语培训,自此掀开了新中国外国留学生教育的新篇章。随着 1954 年万隆会议的召开,20 世纪 50 年代后期至 60 年代亚非拉的民族解放运动风起云涌,多个国家与中国关系得以发展或开始建交,并派留学生来华学习。这个阶段共接收了 68 个国家 7 259 名外国留学生,其中大多数来自社会主义国家,并且开始接受非洲国家留学生和资本主义国家的留学生。

(二)恢复阶段(1973—1977 年)

"文革"期间,来华留学生教育一度中断。直至 1971 年我国恢复在联合国的合法席位及 1972 年尼克松总统访华后,我国国际地位才逐步提升,许多国家纷纷与我国建交,并派遣留学生来华学习,与此同时留学生教育也进入了第二个发展阶段。

（三）改革开放起步阶段（1978—1989年）

1978年，党的十一届三中全会确立了改革开放的总方针，来华留学生教育也进入了改革发展阶段，颁布实施了一系列促进来华留学教育的条例。另外，民间的学术活动也开始了对外国留学生教育理论的研究。1986年，北京语言学院成立了第一个专门研究留学生教育的群众性学术团体——北京高等学校外国留学生工作研究会，自此外国留学生的教育管理工作开始由经验型向科学型转变。

（四）快速发展阶段（1990年—至今）

1992年，党的十四大后，国家成立了国家留学基金管理委员会，改变了单一的奖学金制度，开始实行汉语水平考试（HSK），建立包括来华留学生教育在内的教育法律法规等，使留学生工作初步纳入法制化、科学化、规范化的轨道。加上国际上冷战的结束，各国在各个领域的交流与合作的增强，使来华留学教育得到了迅猛的发展。

三、发展来华留学教育的意义

来华留学生教育是一项涉及政治、经济、外交等多个方面的重要工作，是我国对外交流的重要形式，也是教育事业的重要组成部分。发展来华留学教育对于我国的经济发展、争夺国际人才、实现高等教育国际化等方面具有重要意义。

（一）培养专业人才，发展国际合作关系

新中国成立伊始即开始招收外国留学生。1950—2015年，我国累计培养和接受了372万余名外国留学生，为其他国家，特别是为广大发展中国家培养了大批科技、教育、外交和管理人才。来华留学生学成回国后对本国的建设和发展发挥了重要的作用。据不完全统计，从我国学成回国的留学生中，少数人担任了国家领导人，如埃塞俄比亚议会联邦院议长穆拉图·特肖梅、哈萨克斯坦总理卡里姆·马西莫夫等，担任部长级领导职务的有几十人，担任大学教授、副教授的有数百人，近千人从事对华的文化、经贸交流合作工作，众多驻华使馆的外交官员和常驻新闻机构的记者都有在华学习的经历。

（二）服务外交大局，增强国家软实力

留学生是文化交流的使者，是增进各国人民友谊的桥梁。来华留学生教育培养了大批专业和管理人才，不但促进了我国同其他国家的文化、教育和科技交流，还促进了我国青年同来华留学生之间的相互了解，增进了中外人民的友谊。来华留学生教育培养了大批对华友好人士，他们成为与我国开展友好工作的骨干力量，积极促进本国与中国的友好交流。国际上有一种观点，认为教育是"第四外交"，有利于改善外交关系，提升国家形象。新中国成立以来，我国累积接受数十万名来华留学生，培养了一批又一批对华友好人士，在服务外交大局方面取得了显著的成就。来华留学生教育，特别是自费来华留学生教育不仅给我国带来了一定的经济收益，更重要的是增强了我国的软实力。培养和造就了大批知华友华人士，传播中国语言和文化，扩大我国的国际影响，树立我国的良好形象，提高我国的管理水平等，这些都增强了我国的软实力。

（三）创建一流大学，建设人才强国

世界一流大学一般都招收大量的来自世界各地的留学生，外国留学生在学校全部学生中占有较高的比例。如2017—2018年度纽约大学、南加州大学、东北大学的留学生比例分别为17%、16%、14%，而我国重要的人才培养学府清华大学、北京大学和复旦大学的留学生比例分别为6.8%、6.2%和6.8%。国外学生的创新思维和实践能够活跃国内的学术氛围，推动文化的多元化发展，提升大学的国际化水平。接受外国留学生促使我国高水平大学努力提高教育质量和科研水平，提升国际声誉，从而有力地促进世界一流大学建设。在当今国际化已成潮流的时代，高质量的教育是国际化的教育。一个国家要增强本国的竞争力，必须大力开发人力资源，不但要开发和使用本国的人力资源，还要开发和使用外国优秀的人力资源。发达国家不断扩大留学生教育规模，为在世界范围内招收优秀的留学生而激烈竞争，一个主要原因是为了吸纳高层次人力资源。我国来华留学生教育规模持续扩大，层次进一步提高，一批留学生毕业后留在我国工作，将有力地推动我国的人力资源强国建设。

（四）创造经济收益，拉动经济增长

来华留学生教育创造经济收益、拉动经济增长的作用，在我国还没有得到充分的重视，也缺乏权威的统计数据。2020年北京大学对来华留学生的收费标准为：本科2.6万~3万元/年，硕士2.9万~3.3万元/年，博士生为3.2万~4万元/年，加上其他学杂费、宿舍费等，计算下来，自费来北京大学留学每学年学费需花费8万~12万元。除此之外，生活费在来华留学生中占很大比重，留学生在住宿、餐饮、交通等方面的消费还拉动了一些部门的经济增长，创造了众多就业岗位。研究显示，来华留学人数每增加一人，对GDP的影响就超过500万元（李越，夏子烨，2019）。随着来华留学生数量的持续扩大，来华留学生教育创造的经济收益将进一步增加，对我国经济增长的拉动作用将进一步增强。总之，来华留学生教育蓬勃发展，已经成为我国对外交流的一项重要内容和教育事业的重要组成部分，为其他国家，特别是广大发展中国家培养了大批科技、教育、外交和管理人才，对发展和巩固我国同世界各国的政治、外交和经贸关系，开展文化、教育和人员交流做出了积极的贡献。

（五）发展来华留学生教育是高等教育国际化的必然选择

鉴于经济与教育之间的相互依存、相互制约的关系，在经济全球化成为现实和必然趋势后，势必对教育产生深刻而广泛的影响。经济全球化过程中，人才使用的国际化要求人才培养的国际化，并导致人才标准的国际化。另外，经济全球化时代，各国人民之间更需要进一步加深了解和理解。而这一切只有通过教育，尤其是高等教育的国际交流与合作，即高等教育国际化，才能实现。学生的跨国学习是高等教育国际化的重要内容和最直接的形式。因此，世界各国纷纷把留学生教育的发展作为高等教育国际化的重要内容予以重视，留学生教育的发展状况与水平也成为衡量一所高等学校国际化水平的一个重要标尺。

（六）发展来华留学生教育是引进国际高素质人才的重要手段

知识经济时代，高新技术以前所未有的规模和速度向现实生产力转化，国际竞争越来越表现为科学技术的竞争、教育的竞争、人才的竞争，尤其是高层次人才的竞争。在参加十三届人大一次会议广东代表团审议时，国家主席习近平再次强调指出"人才是第一资源"。谁拥有高素质的创新科技人才，谁就能占领21世纪世界科技高地，成为国际竞争的赢家。

作为人才争夺重要手段的留学生教育在知识经济时代备受瞩目。外国留学生由于大多数接受过本国10~15年或更长时间的学校正规教育，知识结构和知识储备已达到相当的程度。他们思想开放、活跃，是最具有创新思想火花的人才群体，他们处于最容易出成果的年龄段，体力、精力、智力最旺盛，他们对于任何一个国家来说都是极为宝贵的资源。

四、与外国留学生交流的方式

近年来，我国留学生国别和人数增加，留学生和本国学生在地域、饮食、生活习惯、宗教信仰方面有一定的区别，加之语言、文化上的隔阂，部分来华留学生初到中国时交流碰壁，难以融入校园生活，进入学习状态。根据行为心理学的观点，环境的刺激会直接影响人的心理变化，来华留学生在中国学习期间，"由于失去熟悉的社会交流信号和符号，对对方的社会符号不熟悉而产生深度焦虑"，很容易产生心理问题，对自我的身心健康和学业造成影响。因此，需要建立一套相对完善的措施，帮助来华留学生融入校园生活（李涛，陈嘉庚，2020）。

（一）加强国际汉语教师师资队伍建设，优化留学生课程

教师在留学生适应校园生活过程中扮演着不可或缺的角色，因此需要提升教师的师资水平，使教师在授课时加强交流学习，树立多元化的教学理念。在讲课中，一位优秀的国际汉语教师应该能够挖掘中华文化的深刻意蕴，提高阐释文化自觉性以及跨文化交际的能力。国际汉语教师不但要深刻理解本国文化，也要对留学生所在国的国情、制度和文化有所了解（张田田，张曼，2019）。

（二）帮助留学生积极地融入正常社交生活

我国高校的留学生管理模式大多是"特殊照顾"，对外国学生和本国学生区别管理。留学生所在高校应该通过积极的手段帮助留学生适应在华的社交生活，比如在管理上采用"趋同化管理"的模式，打破留学生和中国学生群体的界限，学校还可以举办丰富多彩的体育竞技等活动，帮助留学生和中国学生建立起良好的友情。另外，学校要出台政策限制留学生出入酒吧、夜店等社交场所，引导留学生养成积极的生活习惯。

（三）通过课外活动加强来华留学生的语言学习

语言是思维的表达，来华留学生在华生活必须用汉语和周围的人交流，但是很多留学生因为汉语水平较低，给生活造成了严重的影响。学校可以发动本校语言专业的学生和留学生建立语伴关系，形成互利共赢的语言学习帮扶模式，或者通过"汉语角""传统节日体验""文化体验之旅"等形式为来华留学生的语言、文化生活等提供学习的窗口。

此外，要对留学生进行准确的汉语等级检测，在留学生课堂上针对性地结合留学生的汉语学习水平进行具体的指导，对语言能力较差的学生通过组织语言学习班培训其汉语能力，定期抽查留学生的汉语水平，检验他们的学习成果。发动语言学习较好的留学生引导水平较低的留学生学习汉语、交流经验和方法，增强留学生学习汉语的信心（李涛，陈嘉庚，2020）。

五、来华留学教育的培养模式

进入 21 世纪后，全球经济一体化、高等教育国际化步伐日益加快，来华留学生规模也逐步扩大。近年来，伴随着高等教育对外开放程度的不断提高，我国接受来华留学生数量的增长速度也不断加快。教育部在相关教育振兴计划中明确提出，中国需要创建若干所具有国际先进水平的一流大学，而来华留学生的数量以及该学校对国际留学生的吸引力本身就是高校国际化进程的重要内容。在高校的国际化进程加快的同时，我国高等教育在国际高等教育领域的话语权也会不断增强，这将会为我国建设国际知名大学起到极大的政治支持作用。在此，我们应该认识到来华留学生的数量和质量正是我国高校国际化进程在国际吸引力的重要标志之一。

（一）来华留学教育培养模式

根据国家相关教育部门对来华留学生的政策，我国高校的主要职责在于对校内留学生进行基本的教育、生活和日常管理，并配合相关部门进行社会管理。在具体管理方面，实行校内分工协作，教学工作由学校教学管理部门负责，而其他工作主要由学校留学生管理部门负责。从全国并结合部分省、区的情况来看，目前各高校的来华留学生教育培养模式主要有以下三种（关秋红，2010）。

1. 以外事部门兼管作为管理主体的教育培养模式

采用这种教育培养模式的学校的留学生教育处于起步阶段，接收的来华留学生规模较小，且主要以语言进修生为主，学校在专职和兼职教师数量上配备不足，该管理模式主要存在于理工类高校。

2. 以留学生管理中心作为管理主体的教育培养模式

采用这种教育培养模式的学校虽然具有一定规模的来华留学生，而且来华留学生的可选专业也较多，但是也存在着专职和兼职教师数量配备欠缺、教学管理理念与实际教学相脱节等不足。

例证 10-3

东盟国家留学生的管理模式

留学生是一个特殊的群体，他们既是学生，又是外国人。留学生的管理是一项政策性很强的工作，不容忽视。东盟国家在传统观念上与中国有许多相似之处，家长大都有"望子成龙，望女成凤"之心。每逢开学之日，不少东盟国家留学生的家长甚至亲自将孩子送到广西，看到孩子安顿下来之后方才离开，之后还不断地托人询问孩子的学习情况。

学生家长对学生的期望值很高,如果留学生管理工作做得不好,家长不放心,学生学习受影响,也有损于学校和国家的声誉。

如何抓好东盟国家留学生的管理工作?建议从以下八个方面入手。

(1) 合理编班,分类管理。

(2) 建立班干部、班主任、留学生管理办公室(以下简称"留办")、系(部)分管领导的四级管理体制。

(3) 制定一系列留学生管理规定,使留学生的管理工作规范化、正常化。

(4) 满足留学生正常的合理的要求。

(5) 与留学生家长保持密切联系。

(6) 采取激励机制。

(7) 积极开展留学生的第二课堂活动。

(8) 广西各院校应向省内外兄弟院校学习,提高东盟国家留学生管理水平。

(韦锦海,2005)

3. 设置独立二级院系的教育培养模式

采用这一教育培养模式的学校,通常具有较大的来华留学生规模,其教学设备完善,师资力量相对雄厚,但不同院校的管理模式也存在着一定的差异。其中部分采用独立的二级学院的形式,实行教学、管理与服务一体化的教育管理模式。采用这一模式的院校尤以文科高校居多。

(二) 来华留学教育培养模式的影响因素

来华留学生教育是为国际社会培养高级专门人才的教育,也是培养国际交往合作者的教育。影响来华留学教育培养模式的因素主要包括以下三点。

1. 社会政治经济因素

社会政治经济因素是影响教育的最重要因素,对来华留学生教育的影响同样存在。留学生教育需要投入大量的人力、物力和财力,而这些都是以国家的经济实力作为支持的,同时留学生教育的特殊性又使其与政治形势密切联系在一起,国与国之间的良好友谊关系将会极大地影响两国之间的文化和教育交流,对留学生教育的影响也很深远(关秋红,2010)。

2. 历史文化因素

在中国留学的学生群体中,最大的群体是来自韩国、日本和东南亚的留学生,与中国有着历史渊源的国家的留学生人数占多数。教育部发布的来华留学生数据显示,2018年全国在华留学生约49.2万人,生源国最多的前五个国家依次是韩国、泰国、巴基斯坦、印度、美国。来自亚洲的留学生总数约29.5万人,占所有留学生比例为59.95%。其中,来自韩国和日本的共约6.4万人,占总数的21.6%。由于来华留学生教育在我国有着悠久的历史传统,加之中华文明在世界范围内影响深远,使得汉文化在国际上具有很强的吸引力。中国作为汉文化的中心,在吸引来华留学生教育方面有重要影响,因此成了吸纳汉文化留学生的中心,以及汉文化教育的传播基地。

3. 教育环境因素

我国的留学生教育水平受国内高等教育体制的影响，和国际先进水平相比，还存在明显差距，主要体现在来华留学生质量和教育环境等方面。来华留学生的受教育层次较低。教育部发布的2018年来华留学生数据显示，接受学历教育的外国留学生总计约25.8万人，仅占来华生总数的52.44%，其中硕士和博士研究生共计85 062人，占比32.9%；而非学历教育留学生23.4万人，超过总数的一半。

我国的高等教育在专业设置、培养模式和教学方法上并不是很能满足留学生的教育需求。国内一些学科在专业发展的前沿性、尖端性和应用性等方面与世界先进水平差距较大，不能满足国际性人才对新兴学科、交叉学科、特色学科的市场需求。国内大部分高校采用中国学生的培养模式对留学生进行培养，忽略了留学生以前的教育背景和个性化需求，这种培养模式缺乏弹性和吸引力（戴东红，2016）。在此基础上进行的课程教学也相当缺乏针对性，教学内容缺乏创新性，大部分高校连最基本的外语教学都没有实现，留学生的主动性、积极性和创造性难以发挥。

这些不仅直接制约来华留学生的规模和质量发展，还会引起国内学生出国留学，从而造成中国高等教育对外交流失衡。

第三节 留学教育服务

近年来，教育服务产业已成为各个国家不可或缺的经济增长板块，成为现代经济的重要投资和消费领域。不仅如此，教育还关系着一个国家的长足发展，具有重要的社会意义，对于我国这样的发展中国家来说尤其如此。经过改革开放以来四十多年的发展，我国的教育水平有了极大的提高。但是，面对知识经济时代和经济全球化时代，高端人才的欠缺和国际教育规模的不足已经成为制约我国经济发展的重要因素。因此，如何提高我国国际教育水平、发展我国国际教育服务产业，这是一个亟须解决的重大问题。

一、留学服务的概念

留学服务是由留学中介服务机构中的资深留学顾问提供服务，为有意向出国留学的学生提供留学策划方案，为其量身定制留学计划，包装留学意向者的经历和目标，提高学生的签证率和提高选择好学校的机会。2015年年底，中信银行联合国际知名调研机构尼尔森公司首次发布《出国留学中介评价指数白皮书》（以下简称《白皮书》）。《白皮书》介绍当前国内知名度比较高、国内排名前二十名的留学服务中介，包括新东方前途、艾迪国际、伯乐留学、嘉华世达、学美留学等。并对这些机构从留学国家、留学专业、留学学历三个侧面做出进一步细分。例如留学美国服务比较好的中介有东方国际、嘉华世达等，留学英国服务比较好的机构有澳际留学、金吉列等。

二、留学教育服务的类别

留学教育服务的类别主要有全面留学咨询服务、定制选校方案、升学指导服务、核心能力提升服务、远景战略规划服务、留学考试高分培训服务和其他服务。

（一）全面留学咨询服务

留学咨询是指给留学人员提供全面的出国留学解决方案，其中包括背景综合定位、优劣势分析、专业和未来职业选择方向确定、出国考试规划、实习和兼职指导、学术背景改善、社会活动国际经历策划指导、文书创作和面试辅导、签证培训、海内外生存指南等一系列个性化的成才规划方案。

（二）定制选校方案

1. 合理的定位

部分非名校毕业的学生有一定的实力，但在选择留学的学校时却顾及过多，担心自己并非出身名校，因此不够自信；同时，也有部分综合条件较弱，但却有着良好的名校背景的学生，在留学择校时往往忽略自身的学业规划和学校的专业基础，注重学校的名气，通常只考虑世界排名前十的名校。但国外多数的学校在招生时更看重的是学生的实践经验、实践能力，而不是学生毕业于哪所学校，因此，客观的自我评价对选校规划非常重要。

2. 选校的正确思路

多数情况下，选校应分冲刺、主申、保底这三个部分，这是正确的基本思路。例如，一个学生最适合申请的学校大概在国际排名前五十左右的学校，但排名前二十左右的学校如果选得合适，对他来说仍然是很有希望的。同时，为了减小难度，降低风险，在排名八九十左右的学校选几个进行保底，也非常有必要。再结合专业，尽量回避那些申请难度大、对国际学生或大陆学生不友好的学校，最终确定主申的选校范围。

3. 具体学校具体分析

当对自己有了一个客观的定位，也有了一个合理的选校思路后，就可以开始查找学校。对于每一所学校的确定，一定要对学校进行充分的了解，更要结合自己的实际情况。

首先，要了解学校历年的申请难度，这对于降低风险很有必要。其次，了解学校的专业是否和自己匹配，这是美国和其他多数国家在学校招生时的基本原则。接下来要分析个人对学校的判断，最后确定最终的选校范围。

（三）升学指导服务

升学指导服务包括以下内容：学校选择、活动简历、文书主题策划、标准化考试计划、推荐信指导、个人陈述指导、面试准备、财力证明以及入学指导服务。

（四）核心能力提升服务

核心能力提升服务主要包括以下几个方面。

（1）学术成绩规划。学术成绩规划指的是通过对学生的学术成绩进行评估、审核，然后综合学生实际情况做一个系统的规划方案。

（2）语言文化及思辨能力课程。旨在让学生在国外能够更好地适应当地的生活及文化、思维方式，开展有助于学生在语言、文化及思维能力方面提升的课程。

（3）资源共享。主要是把相关资料通过网络平台进行信息共享，让学生更全面地了解学校的情况。

（4）学生活动规划。开展有助于激发学生热爱生活、展望未来，树立积极向上的人生态度，展现学生的自我表现能力、审美能力和创造能力的活动，丰富学生的文化生活，给学生一个展示自我的舞台。

（5）名师课程。请业内的名师对学生进行专业课程培训，旨在帮助学生培养良好的学习习惯，掌握海外知名大学升学和深造所需的必备技能。

（五）远景战略规划服务

远景战略规划服务主要包括以下四个方面：每月战略顾问会议；额外升学指导建议；职业前景规划；战略顾问资源共享。主要是从战略角度来分析，给学生制订一个长远的规划方案。

（六）留学考试高分培训服务

留学考试高分培训服务包括以下两个方面。一是留学考试课程服务主要有 IELTS、GRE、GMAT、SAT、ACT、TOEFL、AP、SATII、IB 等。二是学科课程服务，大部分留学考试培训服务是根据学生自身需求制定的，因材施教，例如新东方的托福培训课程，分为预备班、初级起点班、中级提高班、冲分班等，不同基础的学生可以根据自己的需求选择不同类型的课程进行学习，以更好地提高自身的竞争力。

（七）其他服务

此外，留学教育服务还提供以下其他类型的服务：出国留学签证辅导、长期指导服务、咨询会议、学期进度报告、服务质量评估会议、模拟招生委员会、集训营等。例如新东方举办的寒假封闭集训营，以全封闭的形式创造良好学习环境，由优质教师集中线下教学，合理规划学习时间，帮助学生提升学习能力。

例证 10-4

中旅留学中心助力申请世界顶级名校

林同学（华南师范大学，法学本科，GPA 3.84/5.0，雅思 7.0/6.0），有良好的学科背景和语言功底，申请院校目标明确，且对自己的职业规划比较清晰。2018 年 6 月委托我司办理留学服务，我司组建了四位一体化服务团队为林同学定制了严谨的时间规划与申请专业方案，针对每个学校的招生特点和招录人数，筛选了适合学生的专业。其中，新加坡国立大学位于 2020QS 世界大学排名第 11 位，亚洲大学排名第 1 位，法学院法学硕士专业录取标准极高，且雅思 7.5 的学生才可豁免面试。在学生雅思成绩未达到豁免要求的情况下，我司通知了学生参加学校的全英文笔试与面试。但学生本科采用中文教学，对于专有法律词汇和法律面试技巧颇感生疏，对面试有焦虑情绪。我司团队首先稳定了学生情绪，其次给予学生参考书目作为笔试突击辅导，另外组织了在线远程全英文面试培训，并建议学生向已被录取的新加坡国立大学师姐了解往届面试题目。经过周密有序准备，其最终在2019年2月底顺利获取心仪录取通知书——新加坡国立大学国际商法法学硕士。

接受录取后，我司提供了一系列保驾护航措施确保学生顺利开学报到。包括寄送学术材料原件、校外宿舍推荐、校内学生活动推送、代办学生签证、行前培训当地注册报道及海外安顿事宜，2019年7月25日学生落地新加坡报备平安，开启世界顶级名校深造。

林同学申请院校包括：新加坡国立大学（QS11），香港大学（QS25），香港中文大学（QS46），墨尔本大学（QS38），悉尼大学（QS42）。结果被录取院校：新加坡国立大学（QS11），香港中文大学（QS46），墨尔本大学（QS38），悉尼大学（QS42）。

（广东中旅移民签证顾问有限公司留学中心供稿）

三、留学教育服务的供需分析

随着我国经济发展和教育水平的日益提高，我国留学教育服务规模逐渐壮大，如今正以更快的速度发展。但从国际竞争力来看，我国留学教育服务国际竞争力的各项指标都比较低，与留学教育服务发达国家相比具有较大差距。在经济全球化和一体化进程加快的今天，我国政府要加强对留学教育的国际宣传力度，建设优势学科，积极兴办海外高校，进一步深化教育体制改革，推动教育服务的国际接轨，最终提高我国的留学教育服务水平。

（一）留学教育服务的供给分析

改革开放之后，我国留学服务才真正开始。随着我国经济的快速发展及国际地位的提升，来华留学生数量开始逐年增加。到2018年，已有约49.2万国外学生选择来华学习，其中，自费生42.9万，占比87.1%。这部分自费生是我国国内经济和留学教育服务发展的重要推动力量。

根据《世界贸易组织服务贸易总协定》（GATS）的界定，留学教育服务包括：任何部门的任何服务，但在行使政府职权时提供的服务除外；规定行使政府职权时提供的服务，具体指既不依据商业基础提供，也不与一个或多个服务提供者竞争的任何服务。延伸到教育领域，可以理解为，除了由各国政府彻底资助的教学活动之外，凡收取学费、带有商业性质的教学活动均属于教育服务贸易范畴。

服务贸易在国际市场上发展很快，特别是提高中国留学服务教育的国际竞争力，将有利于中国留学服务教育的发展，使我国在国际市场上具有更大的竞争优势，进而使我国的整体竞争力得到提高，促进我国经济的发展（邵秋月，2012）。GATS规定，服务贸易有跨境交付、境外消费、商业存在和自然人流动四种提供方式，适用于所有的国际服务贸易。

从目前国际教育服务贸易发展的实际情况来看，境外消费方式是国际教育服务贸易的主要方式，而以留学生为载体的国际教育服务又是境外消费方式的主要形式。2018年国务院颁发的《关于进一步提高教育经费使用效益的意见》提出自费来华学生收费标准由学校自主确定。前文已提到，以2019年我国留学生人数排名第二的北京大学为例，2020年北京大学对来华留学生的收费标准为：本科2.6万~3万元/年，硕士2.9万~3.3万元/年，博士生为 3.2 万~4 万元/年。来华生的生活费用，包括餐饮、住宿、旅行、人际关系等方面的支出，学费和生活费的支出不容忽视。一名北京大学留学生每年需花费约 10 万~15 万元。部分留学机构整理的留学费用数据显示，赴英国自费留学的学生每学年需要 10 万~15 万元，赴澳大利亚每年需要 17 万~21 万元，去美国每年需要 25 万~30 万元。从以上数据可以看出，我国虽然人口众多、市场广阔，但在教育服务贸易方面却一直处于严重逆差的不利地位，2016 年中国教育服务出口仅占世界教育服务出口总额的 2.1%，这与中国位列国际贸易出口之首的地位极不相称（姬宴敏，2016）。

（二）留学教育服务的需求分析

随着全球化的深入，国际人才竞争日渐成为决定世界各国命运的重要因素。教育部发布的数据显示，2018 年中国出国留学人数达 66.21 万人，与 2017 年的统计人数相比增加了 3.85 万人，增长 8%。由于中国出国留学人数逐年增加，在 2017 年，日本媒体就表示中国已成为世界最大的留学生输出国。专家预测未来几年中国出国留学人数还将持续增长。一方面是留学市场的不断扩大，另一方面是互联网带来的信息透明化、对称化趋势，人们对在线获得留学信息及服务的诉求越来越强。

在过去的十年里，我国出国留学发生了非常大的变化，从一个极少数家庭的选择逐渐发展到一个普通家庭也很容易把孩子送出国去读书。一个原因是近年我国经济发展比较快，很多家庭有足够的财富把孩子送出去。还有一个原因是国内有很多与国外交流的项目，更多的学生会选择参与到交流项目当中，利用短期去国外深造的机会，攻读一个证书，或者参与到国外教育团体中做一些项目。今后，这个群体会越来越庞大，越来越多的人会参与其中。中国越来越融入世界，并且在其中扮演着重要的角色，这种交融机会将越来越多。

2015 年 11 月 12 日，中信银行联合国际知名调研机构尼尔森公司，共同推出的国内首个以第三方中立角度发布的《出国留学中介评价指数白皮书》显示，去美国读名校是很多留学生的美好愿景，但是在美国各大名校录取率持续下降的现状下，进入名校读书也不是一件容易的事。由此，高端留学服务兴起，中介纷纷针对以美国名校为目标的优秀学生推出高端服务，由专业团队提前对学生进行评估规划，制定能够为学生申请名校加分的培训和提升项目，从学习能力、英文能力、课外活动等方面全面提升，大大提升学生申请名校的成功率。前面已经提到，该白皮书通过对留学服务的评估，得出在办理留美业务方面最佳的 TOP 5 机构是东方国际、嘉华世达、威久留学、新东方前途、学美留学。

去美国选取哪所学校、学习哪个专业也是留学生们最关心的问题。《出国留学中介评价指数白皮书》中讲到，美国国际学生所选专业最多的是工商管理，占 21%；其次是工程，占 19%；然后是数学和计算机科学，占 10%；紧接着是社会科学、物理与生命科学，各占 8%。而艺术、语言、医疗、人类学、教育、农业紧跟其后。由此可以看出，传统教育留学机构仍然占据较大优势，但一些在线留学中介，如启德教育、环球教育、沪江网等已经获得了越来越多人的青睐。未来，留学行业趋向于产品、服务的精细化、延伸化、市场化。

国际化浪潮让留学群体不断扩大，信息资源共享比较透明，其他需求也会越来越细分。基于此类细分化的需求，出现了专门做留学美国咨询服务的机构，专门做几个小语种咨询服务的机构，甚至做艺术类留学咨询服务的机构，也在日益激烈的市场竞争中涌现。

与此同时，市场上出现另一现象：现在聚焦于某一细分市场的企业市场份额大幅增长，但利润却呈下降趋势。这与留学市场的混乱与整合有关，一个市场开始自然整合的表象就是会出现价格战和利润的大幅下滑，价格战是这个市场的洗牌战，利润降低是市场的品牌战，只要这两个市场战争结束，就会出现市场份额巨大的强势品牌。

当前留学服务市场集中度低、竞争激烈，机构规模两极分化，随着产业资本大量涌入，龙头公司开始借助资本力量扩大企业规模和市场份额，推动行业进入规范生长、良性竞争的状态。行业核心壁垒体现在：先发优势、口碑营销积累下来的强大的获取生源能力；与海外学校的长期稳定的合作关系；延伸至留学后服务市场所必备的海内外资源获取能力。

例证 10-5

新东方细分市场

新东方教育科技集团，全名为北京新东方教育科技（集团）有限公司，成立于1993年，是现阶段中国规模最大的国际教育机构。2006年在美国纽约证券交易所上市，也是中国首个在美国上市的教育机构。二十多年的发展过程中，新东方从最初单一的托福考试培训机构发展成为综合性教育科技集团，核心业务是从一开始经营外语培训服务，经过发展至今拥有短期语言培训系统、基础教育系统、教育研发系统、出国咨询系统、文化产业系统、科技产业系统等多个发展平台，集教育培训、教育研究、图书杂志音响出版、出国留学服务、新东方在线教育、教育软件研发等一体，现已形成备考培训、成人英语、私人中小学、教学内容及软件技术开发、在线教育、K12课后辅导及其他七大业务模块。作为领头企业，新东方的竞争力一直备受各行各业的关注。新东方的文化是新东方竞争力的重要组成部分，新东方也一直秉持着一个初心：培养成就中国精英，推动中西文化交融。在当前竞争激烈的留学教育服务行业中，新东方一直立足核心，不断探寻新的发展思路，形成了一个拥有自身特色的行业品牌。

（黄冰清，2016）

四、留学教育服务的流程

留学教育服务流程主要包括留学申请服务流程和签证咨询服务流程两个方面。

（一）留学申请服务流程

留学服务流程主要包括：① 分析申请人背景及申请优劣势，对申请条件进行评估，设计最佳留学方案；② 与申请人签订服务合同，指定个人专属咨询顾问及顾问助理；③ 就申请人专业背景情况和未来学习目标拟定留学申请策略与文本包装大纲；④ 向申请人提出选校可行性建议，双方共同确定最终申请学校名单；⑤ 协助申请者制作申请材料，进行文书个性化策划与创作；⑥ 申请人提供申请所必需的个人基本资料及基本材料；⑦ 积极与学校及教授联络、沟通，让申请者随时了解申请进度；⑧获得录取和奖学金后，向申请人建议选择就读学校；⑨ 在接到学校的面试通知后，进行面试辅导（包括专业语言培训及面试模拟）；⑩ 准备签证材料，确认入学所需的文件及材料的完整性及签证辅导。

（二）签证咨询服务流程

签证咨询服务流程包括：① 与申请人沟通，分析申请人状况，确定签证培训的基本目标和预期效果；② 在详细了解申请人背景及签证难点的基础上，制订签证培训的核心内容和解决方案；③ 向申请人介绍签证具体流程及注意事项，通过练习让申请人理解签证规划的核心内容；④ 修正申请人语言习惯，帮助其锻炼签证时的语言技巧以及引导签证官的能力；⑤ 通过一对一的英文对练，让申请人对签证内容烂熟于心，可以用英文流畅地表达签证规划内容，对不规范用词、语调、表达习惯进行调整和纠正；⑥帮助申请人在互动培训中学习签证遇到特殊状况时的处理方法。

五、海归留学生服务

当今时代，各国关于人才的竞争成为一场没有硝烟的战争。这种情形下，一个国家即使不在全球人才市场延揽自身需要的人才，仅仅保护自身培养的人才不遭流失，也同样要面临国际的竞争。社会各界为对人才进行培养与引进，提出了大量的相关政策。

（一）海归的概念

"海归"是指海外留学回国创业的人员，谐音为"海龟"。英文可解释为"People returned to the home country after finishing overseas study"。也有人建议将"海归"一词的英文翻译定义为"Returned talents after studying abroad"，意为从海外留学归来的人才，但是后一种解释明显偏离中性的定义，带有褒义色彩。

（二）海外学历认证

国家教育部留学服务中心可以为在国（境）外留学归来的学生申请学历认证，申请流程分为以下几个步骤：① 准备并扫描认证所需的材料；② 在留学政务服务大厅上注册/登录，内地居民将进行实名认证；③ 填写认证申请信息，内地居民需完成实名认证获取出入境记录；④ 上传申请材料；⑤ 在线支付费用；⑥ 认证机构审核申请材料。审核通过只需等待认证结果，结果出来后自行打印认证结果。若审核不通过则需要在线补充、重传申请材料。

（三）海归就业服务对策

近年来，随着我国经济的持续发展，越来越多的海归选择回国发展。现就海归回国就业提出以下六条服务对策。

1. 构建海归就业服务平台和支持体系

在大部分发达国家，由专业的行业协会对留学人员的状态进行跟踪调查，为留学归国人员提供详尽的就业资讯和全方位的就业指导。相比之下，我国对海归的就业服务相当不到位，政府还是引导海归就业工作的主导力量。但是政府只能在宏观角度进行战略指导，具体的落实效果不佳。2018年4月4日召开的国务院常务会议确定，为支持归国人员创业创新，为归国人员制定科研、创业、落户等方面的优惠政策。留学归国人员若要在大学或中科院工作，职称会比在国外高一个或多个档次，评职称时海归可以不受年限限制；创业方面，针对高层次人才的就业、创业，地方政府会给予不同程度的资金资助和税收、贷款等方面的优惠；海归也享有简化北、上、广、深等城市落户手续、证明的优惠。

同时，雇主应该给予具备"双元文化"的海归更广阔的成长空间，让他们在更加开放的平台上充分发挥个人价值。此外，应成立一些为海归人员就业创业服务的平台，为他们提供全方位、多角度的就业创业指导，包括产品孵化、团队组建和投资咨询等方面的服务。当然，海归也应该充分发挥自身在国际视野、语言、跨文化沟通方面的优势，更好地实现自身价值（郭盛，2018）。

2. 强化海归就业市场的信息对称

留学归国人员的工作落实过程是海归和用人单位相互匹配的过程。模糊的留学生就业市场，使海归留学生和用人单位在相关信息搜寻和传递方面效率低下，从而直接影响到供求双方的有效匹配。因此，加强就业市场信息的及时发布与动态更新，可以为人才供求双方提供就业供求的市场信息，从而为海归留学生就业决策提供科学依据，促进社会各界客观认识海归群体的就业能力与优势。总体而言，只要消除海归留学生就业市场配置中的信息不对称，多数海归留学生仍具有一定的职业优势，能够顺利融入职场。海归待业虽然有间歇性、短期性的特征，但还不至于成为海归群体中非常严重的现象。

3. 强化对优秀留学生的资助和联系

我国驻国外的使领馆长期以来支持帮助海外各地的留学生及华裔教学科研人员成立学生学者联谊会，并拿出专门资金资助联谊会在春节、中秋节等中国传统节日举办有我国特色的联谊活动。学生学者联谊会一般都是基于当地的高校成立的，学校里的中国留学生大多会加入。使领馆专事教育的部门可以更加密切地联系高校的学生、教务部门，了解优秀留学生的动态信息，给予他们及时的指导帮助和引荐。此外，我国国家留学基金管理委员会2003年设立了"国家优秀自费留学生奖学金"，给予在海外自费攻读博士学位的优秀留学生一定奖励：一般是每人6 000美元，对于个别特别优秀的学生，则能达到每人10 000美元。这个自费留学生奖学金能够鼓舞和温暖在海外辛苦求学的中国学子。今后，奖学金的发放范围可适当扩大，给自费留学生雪中送炭，激发留学生的感恩报国情怀。使领馆的教育处可通过学生学者联谊会、自费留学生奖学金的发放等其他途径，专门组建海外留学生的动态人才库，为国内高校、研究机构招聘海外顶尖人才提供人才资源支持，方便迅速锁定目标，招聘合适的海外留学生。

4. 采取灵活的引进模式和协同式的人才管理机制

2008年中央人才协调小组制定了《关于实施海外高层次人才引进计划的意见》（简称"千人计划"），"千人计划"围绕国家发展战略目标，在未来5~10年时间内，为国家重点创新项目、重点学科和重点实验室等，引进一批能够突破关键技术、发展高新产业、带动新兴学科的战略科学家和科技领军人才回国创新创业。"千人计划"的实施也涉及了人才安全的问题,尤其是美国近年来为留住人才实行了一系列政策:如"绿卡"政策、双倍薪酬、社会福利制度等。中美贸易战加剧的背后是留学签证的收紧。因此,我国在人才引进以及人才管理上可以采取更为灵活的措施,也可以借鉴韩国、印度等其他国家,采取灵活的管理策略,为在海外工作的顶尖人才回流提供条件。例如,对待海外华人和加入外籍的中国留学生,可以开放长期签证、发放侨胞证等。还可以实行中国海外公民政策,给予在欧美国家的高技术华裔海外公民资格。中国海外公民可以自由回国创业,只是不能参与国内的政治选举,以此促进我国高科技产业、高端服务业发展。同时,我国相关部门还可以适当支持资助海外的科学家成立各行业协会,促成海外高科技人才的联系与合作,在海外形成中华民族的海外人才库,引导他们关心祖国的发展,在科技、教育等领域积极为国家建言献策,发挥海外智囊团的作用(刘元芹,吕江洪,2015)。

5. 完善体制机制,创造良好的市场环境

从市场配置人才资源的基本规律来说,全球的高层次人才总会流向那些能为人才提供高收入与高发展平台的国家、社会环境与自然环境优越的国家。高收入的提供,或者是因为该国人均收入相对较高,或者是因为政府重视人才,提供了特殊的待遇。除了物质方面的吸引力,政府廉洁而富有效率、社会安定且法治完善、人文环境和自然环境较好等适宜居住的国家和地区,往往对顶尖人才有着较高的吸引力。因此,除了制定各种政策、实施整体人才战略、吸引优秀留学人才回国发展外,我国还应该继续深化政治体制改革,改变以短期经济效益为主导的经济发展模式,加大教育体制改革和公共卫生医疗改革的力度,控制污染、优化自然环境,提高人民的道德修养和文化素质,注重对社会软环境的建设。当一个宜居的中国被逐步打造出来后,相信即使没有显著的高额收入,仍然会使留学海外的顶尖人才像赶去欧美留学一样,纷纷回归、报效国门。

(四)海归创业服务政策

海外留学人才是我国宝贵的人才资源,留学人才的引进是我国创业人才队伍建设的重要内容。构建科学合理的创业服务体系,是为海归创业人才提供系统的、全方位创业服务的前提。自2008年中央人才协调小组制定了"千人计划"后,2012年,中央人才协调小组又制定了《关于实施高层次人才特殊支持计划》(又称"万人计划"),目标是用十年时间,遴选一万名左右自然科学、工程技术、哲学社会科学领域的杰出人才、领军人才和青年拔尖人才,给予特殊支持,进一步鼓励留学人员回国创业。目前,中央和地方政府针对海归的创业服务政策,总体来说,涵盖以下三个方面。

1. 生活配套服务

一般来说,创业会经历三个阶段,即形成创业意向、做出创业决策和开发创业机会。创业意向是开发创业机会的前提条件,对海归创业意向产生直接影响的是生活配套服务,其中海归比较关注的是出入境问题、户口问题、子女教育问题及医疗保障问题。海归回国创业面临的首要问题就是签证,想回国创业或进行交流的海外华侨普遍感受到,回国办理签证手续繁杂、转签证难、办理长期签证门槛高,这些都对海归回国创业造成了一定影响。

为此，我国为海归创业提供各方面的特殊优惠政策，包括在北京或其他地区落户政策、购买免税车政策等。而各城市也颁布了相关政策吸引优秀人才资源，如上海开启"千人计划"人才创新类项目，在沪入选上海"千人计划"专家可享受落户、社会保险、医疗保障、住房、税收、配偶安置等12个方面的优惠；天津市对留学归国人员予以落户、家属安排工作、子女入学等优惠政策。杭州市2017年颁发了《杭州市大学生和留学归国人员创业三年行动计划》，除了对归国留学生提供资助以及公寓安排外，还提供"实训"和"大学生创业"培训，帮助他们把所学知识的理论知识和今后的工作要求结合起来，成为有创造思维的应用型人才。

2. 创业政策支持

创业政策是影响一个国家或地区的创业活动的有效手段和策略，其目的是促进创业。创业政策对创业发挥影响的途径有很多，目前国内创业政策主要涉及创业资金资助政策和税金减免政策。最普遍的是创业资金资助，创业资金资助能够直接减少创业成本。

（1）创业资金资助政策。各城市颁布了相关政策吸引优秀人才，如上海2016年颁发《上海浦江人才计划管理办法》，资助新近回国来沪工作和创业的海外留学人员，最高可获得50万元的资助。留学人员在浦东创业，可获得15万元"浦东新区创业资金"的无息贷款。长沙市2017年颁发《长沙市国际化人才汇智工程实施细则（试行）》，明确符合条件的留学归国人员，除了可以享受"零门槛"落户政策外，还可以按照博士5万元/人/年、硕士1万元/人/年、学士6000元/人/年的标准申请"留学归国人员租房和生活补贴"，发放期限为两年。2019年《深圳市出国留学人员创业前期费用补贴资金管理办法》为留学归来创业人员提供30万~500万元资助。

（2）税金减免政策。税金减免包括税收和租金减免，其中税收减免政策是政府调控经济、促进社会发展的重要手段。为留学人员创新创业提供税收政策优惠，是国家对海外人才资源的肯定和对海外学子服务祖国的支持。如国家颁布相关政策表示，留学归国可购买免税车，即能够免除所购汽车零部件中的进口关税和车辆购置税（约占整车价格的11.7%），同时也免除进口零部件的关税。深圳市2016年《深圳市出国留学人员创业前期费用补贴资金管理办法》中规定，经评审获得创业资助、团队资助和广东省创新科研团队资助的企业，按企业实际支出的场租给予创业场租补贴。

3. 专业服务政策

海归回国创业虽然具有很多优势，但在实践过程中却同样面临着许多障碍。国内的政策法规、市场环境、管理手段等和国外有较大差异，海归回国创业急需相关服务机构提供咨询服务。政府在这其中并不是充当服务的直接提供者，而是间接引导专业中介组织发挥作用，主要表现在以下三个方面：① 政府为专业服务机构提供良好的发展环境；② 在专业服务机构和创新企业之间搭建合作平台；③ 加强对专业服务机构的监管，保证服务质量。

专业服务机构提供的服务主要涉及法律政策服务、财务服务、人才服务及管理咨询服务等。其中，法律、政策服务是指为新创企业提供法律咨询，帮助创业者了解国内相关法律法规，降低企业创业中的法律风险；为新创企业提供政策咨询，及时落实优惠政策。财务服务，是指为新创企业提供财务方面的专业咨询。管理咨询服务，是指为新创企业提供综合性咨询服务，帮助新创企业制定总体发展规划，包括企业战略咨询、管理体系的组成整合咨询等，为新创企业提供专项管理咨询服务，主要包括商务咨询、行政管理咨询、人力资源管理、营销管理、企业形象、企业文化等咨询。高层次人才服务，是指为新创企业提供各类急需的高层次、高水平的人才（杨荔发，2012）。2011 年出台了《关于加强留学人员回国服务体系建设的意见》（以下简称《意见》），建立留学人员回国服务联盟，满足留学回国人员日益多元化、个性化、专业化的服务需求，在现有基础上整合资源，健全服务网络，拓展服务内容，提高服务能力。《意见》规定了四项措施：完善留学人员回国服务政策、推进留学人员回国服务网络建设、加强留学人员回国服务信息平台建设、建立完善留学人员回国服务体系运行机制。

本章小结

- 出国留学的动因主要有：（1）提升自身竞争力；（2）把握发展机遇；（3）情感因素；（4）开阔视野，丰富人生经历。
- 随着我国科技、政治、教育等各领域的改革创新，对国际化背景的高层次人才提出了极大需求：（1）科技创新、产业转型，需要国际化背景的技术精英共同参与；（2）我国攻坚阶段的政治体制改革，需要大批高层次人才的参与和推动；（3）教育领域的全面改革，需要具有国际化留学背景的人才参与和引领。
- 来华留学教育发展历经以下四个发展阶段：（1）初创阶段（1950—1966 年）；（2）恢复阶段（1973—1977 年）；（3）改革开放起步阶段（1978—1989 年）；（4）快速发展阶段（1990 年—至今）。
- 来华留学教育的培养模式：（1）以外事部门兼管作为管理主体的教育培养模式；（2）以留学生管理中心作为管理主体的教育培养模式；（3）设置独立二级院系的教育培养模式。
- 留学教育服务的类别包括：（1）全面留学咨询服务；（2）定制选校方案；（3）升学指导服务；（4）核心能力提升服务；（5）远景战略规划服务；（6）留学考试高分培训服务。（7）其他服务。
- 海归创业服务政策：（1）生活配套服务；（2）创业政策支持；（3）专业服务政策。

网站推荐

1. 国家汉办：http://www.hanban.org
2. 中国留学网：http://www.cscse.edu.cn
3. 神州学人：http://www.chisa.edu.cn
4. 金吉列留学网：https://www.jjl.cn

5. 出国留学网：https://www.liuxue86.com
6. 国家留学网：https://www.csc.edu.cn
7. 启程留学：https://www.qic.ac.cn
8. 澳籍教育：http://www.aoji.cn

 影视推荐

《我自己的德意志》

过惯了优越舒适生活的肖扬从上海来到德国不莱梅留学。办理入学手续的那些日子，肖扬遇见了在上海时的铁哥们儿张大宽。为庆祝肖扬入学，大宽特意张罗了一次同学聚会。聚会上，和不学无术、虚度光阴的张大宽及其女友于乐比起来，肖扬因显得稚气十足而让人喜欢。聚会还没有结束，大宽和于乐趁肖扬不注意，偷走了肖扬身上所有的钱。

身无分文的肖扬当晚就被房东许曼赶出门外。流落街头的肖扬本以为可以求助于远在上海的父母，谁知此时爸爸因贪污受贿被检察机关起诉。孤独、无助、饥饿和恐惧同时向肖扬袭来的时候，肖扬想起了大宽，却始终无法联系上大宽，严峻的现实把身无分文、露宿街头的肖扬"逼"上了自谋生路的绝境。肖扬放下在父母身边生活时的娇惯和颜面，开始寻找工作，吃尽了苦头。肖扬好不容易找到一份到酒吧做钢琴师的工作。这份工作解决了他暂时的困难，更给肖扬带来了机会。许曼一次路过酒吧，被酒吧里传出的琴声所吸引，发现演奏钢琴的是人肖扬，便将他领回了家。以先前落在家里的DV作抵押，许曼收留了肖扬。从这以后，肖扬边上学边打工。一个人身处异国的艰辛，肖扬在刷洗飞机、送外卖这些最辛苦的劳动中体会得真真切切。

艰苦的环境磨炼了肖扬坚韧的意志。肖扬在许曼的鼓励下，逐渐走向独立和自强。就在肖扬的处境一天天好起来的时候，大宽的故伎重演又一次改变了肖扬的生活。大宽偷走了许曼准备捐给教堂的钱。在债主和移民局的追查下，无路可走的大宽想结束自己的生命。

看着意志颓废的大宽，肖扬再一次收留了他。万念俱灰的大宽决定回国。临行前，大宽希望肖扬能帮他找到女朋友于乐。送走大宽，肖扬对待生活的积极态度深深影响着许曼，使许曼逐渐走出感情的阴霾。为寻找于乐，肖扬散发了大量的寻人启事。一天，当肖扬路过一个广场时，广场上一尊仿真的雕塑流下了眼泪。肖扬不知道，仿真雕塑里的人就是于乐。

推荐理由：本片讲述了现实生活中一个中国留学生在德国的一段经历，其间的失落、崩溃、奋进和崛起，对当代年轻人有着很好的警示和教育意义。

《世界的孩子：我在美国读高中》

《世界的孩子》是由腾讯教育出品的全球教育实地探访类节目。第一季主题《我在美国读高中》在央视前主持人、读书会创始人樊登的带领下，记录团队穿越美国东西两岸，从波士顿到硅谷，深入走访不同类型的美国高中以及多位中国留学生的生活。从影片中，可以看到学校的走廊贴满了学生的照片，有橄榄球比赛、划船比赛等，美国人对体育项目的喜爱可见一斑。在他们看来，体育可以使人全面发展，可以增加集体荣誉感和归属感，是孩子们融入社会的重要组成部分。课堂教学方式也与国内有很大的区别，例如历史课上老师会采用角色扮演的方式进行教学，他要求学生分析，如果他们是生活在1788年的人，他们会希望政府采取什么方式服务大众。最后，根据这节课的内容，学生还需要写一篇论文。显然老师在借助课堂讨论的形式，促使学生提出自己的观点，并在这一过程形成自己的思维模式。这一节目希望为更多已经留学和有计划留学的孩子和家长提供更准确、更客观的一手信息，从而为他们提供切实的指导和帮助。

推荐理由：《世界的孩子：我在美国读高中》通过探访美国教育尤其是美国高中的特色教育，让更多受众了解美国教育现状，传递培养全球化人才、树立国际视野和竞争力的核心价值理念。

思考练习题 10-1：选择题

1. 留学专业选择不应考虑以下哪个因素？（　　）
   A. 自身差异因素　　　　　　B. 文化差异因素
   C. 地域差异因素　　　　　　D. 热门专业因素
2. 在下列选项中，哪一个不属于来华留学教育培养模式的影响因素？（　　）
   A. 社会政治经济因素　　　　B. 地理因素
   C. 教育环境因素　　　　　　D. 历史文化因素
3. 下面哪个选项不属于文化休克中的阶段？（　　）
   A. 蜜月阶段　　　　　　　　B. 沮丧阶段
   C. 完善阶段　　　　　　　　D. 适应阶段

思考练习题 10-2：简答题

1. 简述出国留学在跨文化适应中存在的问题及解决策略。
2. 简述来华留学生教育的培养模式。
3. 简述留学教育服务的流程。

案例分析 10-1

无奈中断留学梦

Sam 天生就是读书的料，一直到考上研究生，他都顺风顺水，从未有过什么波折，一切好像顺理成章。

对于药学这个专业，从未听他提起自己感兴趣或者不感兴趣，因为家里有这个领域的资源，从高考选专业开始便"确定"了这个方向，并且他的成绩一直很好，从来没有人怀疑过他是不是适合这个专业,也没有人问过他是不是喜欢。

硕士毕业前,Sam 如愿以偿申请到了美国某知名大学的研究生课程,在药学领域,这所大学排名名列前茅,六年后能拿到博士学位。不仅如此,凭着优异的成绩,他还申请到了全额奖学金。在众人美慕的眼光中,Sam 心满意足地乘上了去美国的飞机。

万万想不到的是,梦想开始变成了梦魇。在美国,陌生的环境、差异巨大的文化、风俗习惯的迥异都让从未出过远门的 Sam 很难适应,他最不能接受的是,美国学校的研究和学习方式与国内高校大相径庭。他开始厌倦实验室里的生活,周围生活环境的陌生又迫使他回到实验室中埋头研究,可越是这样,他心里越反感研究工作,每天在实验室惶惶度日,生活没了主心骨,自尊心甚高的他想改变这样的状态,却无能为力。渐渐地,这样的状态让他痛苦到失眠、心情烦躁,什么书都不想读,不想做研究,只想回国。

最后,因为实在无法坚持,Sam 中断了留学生涯,没有完成学业,博士学位自然也成了泡影。面对 CCDM 职业规划师,他只有一身的疲惫和满心的沧桑。

(案例源于网络,并经作者加工整理)

问题讨论:

1. 在案例中导致 Sam 不适合留学生活的原因是什么?
2. 可以给 Sam 提出什么建议来帮助他摆脱梦魇?

案例分析 10-2

新冠疫情下的留学形势

新冠疫情的爆发,对留学行业和留学生群体带来了一定的影响。具体表现为四个方面。

(1)出入境相关的影响。2020 年,各国相继采取了严格的入境管控措施,暂停对中国的签证办理业务,造成很多留学生的学业受到影响。此外,许多国际航线也因为疫情而大幅减少,根据民航局相关数据,2020 年 3 月,国际航线总周转量比 2019 年下降了 38.7%,造成许多留学生无法按时返校。

(2)标准化考试的影响。中国学生申请外国留学时,必须提供雅思、托福、GRE 等标准化的成绩,但是由于新冠疫情影响,2020 年很多标准化的考试取消了,导致很多学生无法参加考试。

(3)海外院校停课的影响。学校是人群的聚集地,新冠疫情爆发之后,为避免疫情进一步扩散,许多国家采取了停课或线上授课的方式,导致很多留学生的学业进度受到阻碍。

不过,2021 年随着新冠疫情的常态化和和缓化,留学形势出现一些新的变化,主要体现在如下两点。

(1)各国出入境限制逐步解除。目前,随着疫情常态化以及新型冠状病毒疫苗的研制成功,中国已经有序恢复境外航线的运行,而美国和英国等主要留学目的国的签证办理业务也在陆续恢复，这在一定程度上为我国学生出国留学提供了机会。

（2）许多海外院校放宽了申请的政策。受到新冠疫情的影响，托福、雅思、GRE等标准化的考试无法正常进行，因此很多学校在疫情下调整了新的政策，放宽了标准化考试的相关要求，比如，2020年，美国多个院校宣布取消对GRE等考试成绩的要求，同时对语言考试的成绩要求也有所放松。

（资料来源：刘主光，纪桥丽. 新型冠状肺炎疫情对出国留学服务行业影响的分析[J]. 中国市场，2021（5）：62-64.）

问题讨论：

1. 结合社会实际，分析新冠疫情对我国留学生的利弊影响。
2. 请问您认为新冠疫情给留学生带来了更多的风险还是更多的机遇？

参考文献

[1] 唐平. 中国留学工作管理研究及其信息系统开发[D]. 重庆：重庆大学，2003.

[2] 戚德祥. 出国留学教育与中国高等教育跨越式发展[D]. 长春：东北师范大学，2003.

[3] 王晓琳. 我国公派留学政策存在的问题及完善对策[D]. 沈阳：东北大学，2013.

[4] FURNHAM A, ALIBHAI N. The Friendship Networks of Foreign Students: A Replication and Extension of Functional Model[J]. International Journal of Psychology, 1985(20): 709-722.

[5] 段国升. 加强国际学术交流，提高外语水平[J]. 中华神经外科杂志，2004，20（4）：269-270.

[6] JOHN T. GULLAHORN, JEANNE E, GULLAHORN. An Extension of the U-Curve Hypothesis[J]. Journal of Social Issues, 1963, 19(3): 33-47.

[7] 关秋红. 来华留学生教育培养模式研究[D]. 大庆：东北石油大学，2010.

[8] 高晓清. 世界主要国家高等教育产业国际化及对我国的启示[J]. 现代大学教育，2001（5）：34-37.

[9] 辛暖. 关注来华留学研究生的招收和培养[N]. 新清华，2004-07-14.

[10] 王留栓. 高等教育的国际化及其中国特色之路[J]. 教育发展研究，2008（3）：25-27.

[11] 郑向荣. 当前我国发展来华留学生教育的意义与优势分析[J]. 高教探索，2010（5）：103-106.

[12] 韦锦海. 探索适合于东盟国家留学生的培养模式和管理模式："10+1"背景下广西的东盟留学生教育的思考（二）[J]. 东南亚纵横，2005（8）：63-67.

[13] 戴东红. 来华留学生教育发展探究[J]. 学术论坛，2016（4）：171-175.

[14] 邵秋月. 中国留学教育服务贸易国际竞争力分析[J]. 社科论坛, 2012（3）: 196-198.

[15] 周锐. 中国高等教育服务贸易现状研究[J]. 现代经济信息, 2016（06）: 145-146.

[16] 温俊萍. 海外学者视野下的中国海归待业与就业服务问题研究[J]. 上海商学院学报, 2015（1）: 81-87.

[17] 刘元芹, 吕江洪. 海归人才机制引进研究[J]. 南方论刊, 2015（8）: 14-16.

[18] 杨荔发. 地方政府海外高层次人才创业服务体系研究[D]. 苏州: 苏州大学, 2012.

[19] 吴文丽. 论文化休克理论和U曲线假说在跨文化旅居者适应过程中的相关性[J]. 长春师范学院学报（人文社会科学版）, 2010（5）: 18-22.

[20] 刘海飞. 习近平关于人才工作重要论述的核心要义[J]. 党的文献, 2019（1）: 35-41.

[21] OBERG K. Culture Shock: Adjustment to New Cultural Environments [J]. Practical Anthropology, 1960, (7): 177-182.

[22] 姬晏敏. 中澳教育服务贸易的比较研究[D]. 保定: 河北大学, 2016.

[23] 黄冰清. 国际教育机构竞争力研究[D]. 天津: 河北工业大学, 2016.

[24] 郭盛. 为海归"着陆"搭好平台[J]. 国际人才交流, 2018（2）: 7.

[25] 张田田, 柳承吟. "一带一路"倡议下高校来华留学生跨文化交际能力培养模式初探[J]. 上海第二工业大学学报, 2019, 36（4）: 309-313.

[26] 李涛, 陈家庚. 来华留学生社会心理适应状况分析与教育对策[J]. 山西高等学校社会科学学报, 2020, 32（1）: 59-62+81.

[27] 李越, 夏子烨. 来华留学教育对经济增长的影响及政策建议[J]. 知识经济, 2019（25）: 9-11.

[28] 王东芳, 张曼. 改革开放以来我国公派留学教育政策的演变与启示[J]. 教育评论, 2018（9）: 25-30.

第十一章 出国旅游

 学习目标

- ➢ 掌握出国旅游的基本概念；
- ➢ 了解出国旅游的动机；
- ➢ 了解出国的基本常识和出国程序；
- ➢ 了解出国前的准备工作；
- ➢ 掌握经济出国旅游的技巧；
- ➢ 了解出国旅游的其他注意事项。

引例

国际旅游发展迅猛

联合国世界旅游组织（United Nations World Tourism Organization, UNWTO）2019年1月公布的初步数据显示，2018年全球国际旅游到访人数（过夜游客）同比增长近6%，达14亿人次。

相较2017年7%的增速，2018年的增速略微放缓，但高于此前4%~5%的预期。按地区看，加勒比海地区到访游客数出现下滑，中东游客数激增，欧洲游客人数稳健增长。预计未来20年里，全球旅游业将继续保持3.3%的增长趋势，新兴经济体旅游目的地接待规模已在2015年超过成熟的旅游目的地。亚太地区将成为全球国内游客数量增长最快的地区，尤其是亚洲东北部地区的中国。游客出游的三类主要目的基本没有变化，比重最大的仍然是休闲、娱乐和度假（第二是探亲访友、健康、宗教和其他；第三是商务出差），而且这类游客的增长速度依旧最快。此外，虽然区域内部旅游的比重仍然大于跨区域旅游，但是后者增长速度比前者更快。

中国作为全球排名第一的旅游客源市场，在人民币升值、出境旅游政策放松和居民可支配收入增加的多重影响下，2018年我国的出境旅游市场规模增长到1.49亿人次，同比增长14.7%，出境游客境外消费超过1 300亿美元，增速超过13%。而2019年上半年出境旅游人数约为8 129万人次，同比增长14%。其中，欧洲游占我国出境游洲际市场份额的3.83%，位列第二位。2018年我国赴欧洲旅游人数超过600万人次，中国主要旅游目的地国家TOP20中，欧洲国家占据1/4。其中包含"一带一路"国家最多的东欧地区，出境人数占比整个欧洲最高，达到 36%，增速最快超过 20%。

（资料来源：中国旅游研究院：2019 年中国出境旅游年度报告[EB/OL].（2019-08-04）. http://www.199it.com/archives/917075.html.）

近年来，随着人们生活水平不断提高，交通日益便捷，越来越多的人有条件地选择出国旅游，从而开阔眼界，领略海外的文化。但是，由于价值观、思维方式和行为模式等方面的差异，出国旅游这类跨文化交流活动过程中经常会遭遇沟通、风俗、安全等方面的问题，如何掌握国际旅游这类跨文化交流的技巧，正是本章要讨论的内容。

第一节 出境旅游概述

进入 20 世纪 90 年代以后，出境旅游已经成为一个新的消费领域和一种新的时尚。中国公民开展出境旅游目的地已从新、马、泰三地扩展到菲律宾、澳大利亚、新西兰、埃及、德国等三十多个国家和地区，中国出境旅游业发展迅猛。

一、出境旅游的概念

旅游活动按地理范围的大小，可以划分为国内旅游和国际旅游。其中，国际旅游是指一个国家的居民跨越国界到其他国家或地区访问的旅游活动。根据旅游者的流向不同，国际旅游划分为国际入境旅游（简称入境旅游）和国际出境旅游（简称出境旅游或出国旅游）。前者是指其他国家或地区的居民前来本国进行的旅游活动，后者则是指本国居民离开本国前往境外其他国家或地区进行的旅游活动。本书中"国际旅游"主要指的是国际出境旅游，即出境旅游或出国旅游。因此，中国出境旅游定义为中国大陆公民（不包括港澳台居民）跨越国境或某些特定界线到其他国家或地区开展的旅游活动。具体看来，包括港澳游、边境游和出国游。

二、出国旅游产业概况

我国实施政府主导型旅游发展战略，政府在旅游业的发展过程中始终处于主导的地位。政府政策对旅游业的发展会起到不容忽视的促进或抑制作用。国家根据不同时期经济发展水平及国内外政治局势适时地制定禁止或鼓励中国公民出境旅游政策，亦会对我国公民的出境旅游行为起到很大的导向作用。本书依据国家在出境旅游发展的不同时期的政策与影响，划分我国出国旅游的发展阶段。

（一）出国旅游产业发展阶段

我国出国旅游产业的发展主要可以分为如下四个阶段。

1. 政治性外交阶段（20 世纪 50 年代—1983 年）

20 世纪 50 年代，中国政府就以参观旅游的名义指派我国公民赴境外进行交流，但由于当时政治局势不稳定、经济发展水平低下、交通不便捷等不利条件的限制，国家对出境旅游严格控制，包括对出游人员、出游数量、出游目的地的限制。因此，此阶段出境旅游市场规模极小，即使是经济较为发达的地区，出境旅游人数也非常少。如上海，1957—1960年组织到苏联、蒙古、罗马尼亚、朝鲜等国旅游的人数只有255人（上海经济编辑部，1984）。1962年中国公民赴社会主义国家旅行的人数仅为110人（国务院，1962）。

2. 尝试性发展阶段（1983—1997年）

20世纪80年代初期，随着内地改革开放的不断发展，内地居民与香港居民交往日渐频繁，特别是广东地区。广东地区拥有大量侨属，其众多亲友在港澳台地区和境外国家，为圆侨属与亲人相聚之梦，1983年11月12日，经国家相关部门同意，广东省在全国率先试点组织内地居民赴港探亲旅游。1984年，国务院正式批准内地居民赴港澳探亲游，拉开了我国公民出境旅游的序幕，我国开始尝试性发展出境旅游。

3. 适度发展阶段（1997—2002年）

随着我国国民出国旅游兴致的不断高涨，出境旅游市场规模日益扩大。到1996年，出境旅游总人数就已突破500万人次，同比增长12%。国家此阶段仍然强调增加国家的外汇储备量。为了减少外汇流失，控制出境旅游总量，国家在1997年7月1日颁布并实施了《中国公民自费出国旅游管理暂行办法》，它规定了我国要有组织、有计划、有控制地适度发展出境旅游。新办法的出台，标志着我国出境旅游进入适度发展阶段。此阶段，港澳游、边境游、出国游都得到了健康有序的发展。

4. 全面发展阶段（2002年至今）

2001年12月，中国正式加入世界贸易组织，国家对出境旅游的发展及管理也根据世贸组织的规定进行了及时修正。2002年7月1日，国家颁布了《中国公民出国旅游管理办法》，以调整我国出境旅游发展政策来适应国际旅游发展的要求。至此，我国出境旅游市场进入全面发展时期。一般来说，一国或地区人均收入GDP达到3 000美元的时候，就出现观光旅游的需求；达到6 000美元的时，就出现休闲度假的需求。2018年我国人均GDP达到9 900美元，2019年超过1万美元，文化和旅游消费已经成为国民生活的必要品、必需品，也是刚需，是人们追求美好生活和精神追求方面不可或缺的一项内容。

（二）出境旅游的发展形势

中国出境旅游将主要向国际化发展。出境旅游的发达程度是一个国家经济发达程度的象征，是一个国家开放并融入国际化程度的一个标志；出境旅游业也是一个国家旅游业国际化经营的发展契机（刘菲，2004）。中国出境旅游的发展形势，主要包括以下几个方面。

1. 中国旅游企业的国际化

中国加入WTO将使中国旅游业的某些保护性政策逐渐被取消，中国旅游业将趋于完全开放。这会造成国际大型旅游企业进入中国市场，给中国旅游企业带来强势的竞争压力。但机会与威胁共存。只要能够抓住机会，中国旅游企业不仅能在外国旅游企业的冲击下站住脚跟，更能借此机会扩大市场，向海外发展，实现国际化。

2. 中国旅游人才的国际化

出境旅游从业人员相较我国的出境旅游人数比例相差太大，所以未能在每个团队中派遣专职领队,使出境旅游的服务质量下降,各种问题产生(徐汎,2004)。旅游人才的国际化是解决这一问题的根本方法。这主要包括三个方面:① 对国际化人才的引进,比如饭店业外聘国际化的管理人才;② 国际化人才的培养,这不能仅依靠各高校的相关专业培养,旅游企业对自身员工的国际化培训也非常重要;③ 中国旅游人才走出国门,向中国公民旅游目的地国家进行辐射,并成为当地接待服务中国游客的旅游人力资源的重要组成部分。

3. 中国游客的国际化

游客的国际化主要表现在旅游目的地的国际化与旅游特征的国际化。中国出境旅游目的地已经覆盖全球绝大部分重要旅游目的地。因此,旅游目的地的国际化在这个意义上来说已经实现了。旅游特征的国际化,意味着中国游客在出国旅游过程中,在礼仪、行为等方面要具有国际化的水准,这些尚待进一步提升。

中国出境旅游在三十多年的发展历程中,已经形成较完整和相对成熟的市场格局,已经进入一个新的发展阶段。出境旅游市场规模将继续扩大,且在一个较长的历史发展阶段内保持高增长的态势。出境旅游者消费将趋于理性,游客国际化程度将得到质的飞跃。

三、国际旅游理论

(一)旅游系统理论

从系统理论角度看,旅游活动实际上是一种系统(吴必虎,1998)。所谓旅游活动是指通过旅游者、旅游媒介、旅游吸引物等诸多相关要素构成的一个相互依赖、相互作用的完整系统。旅游系统理论从系统的角度阐释了旅游活动的本质,为系统地了解旅游活动的内涵提供了科学的理论与认识方法。

出境旅游市场的运行也具有系统性,它是由客源地系统、目的地系统以及中转地系统构成的完整系统。这一完整系统包含客源地和目的地两个区域市场,涉及诸多旅游主体,如出境旅游消费者、出境旅游经营商、目的地旅游服务供应商以及客源国与目的地的旅游监理机构等。出境旅游市场运行的系统性决定了其发展必然要受客源地和目的地以及双方相互之间的作用等多种因素的影响。出境旅游市场的快速发展和出境旅游活动的顺利开展,需要客源地与目的地众多旅游主体的共同协作。

(二)国际旅游流理论

国际旅游流理论是以现代空间经济理论为基础,分析国际旅游流形成的内在规律和影响因素的一种理论学说,它揭示了现代服务贸易发展的规律与特点(罗名义,毛剑梅,2007)。空间经济理论尤其是空间相互作用理论是国际旅游流理论发展过程中的理论源泉。国际旅游流,又称国际旅游客流,是指旅游者跨越国界在世界各国之间的空间流动现象,包括旅游者从旅游客源国向旅游目的地国流动的数量规模和流动模式。

国际旅游流的形成需要一定的条件。从国际旅游客源产生的条件来看,主要包括客源国的政策、经济发展水平、人口学特征、闲暇时间以及旅游供给环境等;从旅游目的地接待国来看,主要包括旅游资源、经济基础、市场距离、可进入性和旅游宣传促销等,特别是旅游目的地的安全因素。同时,出境旅游作为国际旅游的一种,其形成和发展也必然受客源国和目的地国家的政治、经济、社会、政策等诸多要素的影响。

(三)旅行生涯模式理论

旅游生涯的概念原型是旅行生涯阶梯(Travel Career Ladder,TCL)模型(Pearce,1982)。根据 TCL 模型,游客的需求动机呈现出层级或阶梯形式,最基础的是放松需求,之后依次是安全保障需求、关系需求、自尊和自我实现需求。该概念模型假设人们具有一个类似职业生涯的旅行生涯,背后的核心思想是游客的旅游动机随着旅游经历的积累而变化。游客随着自身旅游经历的增加,逐渐追求更高层次需求动机的满足。大部分游客都会系统地经过各个需求阶段,因而可以预测他们的旅游动机模式,一般是沿阶梯逐渐向上,但也有可能稳定在特定的需求阶段,这取决于健康、财务等因素的稳定性或局限性。Ryan(1998)指出,TCL 的影响力体现在对该模型的应用已经超越了学术期刊,到达了商业咨询组织的报告中。几乎在同一时间,Holden(1999)针对滑雪旅游者的实证研究在一定程度上支持了 TCL 模型。四类滑雪旅游者(按滑雪经历的多少划分)对五个动机需求水平的重视程度存在差异,经历多的游客对各类动机的打分更加明确,不仅更加清楚自身的旅游需求,而且对旅游体验的要求也更高,满意度相对更低。

在 TCL 理论的基础上,Lee 和 Pearce(2003)提出了旅行生涯模式(TCP)理论,认为旅行生涯模式可以被概念化为三个动机层次(核心层、中间层、最外层),其中每一层都由不同的旅游动机因素组成。最重要的普遍动机(如新奇、逃离、放松、关系强化)位于核心层,之外的中间层是较为重要的旅游动机,包括内部需求导向的旅游动机(如自我实现)和外部需求导向的动机(如体验自然和目的地涉入),最外层由相对稳定并且较为不重要的一般动机组成(如怀旧、隔离、社会地位)。Pearce 和 Lee(2005)还进一步指出休闲游客无论位于旅行生涯模式的哪个层次,都受到新奇、逃离、放松和关系这些最重要的核心旅游动机以及隔离、怀旧和社会地位等较为不重要的旅游动机的影响。但是,随着他们旅行生涯层次的发展,即随着年龄的增长,经历了生命周期中的不同阶段并积累了更多的旅游经历之后,这些游客的中间层较为重要的旅游动机将会从内部需求导向的动机(如自我发展)逐步转变为外部需求导向的动机(如体验自然和目的地涉入)。因此,改进后的模型揭示出了更多有意义的信息,不仅能够更好地解释游客出游动机的动态演变,也证实了其他许多动机研究中提出的旅游动机的多维度概念。

四、出国旅行诱致因素

(一)旅游消费热点由内向外转换

出国旅游作为较高层次的旅游消费,其兴起和发展与一个国家或地区的经济发展水平密切相关。2010 年以来我国城镇居民人均可支配收入每年以 10%左右的速度递增,出国旅游人次也呈现同步攀升态势。至 2014 年,我国出国旅游人数达到 3986 万人次,比 2010 年高出 2.4 倍之多。我国居民收入水平的日益提高使人们外出旅游具备了更好的经济基础,旅游市场总量快速增长的同时正在发生结构性变化,消费热点逐步呈现由内向外转换的趋势。此外,自 2008 年我国实行新的休假制度后,"十一"黄金周实际上成为人们出国旅游的最理想时间，通过请假或调休，就可以形成超长假期，这在客观上又使人们在出国旅游的时间选择上具备了更大的灵活性，使更多人可能在假期选择出国旅游。

（二）旅游媒介组织的强力介入

近年来，我国不断发展壮大的出国旅游市场吸引了各大航空公司、旅行社和在线旅行服务商等旅游媒介组织的强力介入。为了争夺"十一"黄金周旅游市场的大蛋糕，各类旅游媒介组织争相推出各种出国游线路和优惠措施，无形中助推了出国旅游热潮的进一步高涨。中国民航信息集团发布的航旅指数显示，2015年"十一"黄金周期间，我国国际航线运力投放较2014年同期平均增幅高达35%，国内航线运力投放则相对保守，平均增幅仅4%，而港澳台航线运力则较去年减投2%。国内最大的民营航空公司——春秋航空公司在其母公司春秋国际旅行社集团的帮衬和协助下，以巨大的集团竞争优势大力开拓出国旅游包机业务，组织了大批游客赴日、韩等地旅游度假。旅行社方面还加强了游轮出国旅游产品的促销力度，目的地也主要集中在日、韩、新、马、泰等周边国家。

例证 11-1

多国为吸引中国游客也是拼了

《日本经济新闻》2019年2月3日报道：中国从4日开始将迎来春节长假。长假期间中国出境旅游将达700万人次，创历史新高。日本是中国人海外旅游第二热门目的地。

日本企业为争取访日游客和提升顾客消费单价而绞尽脑汁。长野县的王子饭店开办了滑雪培训班，由会讲汉语的教练细致地讲解和传授。

泰国《曼谷邮报》网站2019年2月3日报道称，在中国新年节日期间，红色的灯笼将不仅点亮普吉岛，而且也将让旅游经营者感到欣喜。随着中国新年的庆祝活动于2月4日开始，普吉岛当地旅游业正开始变得兴旺起来。中国是普吉岛最大的游客来源国。

消息网报道：韩国为吸引中国公民去韩旅游，在海报上用中文打出"五一劳动节特别优惠"的购物信息，在桁架上打出中文"欢迎中国游客"的标语。

（资料来源：春节出境游创新高，多国为吸引中国游客也是拼了[EB/OL]．（2019-02-04）．https://baijiahao.baidu.com./s?id=1624518457175558584 & wfr=spider & for=pc.）

（三）周边国家强化对华旅游营销

中国日益增长的旅游市场正在成为世界旅游业关注的焦点。一些周边国家为了吸引更多的中国游客到访，不断简化旅游签证手续并持续加强旅游市场营销力度。每逢节假日，泰国、日本、韩国等周边国家几乎不约而同简化了针对中国游客的签证手续。早在2014年下半年，泰国便在针对中国旅行团和经由第三国入境的中国游客实行落地签证政策的基础上，开始对中国公民因私前往泰国实行落地签证政策，使赴泰旅游变得更加便捷，取得了明显的旅游促进效果。自2015年1月起，日本也放宽了对华个人游客三年多次往返签证的申请条件，取消对高收入阶层的访地限制，并将签证有效期延长至五年多次往返。此外，日、韩等周边国家还针对中国游客的差异化需求推出"游学游""亲子游""购物游"等多种多样有深度、高品质的旅游产品，其体验程度和创新程度都大大提升，受到我国游客的普遍欢迎。

（四）国外高品质旅游与购物环境的吸引

近年来，我国旅游市场在不断壮大发展的过程中滋生出不少乱象，零负团费、购物陷阱、导游服务质量差等问题屡禁不止，加之假日期间旅游供需矛盾突出、游客拥挤和环境质量下降等问题，使国内一些传统热点旅游地的吸引力和竞争力受损。相比之下，一些周边国家的旅游与购物环境俱佳，旅游服务质量较高，成为吸引我国游客的重要因素。优良的旅游环境一方面来自高质量的建设，另一方面得益于精细化的管理。此外，购物是我国居民出国旅游的重要偏好之一，甚至成为部分居民出国旅游的首要动机。如日、韩等周边国家旅游购物服务规范，商品质量有保障，价格相对较低，环境体验价值较高，因而成为吸引我国居民前往旅游的重要因素。每逢中国假期，日本各大商家为了迎接中国游客纷纷打出中文招牌，配备中文导购，一些主力门店甚至用"微信支付""支付宝"方便中国游客结算。这些措施有效激发了中国游客赴日旅游购物的热潮。

第二节 出境管理

出境旅游，首先要了解出境管理的基本常识。出国之前，应提前做好出国准备，如护照和签证办理、外汇管理（兑换外币）、出国程序以及出入境相关规定等，这些都应该提前了解并提前办理出境所需的相关证件。

一、申办护照

中国护照是中国公民出入境和在境外证明本人国籍和身份的重要证件。中国公民出国前须根据出国事由，分别向当地公安机关或外事部门申请相应种类的护照。各国对外国人所持护照的有效期有不同要求，一般应在一年以上。

（一）中国护照简介

中华人民共和国护照是中华人民共和国公民出入国境和在国外证明国籍和身份的证件，分为外交护照、公务护照、普通护照和特区护照。公务护照又分为公务护照和公务普通护照。特区护照分为香港特别行政区护照和澳门特别行政区护照。外交护照、公务护照和公务普通护照统称为"因公护照"，普通护照俗称"因私护照"。

1. 外交护照

由外交部颁发给中国党、政、军高级官员，全国人民代表大会、中国人民政治协商会议和各民主党派的主要领导人，外交官员、领事官员及其随行配偶、未成年子女和外交信使等。

2. 公务护照

由外交部、中华人民共和国驻外使、领馆或者外交部委托的其他驻外机构以及外交部委托的省、自治区、直辖市和设区的市人民政府外事部门颁发给中国各级政府部门副县、处级（含）以上公务员、中国派驻国外的外交代表机关、领事机关和驻联合国组织系统及其专门机构的工作人员及其随行配偶、未成年子女等。

3. 公务普通护照

由外交部、中华人民共和国驻外使、领馆或者外交部委托的其他驻外机构以及外交部委托的省、自治区、直辖市和设区的市人民政府外事部门颁发给中国各级政府部门副县、处级以下公务员和国有企事业单位因公出国人员等。

4. 普通护照

由公安部或者公安部委托的地方公安机关，以及驻外使、领馆和驻香港、澳门公署颁发给前往国外定居、探亲、学习、就业、旅行、从事商务活动等非公务原因出国的中国公民。

5. 香港特别行政区护照

由香港特别行政区入境事务处颁发给享有香港特别行政区居留权及持有有效香港永久居民身份证的中国公民。海外符合条件者可向我使、领馆提出申请。

6. 澳门特别行政区护照

由澳门特别行政区身份证明局颁发给澳门特别行政区的永久性居民中的中国公民和持有澳门特别行政区永久居民身份证者。

（二）护照申请

1. 因私护照申请

中国公民在国内申请普通护照。中国公民在国内申请普通护照，应当由本人向其户籍所在地县级以上地方人民政府公安机关出入境管理机构提出，并提交下列真实有效的材料。

（1）近期免冠照片一张以及填写完整的《中国公民因私出国（境）申请表》。

（2）居民身份证和户口簿及复印件；在居民身份证领取、换领、补领期间，可以提交临时居民身份证和户口簿及复印件。

（3）未满十六周岁的公民，应当由其监护人陪同，并提交其监护人出具的同意出境的意见、监护人的居民身份证或者户口簿、护照及复印件。

（4）国家工作人员应当按照有关规定，提交本人所属工作单位或者上级主管单位按照人事管理权限审批后出具的同意出境的证明。

（5）省级地方人民政府公安机关出入境管理机构报经公安部出入境管理机构批准，要求提交的其他材料。

现役军人申请普通护照，按照管理权限履行报批手续后，由本人向所属部队驻地县级以上地方人民政府公安机关出入境管理机构提出。

2. 因公护照申请

目前中国实行的是以公有制为主体、多种所有制经济共同发展的基本经济制度。长期以来，中国政府根据本国的国情和社会制度建立了一套比较完善的因公出国管理体制，保证了因公出国渠道的畅通，为增进与世界各国的相互了解、加深友谊、促进交流、互利合作做出了积极贡献。现行中国因公出国管理体制主要包括以下内容。

（1）出国任务审批制度。赴国（境）外执行公务的因公出国人员须由派遣部门向上级拥有外事审批权的部门申请因公出国任务批件，审批部门根据派遣部门提交的申请材料进行审批，主要审查出国任务是否有明确的公务目的和实质内容，人员组成是否合理。

（2）出国人员审查制度。因公出国人员的审查一律由授权的部门归口负责，主要审查该出国团组成员有无犯罪记录、工作表现和个人品质。

（3）因公护照颁发制度。派遣部门持因公出国任务批件、出国人员审查批件以及其他相关材料，向发照机关申领护照。发照机关根据规定对派遣部门提交的上述材料审核无误后，颁发相应的护照。如发现不符合中央、国务院有关规定精神或有弄虚作假、骗取护照的情况，发照机关有权拒绝发照。

（4）因公护照的集中保管制度。因公护照实行统一管理、分级保管、层层负责的原则。因公出国人员须在其回国后交回其所持护照，由本单位或上级主管部门登记、管理，保证因公护照只能用于出国执行公务目的。

3. 申请护照手续

（1）因公出国人员通过其所在单位向发照机关申请护照。申请护照时，应提供：① 出国（境）及赴港澳任务批件原件；② 因公团组信息表；③ 因公护照申请表。派员参加其他单位组织的出访团组的单位应提供：① 出国任务通知书复印件；② 出国任务确认件原件；③ 因公团组信息表；④ 因公护照申请表。

（2）对护照申办单位提交申请材料齐全、符合颁发条件的，发照机关在三个工作日内颁发护照。

（三）护照遗失后的处理

1. 在国内遗失

（1）尽量寻找丢失护照，补办护照作为最后的选择。如在递交补办申请后又找回护照，其申请不可撤销，应尽快将护照送交有关使领馆注销。在新护照还未办好前又找回原护照，原护照不能继续使用。

（2）护照申请补办。普通护照损毁、遗失、被盗的，公民可以向其户籍所在地县级以上地方人民政府公安机关出入境管理机构申请补发。

除按正常申请护照手续提交申请材料外，应当提交相关材料：① 因证件损毁申请补发的，提交损毁的证件及损毁原因说明；② 因证件遗失或者被盗申请补发的，提交报失证明和遗失或者被盗情况说明。

尤其是，国内居民在出境前遗失护照的，应及时向护照遗失地的公安机关挂失，取得报失证明后报告原颁发护照的公安出入境管理机关备案。并在护照遗失地或原发照地或现户口所在地的省级报纸或省级公安机关指定的报纸上登报声明。户口所在地（市）级以上公安机关受理护照补发申请并经核实，原则上自报失之日起三个月后，方予补发护照。

2. 在国外遗失

中国公民在国外遗失护照的，应当向所在国的有关部门挂失和登报，向我驻外使馆

（或领事馆或外交部授权的其他驻外机构）申请补发护照。受理申请的驻外机关报经公安部出入境管理局或原发照机关核实后，酌情发给护照或者《中华人民共和国旅行证》。《中华人民共和国旅行证》是护照的替代证件。

因此，如果在境外丢失中国护照，应立即向当地警察部门报警。然后向中国驻地使领馆报失护照，申请补发护照或者旅行证，以便向当地移民局申办出境手续时备用，同时向就近的中国使领馆申请补发旅行证件。

16岁以下的申请人应由父母双方（或法定监护人）陪同，并出具父母双方（或法定监护人）同意为申请人办理旅行证件的书面声明。如父母有一方不能陪同，应出具具有法律效力的委托书，同意并委托另一方为申请人办理旅行证件。

二、签证

（一）什么是签证

签证（Visa）是一国政府机关依照本国法律规定为申请入、出或通过本国的外国人颁发的一种许可证明。通常附载于申请人所持的护照或其他国际旅行证件上。在特殊情况下，凭有效护照或其他国际旅行证件可通行。随着科技的进步，有些国家已经开始使用电子签证和生物技术签证，大大增强了签证的防伪功能。

（二）签证的类别

1. 入境签证

入境签证是准予持证人在规定的期限内，由对外开放或指定的口岸进入该国国境的签证。中国入境签证自颁发之日起生效，有的国家另行明示入境签证生效日期。

2. 过境签证

过境签证是准予持证人在规定的期限内，由对外开放或指定的口岸经过该国国境前往第三国的签证。要取得过境签证，须事先获取目的地国家的有效入境签证或许可证明（免签国家除外）。按国际惯例，有联程机票，在24小时之内不出机场直接过境人员一般免办签证，但部分国家仍要求任何情况下过境本国的外国人办理过境签证。

3. 出境签证

出境签证是准予持证人经对外开放或指定的口岸离开该国国境的签证。有些国家不限出境口岸。包括中国在内的很多国家已取消出境签证，外国人在签证准予停留的期限内或居留证件有效期内凭有效证件出境。

4. 其他类别签证

有的国家还设立有入出境签证、出入境签证和再入境签证等类别。中国现行签证中无这些类别。

口岸签证，指一国签证机关依法在本国入境口岸向已抵达的外国人颁发的签证，以便当事人及时入境处理紧急事务。实行口岸签证的国家都规定有申办口岸签证的条件和程序。有一些国家把口岸签证称为落地签证，办理落地签证手续相对简单。

（三）签证的形式

1. 签注式签证

指在有效护照上做简单的文字签注，注明准予持证人入出境的具体要求。早期的签证多采取此种形式。

2. 印章式签证

指将签证的固定格式刻在印章上，在做签证时，将印章盖在申请人护照或其他旅行证件的签证页上，并填写必要的内容，全部过程由手工操作。随着技术的进步，改用签证机代之，或用电脑按固定格式将签证的内容打印在护照上。

3. 贴纸签证

贴纸签证是将签证的内容按照固定的格式做在签证专用纸上，用不干胶将打印完成的签证贴在申请人的护照上。贴纸签证通常用计算机打印制作。

4. 另纸签证

另纸签证指做在与护照或其他国际旅行证件分离的单页纸上的签证，是签证的一种特殊形式，必须与申请人所持的护照或其他国际旅行证件同时使用。另纸签证颁发的对象，不同国家有不同的规定。

5. 机读签证

机读签证（Machine Readable Visas-MRV）指适用于机器阅读的签证，是国际民航组织机读旅行证件咨询部在机读护照技术的基础上开发的一种用机器阅读和识别签证的技术。这种技术大大简化了国际旅行手续，缩短了通关时间。

6. 电子签证

一些国家还利用计算机网络和磁卡技术开发出"电子签证"，或称"隐形签证"。澳大利亚和新加坡等国家已开始试用这种签证。

7. 个人签证与团体签证

个人签证指做在每个申请人的护照或其他国际旅行证件上的签证。团体签证是指做在一个团体名单上的签证。持用同一团体签证的人员必须随团一同入出境。

（四）签证办理

除双边协定规定或前往国家单方面规定可免签或办理落地签证，或需在第三国申请签证的情况外，中国公民出国前通常需向前往国家驻华使领馆申请并办妥相应签证。个别国家规定，即使不出机场转机，仍需要提前办妥过境签证。

1. 申请流程

（1）递交有效的护照。

（2）递交与申请事由相关的各种证件，例如有关自己出生、婚姻状况、学历、工作经历等的证明。

（3）填写并递交签证申请表格。签证不同，表格也不同，多数要用外文填写，同时交付本人照片。

（4）前往国驻该国大使馆或领事馆官员会见。有的国家规定，凡移民申请者必须面谈后，才能决定；也有的国家规定，申请非移民签证也必须面谈。

（5）大使馆或者领事馆将填妥的各种签证申请表格和必要的证明材料呈报国内主管部门审查批准。有少数国家的使领馆有权直接发给签证，但仍须转报国内备案。

（6）前往国家的主管部门进行必要的审核后，将审批意见通知驻该国使领馆。如果同意，即发给签证。如果拒绝，也会通知申请者。

（7）缴纳签证费用。一般来说，递交签证申请的时候就要先缴纳费用，也有个别国家是签证申请成功的时候才收取费用。一般而言，移民签证费用略高，非移民签证费用略低。也有些国家和地区的签证是免费的。

2. 办理途径

中国公民申办外国签证大致有三种途径：

（1）本人直接向外国驻华大使馆或领事馆申请办理；

（2）委托中国旅行社的签证处申请办理（一般只限旅游签证）；

（3）由外国亲友直接向该国移民局申请签证。

本人可以直接向该国驻华大使馆、领事馆申请签证。有的国家在中国没有开设大使馆，则应由国外亲友在当地办理入境许可证明，获得批准后，再由亲属寄给申请者即可。

三、中国外汇管理

（一）中国外汇管理政策

1. 外汇管理政策总述

2019年，我国国家外汇管理局更新了《现行有效外汇管理主要法规目录》（简称《目录》），共收录截至2019年6月30日发布的外汇管理主要规定223件。《目录》按照综合项目外汇管理、经常项目外汇管理、资本项目外汇管理、金融机构外汇业务监管、人民币汇率与外汇市场、国际收支与外汇统计、外汇检查与法规适用、外汇科技管理八大项目分类，并根据具体业务类型分为若干子项。本次新增入《目录》文件主要涉及支付机构外汇业务管理、跨国公司跨境资金集中运营管理等。

2. 结汇、售汇及付汇管理总则规定

（1）经营外汇业务的银行应当按照本规定和中国人民银行、国家外汇管理局批准的业务范围办理结汇、售汇、开立外汇账户及对外支付业务；

（2）境内机构外汇收入，除国家另有规定外应当及时调回境内；

（3）境内机构、居民个人、驻华机构及来华人员应当按照本规定办理结汇、购汇、开立外汇账户及对外支付；

（4）境内机构和居民个人通过经营外汇业务的银行办理对外收支时，应当按照《国际收支统计申报办法》及有关规定办理国际收支统计申报。

3. 个人外汇管理办法

个人外汇管理办法总则要求：

（1）个人外汇业务按照交易主体区分境内与境外个人外汇业务，按照交易性质区分经常项目和资本项目个人外汇业务。按《中华人民共和国外汇管理条例》和《结汇、售汇及付汇管理规定》等相关法规的分类对个人外汇业务进行管理。

（2）经常项目项下的个人外汇业务按照可兑换原则管理，资本项目项下的个人外汇业务按照可兑换进程管理；国家外汇管理局及其分支机构按照本办法规定，对个人在境内及跨境外汇业务进行监督和管理。

（3）个人应当按照本办法规定办理有关外汇业务。银行应当按照本办法规定为个人办理外汇收付、结售汇及开立外汇账户等业务，对个人提交的有效身份证件及相关证明材料的真实性进行审核。汇款机构及外币兑换机构（含代兑点）按照本办法规定为个人办理个人外汇业务。

（4）银行应通过外汇局指定的管理信息系统办理个人购汇和结汇业务，真实、准确录入相关信息，并将办理个人业务的相关材料至少保存5年备查。

（5）银行和个人在办理个人外汇业务时，应当遵守本办法的相关规定，不得以分拆等方式逃避限额监管，也不得使用虚假商业单据或者凭证逃避真实性管理。

（6）个人跨境收支，应当按照国际收支统计申报的有关规定办理国际收支统计申报手续。

（7）对个人结汇和境内个人购汇实行年度总额管理。年度总额内的，凭本人有效身份证件在银行办理。

（8）超过年度总额的，经常项目项下凭本人有效身份证件和有交易额的相关证明等材料在银行办理，资本项目项下按照第三章有关规定办理。

4. 个人外汇管制新规

（1）从2019年1月1日起，央行要求支付宝、微信支付等任何第三方个人账户5万元以上的大额交易都要受到审查并进行上报。

（2）从2019年1月1日起，个人换汇额度依旧是每人每自然年5万美金。

（3）2019年2月9日，中国最高人民法院、最高人民检察院联合发布《非法买卖外汇认定标准》，其中明确表明非法进行外汇交易并获利超过10万人民币，将认定为非法经营罪并追究刑事责任。

（二）换汇方式

1. 通过银行正规渠道兑换

优点是非常保险，无须担心资金安全。缺点是程序烦琐，且换汇金额有很多限制，无法满足大额换汇需求。

2. 通过办理汇票或者旅行支票

这种方法可作大资金换汇使用，但手续费较高。此外，随着新规出台，通过这种方法可办理的购汇额度再次收紧。

3. 办理外币信用卡

目前很多银行都推出了双币信用卡，可支持美元和人民币两种币种消费。对于居民境外消费而言十分方便,并且安全度较高,但费用并不低廉。

4. 通过其他换汇方式兑换外币

可在国外部分场所兑换外币或提取当地货币,但汇率上差别很大。如国外的机场、酒店、外币兑换点、银行、部分柜员机和导游处等,可以兑换外币。

四、出入境规定

(一)出入境相关法规

(1)中国公民出境入境,应当依法申请办理护照或者其他旅行证件。中国公民前往其他国家或者地区,还需要取得前往国签证或者其他入境许可证明。但是,中国政府与其他国家政府签订互免签证协议或者公安部、外交部另有规定的除外。

中国公民以海员身份出境入境和在国外船舶上从事工作的,应当依法申请办理海员证。

(2)中国公民往来内地与香港特别行政区、澳门特别行政区,中国公民往来大陆与台湾地区,应当依法申请办理通行证件。

(3)中国公民出境入境,应当向出入境边防检查机关交验本人的护照或者其他旅行证件等出境入境证件,履行规定的手续,经查验准许,方可出境入境。

(二)出境检查

出入境主要办理以下几项检查手续。

1. 边防检查手续

这项检查很多国家由移民局(外侨警察局)负责。出入境者要填写出入境登记卡片(有时航空公司在飞机上代发卡片,可提前填写),交验护照和签证。卡片的内容有姓名、性别、出生年月、国籍、民族、婚否、护照种类和号码、签证种类和号码、有效期限、入境口岸、日期、逗留期等。护照、签证验毕,加盖出入境验讫章。

2. 海关检查手续

海关检查人员一般会询问有否需申报的物品,但有的国家要出入境者填写携带物品申报单。海关有权检查出入境者所带行李物品,有的海关对个人日用品、衣物等的检查不十分严格。对持外交护照者可免检。各国对出入境物品管理规定不一,烟、酒、香水等物品常常按限额放行。文物、武器、当地货币、毒品、动植物等禁运品,非经特许,不得出入国境。有些国家还要求填写外币申报单,出境时还要检查。

3. 安全检查手续

近年来,由于劫持飞机事件不断发生,因此对登机的旅客采取安全检查措施越来越普遍,手续也日趋严格。主要禁止携带武器、凶器、爆炸物、剧毒等。检查方式包括过安全门,磁性探测器近身检查,查手提包、搜身等。我国也实行国际上通用的安全检查方法。

4. 交验黄皮书

很多国家对来往某些国家、地区的旅客,免验黄皮书。但对发生疫情的地区,则检查较严格，对未进行必要接种的旅客，往往采取隔离、强制接种等措施。

5. 居留手续

有的国家规定，外国旅客入境时要在指定时间内向有关部门申报办理居留手续。例如：日本规定居住三个月以上的外国旅客必须在入日本国境后一个月内办理居留身份证。身份证应随身携带，否则，随时随地可能会遇到麻烦。

（三）航空公司关于行李的规定

乘坐国际航班，手提行李的总重量以 7 千克（部分航空公司有特殊重量限制规定）为限，每件行李的体积不得超过20厘米×40厘米×55厘米（三边之和不超过115厘米）。超过上述重量或体积限制的，应作为托运行李托运。

禁止旅客随身携带或托运的物体包括：枪支、军用或警用械具类（含主要部件）；爆燃物品类；管制刀具；易燃易爆物品；毒害品；腐蚀性物品；放射性物品；其他危害飞行安全的物品；国家法律法规规定的其他禁止携带、运输的物品。

禁止旅客随身携带但可以作为托运的物品，包括：菜刀等生活用刀；手术刀等专业刀具；文艺单位表演用的刀、剑等；斧、凿、加重或有尖钉的手杖、铁头登山杖等；其他可用来危害航空安全的锐器、钝器；酒类（1千克且包装完好）。

乘机旅客可限量随身携带的生活用品包括：发胶、衣领净1瓶（350毫升）；摩丝、光亮剂1瓶（350毫升）；香水500毫升；杀虫剂1瓶（350毫升）；空气清新剂1瓶（350毫升）。以上所有累计不超过1 000毫升或1千克。

旅客不得在托运行李内夹带重要文件和资料、外交信袋、证券、货币（大量现金）、汇票、贵重物品、易碎易腐蚀物品，以及其他需要专人照管的物品。承运人对托运行李内夹带上述物品的遗失或损坏，按一般托运行李承担赔偿责任。

同时，托运行李必须包装完整、锁扣完好、捆扎牢固、能承受一定的压力，能在正常操作条件下完全装卸和运输。对包装不符合要求的行李，承运人可拒绝收运。

特别地，旅客的托运行李全部或部分损失、丢失，赔偿金额每千克不超过人民币50元。托运行李每千克价值超过人民币50元时，旅客可办理行李的声明价值，行李的声明价值不得超过行李本身的实际价值，每位旅客的行李声明价值最高限额为人民币8 000元；行李价值每千克斤低于50元时，按实际价值赔偿。

以上限制为一般规定，各航空公司可能有各自的标准，可留意机票背面的有关说明。

第三节　出国旅游实务

既然是出国旅游，则应该掌握一些出国旅游实质性的技巧，这对于旅客提升出国旅游的体验有非常大的作用。诸如境外旅行计划的制定方法、经济的出国方式、旅游过程中购物和食宿以及退税方法等，都能给予旅客在旅行过程中实质性的方便与节流，提升旅客境外旅游体验感。

一、语言与非语言

在全球化时代以及国际旅游日盛的背景下，不同文化间进行有效的沟通成为当代跨国旅行者、商务人士等必须具备的能力，而沟通中语言与非语言起着关键的作用（梁伟业，葛法权，2019）。

（一）语言在旅游中的角色

近年来，在人们对精神生活的不断追求下，旅游资源范围不断扩大，其中，文化旅游已经成为大众消费的首选，亦成为国际、国内旅游市场的重要组成部分。但实现跨国旅游这类文化交流的基础是掌握沟通技能。因此，语言是实现国际沟通的工具和桥梁（阎莉，2018），语言也在境外旅游中扮演着重要的角色（韩士媛，2020）。

1. 沟通角色

语言是沟通交流的必备工具，是互通交流的前提。在境外旅游的过程中，只有跨越语言障碍，才能顺利地进行旅游。通过语言交流，方便旅游生活。如购物、就餐、问路、交友、文化交流等都需要通过语言交流才能够得以进行。

2. 公示语角色

其一，通过旅游资料的宣传介绍，向游客介绍景区信息，使游客获得相关的地理、文化、风土人情、历史背景等知识；其二，激发游客兴趣，加深游客对景区的印象，起到"呼唤功能"（靳亚铭，2018）。

3. 服务角色

典型地讲，语言也是服务于旅游业发展的。例如，"一带一路"倡议给旅游业带来全新的机遇，沿线国家的语种势必影响旅游体验，而且中国的旅游区域向外推广也需要语言良性的服务。语言服务范围越广泛，旅游文化内涵越丰富。

例证 11-2

两位导游给外国旅客介绍姑苏城的语言描述

导游1："Suzhou is full of beauty. It's not only beautiful in the garden, but also more interesting in the green mountains outside. Each mountain is like a beast. Lingyan mountain is like an elephant in the ground; Taiping mountain is like a leopard; Jinshan mountain is like a crouching dragon; Huqiu mountain is like a crouching tiger; Shizi mountain is like a lion looking back at Huqiu."

导游2："That's Lingyan mountain; that's Tianping mountain; that's Jinshan; that's Huqiu mountain; that's lion mountain."

上述两个范例中，导游1做到了故弄玄虚，这种讲法能够极大地激发游客的兴趣。此类讲法的运用还可以以语言抑扬顿挫或"吊胃口""卖关子"等形式来营造气氛，以吸引游客的注意力，让游客听得入迷。导游2则是平白直叙，毫无言语之美，不利于游客产生美的体验。

（史剑锋，2019）

（二）非语言在旅游中的角色

在境外旅游过程中，当旅客与国外友人交流时的实用语言沟通遇到障碍或者旅客掌握的外语沟通技能有限，无法与国外友人进行交流时，非语言沟通技巧就显得十分重要。非语言沟通技巧掌握得好，还能与国外友人进行交流。

非语言沟通技巧包括合理利用空间、利用时间、利用物体、利用姿势和手势、利用触觉和利用模仿等非语言的方法（王智等，2019）。在交际中，除了语言以外，非语言因素也起到了非常重要的作用。对于旅客而言，能够有利于与国外友人进行沟通；对于旅游服务业而言，真诚的微笑、友好的态度、熟练的业务、及时的应变能力，都能为外国游客带来良好的旅游体验（刘晓晶，2019）。

在跨文化交际中，非语言交际和文化一样，常常捉摸不定、难以察觉，但非语言交际行为和手段却比语言交际行为所起的交际作用更大，在语言交际发生障碍时，它具有代替、维持甚至挽救的作用（胡文仲，毕继万，1999）。

二、境外旅行计划

（一）确定国外旅游目的地和时间

首先确定旅游目的地、出行日期及在目的地游玩的天数。其次，还需要了解目的地的旅行地和亮点、当地的社会稳定和治安状况，以及旅行地之间的大体交通方式，为后面的行程规划做准备。

（1）旅行时间尽量在 5~15 天，具体时间根据需求确定。

（2）如果是第一次出国，尽量不要一次性去多个国家，去的地方越多需要准备的就越多。

（3）选择一个喜欢的地方深入了解，如对其山川景色、风土人情应有所了解，并适当做笔记。

（4）选择旅游的方式，自由行（或跟团旅游）。

（二）办理护照和签证

出国必须持有护照，护照办理通常需要 15 个工作日。如果暂时没有出行计划，也可以提前办理一个。

一般旅游签证分为：旅游签、过境签、落地签以及免签。

当确定了目的地之后，应提前了解目的地的签证政策。其中，落地签和免签最为方便，不用提前办理。其他的签证应尽量预留一个月以上的时间进行办理。具体办理签证的方法，本章前文已阐述，这里不再进行说明。

（三）预订机票、酒店

在成功办理了护照和签证以后，再预订机票和酒店为妥。如果提前订机票或酒店的话，万一遭到拒签，可能遭受损失。

因此，此时确定旅游往返时间以及飞行起始地最佳，并提前订好机票。如果有足够的预算的话，可随时订好机票和酒店。如果想经济出行和经济住宿，可以考虑预订廉价航空和国外民宿等。同时,确定好去往目的地的旅游地点、各自停留时间,做好大致的时间表。

(四)制定具体行程规划

这是旅行计划中最重要的一个部分。目的地的旅游地点应根据个人喜好、时间、经济条件和身体状况等而定。特别注意,同一天游览的地方距离不能太远,否则会把过多的时间花在交通上,容易产生疲惫。

1. 总规划安排

一般而言,过于紧张的时间安排,并不能发挥最大化的旅游效益,反而可能令人身心疲惫。如果自己能够合理地安排行程,则可以自己安排;如果对合理安排行程无从下手,则可以借助一些工具辅助制定合理的行程规划,如旅游网站的旅游攻略,中旅、中青旅等旅行社的行程规划,等等。

例证 11-3

一位旅游达人的总行程计划这样考虑

在选定旅行目的地之后,首先就要开始计划行程,确定城市行程。

这里要注意:很多人在网上了解目的城市的主要景点及历史时,往往会有大量的资讯涌来。有当地旅游局官方网站的介绍,还有很多背包客的经验分享,这些都对合理规划路线非常有帮助,但是怎么才能获取所需的信息呢?

如果还是一只自助游"小白",可以试试在一些专门的旅游网站或者旅游论坛上搜索。积极发问和发帖子是个永远都正确的选择。

如果面对一大堆的信息无所适从,也可以试试穷游网,在网站上可以轻松实现模拟的DIY出境旅游,从目的地信息、旅游攻略、如何办理签证、如何预订酒店和交通工具,到行前准备,比如货币兑换,很细小的事情都是一步步按照流程规划。

还有乐途出境游、搜狐旅游频道的出境游、新浪境外旅游频道等,都是不错的中文旅游网站。当不知道怎么规划行程的时候,可以点击目的地链接,进入看一下网友的评论,比如乐途网评论区,还有各景点的排行榜可供参考。

(资料来源:出境游规划攻略,如何制定出国旅行计划[EB/OL].(2018-10-10).http://www.k1u.com/trip/29328.html.)

2. 时间安排

合理的时间安排一般包括交通出行时间、游玩时间、就餐时间以及购物时间。其具体的安排根据需求和实际情况制定。

3. 出行安排

景点与景点之间的交通出行方式应提前准备好,即确定出行方式。主要包括步行、公共交通、打的。如果是公共交通,应查阅买票方式;如果是打的,可查阅是否有打车软件。

（五）行前准备

1. 外币兑换

出发前应兑换一些目的地国家的现金在身上，一般国内汇率较国外的低。具体兑换外币方法或解决外币兑换的方法，本章前文已阐述，这里不再阐明。

2. 通信

通信设备也应准备。根据需要，可提前开通国际漫游。或者到达目的地后购买不同面值的手机预付卡，或租用 Wi-Fi 路由器。

3. 行李准备

列出行李清单，购买必要的生活用品，特别是机票、护照、签证、钱、银行卡和通信工具。所携带的物品和重量，应符合所乘的航班要求。本章前文已阐述国际航班关于乘客行李的规定，可参考借鉴。

4. 保险购买

出国旅游前，购买一份保险十分重要。购买旅游类保险，不仅方便出游，更重要的是人身财产安全可以得到保障。关于购买什么样的保险，本章后文将详细阐述。

三、境外旅行的方式

（一）无景点旅游

无景点旅游是一种注重休闲与体验、追求无拘无束游历的旅游方式，吸引此类游客的旅游资源一般是那些可以让游客感到获得真实的亲近自然、感受文化、陶冶性情、放松身心的事物和因素（王西涛，2012）。无景点旅游，即自主、自愿、自助、自由式旅游。自主，就是自主选择落脚点，自主选择行走路线，自主决定景点。自愿，就是自发选择出游伙伴，相互约定，自行组合。自助，就是自行选择交通工具，如驾车、搭车、乘车、拼车，自行把握具体行程。自由，就是不受旅行社固定导游点的约束，不受旅游时间的限制，可以随时根据情况调整或改变行程计划。

（二）景点式旅游

旅游景点是指那些有明确的界限同外界相隔并有固定的出入口，对游人的出入进行有效管理的游览点或参观点。作为一个旅游景点，应满足三个特点：专用性、长久性、可控性。专用性即指定的用来供游人开展各类休闲活动的场所。长久性即必须有长期固定的场所，并利用这一场所发挥其固有职能。可控性即必须有人行使管理，能够对游人的进出行使有效的管理（李天元，2003）。具体来说，景点包括风景区、博物馆、寺庙观堂、旅游度假区、自然保护区、主题公园、森林公园、地质公园、游乐园、动物园、植物园及工业、农业、经贸、科教、军事、体育、文化艺术等各类旅游景区。因此，景点式旅游就是在固定的景点进行休闲娱乐，景区是核心的旅游资源。

（三）工作旅行

工作旅行，俗称打工旅行，是指边打工边旅行的一种旅游形式。通常指的是去异地或异国,包括农场、工厂、旅店等可以赚取旅游费用的场所。这种形式不仅可以增加个人的阅历也可以增加一些回忆,是如今比较流行的年轻人旅行方式。在欧美有很多年轻人在毕业后一边旅行一边打工,在此期间在当地打工赚取生活费用,在不同的城市和国家体验当地的风俗文化,然而在中国却很难这样,因为全球只有一个国家针对中国游客实行《打工度假签证》,也就是说中国人想半工游,只能到这个国家去,这个国家就是新西兰。

(四)探险式旅游

探险式旅游(Adventure Travel)是旅游者到人迹罕至或险象环生的特殊环境进行的充满神秘性、危险性和刺激性的旅行考察活动。一种如泰国的骑象探险旅游、丹麦的狗拉雪橇探险旅游等。另一种是以追求世界纪录为目的的冒险旅行,如乘气球环球旅行、驾脚踏飞机或滑行器飞渡海峡、驾游艇或小船周游世界、乘独木舟横渡大西洋等。

(五)游学旅游

提到这个词,很多人想到的就只有边学边游。实际上,游学旅游有很多种类型。按地方来分,有省内的,国内的,国外的,亚洲的,美洲的;根据目的类型来分,有语言提升的,有兴趣培养的,有访问名校的。目的不同,选择也就不同。游只是形式,学才是目的。

例证 11-4

途牛发布 2017 年游学旅游消费分析:超 6 成家长有较强的游学产品消费意愿

2016 年 12 月,教育部等 11 部门出台了推进中小学生研学旅行的意见,要求各地要把研学旅行摆在更加重要的位置,推动研学旅行的健康快速发展。

除了政策的推动,随着我国居民家庭收入稳步增长以及家长教育理念的转变,"旅游+教育"双结合的游学产品受到用户的欢迎。途牛旅游网调研数据显示,超过 6 成的家长对游学产品具有较高的消费意愿,尤其是年收入 20 万元以上的家庭,希望孩子游学的意愿最高,即使是收入较少的家庭,在主观上也非常愿意为孩子的游学进行教育投资。

针对游学市场旺盛的用户需求,途牛面向青少年及成人提供了多样化游学产品与服务,特色板块涵盖名校交流、全真课堂、冬/夏令营、领袖成长、文化体验、航空科技等。

途牛监测数据显示,截至目前,今年暑假,用户预订火热的海外游学产品有"美国东西海岸+大瀑布+名校游学 12~14 日游""2017 暑假美国加州圣地亚哥微留学 15 日游""英国影子朋友 1 对 1 插班 15 日游学游""加拿大游学 15 晚 16 日游"等。

(资料来源:途牛《在线海外游学市场消费分析 2017》:6 成客户人均花费超 2 万元[EB/OL].(2017-06-05). https://www.dotour.cn/article/29088.html.)

(六)邮轮旅游

邮轮旅游是指以大型豪华游船为载体、以海上巡游为主要形式、以船上活动和岸上休闲旅游为主要内容的高端旅游活动。现代邮轮,就其本身而言,已经具备了丰富的游览价值，是旅游活动过程中重要目的地之一，是海上旅游过程中不可或缺的重要组成部分。和上岸观光游览一样，享受邮轮上完善的设施与贴心的服务本身也是邮轮旅游过程中的重要体验。目前国际上对于邮轮的评定普遍通用世界邮轮协会的标准评定体系，在设计建造时对邮轮的设施和吨位按照不同的等级，有着统一的要求标准（黄文静，2019）。

（七）跟团旅游

跟团游，顾名思义，就是向旅行社订购组团的旅游服务。跟团游有以下六个好处：① 现成路线选择；② 安全保障更到位；③ 更节省时间；④ 认识更多朋友；⑤ 费用相对经济化；⑥ 专业导游服务。

（八）跨国医疗旅游

世界旅游组织将"医疗旅游"定义为以医疗护理、疾病与健康、康复与修养为主题的旅游服务。通常由温泉疗养、香薰 SPA、泥浆与沙疗、人工按摩等构成，还包括以健身、休闲为目的的保健旅游，以及以手术治疗、中医、医学整容等纯粹的治疗疾病为目的的医疗旅游。

跨国行为的医疗旅游客流却是从发达国家向发展中国家流动，且正日益加剧。多数医疗游客出境的理由相差无几，即境外费用低、等候接受医疗服务的时间短，可以接触国内不具备的疗法。例如，针对中国市场的海外医疗旅游目的地产品，其最大优势便是高性价比和领先于国内的医疗技术。在海外就医的同时，可以享受当地的美景和清新的空气，作为一次身心放松之旅一举两得，也是大家愿意选择跨境海外就医的原因之一。欧美国家依托医疗技术、日韩等国依托高水平服务和高性价比产品、南亚国家依托具有竞争力的产品价格成为中国海外医疗旅游的主要目的地（焦芳舟，2018）。

（九）商务旅行

近年来，商务旅游是发展最快的旅游项目之一，从其规模和发展看，已成为世界旅游市场的重要组成部分，而且具有巨大的发展潜力。商务旅游（business travel）是指商务旅游者以商务为主要目的，离开自己的常住地到外地或外国所进行的商务活动及其他活动。其活动通常包括谈判、会议、展览、科技文化交流活动以及随之带来的住宿、餐饮、交通、游览、休闲、通讯等活动（王昆强，2016）。商务旅游主要有以下几种形式：商务会议、奖励旅游、展览和交易会及国际学术交流会。

四、经济出国

（一）廉价航空

1. 认识廉价航空

廉价航空公司有西南航空、亚洲航空、春秋航空和东南亚廉价航空公司等。主要经营客流量大的短程航线，多在二级机场起降，有时不提供免费餐点等附加服务，以减少一些不必要的开支。由于经营成本大幅降低，低成本航空公司的票价一般低于主流航空公司，旅客称其为"廉价航空公司"。由于现代航空业的激烈竞争，自助成分较强的航空服务和简便快捷的登机手续，使廉价航空公司的航线服务实现了航空交通公交化。为了扩大市场份额，此类航空公司经常会定期或不定期地推出各种折扣套餐，最低甚至可以200元起购。

例证 11-5

亚洲最大的廉价航空公司

亚洲航空公司是目前亚洲最大的廉价航空机票公司，航线较多，航班多为夜航。

亚航促销时间：

每年会有4次的大促销，每周一会有小促销。

3月：促销期间为今年的9月至明年春节（含十一，不含春节）前的机票

6月：促销期间为今年的10月或是11月到明年春节（含春节）的机票

9月：促销期间为明年的2月到5月或是到9月的机票

11月：促销期间为明年6月到12月（含"十一"黄金周）的机票

2. 购买廉价机票

（1）低价机票的退改签。

① 航空公司官方网站预定。官网预定的最大好处就是支持退改签，而且能用里程积分兑换机票。综合航空公司官方网站评价，廉价航空公司如下列所示：

国内：吉祥/春秋

东南亚：亚航/酷航（虎航）/飞鸟/宿务太平洋航空

日韩：香港快运/香草/乐桃/釜山航空/真航空

欧洲：瑞安航空/易捷航空/柏林航空/德国之翼/伏林航空/欧洲之翼

北美：越洋航空/西捷航空/美国西南航空/Spirit

澳洲：维珍澳洲航空/捷星

② 在旅行网站上预定。旅行网站能一次性列出不同航空公司的不同价钱的机票，极大地提高了选择效率。且旅行网站能拿到航空公司的低价舱，在做大促活动或者选择组合套餐的时候，价格会比单独预订机票和酒店低得多。

③ 拨打航空公司客服电话预定。在网上看好了某家航空公司的低价票，可以直接拨打官方订票电话购买。

（2）低价机票购买时间。机票并不是越早买越好，一般来说，淡季/平季出发提前30~40天，如果过早预定可能特价舱还没放出来，导致最后价格偏贵。旺季购票的话就应提前，越早购票越好。

3. 低价机票购买注意事项

大部分的特价机票都不支持退改签，如果行程有变，就很可能遭受损失。

（1）要选择即时出票的平台。不少网站为了吸引用户，都会贴上预定或申请的标签，这类机票不能马上出票，后患无穷。

（2）不要到外网买机票。外网上的一些机票价格看上去很便宜，但不建议大家购买，

因为如果填写的信息有误,整张机票将会作废。

(3)一定要买航空意外保险。航空意外险一般的有效期是7天,20~50元不等,乘坐航空,买份保险比较妥当。

(4)一定要关注行李负载额度。廉价航空一般免费托运的额度都很小,对随身行李的重量也有严格要求,一定要看清楚,超重的费用十分昂贵。

4. 机票的退改签

退:机票的退票分为几类,全价机票可以无条件退票;特价、打折机票要看具体的条件。

改:全价票可以更改,特价、打折票要看具体条件。

签:指的是机票可否变更到别的航空公司。

购买机票后,需要改变航班的日期或舱位等级应在原指定航班飞机规定离站时间48小时前提出,变更舱位等级,票款多退少补。客票只能变更一次,再次变更,须按退票有关规定办理后,重新购票。

(二)经济食宿

1. 一日三餐

(1)早餐,可在旅游地住宿的地方就餐。如果住在青年旅社、寄宿当地家庭或民宿,则早餐比较经济实惠;如果住在酒店,则早餐的花费会比较多。

(2)中餐,可在旅游景点解决。在出发景点之前,可以带一些面包、饼干、方便面等携带方便的餐食,再带上一瓶水便可。尽量避免在旅游风景点就餐,旅游风景点的餐馆一般要比别处的价格高出多倍。如果经济条件允许,可以就此在参观地用餐。

(3)晚餐,同早餐一样,在旅游地住宿的地方就餐。

2. 青年旅舍

青年旅舍,以"安全、经济、卫生"为特点,接待对象以青年为主。旅舍以床位论价,一般一个床位收费为当地买一个快餐的价格,为三星级酒店房价的十分之一左右。室内设备简单,高低床、硬实的床垫和被褥,带锁的个人衣柜,使用集体浴室、洗手间。硬件要求结实、美观、实用、方便、洁净、以自助为主,备有如洗衣机、自助餐厅等,还有康乐室、公共活动室等,青年可根据自身特点组织各种文体活动。

在境外旅游,青年旅社比较多,预订也比较方便,且经济实惠。

3. 民宿

民宿是指利用自用住宅空闲房间,结合当地人文、自然景观、生态、环境资源及农、林、渔、牧生产活动,为外出郊游或远行的旅客提供个性化住宿场所。除了一般常见的饭店以及旅社之外,其他可以提供旅客住宿的地方,例如民宅、休闲中心、农庄、农舍、牧场等,都可以归纳为民宿类。

在境外旅游,解决住宿问题,民宿也是一个不错的选择。民宿的预订也比较方便,在国内的网站可以预订。

4. Help Exchange

Help Exchange，简单说是帮助兑换。这种行为模式，为喜欢旅游或体验不同生活的人提供了比较方便的食宿。Helper 大部分就是想体验不同旅游方式的人，host 是来自世界许多国家的当地居民，包括农场主、咖啡厅、旅馆、餐厅或者只是普通的家庭，他们愿意为 helper 提供食宿，分享日常的生活，但需要 helper 做一些工作。除了日常的工作，host 还会尽量帮助 helper 了解当地文化，带 helper 游览附近的景区。

这种体验式旅游，可谓经济实惠，体验感非常强，也十分有趣。

（三）经济购物

1. 制订购物计划

在境外旅游，避免不了购物。如果要实现经济购物，就应该以节流为目的、以经济实惠为标准制订合理的购物计划，合理规划预算。购物计划的内容主要包括购物时间、地点、购买商品以及支付方式。如果时间和条件允许，可以对比不同的购物商场的商品价格，货比三家，实现经济购物。

2. 选择经济支付的技巧

（1）合理规划，提前换汇。在确定出行国后，免不了要带上出行国的现金。因此，在国内就应提前把现金兑换好，不要等到临近出国了再随便找个银行兑换。

在兑换的过程中，可以多做点工作，通过手机、电脑等上网工具，查询并比较不同银行的兑换手续费，尽量找兑换损失较少的银行兑换更多的现金。

（2）使用刷卡消费。出国旅行前，可以提前办理一张国际信用卡，使用信用卡消费的汇率比现金购汇的汇率要低一些。因此，刷卡消费买同价值的东西支付的钱更少。

（3）使用出行国的币种。在美国就使用美元，在澳大利亚就使用澳元。如果使用其他国家的货币，中间又产生汇兑损失。因此，尽量使用出行国与本国人民币能直接结算的双币信用卡，可以达到省钱的目的。在国外花费出行国的货币后，然后回国再用人民币直接还账单即可。

（4）巧用银联网络。目前很多国家都有银联支付的通道，在国外刷卡消费时，尽量通过银联支付，这样能够按当日外汇汇率，把当地的货币直接折合成人民币，然后按人民币还款即可，没有购汇还款的问题。这节省了不同货币之间的转换费用（1.5%～2%）。

（5）使用旅行支票。出国旅行使用较多的是外币旅行支票。外币旅行支票具有携带安全、永久有效、面值固定、使用方便的特点，使用它的人越来越多。

近几年风靡的电子旅行支票可以在国内充值，然后在国外刷卡消费，或是提现，比信用卡更安全便捷、费用更低，且额度不受限制。在国外大额消费时，电子旅行支票可能是最合适的选择。

3. 选择购物场所

在境外旅游，选择合适的购物场所，在理性购物和经济购物方面发挥十分重要的作用。合适的购物场所（商场）可以为旅客省下一笔可观的钱。

（1）选择支付方式为国际信用卡支付、银联网络支付、旅行支票支付的商户进行购物。采用上述支付方式的商户，由于支付方式的特征与功能，可以为旅客省下一笔钱。例如，目前银联卡国际受理网络已经遍布五大洲，内地游客经常到访的港澳台、日韩、新马泰、美国、阿联酋等境外热门旅游国家和地区都已开通了银联卡受理业务。在境外消费，尽量选择接受银联卡的商户。

（2）选择免税店进行购物。全球各地的免税店始终是旅客的最爱，优惠券领券量和使用率呈增幅状态。在旅途中，可购买到免税品的机会其实比较多，比如机场免税店、市内免税店，还有邮轮或者飞机上也有免税品出售，以及入境前经过边检，都会经过一个所谓的免税区。在这个区域，基本上都能看到免税店，但不代表所有的商户都是销售免税品的。通常，免税店会有明显的标志，在免税店中的商品才是免税品。

五、退税

（一）关于退税

1. 退税规定

主要是指非本国居民在退税定点商店购买的随身携带出境的物品，按规定退增值税和消费税的政策。通俗地讲，退税退的是增值税与消费税，这部分税率通常不高，但此时的商品售价是包含税费的，需要购买后走退税流程才可以享受优惠。

2. 退税商品

只有在那些当地政府指定的退税商户购物才能够退税。这些商户一般都会有"Tax-Free shopping""Tax Refund""Premier Tax Free"等标志，特别是在一些旅游景点，交通枢纽如机场、车站（外国人多的地方）等，退税商户比较多。

3. 退税方式

（1）现金退税：最直接的方式，能够当场拿到现金，但是需要预留时间来排队，退的还是当地货币，想要换成其他货币要考虑汇率问题。

（2）信用卡退税：最便利，海关盖章之后将退税单邮寄即可，不必再去排队领取现金，但要在1~3个月内才能到账，而且还没有确切的退税跟踪。特别注意，如果选择信用卡退款，最好对相关单据和回邮信封进行拍照存据，一旦没有及时收到退款可以发邮件至退税公司进行查询。

（3）支付宝退税：比较省事，支付宝已推出海外退税服务业务，覆盖的地区正在逐步扩大，支持人民币到账，填完单子即可，一般收取3%~5%的货币转换费。一般情况下，10~15个工作日到账。

（4）旅行支票：比较麻烦，填好单据寄回有关地点后，海关人员会将支票邮寄至消费者所留下的地址。邮寄的方式除耗时之外，还需多花费寄支票的邮资，待收到支票之后，必须拿到银行去存。

4. 退税时效性

各个国家对退税单据获得海关图章都有一定的时间限制，一般为退税单据开列起的3个月内，例如奥地利、比利时、法国等盖章有效期皆为退税单签发月之后的3个月。

而盖有有效海关印章的退税有效期在各个国家也有所不同,例如,奥利地的退税单有效期为退税单签发日起的 3 年;而法国的退税单有效期为退税单签发日起的 6 个月,但如果获得海关电子验证的话,退税单将永久有效。

(二)在哪里退税

1. 当场退税

商场直接退税,需信用卡担保,并收取相关手续费。流程:在商店填写税单→前往商场内指定退税点领取税金(一般为当地货币)→离境机场盖章→机场海关将税单寄回退税信封上的地址(如无法在指定日期内寄回税单,将从担保信用卡账户扣回相关税金)。

2. 在机场退税

机场现金退税,需收取相关手续费。流程:在商店填写税单→离境机场盖章→前往机场指定退税点领取现金。在离境时,旅客到国际机场内设立的退税服务器上,通过退税服务器,选择将消费税退款直接转入自己信用卡,或要求现金退还。

3. 支付宝退税

支付宝退税,不收取用户手续费。流程:退税单填写与支付宝绑定的必要信息→离境海关检查盖章→等待退税到支付宝账号。消费者在欧洲、韩国等地购物消费,可以用支付宝办理退税。离境前把退税单交给海关检查盖章,并投递到机场指定的信箱,就可以坐等退税到支付宝账户。最快 10 个工作日后,退税金会自动兑换为人民币进入支付宝账户,并有信息通知。

4. 回国退税

退税也可以回国办理,不过会因为汇率或者手续费,在最终金额上略有损失,但是也确实比较方便。

(1)工行代理的环球蓝联(Global Blue):带着盖好章的退税单据回国后,携带身份证、护照和盖章退税单及收据前往工商银行办理退税程序。选择退回现金(人民币)或者直接退税至银行卡。

(2)浦发银行与邮政储蓄银行代理的 Premier Tax Free:需凭借护照、盖章的退税单据前往银行,但前提是首先要有一张浦发的卡,退税的钱会直接进入账户,其中手续费 20 元左右,同时还要核查退税额度,所需要的日期较长,同时税费入账是依照入账日期的汇率合算,会有汇率损失。

(3)其他退税服务机构:国际退税服务机构,或到能办理旅游国退税业务的银行进行退税,只要提供盖好章的退税单据、护照即可,但需要缴纳一定的手续费。

第四节 出国旅游注意事项

在境外旅行,切记要注意出行国的风俗习惯和禁忌;切记要保障人身财产等安全;一定要购买旅游保险;一定要掌握境外求援的方法。只有这样,境外旅行才会顺畅、愉悦，境外旅行才会有意义。

一、风俗习惯与禁忌

世界之大，语言、文化、种族之多，常常是越过一座山头就像变了个世界。风俗的差异难有规则可循，稍一不慎，便可能导致旅途的不便。因此，出门前应先熟悉旅游地的风俗禁忌，以免在不经意间造成困扰。

例证 11-6

伊斯兰教文化禁酒的来源

在伊斯兰教诞生初期，阿拉伯人嗜酒、赌博，蒙昧无知。他们给酒创造了一百多个名称，并在诗歌里大加赞誉，吟咏得淋漓尽致。大贤欧麦尔及部分圣门弟子，就去请教穆圣说："真主的使者啊！你给我们定出关于酒的法令吧！饮酒丧失理智又消耗资财。"于是真主降下启示："他们问你饮酒和赌博的律例，你说'这两件事都包含着大罪，对于世人都有许多利益，而其罪过比利益还大'。"

从这以后，人们开始认识到酒的危害，直到一天，阿卜杜·拉赫曼·本·奥夫宴请宾客，（当时允许喝酒）他们喝酒直到昏礼时间，便推举一人，带领大家礼拜，结果他将《古兰经》的章节念错。因此真主降下旨示："信道的人们啊！你们在酒醉的时候不要礼拜，直到你们知道自己所说的是什么话。"这样，有些人开始戒酒，但绝大多数人仍然喝酒，到吴候德战役之后，一些迁士、辅士们聚在一起喝酒，他们都以自己的宗族为荣，竭力地吹捧自己而贬低对方，最后发生了斗殴事件。

接着真主便降下禁酒的旨示："信道的人们啊！饮酒、赌博、拜像、求签，只是一种秽行，只是恶魔的行为，故当远离，以便你们成功。恶魔惟愿你们因饮酒和赌博而互相仇恨，并且阻止你们记念真主，和谨守拜功，你们将（饮酒和赌博）戒除吗？"当时，有的穆斯林正要举杯畅饮，有的已喝了一半，当听到这两段经文之后，立即将酒倒掉，将杯子摔了，将盛酒的器皿砸掉，从此穆斯林开始严厉禁酒。

（资料来源：宗教文化：伊斯兰教允许喝酒吗？[EB/OL].（2017-08-08）. https://www.liuxue86.com/a/3351802.html.）

（一）亚洲

1. 印度

印度人大约 83%是教徒，不吃牛肉，一般人不用牛皮制品。印度教寺庙不允许牛皮制品入内，需赤脚入内；不允许触摸寺庙内的任何供品和前往神龛的信徒，并按顺时针方向参观寺庙。妇女要穿着适宜，上衣不能过短，下身需穿长裤或长裙。

在印度"头"被认为是非常高贵而神圣的，所以不要去摸小孩的头；印度人用左手处理不洁之物，右手用来抓饭，应尽量避免以左手和他人接触。

不要随便给陌生人拍照，须事先征得其同意。

2. 泰国

在泰国尽量避免对王室成员做出不利的评价，禁止以泰国王室成员作为玩笑谈资；泰国是佛教国家，所以要避免在公众场合打牌；不可以摸和尚的头，不可以摸小孩的头，放国歌时不管在干什么都要停下来；不许踩门槛，进佛堂要从左到右走过去。

在泰国有个规定，凌晨2点以后不准再买酒，否则会被警察处以罚款。

3. 尼泊尔

尼泊尔人对黄牛十分崇拜，视黄牛为"神"，将其比作"母亲"，奉其为"国兽"。因此有许多关于牛的禁忌：不得宰杀牛，忌食牛肉，不得用牛革制品，禁止牛肉、牛肉罐头进口。

不要爬骑在神像上面玩耍或拍照，以示对当地宗教信仰的尊重；和当地人打招呼时，双手合十微笑说声"Namaste"即可；入庙时要脱鞋；不要抚摸小朋友的头，因为尼泊尔人相信神祇居住在人的头顶；握手或传递物品时，使用右手或双手，左手在尼泊尔人的观念中代表不洁；在室内不要跨越尼泊尔人的身体或脚，应该绕路而行。

4. 柬埔寨

柬埔寨人注重礼节，讲话很有礼貌，见面时要行双手合十礼。拜访柬埔寨朋友，要事先约定时间，并按时赴约。作为客人要注意衣着清洁、整齐。宾主见面，主人双手合十行礼，客人应双手合十还礼。

佛教徒不吃荤，穆斯林教徒忌提到猪，天主教徒忌讳"13"，尤其是"十三日星期五"这个日子；忌讳跷着二郎腿说话。

5. 新加坡

新加坡是一个多元种族和多种宗教信仰的国家，因此，要注意尊重不同种族和不同宗教信仰人士的风俗习惯。如，参观清真寺必须脱帽脱鞋进入，女士不能穿短裤或暴露的裙子，也不可进入祷告大厅。

在社交性的谈话中，切忌议论政治得失、种族摩擦、宗教是非和配偶情况等，但可交流旅行方面的经验，也可谈论所到过的国家的各种见闻。

在新加坡，公开表露幽默感的人是很少的，而且不是所有的笑料都能为人们所欣赏，因此在不太了解别人之前，最好少开玩笑。

6. 日本

在日本，地铁里不吃东西，地铁里不接听手机，排队礼让。日本忌讳用餐过程中整理自己的衣服或用手抚摸、整理头发。

用筷有八忌：舔筷；迷筷，手拿筷子，拿不定吃什么，在餐桌上四处寻游；移筷，动一个菜后又动一个菜，不吃饭光吃菜；扭筷，扭转筷子，用舌头舔上面的饭粒；插筷，将筷子插在饭上；掏筷，将菜从中间掏开，扒弄着吃；跨筷，把筷子横放在碗、碟上面；剔筷，用筷子剔牙。

去日本人家做客要穿袜子脱鞋。在日本的自动扶梯上，要靠一边站立，留出另一边让着急的人先行。在东京，应靠左站立，在大阪应靠右站立。

7. 韩国

韩国人禁忌颇多。逢年过节相互见面时，不能说不吉利的话，更不能生气、吵架。农历正月头三天不能倒垃圾、扫地，更不能杀鸡宰猪。寒食节忌生火。生肖相克忌婚姻，婚期忌单日。渔民吃鱼不许翻面，因忌翻船。

与年长者同坐时，坐姿要端正。由于韩国人的餐桌是矮腿小桌，放在地炕上，用餐时，宾主都应席地盘腿而坐。若是在长辈面前应跪坐在自己的脚底板上，无论是谁，绝对不能把双腿伸直或叉开，否则会被认为是不懂礼貌或侮辱人。

吃饭时不要随便发出声响，更不许交谈。进入家庭住宅或韩式饭店应脱鞋。在大街上吃东西、在人面前擤鼻涕，都被认为是粗鲁的。

照相在韩国受到严格限制，军事设施、机场、水库、地铁、国立博物馆以及娱乐场所都是禁照对象，在空中和高层建筑拍照也都在被禁之列。

（二）欧洲

欧洲是个人文荟萃的地区，西欧各国的高度文明令许多人向往。欧洲人在生活上似乎没有特别的禁忌，其实如果稍加留意，有些细节还是旅行时应该避免的。

1. 英国

忌讳随便将任何英国人都称为英国人，一般将英国人称为"不列颠人"或具体称为"英格兰人""苏格兰人"等；英国人反感墨绿色，不喜欢红色和黑色；忌讳谈论英国皇室及其成员；忌讳菊花。

2. 俄罗斯

俄罗斯人忌讳别人送钱，认为送钱是一种对人格的侮辱。但他们很爱外国货，外国的糖果、烟、酒、服饰都是很好的礼物。如果送花，要送单不送双，双数是不吉利的；俄罗斯人喜红忌黑；俄罗斯人对数字"7"情有独钟；俄罗斯人豪爽大方，忌讳别人说他们小气；俄罗斯人特爱整洁，随便乱扔东西，会受到众人的鄙视；聊天中忌讳以历史上的某些有争议的领袖人物及当前的改革等作为话题。

3. 意大利

意大利治安状况欠佳，但意大利民族整体而言性情温和，对稍微违反礼仪的言行也能将就。但另一方面，意大利人注重外表，若是旅客衣着光鲜，得到的服务会较好。

4. 荷兰

荷兰有一个与其他国家不同的习惯，无论爬楼梯还是走升降扶梯，女性一般都跟在男性的后面，这并不是不尊重女性，而是荷兰人特有的习惯。

5. 希腊

希腊是西欧国家风俗习惯改变最少的地区，境内仍沿用不少保守的传统，特别是对希腊正教所表现的信仰虔诚。因此，旅游希腊时，应以诚敬的态度去认识希腊正教。

6. 丹麦

饮酒干杯是丹麦人的社交习惯，如果用餐时相互叫"skal"，就表示要一口饮尽整杯酒，这是丹麦的餐桌礼仪。如果首次拜访当地人被招待晚餐的话，访客通常有带一束花给主人的习惯。

7. 挪威

挪威人讲究守时及与人谈话保持一定距离，拜访或出席家宴，要准备花或糖果等礼物送给女主人，出外郊游不要惊吓河鸟（挪威国鸟），普遍视红色为流行色。

8. 法国

在博物馆和教堂不要用带有闪光灯的相机拍照。女士优先的礼仪起源于法国，旅行中要注意为女性让道、开门、让座，上下车让女性先行。巴黎女士很少穿牛仔裤，大多数巴黎女郎的上班裤装都是宽松的，她们排斥紧绷在腿上的裤子，认为其破坏秀腿那纯洁细腻的美。

9. 葡萄牙

葡萄牙人重视礼节，通常在礼貌性寒暄之后都会互相交换名片，但不太守时。

与葡萄牙人洽谈生意，勿让葡萄牙友人有被推销产品的压力。通常葡萄牙人喜欢在旧式、气氛庄严、亲切的咖啡屋洽谈生意，花费不多但效果好。葡萄牙人很像希腊人，随和，喜欢社交。葡萄牙人尽管天气热也穿着西装，和他们谈判时，应上衣整洁，并在工作和社交场合戴上领带。

（三）美洲

1. 加拿大

加拿大地广人稀。特殊的环境对加拿大人的待人接物有一定影响。一般而言，在交际应酬中，加拿大人最大的特点是既讲究礼貌，又无拘无束。

加拿大人对法式菜肴比较偏爱，并以面包、牛肉、鸡肉、土豆、西红柿等物为日常之食。从总体上讲，他们以肉食为主，特别爱吃奶酪和黄油。加拿大人重视晚餐。他们有邀请亲朋好友到自己家共进晚餐的习惯。受到这种邀请应当理解为是主人主动显示友好之意。

忌讳：白色百合花不可作为礼物送人。

2. 美国

从心理品质和性格上来讲，美国人比较浪漫，喜欢新奇，自由平等观念较强。在日常生活中他们不拘泥形式，见面时一般施点头礼，行鞠躬礼、举手注目礼、握手礼、接吻礼。

美国人谈话爱用手势表达自己的意思，非常简练。比如：伸出大拇指或食指与拇指捏在一起，形成一个圆圈表示"好""可以"；在餐馆吃完饭结账时，用手做写字的动作；把中指和食指相交，表示"祝你好运"；分手时，抬起手臂挥一挥。

在打招呼时，美国人喜欢直呼对方的名字，认为"太太""小姐""先生"等太客套了，没有必要。美国妇女性格开朗，举止大方，即使素不相识，谈笑也毫无拘束。她们爱打扮，服装喜欢标新立异，但在工作时间内，穿着还是很严肃的。

3. 巴西

巴西是由欧洲人、非洲人、印第安人、阿拉伯人以及东方人等多种民族组成的国家，但核心是葡萄牙血统的巴西人。另外，由于从西班牙、意大利等南欧国家来的移民，在巴西占压倒性的多数，因此，巴西人的习俗和葡萄牙、南欧的习俗非常相似。

在巴西，紫色表示悲伤，黄色表示绝望。他们认为人死好比黄叶落下，所以忌讳棕黄色。人们迷信紫色会给人们带来悲伤。另外，还认为深咖啡色会招来不幸，所以，非常讨厌这种颜色。

（四）大洋洲

主要指的国家是澳大利亚。这里的男人们相处，感情不能过于外露，大多数男人不喜欢紧紧拥抱或握住双肩之类的动作。在社交场合，忌讳打哈欠、伸懒腰等小动作。

澳大利亚人见面习惯于握手，不过有些女士之间不握手，女友相逢时常亲吻对方的脸。

商务活动的最佳月份是 3～11 月。澳大利亚是一个讲求平等的社会，不喜欢以命令的口气指使别人。他们把公和私分得很清楚，所以不要以为一起进过餐，生意就好做了。

澳大利亚不流行小费，但服务人员如果为你提供了额外的服务，可给适当的小费。到商店里买东西不要讨价还价。坐车不系安全带是违法的，小孩也要系安全带。

（五）非洲

在非洲，打招呼忌用左手。非洲流行的打招呼方式——举起右手，手掌向着对方，目的是表示"我的手并没有握石头"。

在阿尔及利亚，与人握手要用力，若握手有气无力被视为不礼貌。

在几内亚，女性游客穿白衣或斗篷，会受到当地人的尊重从而畅通无阻，不致遭遇危险。

在埃及，用左手与他人握手或递东西是极不礼貌的，甚至被视为污辱性的；在埃及人面前尽量不要打哈欠或打喷嚏，如果实在控制不住，应转脸捂嘴，并说声"对不起"。

二、保障安全

（一）证件安全

护照、身份证、信用卡、机（车）票以及文件等是出国旅游的身份证和凭证，特别是在出入境接受检查时必须使用的，所以从始至终一定要随身携带，妥善保管。在出国前，最好将上述证件各复印一份，连同几张护照相片放在包里，并记录护照号码，以备急用。证件一旦遗失或被偷被抢，要立即向警方报案，可拿备用的复印件迅速证明身份，同时请警方出具书面遗失证明，必要时向所在国申请出境签证并向我国驻所在国领事提出补办申请。

（二）财物安全

如非必要，出境期间不要携带大量现金和贵重物品，同时注意不要把现金和贵重物品放在托运行李箱里，也不要把现金和贵重物品放在酒店或旅游车里。正确的做法是可存放在酒店总台或房间里的保险箱中，但要保管好凭据、钥匙，并记住保险箱密码，一旦发现钱物丢失或被盗，可立即与酒店方面交涉。如在机场、酒店或旅游车上遗失，要和相关方面交涉，可酌情报警处理，并请其出具较为详细的遗失证明。如果住在青年旅舍，则现金和贵重财物应随身携带。若不幸遗失，可与旅社方面交涉，请其出具较详细的遗失证明。

（三）住宿安全

如果有陌生人送东西到你的房间，应当打电话向酒店前台证实后再打开房门。当接到骚扰电话时，应立即投诉，以便酒店总台及时查找线索。出入房间一定要随时关门、锁门，保管好自己房间的钥匙。外出时要随身携带一张记有该酒店地理位置和联系电话的卡片，以确保迷路后安全返回。每次退房前，要仔细检查携带的行李物品，特别注意证件、重要文件及存放的贵重物品。若住在旅馆或其他地方，要同样保障住宿安全。

（四）人身安全

乘船、快艇等水上交通工具时，最好穿上救生衣。万一发生交通事故，不要惊慌，要采取自救和互救措施，保护事故现场，并速向警方报警。

远离毒品，不要和陌生人搭讪，防止人身受到伤害。当人身安全受到威胁和伤害等意外时，应立即向当地警方报案，取得警方的书面证明，以寻求保护。同时通知救援机构、保险公司、所在国的我国使领馆等，并保留所有单据正本，包括交通意外事故证明、诊断证明、医疗费用收据、法医鉴定证明等，日后交给保险公司索赔。

要尊重所在国特别是有特殊宗教习俗国家的风俗习惯，避免因言行举止不当所引发的纠纷。

遇到地震等自然灾害或政治动乱、战乱、突发恐怖事件或意外伤害时，要冷静处理并尽快撤离危险地区，同时及时报告我国驻所在国使领馆或与国内部门联系寻求营救保护。另外，旅客出国前应当购买旅游意外伤害险，同时确认本次旅游行程中的承保范围，如有疑问可向保险公司或保险代理机构查询。

（五）购物安全

购物时要谨慎，最好在正规商店购买商品，这样可避免退换货时的麻烦。多数欧洲国家都有购物退税标志，退税额为购物总价的10%~16%，可向购物商店索取退税凭证，正确填写，加盖海关印章。退税单及购物收据要合在一起，在出境时的机场办理，可选择信用卡账户。欧洲规定，只有非欧盟国家旅客才有退税优惠，但往往要求检验商品，不是只凭退税表格即可获得戳印，所以所购物品在办理退税手续前最好不要放在箱包里，这样取放比较方便。若是在机场退税柜台来不及拿到退税金额，可凭已盖章的欧洲边防戳印在国内的中国工商银行或中国银行兑换等值的人民币，但需付2%的手续费用。机场只办理与机场有协约商户的退税业务。即在机场挂了号的连锁商店才可以真正实现退税。对于没有办成退税的，可填好单据，写上旅客自己的账号，寄回所购物的商店，再由该商店将退税款打到旅客的账号上。

三、购买保险

保险是促进旅游业健康稳定发展、保障旅游者权益的一个重要制度选择。旅游保险的实施和推广,有助于维护旅游者的合法权益,分散旅游经营者的经营风险。

(一)旅游保险

1. 旅游保险的概念

旅游保险是指投保人根据合同的约定,向保险人支付保险费,保险人对于合同约定的在旅游活动中可能发生的事故及其发生所造成的财产损失、人身伤亡承担保险赔偿责任,或者当被保险人在旅游活动中死亡、伤残、患病时承担赔偿保险金责任(韩玉灵,郑晶,2011)。

例证 11-7

旅游保险公司的救援行动

2019年8月19日下午15时30分,一辆载有中国游客的旅游大巴在距离老挝琅勃拉邦市约40千米处发生严重交通事故。事故原因疑似刹车失灵导致车祸。

据悉,在老挝发生严重车祸的旅行团来自江苏金陵商务国际旅行社,从南京出发,由常州飞往老挝,游客43名,为老年团。他们在老挝是7天左右的行程。

此次在老挝遭遇车祸的团队系旗下江宁门店收的游客,这次团队交给苏州文化国际旅行社接待。目前公司已派出一名副总经理和工作人员赶赴老挝,到现场协助处理,与此同时,他们也已经和保险公司联系进行救助。

经核实,大巴车上共载有46人,包括44名中国公民和2名老方人员。在44名中国公民中,已发现13人死亡,29人被送往医院救治,2人失踪,老方人员2人受伤,救援工作仍在紧张进行。

(资料来源:这是一篇硬核指南,境外游必看![EB/OL].(2019-08-23). https://www.sohu.com/a/335908926_100105377.)

2. 旅游保险的特点

旅游保险与其他保险相比较,具有以下特点。

(1)短期性。旅游保险相对于其他保险而言,保险期限是很短的。例如,在乘坐各种交通工具时,保险期限是从购票登上交通工具时起,至抵达目的地离开交通工具时止的几个小时或数天。

(2)强制保险与自愿保险相结合。在常见的旅游保险险种中,旅行社责任保险是旅行社必须投保的,属于强制保险;旅游意外保险属于自愿保险,由旅游者自行决定是否投保。

3. 旅游保险合同

旅游保险合同是投保人与保险人约定在旅游活动中的保险权利和义务关系的协议。旅游保险合同是保险在旅游活动中的具体体现。同时,旅游保险合同必须具备保险合同主体(指旅游保险合同的参加者或当事人,包括保险人和投保人双方)、客体(指旅游保险合同双方当事人权利和义务所指的对象)、保险合同内容(指旅游保险合同双方当事人的权利和义务)这三个要素。

（二）旅游保险购买指南

1. 分析旅行险的主要责任

旅行险主要有五种类型的责任：身故/残疾、紧急救援、医疗补偿、财务损失和其他。按照重要程度的顺序排列：紧急救援和医疗补偿、身故/残疾、财务损失和其他项。

在发生事故时如何保生是关键，所以全球紧急救援服务十分重要，是旅行险的灵魂。

医疗补偿则是为了覆盖境外高昂的医疗费用。例如，前往申根国家，都会被强制购买旅行险，其中医疗保险的保额不能低于3万欧元（折合约30万人民币），而3万欧元在欧美的医疗体系中可能只是基础的额度。

身故/残疾责任是对于基础保障的一种定时增加。

财务损失可能是大多数人比较关心的项目。比如信用卡盗刷的问题在欧洲极其常见，如果去法国、意大利等国家则要注意偷盗风险等。

2. 如何选择旅游险

（1）根据目的地选择。选择旅游险产品的时候最先看它是否有保障要去的目的地，再进行进一步的对比选择。事实上，不同国家对前往的国外游客签证有不同要求。比如，去德国、法国等申根国家，办理旅游医疗保险成为签证的前提。

（2）根据保险公司选择。根据各保险公司官网信息，了解并比较保险公司的业务普及范围、保险体系及赔付实力，以及是否具备一定实力的救援机构。如果，某保险公司的业务普及范围广、保险体系及赔付实力强，并且具备一定实力的救援机构，则可以考虑购买。

（3）根据旅行成员选择。境外旅行时，如果团队中有未成年成员，那么有未成年人旅行送返费用补偿的境外旅游险自然比没有的更加合适。

（4）根据保障内容选择。保障的内容越全面越好，风险这种东西多种多样，很难做到面面俱到的预防和保障，在这样的情况下选择保障内容更加全面的境外旅游险产品才是明智之选。

（5）根据保障金额选择。一般来说建议医疗保额至少30万元起，除了申根国家这么要求之外，其实医疗保额低于30万元，也达不到转移风险的目的，所以建议医疗保额尽量高。不过，旅游保险的价格主要根据出境的天数、保障范围额度以及旅行目的地国家消费标准三大因素制定，因此，购买的险种，只要能够满足自己的风险保障需求即可，旅客应根据自己的经济实力，"量体裁衣"。

3. 含紧急救援的保险怎么选

由于每次救援的实际情况不同，且各个国家和地区的语言、环境、法律法规和风土人情不一样，很难断定救援机构哪家更好、哪家更快。业内公认的救援经验和能力较强的，如安联、美亚、史带等，国际救援业务的历史非常悠久，全球布局广泛，且旗下均有自家集团运营的国际旅行救援公司。下面列举的保险公司，仅供参考。

（1）前往欧洲/申根国：考虑安联。安联保险集团于1890年在德国柏林成立，2017年居《财富世界500强》第34位，其子公司安联全球救援（AGA）总部设在法国巴黎，覆盖全球五大洲 29 个国家。这家德国公司在欧洲的根基深厚，前往欧洲、申根国建议可偏重选择安联的产品。

（2）前往美加：考虑美亚。美亚财产保险隶属于世界 500 强企业美国国际集团（AIG）。作为中国旅行险的领先品牌，美亚保险旅行险每年为超过百万的中国客户提供了旅行保障服务。美亚全球救援（AIG Travel Guard）是美亚财险专属的旅行救援机构，在亚洲、欧洲、美洲设立了支援中心。美亚在美国的救援和医疗队伍是相对较强的，所以前往北美地区旅游，建议可优先选择美亚的产品。

（3）前往东南亚：考虑人保财险。人保财险没有自己直属的境外救援机构，其紧急救援服务是和第三方机构国际 SOS 救援中心（International SOS）合作。International SOS 是世界上最大的医疗和旅游安全服务公司，总部在新加坡和伦敦。全球 500 强企业中几乎有三分之二都是它们的客户。该公司成立于 1985 年，专门为出国旅行的组织提供医疗、旅游安全咨询和援助。其特色服务之一是空中医疗救援服务。这一服务覆盖了南非、新加坡、中国、新几内亚以及中东等地区。这也是前往东南亚时，人保财险旅游险的优势。

（4）前往南美：考虑史带。史带集团是国际领先的保险和投资机构，业务遍布五大洲，爱思卡救援（ASSIST CARD）隶属于史带集团。爱思卡于 1972 年在瑞士成立，是一家专注于为旅行者提供全面救援服务的世界最大规模的救援组织之一，并提供全年 365 天×24 小时的全天候服务，拥有超过 40 年救援服务的成功经验。其办公所在地在南美分布更为密集，在紧急救援调动医疗资源方面，尤其是前往南美洲，推荐史带的产品。

四、境外求援

境外求援，一般有以下几种方式。

（一）进行紧急救援求助

紧急救援服务，通俗地来讲，就是一道救命符。当旅客在举目无亲、语言不通的异国时，突发意外或者生病，常常会手足无措、孤立无援。此时，旅客购买的含紧急救援的保险就会发挥十分重要的作用。那么，出现意外时，如何更快获得救援？

出现意外，第一时间必须要联系所在地的公共职能部门。在紧急的情况下，直接拨打当地的救助热线，能第一时间获得急救处理。所以在出境游时，一定要先对目的地的报警电话做好记录。

同时要拨打保单上的境内热线进行报案。直接拨打保险公司境内的电话一定是最高效的。所有的救援都由中国境内的保险公司理赔人员发起，境外保险公司接到确认后再转到理赔，然后理赔再去安排救援。

（二）使用国际通用求救信号

（1）烟火信号。燃放三堆火焰是国际通行的求救信号，将火堆摆成三角形，每堆之间的间隔相等最为理想，这样安排也方便点燃。

（2）体示信号。当搜索飞机较近时，双手大幅度挥舞与周围环境颜色反差较大的衣物，表达遇险的意思。

（3）旗语信号。一面旗子或一块色泽亮艳的布料系在木棒上，持棒运动时，在左侧长划，右侧短划，加大动作的幅度，做"8"字形运动。

（4）声音信号。如果隔得较近，可大声呼喊或用木棒敲打树干，有救生哨则作用会更明显，三声短三声长，再三声短，间隔1分钟之后再重复。

（5）反光信号。利用阳光和任何明亮的材料，如罐头盒盖、玻璃、镜子等持续的反射，规律性地产生一条长线和一个圆点，或随意反照引人注目。

（6）地对空信号。"SOS"是国际通用的紧急求救信号，"FILL"可以辅助记住其中主要的信号。单个一根木棒"1"，是最为重要、制作也最简单的信号。尺寸是每个信号长10米、宽3米，每个信号间隔3米。

（7）留下信息。当离开危险地时，留下一些信号物，以备让救援人员发现。地面信号物使营救者能了解你的位置或者过去的位置，方向指示标有助于他们寻找你的行动路径。一路上要不断留下指示标，这样做不仅可以让救援人员追寻而至，在自己希望返回时，也不致迷路。

（三）向路人、警察或旅行社求助

在境外，在路上遇到紧急事情或事故，若有路人经过，则可向路人求助；如果没有路人经过，则应立即向当地警方报案。因此，熟记当地火警、急救、警察等应急电话，非常重要，在出国旅游之前，应该了解清楚。在人身安全或财产受到侵害时，保持冷静，以保障人身安全为首要，尽量记住对方体貌特征、车辆号牌等信息并立即向当地警方报案，并请其出具报警证明，以便日后办理保险理赔、证件补发等手续。

如果旅客是跟团游，一旦发生紧急事情，旅客可向导游反映，并向旅行社求助。旅行社有责任也有义务帮助旅客解决困难。

（四）向领事馆求援

中国驻外使领馆依法开展领事保护与协助工作，积极维护中国公民正当与合法权益。由于使领馆官员在当地没有行政权和执法权，不能干预驻在国有关部门的行政和司法行为，因此不能保证相关工作完全满足旅客的诉求。具体而言，领事馆能够为旅客提供以下帮助。

（1）如所在国发生重大突发事件危及人身安全，可以根据情况，敦促所在国主管部门及时妥善处置，联系、协调有关组织或机构提供救助。

（2）如旅客在外国服刑或被拘留、逮捕，可以应旅客的要求或经旅客的同意进行领事探视。

（3）如旅客遭遇意外事故无法与国内亲属联络，可以协助将情况通知旅客国内亲属。

（4）如旅客因财物失窃等原因遭受临时性经济困难，可以协助旅客与国内亲友联系，并为旅客接收亲友汇款等事宜提供建议。

（5）如旅客在所在国与他人发生民事纠纷、涉及刑事案件或突发疾病，可以应旅客的要求，提供当地法律服务机构、翻译机构和医疗机构等名单、联系方式，相关名单仅供参考，驻外使领馆不对名单中机构或人员的资质水平、专业能力、个人品德进行认可或确认，也不对个案处理结果承担责任。

（6）如旅客需要寻找在国外失踪的近亲属，可以向旅客提供有关寻找渠道和方式的信息。

（7）可以根据中国法律法规，为遗失或未持有有效旅行证件的中国公民签发相关旅行证件。

（8）如旅客涉入有关法律诉讼，可以在必要时旁听庭审。

本章小结

> 出境旅游概述主要从出境旅游的基本概念、出国旅游产业概况、国际旅游理论、出国旅行诱致因素四个方面阐述。
> 出境管理涉及护照简介及申办流程、签证种类介绍及办理、涉外公证、中国外汇管理以及出入境相关规定与出境检查等方面的内容。
> 一般情况，换汇可以通过银行正规渠道兑换、办理汇票或者旅行支票、办理外币信用卡以及其他换汇方式兑换外币。
> 出境检查手续一般包括边防检查手续、海关检查手续、安全检查手续、交验黄皮书和居留手续。
> 语言在境外旅游中扮演沟通角色、公示语角色和服务角色；非语言则扮演语言的替换角色，辅助境外旅游的沟通与交流。
> 制订出境旅游计划包括以下步骤：确定国外旅游目的地和时间、办理护照和签证、预订机票和酒店、制定具体行程规划和行前准备。
> 境外旅行的方式主要有：无景点旅游、景点式旅游、工作旅行、探险式旅游、游学旅游、邮轮旅游、跟团游、跨国医疗旅游和商务旅行。
> 经济出国策略主要包括廉价航空公司介绍及机票购买技巧、经济食宿方式和经济购物攻略等内容。
> 退税的方式包括现金退税、信用卡退税、支付宝退税和旅行支票。其中，旅行支票的退税方式最麻烦。
> 出国旅游应注意事项主要包括世界各国风俗习惯与禁忌、保障人身财产等安全、购买保险和境外求援。
> 出境旅游应保障证件安全、财物安全、住宿安全、人身安全和购物安全。

1. 中国领事服务网：http://cs.mfa.gov.cn
2. 中国外汇网：http://www.chinaforex.com.cn
3. 中华人民共和国文化和旅游部：https://www.mct.gov.cn

影视推荐

《美食、祈祷和恋爱》

电影刚开始没多久,女主人公伊丽莎白·吉尔伯特离了婚,打算出门旅行,既为转移注意力,也为与自己独处、找回自我。她就此走向广阔天地,意大利、巴厘岛、印度,一站站走下去,在每个地方短暂生活,最终用掉了一年时间。在意大利的重点,是美食,她"和比萨谈恋爱",她凝视一盘意大利面许久,突然身心激荡似的,开始卷动面条,大口吞咽。在印度的重点,是学习身心平衡术,她习练瑜伽,出现在当地人的婚礼上,穿着纱丽,眉心点着一点璀璨的红;在巴厘岛的重点,却是欲望,俊俏的男子笑着说,来巴厘岛,没有艳遇,岂不可惜,费利佩在她面前脱个精光,奔向河水,她讶然,大笑跑开。最终伊丽莎白·吉尔伯特在巴厘岛意外地找到了内心的平静以及真爱的平衡之道。

推荐理由:《美食、祈祷和恋爱》讲述主人公在漫长的离婚拉锯战后,踏上了周游世界的旅途,在美食、祈祷和恋爱中,认真地思考人生的种种问题。在世界旅游过程中,明白了人生的真谛。

思考练习题 11-1:选择题

1. 下面哪个选项不是语言在境外旅游中扮演的角色?(　　　)
   A. 沟通角色　　　　　　　　B. 公示语角色
   C. 服务角色　　　　　　　　D. 替代角色
2. 关于游学旅游说法正确的是(　　　)。
   A. 学才是目的　　　　　　　B. 是旅游
   C. 距离不是关键　　　　　　D. 以上说法都错误

思考练习题 11-2:简答题

1. 请简述换汇的主要方式。
2. 请简述出国有哪些程序。
3. 请简述出国旅游经济购物的攻略。

案例分析 11-1

境外旅游纠纷案例

近年来随着出境游的升温,境外出游纠纷也随之增多。具体地,可以阅读以下几个案例。

(1)欧洲血拼买名表,回家一查是赝品。2019年5月1日,刘女士跟闺蜜去欧洲血拼,购买了一块价值1万余元的高档手表。购买时,导游对游客们说,这家购物店是正规店，可放心购买。回国后，刘女士发现手表有裂纹，经鉴定该只手表是赝品，刘女士找旅行社索赔遭拒。随后，刘女士将旅行社告上法庭，经调解，旅行社最后赔偿刘女士5 000元。

（2）听信欧洲免费游，女子被骗20万元。2019年1月，杨女士准备到法国看女儿。她从朋友口中得知，一家旅行社有零团费欧洲行项目，但要交纳20万元保证金。想到保证金回国后可退还，杨女士出发前，给该旅行社的加盟店负责人谢某的个人银行账户汇去20万保证金。回国后杨女士多次讨要无果，于是将谢某告上法庭。法院审理查明，谢某曾向多名游客收取保证金，后卷款失踪。

（3）出发前航班取消，小两口蜜月泡汤。何某夫妇2019年1月度蜜月，他们选择参加了"塞班岛6日游"，但在机场候机时被旅行社告知，飞机无法起飞，当天航班取消。小两口心情顿时降到冰点，随后将该旅行社告上法庭，要求返还跟团费和三倍赔偿金，总计4万余元。法院判处旅行社退还何某夫妇跟团费，并支付违约金。

（资料来源：境外旅游纠纷案例[EB/OL].（2019-05-22）. https://www.sohu.com/a/ 315786139_120067461.）

问题讨论：

1. 结合本章所学知识，请阐述上述案例的解决办法。
2. 请阐述出国旅游应该注意什么问题。

案例分析 11-2

"一带一路"沿线国家旅游人气高

与2017年"国庆+中秋"8天长假相比，2018年的中秋和国庆假期能"拼"出更长的假期。2018年10月4日前，省旅游局预测，2018年国庆假期，"全省旅游人数、旅游消费额将稳步上升，增幅双双超10%"。此外，"拼假"对国内出境游的带动作用更为显著，除日韩、欧美等传统出境游目的地外，"一带一路"沿线国家人气高涨。

"提前加班调休，再加上请年假，今年我可以从9月26日休到国庆假期结束，特别惬意。"在广州工作的张先生开心地对记者表示，"拼"出的长假不仅适合出远门，还能错峰出行，用他的家乡话来形容就是四个字："得得劲劲！"

中秋、国庆接踵而至，"拼假"拼出超长假期，促使居民出游意愿增长，旅游需求旺盛。与去年"国庆+中秋"8天假期不同，2018年中秋、国庆相隔6天，利用年假"前拼后凑"可拼出多种假期方案。如9月25～30日连续请年休假6天，便可将中秋节假期3天、国庆黄金周7天连起来，拼出16天的超长假期。

根据截至2018年9月17日的携程跟团游、自由行、定制游、邮轮等出境业务数据，2018国庆长假人气排名前二十的出境游目的地依次是：日本、泰国、中国香港、韩国、新加坡、越南、中国台湾、马来西亚、俄罗斯、印度尼西亚、美国、意大利、澳大利亚、加拿大、柬埔寨、土耳其、中国澳门、菲律宾、英国、法国。此外，波黑、波兰等成为

2018年国庆出境游十大黑马目的地。从上述榜单来看，"一带一路"沿线国家作为旅行目的地人气高涨。

（资料来源："一带一路"沿线国家旅游人气高[EB/OL].（2018-10-04）. https://www.sohu.com/a/257627925_161794.）

问题讨论：

1. "一带一路"沿途国家作为旅游目的地人气高涨的原因是什么？你是怎么看的？
2. 请结合本章所学知识，阐述出境旅游有哪些旅游方式。

参考文献

[1] 上海经济编辑部. 上海经济（1949—1982）内部本[M]. 上海：上海社会科学院出版社，1984：868.

[2] 刘菲. 关于我国开放出境旅游市场的思考[J]. 北京工商大学学报（社会科学版），2004（2）：75-79.

[3] 徐汎. 中国旅游市场概论[M]. 北京：中国旅游出版社，2004：234.

[4] 吴必虎. 旅游系统：对旅游活动与旅游科学的一种解释[J]. 旅游学刊，1998（1）：20-24.

[5] 罗名义，毛剑梅. 旅游服务贸易：理论·政策·实务[M]. 昆明：云南大学出版社，2007：64-72.

[6] PEARCE P L. The Social Psychology of Tourist Behaviour[M]. Oxford: Pergamon Press, 1982.

[7] RYAN C. The Travel Career Ladder an Appraisal[J]. Annals of tourism Research, 1998, 25(4): 936-957.

[8] HOLDEN A. Understanding Skiers Motivation Using Pearce's Travel Career'Construct[J]. Annals of Tourism Research, 1999, 26(2): 435-438.

[9] LEE U, PEARCE P L. Travel Career Patterns: Further Conceptual Adjustment of Travel Career Ladder[C]. Second Asia Pacific Forum for Graduate Students Research in Tourism. Busan: The Korea Academic Society of Tourism and Leisure, 2003: 2-4.

[10] PEARCE P L, Lee U I. Developing the Travel Career Approach to Tourist Motivation[J]. Journal of travel research, 2005, 43(3): 226-237.

[11] 梁伟业，葛法权. 跨文化沟通中语言与非语言的教学设计改革[J]. 文学教育（下），2019（11）：64-65.

[12] 阎莉. 语言生态学视角下"一带一路"核心区跨境语言规划研究[D]. 重庆：西南大学，2018.

[13] 韩士媛. 黑龙江省"一带一路"倡议人文交流中的语言功能研究[J]. 吉林广播电视大学学报，2020（1）：46-47.

[14] 靳亚铭. 顺应语用视角下的公示语旅游文本翻译[J]. 河南工业大学学报（社会科学版）, 2018, 14（3）: 89-93.

[15] 史剑锋. 导游讲解技巧及语言艺术的探索与实践[J]. 旅游纵览（下半月）, 2019（11）: 229-230.

[16] 王智, 张明刚, 周孟然. 非语言沟通技巧在电工与电子技术课程授课中的应用研究[J]. 科技风, 2019（31）: 30+51.

[17] 刘晓晶. 谈高职旅游英语学生跨文化交际意识的培养[J]. 智库时代, 2019（45）: 82-83.

[18] 胡文仲, 毕继万. 跨文化非语言交际[M]. 北京: 外语教学与研究出版社, 1999: 9-10.

[19] 王西涛. 无景点旅游的若干理论问题初探[J]. 滁州学院学报, 2012, 14（3）: 62-65+88.

[20] 李天元. 旅游学概论[M]. 天津: 南开大学出版社, 2003: 204-205.

[21] 黄文静. 邮轮旅游历史文化的溯源和中国展望[J]. 旅游管理（国际邮轮）, 2019（1）: 1-3.

[22] 焦芳舟. 新型的旅游方式: 跨国医疗旅游[J]. 旅游纵览（下半月）, 2018（2）: 20.

[23] 王昆强. 国际旅游岛商务旅游产业的价值与开发[J]. 金融经济, 2016（20）: 41-43.

[24] 韩玉灵, 郑晶. 旅游法教程[M]. 北京: 科学出版社, 2011.